山东企业"走出去"实践研究
2021

山东省对外投资与经济合作商会◎编著

中国海洋大学出版社
·青岛·

图书在版编目（CIP）数据

山东企业"走出去"实践研究 2021 / 山东省对外投资与经济合作商会编著 . —青岛：中国海洋大学出版社，2021.12

ISBN 978-7-5670-3096-1

Ⅰ . ①山… Ⅱ . ①山… Ⅲ . ①企业—对外投资—研究—山东— 2021 Ⅳ . ① F279.275.2

中国版本图书馆 CIP 数据核字（2022）第 010676 号

出版发行	中国海洋大学出版社
社　　址	青岛市香港东路 23 号　　　　邮政编码　266071
网　　址	http://pub.ouc.edu.cn
出 版 人	杨立敏
责任编辑	姜佳君　邓志科
电　　话	0532-85901040
电子信箱	dengzhike@sohu.com
印　　制	青岛中苑金融安全印刷有限公司
版　　次	2022 年 4 月第 1 版
印　　次	2022 年 4 月第 1 次印刷
成品尺寸	170 mm × 230 mm
印　　张	25.75
字　　数	500 千
印　　数	1—1000
定　　价	75.00 元
订购电话	0532-82032573（传真）

发现印装质量问题，请致电 0532-85662115，由印刷厂负责调换。

编委会

主任： 于建林

委员：（按姓氏笔画排序）

秘书： 吴春晓　孙亚梅　吴　凯　赵佳佳　李画意　吕方毅

序一

为推动高质量"走出去"贡献更多
山东经验和智慧
——祝贺《山东企业"走出去"实践研究》出版

山东企业"走出去"始于改革开放初期，是我国对外承包工程行业从无到有、由弱变强的亲历者和见证者。几十年来，山东企业秉承"争做行业排头兵"的优良传统，锐意进取、艰苦创业，通过一个个基础设施项目向国际业界展现了中国承包商的先进实力，成为我国对外承包工程行业高质量发展的中坚力量。

"一带一路"倡议提出以后，山东企业参与国际基础设施投资建设的深度和广度持续拓展。截至2021年，全省企业已在全球140多个国家和地区开展业务，并形成了以一般建筑、电力工程、交通运输、石油化工四大领域为支撑的多元化发展格局，包括山东高速、青建集团、烟建集团在内的国家骨干企业入选ENR"全球最大250家国际承包商"名单，入选企业数量位居全国前列。

山东企业取得丰硕发展成果的同时，十分注重对"走出去"经验的总结，全省涌现出了一大批兼具丰富实践经验和扎实理论基础的优秀企业和杰出人才。山东省对外投资与经济合作商会熟知本省企业发展特点，主动发挥服务作用，把握推动行业高质量发展的关键节点，历时一年有余，面向全省"走出去"企业征集行业论文42篇，并经反复筛选修订，集结成《山东企业"走出去"实践研究》。该书内容丰富、结构严谨，聚焦国际基础设施发展前沿热点，从山东企业发展的实际经验出发，全面分析了国际基础设施投资建设发展现状及趋势，既是山东优秀企业几十年来"走出去"成功经验的系统总结，也是山东杰出人才国际化视野与先进管理思维的集中体现。

他山之石，可以攻玉。希望《山东企业"走出去"实践研究》的出版能够为我国企业"走出去"发展提供一些新的思路，为更多的海外业务人才提供思想上的火花，为促进我国对外承包工程、劳务合作及相关投资类业务高质量发展助力。

最后，祝愿山东企业"走出去"发展蒸蒸日上！祝愿山东省对外投资与经济合作商会越办越好！

中国对外承包工程商会会长　房秋晨

序二

当前，"一带一路"建设正从谋篇布局的"大写意"转入精耕细作的"工笔画"，向高质量发展转变，而对外投资与经济合作已成为"一带一路"建设走深走实、行稳致远的关键载体。

山东是我国对外投资、承包工程和劳务合作业务大省。目前，我省开展对外投资、承包工程和劳务合作业务的企业近4 000家，在企业规模、经济效益等方面位居全国各省区市前列。山东高速集团作为山东对外投资与经济合作行业的龙头企业，面对新冠肺炎疫情对世界经济的严重冲击，积极融入"一带一路"建设，聚焦新旧动能转换重大工程，推动对外投资合作实现平稳健康发展，为抗疫情、稳经济、保民生做出了重要贡献。山东高速集团入选2021年度ENR"全球最大250家国际承包商"名单，排名第90位。

企业"走出去"的过程，就是在复杂多变的国际环境中不断探索、不断研究、不断总结、自我完善、自我发展的过程，这个过程有成功的喜悦，也有不尽如人意的沮丧。如果"走出去"的企业有经验可循，有理论作指导，就会少走弯路，少交学费。山东省对外投资与经济合作商会想企业之所想，急企业之所急，积极主动地为会员企业服务，面向全省"走出去"企业征集行业论文。行业专家认真梳理筛选出42篇优秀论文，历时一年多时间，编辑形成了《山东企业"走出去"实践研究》。该书的出版，填补了我省"走出去"板块没有经验可鉴、没有理论可依的空缺。该书是我省"走出去"企业在生产实践中不断摸索的经验总结，也是实践经验的理论提升，凝聚了全省优秀国际工程项目经理人的集体智慧和心血。在内容上，覆盖了对外投资与经济合作业务的项目开发全生命周期；在实用性上，介绍了多种项目开发模式、具体操作路径和典型案例，具有较强的针对性和指导性。该书既有理论深度，也具备可操作性，语言简洁明快，对我省企业强化境外合规管理、防范化解各类风险、推动高质量共建"一带一路"走深、走实具有较强的现实意义和指导意义。

山东高速集团有限公司执行总监　孟　岩

序

三

　　中国企业"走出去"源于改革开放初期，经过几十年的摸爬滚打，取得了长足的发展，已成为中国企业参与高质量共建"一带一路"和国际经济合作的重要方式。在"走出去"过程中，涌现出了一大批在对外投资与经济合作事业中分量十足的中央企业，也造就了不少竞争力强的山东企业。有越来越多的中国企业"走出去"，也有越来越多的企业受益于"走出去"。但我们也清醒地认识到，"走出去"企业在国际市场中顽强拼搏、取得优异成绩的同时，也遭遇了国际市场政治风险、经济风险、文化差异及产品准入等一系列挑战。特别是新冠肺炎疫情以来，全球经济陷入衰退，"走出去"企业面临和遭遇了更多和更严峻的挑战和风险。

　　近几年我参加了很多行业间的交流活动，也拜访了不少优秀的"走出去"企业。有的企业把海外市场做得风生水起，打造了不少经典项目，形成了自己独特的优势，也形成了一套可供学习参考的经验；有的则一波三折，费尽周章，走了不少弯路。固然，有些不尽如人意的项目与企业在"走出去"过程中对风险研判不充分、没有先例可循、没有经验可依有很大关系，但更遗憾的是，由于缺少行业内的沟通交流和理论指导，有些企业的过失在其他企业重现，有些企业身边就有可以借鉴的经验，却因没有获知渠道而让类似的过失重新上演。因此，回顾与梳理行业企业发展轨迹，系统分析存在的问题，分享宝贵的经验和教训，形成一套可供"走出去"企业学习参考的材料，对行业的健康稳定发展十分必要。

山东省对外投资与经济合作商会以服务会员企业为宗旨，以促进行业发展为己任，主动作为，面向全省"走出去"企业征集论文，对收集的行业论文做了全面的梳理，就企业的经验和教训做了汇集，《山东企业"走出去"实践研究》应运而生。此书立足我省行业发展实际，内容丰富，涵盖行业研究、市场分析、合同管理、项目管理、风险管控、劳务管理、对外劳务合作等七大板块，全部由我省海外经验丰富的国际项目管理人员结合自身工作实践现身说法，丰富了行业理论知识，对我省"走出去"企业的市场开拓、项目管理、风险防控等方面具有一定的指导性和借鉴性。

在此，感谢各位同仁的无私奉献，共享行业智慧；感谢山东省对外投资与经济合作商会秘书处的辛勤付出，为行业发展出谋划策。希望"走出去"企业紧抓机遇，创新发展模式，提升项目管理、风险控制和多元化发展能力，让企业走得更好、走得更远，为促进我省对外投资与经济合作业务的持续、健康、有序发展贡献一份力量。

山东省对外投资与经济合作商会会长

青建集团股份公司党委书记　吴书义

前言
PREFACE

受益于"一带一路"倡议，山东省对外投资与经济合作行业得到了长足的发展。行业的发展离不开政策上的支持，也离不开行业从业者的不断思考与研究、总结与反思。目前，我省已经有一大批熟知国际化经营的人才，他们不但有对工作的热度，更有基础专业认识上的高度和对行业发展理解上的深度。他们在紧张的日常工作之余，笔耕不辍，将自己的研究和思考写成论文。这不仅是他们智慧的结晶，更是行业的一笔宝贵财富。

近年来，山东省对外投资与经济合作商会面向行业企业开展论文征集活动，从业人员积极参与，报送了不少优秀作品。2020年，商会调整充实了山东省对外投资与承包工程行业专家组和对外劳务合作专家组。专家组在进行行业研究、为行业发展建言献策、提供理论研究成果等方面发挥了重要作用。

为了加强对行业研究成果的交流与推广，为行业发展提供理论指导，让更多行业企业受惠，也为了感谢各位作者的辛勤付出，营造更加浓厚的创作氛围，鼓励更多的从业人员积极深入地开展行业研究，促进行业稳定发展，山东省对外投资与经济合作商会统筹安排，把征集的论文精心汇集，邀请行业专家会诊把关，保证文章质量，又多方寻找出版渠道，挑选专业出版机构等，历时一年有余，克服了人员短缺、经费不足等困难，最终促成《山东企业"走出去"实践研究》的出版。

本书共42篇，涵盖行业研究、市场分析、合同管理、项目管理、风险管控、劳务管理、对外劳务合作七大板块，希望本书能够起到促进行业从业人员相互学习、相互促进、经验分享的作用。

《山东企业"走出去"实践研究》能够顺利出版，得到了中国对外承包工程商会、山东省商务厅领导及山东高速集团、青建集团等许多会员单位领导的关心支持。房秋晨会长、孟岩执行总监、吴书义书记/会长等在百忙之中为本书作序；各位作者将自己多年来的实践经验、研究成果无私奉献；中国电建核电国际公司副总经理、山东省对外投资与承包工程专家组组长王凤亮组织部分专家认真梳理把脉；编辑人员认真编排、辛勤付出；青岛环太经济合作有限公司执行董事金钢多方联系出版事宜等，还有许多给予关心、支持和帮助的朋友不能一一列出，在此一并表示衷心的感谢！本书是我会第一次编辑出版行业研究书籍，难免存在疏漏，诚恳欢迎各界朋友批评指正，谢谢！

山东省对外投资与经济合作商会

2022年3月

目 录
CONTENTS

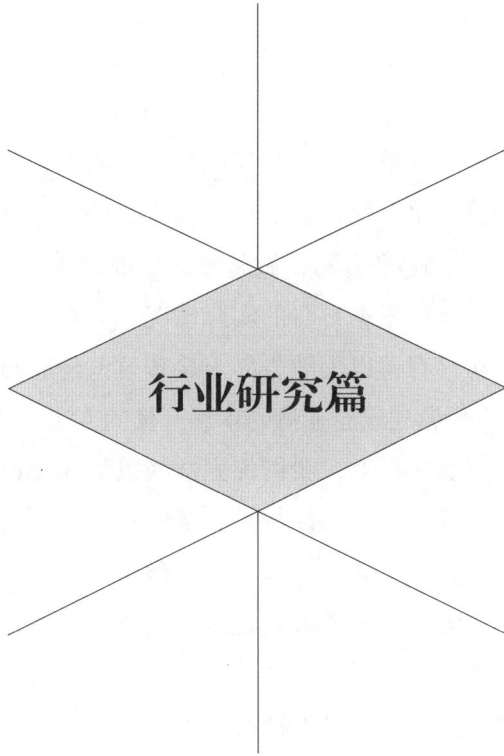

行业研究篇

民营企业如何"走出去"

李瑞国[①]

习近平主席提出"一带一路"倡议以来，国内工程承包商闻风而动，纷纷谋划抓住"一带一路"的建设机遇，在深化经济发展中积极进行业务转型升级。"走出去"说起来容易，做起来却很难，尤其是民营企业"走出去"更是困难重重。我们根据自身的实际情况，尝试了多种"走出去"的途径，有些取得成功，有些以失败告终。希望这些经验与其他民营企业分享，以寻求更加适合民营建筑企业海外市场开拓的方法。

第一，在海外市场选择上，我们优先选择以下四类市场：一是政治上与中国睦邻友好的国家；二是中国技术有优势、门槛进入比较低的国家；三是资源储备丰富、央企开展项目多、具备融资能力、基础建设市场活跃的国家；四是有固定的合作方或者代理方、能够有能力运作和推进项目的国家。

第二，在初次"走出去"的途径选择上考虑以下几点：一是加强与央企合作对接，利用央企平台，"借船出海"，这也是我们把握市场机遇、规避市场风险、开拓海外业务、提升自身水平的一条捷径；二是以总承包的方式承揽小体量的工程项目，做到风险可控，逐步积累经验；三是通过了解中国政府的政策导向，对有意向国别的融资能力和资产负债情况进行重点布置，少做无用功，少走弯路，划好重点，推进项目；四是在项目立项上，选择惠

---

① 李瑞国，山东省对外投资与经济合作商会副会长、山东高速德建集团有限公司副总经理。

民、可持续发展的项目作为重点跟进，这也是项目成功的基础。

第三，在境外机构负责人的选拔、任用和支持上，我们主要遵循以下原则：一是选拔人品和能力俱佳的人员，尤其是人品，因为民营企业不像央企或国企那样境外机构班底配置齐全，我们的境外机构负责人既做教练员，又当指导员，施工生产和内部人员思想工作一起抓，所以在前期负责人选择上应十分谨慎；二是信任，要充分信任选拔出来的负责人，给他们足够的权利，让他们放开手脚大胆开拓；三是支持，对于境外前期投入，公司既要做好前期调研准备，又要在预算上给予大力支持，防止半途而废，要求负责人既要"走出去"，更要长久地"走下去"。

第四，做好激励考核机制。在"走出去"的过程中，必须充分发挥境外机构负责人的作用，对于他们的激励考核尤为重要。考核目标既能让他们看得见，还让他们抬抬脚能够得到。考核内容既要重视财务数据（如产值、利润、新签合同额、资金回收等），又要有市场发展节点控制。

第五，做好一般管理人员、劳务人员的选择及物资供应。集团内部统筹安排一般管理人员的选择，选拔语言基础好、有吃苦耐劳精神并认同企业价值观的管理人员。管理人员之间、管理人员和劳务人员之间要同甘共苦，把整个团队拧成一股绳。在劳务人员队伍选择上，要严格把握人员素质，掌握管理方式。同时国内要建立专门的涉外劳务和物资供应团队。

第六，福利待遇等配套服务完善，并形成独特的企业文化。"走出去"就意味着广大员工与家人的长期分离，因此，要想稳定"走出去"的员工队伍，薪资要跟得上，休假、关心慰问等福利也要跟得上，要让员工及其家属充分感受到企业对他们的关心和重视，逐步形成"走出去"企业独特的文化氛围。

第七，海外市场的属地化建设，不能只喊口号，更要付诸实际行动。海外市场属地化建设的重要性不言而喻，在这方面央企、国企都做得比较到位，对于民营企业同样重要。一是市场开拓之初，就要树立扎根意识，不以项目为导向，而以认定的国别市场为导向，积极承接各种规模的项目，进行深耕，把企业做成当地企业；二是要加强对当地员工的培训力度和加大当地用工量；三是积极履行社会责任，开展形式多样的公益活动；四是重视与当地政府和媒体的沟通交流，不断扩大影响力和知名度。

第八，增强法律意识，合理管控风险。风险管理是民营企业的弱项，稍有不慎就可能导致企业陷入困境。要加强对所开拓国家法律法规等相关政策的研究和评估，及时规避潜在风险。

民营企业"走出去"的业务规模会随着经验的积累不断扩大，海外市场发展机会也会进一步增多，但民营企业也要有清醒的认识。伴随着国际高端工程市场的垄断和新兴市场的多方竞争日趋激烈，拓展海外业务面临的形势也会更加复杂，在这样的市场环境下，民营企业要学会及时变通海外市场运作模式，加强自身管理，做好定位，开源节流，才会更有竞争力，根据海外市场的变化灵活调整应对政策，才能获得长足发展。

国际市场开发

——后疫情时代的国际工程承包现状及对策

王晓明[①]

2020年春节以来，受新冠肺炎疫情影响，世界经济处于"二战"以来最为严重的衰退期，发展中国家债务风险攀升，非传统安全风险突出，国际资本避险情绪明显上升，基建项目机会锐减。对于对外承包工程企业来说，国际市场开发处于暂时的"冬天"，一定时期内会对企业的国际开发和履约造成一定的冲击。但是从长远来看，经济全球化的大趋势不会变。随着"一带一路"倡议走深走实，中蒙俄、新亚欧大陆桥、中国-中亚-西亚、中国-中南半岛、中巴、孟中印缅六大经济走廊建设进入实质阶段，国际政治经济局势将进入新常态。对外承包企业需要充分认识当前的形势，把握国际市场变化趋势，通过转型升级适用新形势、新变化。

一、充分认识当前国际市场形势

（一）新冠疫情对国际开发的深远影响

1. 全球经济呈现负增长，逆全球化思维显现

新冠肺炎疫情在境外呈快速蔓延和长周期趋势，疫情前期各国均不同程度地采取封城等社交隔离措施。当前频繁出现航班熔断的状况，人员出入境和设备物资供应受阻，个别国家出现逆全球化思维，贸易保护主义明显抬头，非传统安全风险增大，国际招标项目锐减，新项目开发中断，在建项目履约困难，市场开发和合同履约风险加大（图1）。

---

① 王晓明，中国电建集团山东电力建设第一工程有限公司华南公司总经理/党委书记。

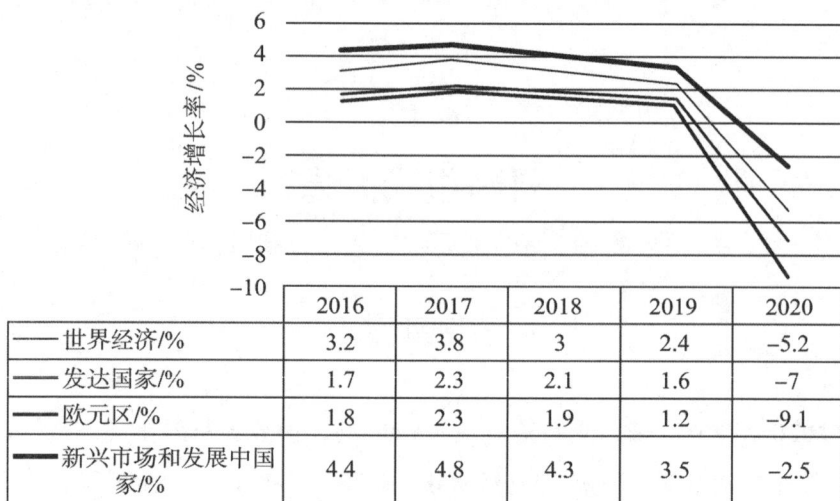

	2016	2017	2018	2019	2020
——世界经济/%	3.2	3.8	3	2.4	−5.2
——发达国家/%	1.7	2.3	2.1	1.6	−7
——欧元区/%	1.8	2.3	1.9	1.2	−9.1
——新兴市场和发展中国家/%	4.4	4.8	4.3	3.5	−2.5

图1　2016—2020年世界经济增长趋势

（数据来源：商务部、智研咨询）

2. 国际基建市场短期下行趋势加剧

疫情加剧了国际经济下行趋势，全球多数经济体呈现负增长态势，资本避险情绪持续升温，国际基建市场资金缺口将继续扩大，加速冲击许多发展中国家债务的可持续性，进一步限制其实施基建刺激措施的能力，许多国家政府被迫将有限资金投向疫情防控、改善民生等领域，短期内基础设施投资需求将受到进一步抑制。2020年1—8月我国对外承包工程完成营业额796亿美元，同比下降12.6%，新签合同额1 350亿美元，同比增长4%，疫情对承包业务的影响显著（表1）。

表1　2020年1—8月的业务变化情况

月份	新签合同额/亿美元	同比变化/%	完成营业额/亿美元	同比变化/%
1月	156.5	71.0	55.4	−31.9
2月	152.5	10.3	99.8	5.2
3月	244.8	−11.4	124.7	−19.2

月份	新签合同额/亿美元	同比变化/%	完成营业额/亿美元	同比变化/%
4月	101.0	−37.0	85.0	−28.5
5月	202.5（欧非拉）	81.8	131.4	25
6月	214.7	−23.7	109.5	−26.1
7月	145.5	−1.4	93.2	−11.5
8月	132.2	53.0	96.5	−5.8

3. 传统商业模式受到挑战

发展中国家是中国对外承包企业的主要市场。受疫情影响，大多数发展中国家的主权债务攀升，国家风险及主权债务风险评级下降，部分国家主权债务违约风险加大，金融机构暂缓放款，融资框架项目急剧减少，巨大的资金缺口使传统EPC、EPC＋F商业模式面临巨大挑战，合作国普遍要求国际承包商通过投资参与其项目建设。中国企业项目融资主要依赖主权担保，项目融资、次主权担保模式难以被普遍接受，国内对企业对外投资监管严格，审批程序和时限不能满足企业对外投资决策需要，造成企业参与境外投融资项目面临"签约难、生效难、落地难"的困境。

4. 热点市场趋于饱和，外部竞争压力增大

中国对外承包业务80%集中在亚洲和非洲市场，疫情前市场竞争已经非常激烈，利润空间有限，疫情后市场进一步萎缩，而欧、美、日、韩及发展中国家承包商出于生存需要，重返中低端市场，进一步增加了市场竞争的激烈程度。7月，丸红、住友商事、三井物产三家日本企业获得缅甸火力发电站基建大单，合同额98.9亿～131.8亿元人民币。

（二）国际政治局势走向

1. 中美关系走向

作为世界前两大经济体，中美两国关系的发展深刻影响着国际政治

经济局势的走向。疫情以来，美国为摆脱疫情造成的经济下滑和国内矛盾，急于同中国脱钩，从政治、经济、科技、军事等方面抑制中国发展，通过其控制和影响的多边银行和监管机构、引用其国内法进行长臂管辖是其打压中国企业的重要手段，合规管理成为对外承包企业的重要竞争力。

2. 地缘政治和经济走向

受疫情加剧和中美脱钩双重影响，个别国家出于转移国内矛盾的需要，限制中国投资或中国成分，在一定程度上也影响了中国对外承包企业在这些国家的业务拓展。如印度、澳大利亚在人员签证、设备进口等各个方面采取了限制措施，增大了中国投资企业和承包企业的风险。从2016年起，中国的对外投资呈现明显下降态势（图2）。

图2　2014—2019年中国非金融类对外直接投资情况
（资料来源：中国商务部统计快报）

二、市场机会分析

（一）后疫情时代经济刺激计划将扩容市场

为应对疫情对经济的冲击，各国政府纷纷出台规模巨大的能源建设和基础设施发展计划，如菲律宾的"大建特建"计划、秘鲁的"启动秘鲁"经济振兴计划、巴西的基础设施振兴计划。非洲开发银行宣布从2020年起陆续增资1 150亿美元，支持非洲基础设施项目的开发建设。发展中国家的经济刺激计划将会在后疫情时代集中实施。

（二）一带一路倡议进一步深化，催生更多的市场机会

疫情加剧了全球产业链重构趋势，大力发展对外投资，推动在境外建设工业园区等是必然趋势，为后疫情时代的国际产能合作、防疫合作等带来新机遇。疫情后各个国家也必将更加重视工业和卫生基础设施的建设，为基建行业带来新机会。中国在抗击疫情过程中，进一步加深了与"一带一路"沿线国家的合作，已经与137个国家和30个国际组织签署197份"一带一路"合作文件，并与20多个沿线国家建立了双边本币互换安排，未来合作将进一步深化。

（三）技术进步催生新能源、新基建业务快速发展

近年来，技术的飞速发展使得新能源发电成本大幅下降，光伏电站的平准化度电成本甚至已经低于传统火电。国际可再生能源署（IRENA）在2019年从17 000个项目中收集的成本数据显示，自2010年以来，太阳能光伏发电（PV）、光热发电（CSP）、陆上风电和海上风电的平准化度电成本分别下降了82%、47%、39%和29%（图3）。2019年投产并网大规模可再生能源发电容量中，56%的成本都低于化石燃料发电，中东地区光伏电价拍卖价甚至低至1.2美分每千瓦时。

同时，随着智能化和数字化发展，以5G基站、特高压、城际高铁、城市轨道交通、新能源汽车充电桩、大数据中心、人工智能、工业互联等为代表的新基建迎来历史发展机遇。

三、后疫情时代国际市场开发应对

面对挑战机遇，对外承包工程企业要认清国际市场变化，把握历史机遇，加快转型升级，尽快形成竞争新优势，落实高质量可持续发展。具体要实现"两个精准"，即精准市场布局、精准业务发展方向，重视"三个创新"，即采用新模式（融资、管理、技术）、推进新合作（第三方合作、产业合作）、践行新理念（ESG经济技术可行性）。

单位：美元/MWH

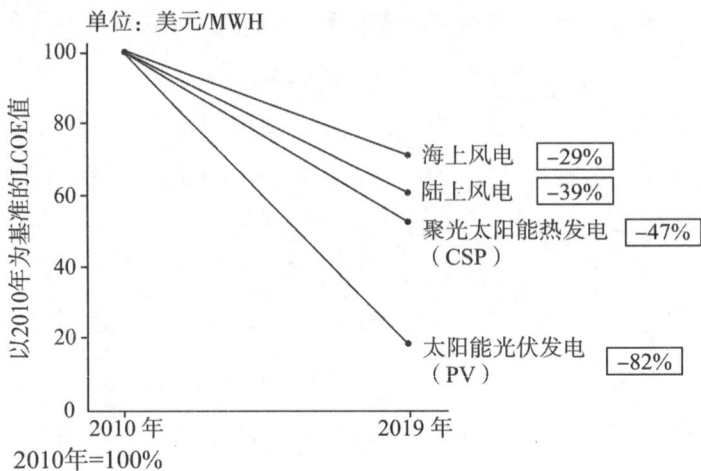

2010年=100%

图3　可再生能源发电技术自2010年以来成本不断下降

（数据来源：IRENA Renewable Cost Database 2020）

（一）精准市场布局

企业根据自己的业务发展定位，准确判断国际市场发展趋势，精准市场布局，化危为机，寻找市场机会。契合国家对外发展战略，深入推进"一带一路"建设，是对外承包工程企业的不二之选。"一带一路"倡议是构建中国版全球公平正义新秩序、新治理体系和新型国际关系的重要举措。疫情以来，国家层面出台了一系列推进政治经济全面合作的有力措施，推进"一带一路"高质量发展。

中国出口信用保险公司重点向"两高一重"项目上倾斜，即高技术、高附加值、"一带一路"重点项目，其中电力装备和特高压归入高技术产业。国家开发银行安排了二期共计267亿美元的复工复产资金和"一带一路"专项优惠贷款，支持受疫情影响的"走出去"企业。中国进出口银行设立了500亿元人民币的专项纾困资金，放宽客户授信评级准入要求，下放部分业务审批权限，开辟绿色审批通道，加大对"一带一路"投建营一体化项目的融资支持。

另外，中国积极响应G20提出的减债缓债倡议，对非洲及南亚部分主权债务攀升的国家缓解资金困难具有重大意义，能够支撑这些国家持续推进能源电力和基础设施建设，创造更多的市场机会。

（二）精准业务发展方向

企业在保持战略定力的同时，也要关注市场变化趋势。就电力工程而言，新能源发电技术的进步使得世界能源结构发生了巨大变化，当前及今后一段时期，新能源仍将是电力建设领域的主要增长点。图4显示了2009—2019年新能源的开发现状。

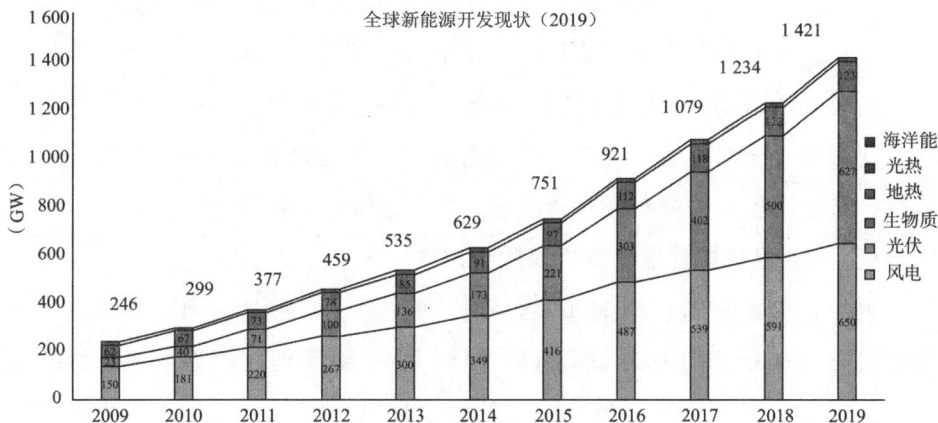

图4　全球新能源开发现状
（数据来源：IEAGWEC）

在关注"传统"新能源业务的同时，也要关注潜在的技术研究，比如储能、氢能等领域，目前受制于成本新能源还未能大规模普及，但企业也应提前进行知识、人才的储备，站在技术发展的制高点把握市场先机。

（三）加强资源整合，加快转型升级

现汇竞标项目、主权担保的融资＋EPC项目，包括"两优项目"急剧减少，全球范围的债务违约潮将给债务国金融信誉带来极大的伤害。随着多国主权评级的下调，传统以中国资金引领的EPC＋F模式难以为继，"投建营一体化"已经成为对外承包工程行业发展的共识和趋势。因此，对外承包企业要充分整合资金、设计、设备、运维等资源，依靠自身海外布局优势和EPC执行优势，依托投资型企业资金走出去，对于质量较高的项目，要敢于尝试小比例参股的方式带动项目开发。

（四）高度重视履约精细化管理，推动本土化经营

疫情的暴发加剧了国际市场的竞争：一是人员流动受限，组织大量中方技工赴国外施工已不具备条件；二是受防疫要求影响，人工成本增长普遍在50%以上，提高了中国对外承包工程的执行成本和风险，使得传统以中方管理、中方技术工人为主，当地分包为辅的承包模式已经没有竞争力。

因此，对外承包企业要树立本土化经营的理念，借鉴西方企业在中国的运作模式，努力培养本土化的管理、技术人才和技术工人，降低项目执行成本。同时要认识到今天的现场就是明天的市场，高质量履约是最好的营销广告，要根据公司对市场、客户、项目的定位，加强精细化管理，做好安全、质量、进度管控，积极履行社会责任，在当地树立良好的企业形象。

（五）加强合规管理，做好风险管控

近年来被国际监管机构和多边银行制裁的中国企业案例迅速增多，合规管理整体向规则更复杂、执行更严格、竞争更激烈的趋势发展。特别是后疫情时代，随着中美在各个层面的竞争加剧，国际政治经济形势更加错综复杂，涉美风险、新冠疫情引发的风险、数据保护风险成为合规管理的热点。对外承包工程企业首先要完善合规管理体系，建立合规管理制度，重点做好腐败行为和投标禁止行为的管理，以联合体、联营体方式投标，其次对合作方进行尽职调查，避免受到牵连违规。

当前处于百年未有之大变局，新技术、新经济发展催生新的市场机遇，项目开发、履约的风险也不断提高。"走出去"的对外承包工程企业代表着中国的管理、技术水平和企业形象，一定要认真研判市场、研判行业发展趋势，加强资源整合抱团出海，加强合规管理转型升级，提高企业的国际竞争力，促进国际业务行稳致远、高质量发展。

建筑工程行业向海外发展分析

黄 司①

摘要： 当前建筑行业已达到一个发展的拐点，整个行业处于转型、升级阶段，根据现状分析及向海外建筑行业发展的总趋势，国家宏观政策引导国内建筑行业放缓和向好发展，从城市到乡村多方面寻求新基础建设的经济增长点，同时国家从政策助推鼓励、资本助力、援外项目中方代建等多措并举，引领国内建筑企业走向海外，实现国内建筑产业的剩余产能融入海外市场。

关键词： 国内外建筑行业发展现状；向海外建筑发展

一、国内建筑行业

随着当前我国社会经济的不断发展，建筑行业也得到了长足的发展，建筑业生产总值占国内生产总值（GDP）的16%，对国民经济影响很大。在总量不再迅速增长的新常态下，传统业务和赚钱模式将受到挑战，原始的利益格局将发生变化；尽管外部市场存在不确定性，建筑业在一段时期内仍是我国的支柱产业之一。

从建筑行业数据分析来看，我国基础设施建设总体实行平稳政策。首先，中央提倡引领的"一带一路"鼓励建筑企业走出去，消减国内的过剩产能，缓和行业内部竞争；实施乡村振兴计划，大力发展农村城镇基础设施建设，实现短期产业"内循环"。其次，国家为提振区域经济，有计划地新建城市地上和地下轨道交通，试点性建设城市智能道路交通、绿色生态城市等。

---

① 黄 司，中铁十四局集团海外工程分公司工程管理部副部长。

未来10年，我国宏观经济仍将有望保持稳步发展，带动基建市场稳步上升。城镇化已成为整个中国未来发展的必然趋势。到2030年，我国城镇化率要达到70%，未来近20年还将有约3亿人由农村转移到城市。国内如此庞大的内需市场，将会给建筑行业的多元化发展带来新的机遇。

二、海外建筑行业

基础设施建设投资对于一个国家的经济发展有着至关重要的推动作用。尤其对于发展中国家的经济而言，随着公路和铁路的修建、水能或风能电力设施的安装、清洁用水的利用，新建的基础设施可以对人民的生活和商业前景产生变革性影响。建筑行业紧跟经济发展需求，建设新的和升级的基础设施也是维持经济增长的关键。

建筑业不仅会对全球经济产生直接影响，而且与其他行业也有重要的联系，这意味着其对GDP和经济发展的影响远远超出了建筑活动的直接贡献。基础设施的完善促进了GDP的增长，而基础设施的可用性可以提高生产率并促进竞争与合作。

根据世界经济论坛的数据，建筑业在全球就业人数超过1亿，占全球GDP的6%。更具体地说，建筑业增加值约占发达国家GDP的5%，在发展中经济体中占GDP的8%。预计在未来20年内将出现大量的基础设施需求，但只有在政府增加其在基础设施建设中所占GDP的比重时，这些需求才能得到解决。与其他地区相比，拉丁美洲和非洲的基础设施投资缺口最大。

（一）全球建筑业市场规模达

全球建筑市场的规模在不断扩大。市场调查企业Statista的数据显示，

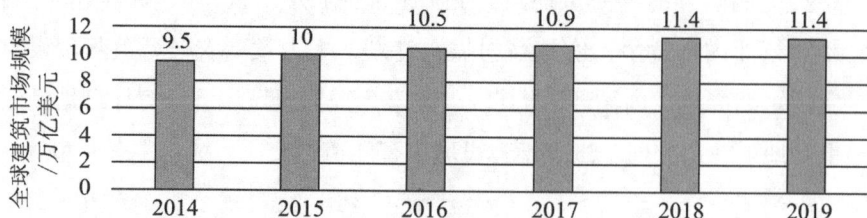

图1　全球建筑市场规模增长情况

全球建筑市场的规模从2014年的9.5万亿美元增长至2019年的11.4万亿美元，2014—2019年的年均复合增长率为3.71%（图1）。

（二）全球建筑行业发展前景

根据牛津经济研究院的预测，2030年全球建筑业产出总额将较2014年增长85%，达到17.5万亿美元，年复合增长率达3.9%（图2）。

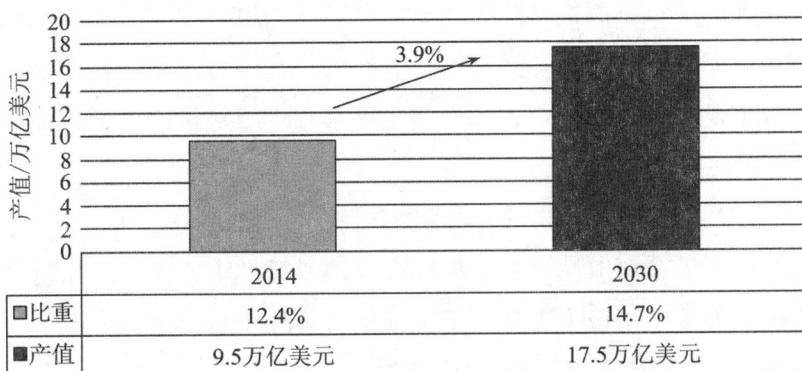

	2014	2030
比重	12.4%	14.7%
产值	9.5万亿美元	17.5万亿美元

图2　2014—2030年全球建筑业产值及占GDP比重

2016—2030年全球建筑业累计产值有望达到212万亿美元，其中"一带一路"沿线国家累计产值有望达44.6万亿美元，年均市场空间有望突破3万亿美元。伴随我国国际工程企业海外业务经验不断丰富，未来海外市场有望成为我国国际工程承包企业的重要业绩增长点。

三、中国建筑企业走向海外

国内基础建设投资需求有所收紧，海外市场成为全球工程企业的重要竞争地，工程企业进军海外建筑市场的是大势所趋。

（一）政策助推建筑企业走向全球

2013年，我国提出建设"新丝绸之路经济带"以及"21世纪海上丝绸之路"倡议，相关政策持续发力，推动"一带一路"沿线基础设施建设，我国国际工程承包企业迎来了新的发展机遇。"一带一路"沿线国家超过60个，多数为新兴经济体和发展中国家，总人口超过30亿，经济总量超过20万亿美元。沿线国家城市化进程不断推进，对现有城市交通、供水网络、供电系统等基础设施投资需求巨大。

（二）资本助力海外建筑市场

海外建筑行业持续需求势头强劲，资本利好趋于海外建筑领域，行业发展长期向好。新签海外项目逐年增加，项目营收利润驱动企业规模扩张。

对外援助项目、两优贷款项目、商业融资项目等中国资本输出推动中国建筑行业海外发展壮大。世界银行、欧洲复兴银行、美洲开发银行、亚洲基础设施投资银行等各大银行参与全球基础设施建设的投资，为海外建筑行业不断注入新的活力。

（三）互联网+拓展优化海外项目管理

海外项目具有离散性、复杂多样性，项目管理难度大，互联网全球化加上管理软件的应用极大地减少了海外项目管理压力，项目监控、监管、指导工作在网上就能实现，使沟通顺畅。

海外建筑行业引入ERP、OA、EAP等系统，优化信息管理施工环节，提高行业效率。

（四）海外建筑行业的多元化

海外项目从当初的施工承包逐步走向多元化，目前有援外代建项目、PC、EPC、BOT、PPP以及技术合作项目。前期建筑行业主要输出劳动力实施项目，随着行业的多元化发展，不再是单纯的劳动力输出，而主要是技术、经营、融资等管理型人才输出。建筑行业在海外发展带动国内建筑相关的制造业产品的出口，如建筑材料、施工机械设备、建筑附属设施，乃至后期的维护耗材、零配件产品的供应，助推其他行业经济良性向好。

四、总结

从分析建筑行业未来发展前景来看，国内产业结构科学规划，建筑行业趋于平稳发展，财政投入相对收紧，国内建筑行业总体处于转型升级阶段。建筑企业为适应市场变化而变革，优化企业内部产业结构、升级管理模式、引入科技因素，增强企业在内循环经济模式下的竞争力。

　　海外建筑市场体量非常大。在全球经济持续低迷的状态下，许多国家启动基础建设促进其他行业的活力，推动整个国家经济稳步发展。欧美国家的建筑业几乎被少数大型企业垄断，项目各项成本都非常高，缺乏市场竞争活力；非洲基础设施建设需求巨大，建设资金不充足，缺乏专业施工队伍；拉美地区的道路交通、水利水电等基础设施需求强劲，政府引进国际资金和建筑企业来改善现状。中国建筑企业恰好能弥补海外建筑市场的短板，具有强加大的竞争力，满足建筑市场的需求，另外，"中国模式"有很好的复制特点，刺激经济发展效果显著。

　　虽然2020年受疫情影响，全球的建筑市场处于低谷，但国内疫情控制情况良好，复工复产及时，"内循环模式"快速形成。预计疫情得到有效控制后，各国将加大基础设施的建设来提振经济，海外的建筑业将有很大的发展空间。

浅析对外承包工程企业发展历史与现状

王 乐[①]

笔者以所在的山东泰安建筑工程集团有限公司为例,分析对外承包工程企业的发展历史和现状。

新中国成立后相当长一段时间内,我国对外经济合作处于被西方大国半封锁的状态,在内部也缺少开展海外工程承包的窗口和机制。国际工程承包以开展对友好国家的援外业务为主,由政府主导,以行政手段安排施工任务。这期间,我公司也以参加国家援建项目为契机,逐步开始走出国门,进入海外市场。在当时计划经济为主体的模式下,我们派出技术骨干参与毛里塔尼亚、坦桑尼亚等重点援建项目。由于通信、交通条件的限制,这些人员一出国就是几年,对他们来说出国就是一次考验,也更像是完成一项任务。

时间来到20世纪80年代后期,我公司与齐鲁建设集团合作承接了中国驻苏丹大使馆项目,这是一个里程碑,标志着我们从完成国家援外任务的执行者转变为国外承包工程市场的开拓者。从那以后,我们发扬"泰山挑山工"精神,吃苦耐劳、奋力拼搏,先后进入苏丹、毛里求斯、埃塞俄比亚、马来西亚、阿联酋等国家的建筑市场,承接的项目有中国驻苏丹大使馆及新华社驻苏丹办事机构群体工程,苏丹外交部办公楼,苏丹炼油厂Ⅰ、Ⅱ期,苏丹吉利电厂Ⅰ、Ⅱ期,苏丹石油总部大楼,毛里求斯路易港高层写字楼,埃塞俄比亚国防部军用设施,阿联酋商住楼等一系列国际工程项目。2003年,我公司改制为民营企业,在认识到海外市场的风险和地方企业品牌与商务能力

---

① 王 乐,山东泰安建筑工程集团有限公司总经理助理、国际工程部经理。

的不足之后，重点发展与央企和国企的合作，充分利用央企的市场开拓能力，发挥自身在施工方面的优势，取长补短，合作开发，实施"借船出海"战略，取得了良好的效果，建立了与中建、中航技、北京建工等一大批央企的长期合作关系。特别是在阿尔及利亚市场，自2008年参加阿尔及利亚贝伊德1 000座监狱项目至今，先后完成了嘉玛大清真寺、机场航站楼等十几个重点公建住房项目，现已成为中建阿尔及利亚分公司的重要合作伙伴。

近年来，全球政治、经济和社会环境发生了较大变化，企业自身的发展也面临更多的机遇和挑战。在"一带一路"倡议和国际产能合作战略的指导下，加快"走出去"步伐，做好战略规划，强化人才培养与储备是重点。在对海外市场的长期经营中，我们培养了一批又一批技术人员和工人，做好"传帮带"，不断地向海外队伍中注入新鲜血液。关心出国人员，特别是家里有困难的特殊群体，逢年过节走访慰问，以人性化的关怀温暖每一名职工的心，激励他们在海外积极进取，更好地工作。在市场开发方面，我们以扎实肯干的精神，赢得了合作央企和业主的赞誉，坚信良好的口碑就是"走出去"企业的生命线，重点开发北非、中东市场。自2015年以来，新签合同额、营业额稳步增长（图1）。

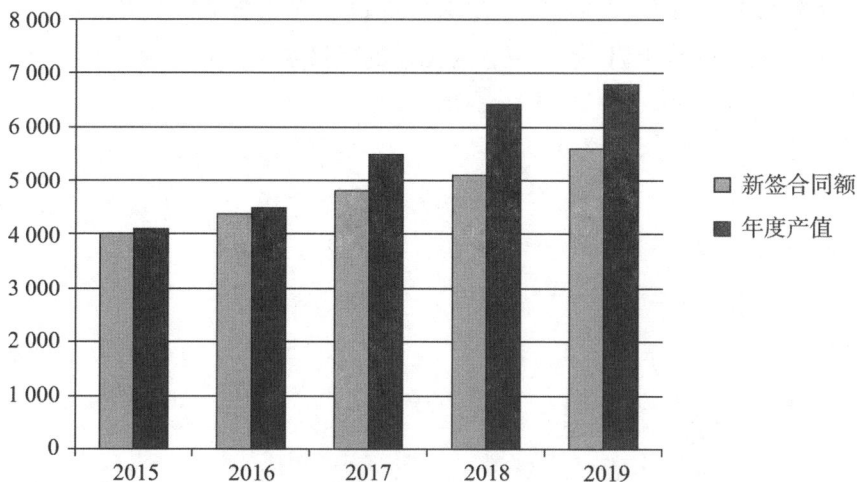

图1　2015—2019年新签合同额及年度产值（万美元）

坚持"科学技术是第一生产力"的理念，在海外施工中广泛应用新技术、新工法。我们施工的阿尔及利亚嘉玛大清真寺主会场，由于平时聚会频次高、人数多，对抗震要求较高，故特在祈祷厅地下二层采用抗震滑移支座工艺，此技术解决了主会场抗震问题。在阿尔及利亚住房项目中，大量使用新型铝模施工工艺，减少了投入劳动力，提高了工效，实现了"减员增效"，提高了效益的目标。近年来人口红利消退，建筑业用人荒较其他行业更严重。随着建筑业人工费成本持续上涨，从劳动密集型向技术密集型升级是必然趋势。在此形势下，改革体制、创新管理模式成为迫在眉睫的问题。因此在海外用工方面，我们优化工人构成，由有技术、经验丰富的中国工人带领使用属地化和第三国劳工，降低用工成本，实现效益最大化。例如由集团公司分包的中国航空技术国际工程公司阿联酋洲际海滨项目，我公司仅派出管理及技术工人18人，全部采用属地化和第三国劳工，大大减少用工成本，解决了国内招工难的问题，从而能够按时按量地完成项目。

回顾我公司的发展历史，总结现在的一些经验与办法，希望能对大家有所帮助。当前国际形势风云变幻，中国作为强国的崛起已是必然的趋势。面对新的机遇与挑战，每一个对外承包工程企业都应有充分的认识和必要的准备，积极响应国家号召，为国家的经济建设贡献力量！

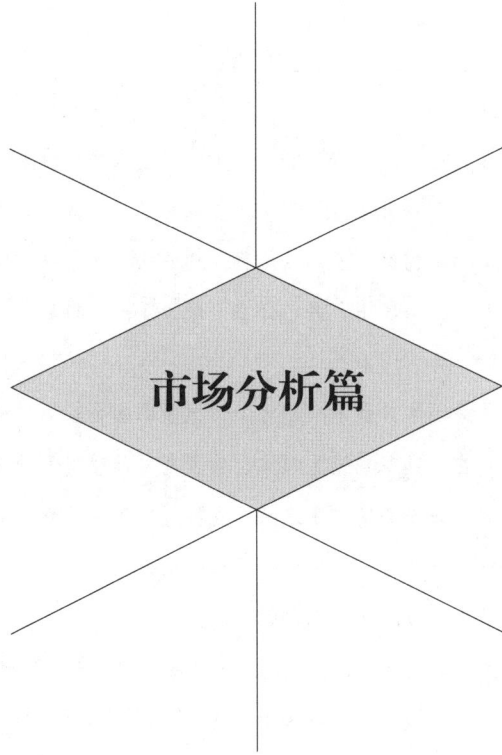

市场分析篇

俄罗斯交通基础设施市场进入战略研究

丁必成[①]

摘要： 在国家倡导"走出去"和"一带一路"大环境背景下，越来越多的中国企业走出国门，积极开拓国际市场，并取得了一定成绩。山东高速集团经过多年发展，已成为国内交通基础设施行业的龙头企业之一，同时高度重视海外业务的发展，积极参与其中，并已经在全球做了业务布局，尤其关注"一带一路"沿线国家的市场。

在中俄政治关系不断升温的大趋势下，很多中国企业把目标瞄向了俄罗斯这个庞大的市场。在交通基础设施领域，俄罗斯自苏联解体独立后发展缓慢，市场需求很大，普京政府高度重视未来的发展并做了一系列决策和规划。俄罗斯巨大的交通基础市场非常有吸引力，引起了中外很多企业的关注，因此，对俄罗斯交通基础设施市场进行研究非常有必要。

本文根据企业国际化理论、市场进入战略理论和市场竞争理论，运用PEST分析、波特五力模型、波特价值链和SWOT分析方法对俄罗斯交通基础设施市场外部环境、竞争环境、关键成功因素与山东高速集团内部资源、能力优势及劣势等进行全面分析，确定山东高速集团的战略定位和目标。以俄罗斯交通基础设施市场的外部环境与山东高速集团内部资源及能力为基础，研究和制定山东高速集团俄罗斯交通基础设施市场进入战略的方案与实施。

本文的基本结论是山东高速集团采用与俄罗斯伙伴以合资公司的模式参与俄罗斯交通基础设施市场更为符合俄罗斯市场需要，既能发挥出俄罗斯本土企

---

① 丁必成，中国山东国际经济技术合作有限公司拉美公司董事长。

业和山东高速集团在各自领域的优势，又能较好地规避现存的不足与劣势，真正形成资源互补、优势互补、强强联合。

本文将理论和实际相结合，研究山东高速集团俄罗斯交通基础设施市场的进入战略，以及进入市场后采取的竞争策略，希望对同在研究俄罗斯交通基础设施市场的中国企业提供一点参考。

关键词：俄罗斯；交通基础设施；山东高速集团；市场进入战略

一、导论

（一）研究背景

中国经历了改革开放以来40年的高速发展，人民生活水平不断提高，国家面貌焕然一新，尤其是中国的交通基础设施领域，从弱到强，由小到大，不断完善、丰富，极大推动了中国经济的发展。目前中国在交通基础设施领域的投资、建设和运营能力已走在世界的前列，新模式、新工艺、新技术和成熟的管理及运营能力快速发展，中国企业在国际市场上的竞争力不断提升，跟紧国家"走出去"和"一带一路"倡议，积极开拓国际市场。

俄罗斯作为"一带一路"上重要的支点国家，对于中国成功实施"一带一路"建设有重要的地缘和政治影响。俄罗斯横跨欧亚大陆，国土面积世界第一。俄罗斯虽经历了灾难性的十年倒退，但凭借普京总统强势的领导和高超的政治能力，快速解决了内外诸多困难和矛盾，依托自身极其丰富的自然资源和原有的重工业优势，经济逐步复苏，在国际事务中依然发挥着重要作用。

苏联解体后，俄罗斯交通基础设施发展缓慢，甚至倒退，现有的交通基础设施陈旧，规划、管理、运营、开发能力不强，对俄罗斯经济发展造成了较大的制约。俄罗斯国土辽阔，落后的交通基础设施也造成了地区经济发展极不平衡，尤其是远东地区经济发展落后。2014年突发"克里米亚危机"，西方集体制裁俄罗斯，能源和大宗资源价格骤降，对高度依赖能源和资源出口的俄罗斯经济造成重创。为扭转经济衰退的局势，通过加强交通基础设施的投资和建设来刺激经济发展是俄罗斯政府的主要努力目标。这对于中国企业来说有巨大的市场潜力。但是，苏联曾是世界超级大国，在政治、经济、文化、技术方面，对于很多发达和发展中国家来说有相当的特殊性，在很多领域都独树一帜。俄罗斯作为苏联的主要继承者，基本延续了原有的很多体系。因此，对于很多不熟悉俄罗斯的中国企业来说，仅凭借在中国和其他国家开发的经验，存在一定的风险和障碍，造成了现阶段一些项目迟迟难以落地或者遇到了较大的困难。

山东高速集团一直积极关注和跟踪俄罗斯交通基础设施市场，随着海外业务的拓展，已积极开始布局俄罗斯市场。近年来，随着中俄关系不断升温，一批大的交通类项目也被列为双方重点推进项目，如莫斯科–喀山的高铁项目、远东的"滨海1"和"滨海2"项目。但由于种种原因，这些重大项目进展缓慢，迟迟未能落地，对于山东高速集团来说风险与机遇同在。

综上所述，俄罗斯在交通基础设施领域有巨大的需求和市场空间，对于正在积极响应国家"走出去"和"一带一路"倡议的山东高速集团来说有着巨大的吸引力，山东高速集团不仅要"走得出"，而且要"站得住"。

（二）研究目的

山东高速集团自2001年组建以来快速发展，经过20多年的努力，已成为全国路桥行业运营里程最长的上市公司、蓝筹股代表。山东高速集团坚持"立足山东、面向省外、走向世界"，依托交通基础设施全产业链优势，紧抓国家"一带一路"建设机遇，发展互联互通优势项目，经营领域相继涉及全球106个国家和地区，营业额达1 000亿元，是山东省管企业"走出去"的排头兵。俄罗斯是山东高速集团重点布局的海外市场，山东高速集团自2015年以来就开始着手俄罗斯市场开拓的各项准备工作。因此，深度了解俄罗斯交通基础设施市场，并决定采用哪种市场进入战略，尽快进入俄罗斯市场且占据较大的市场份额，是山东高速集团关注的重点。本文的主要目的就是制定适合山东高速集团在俄罗斯交通基础设施市场的进入战略，希望能为在俄罗斯市场尽快实现突破做一些应用研究方面的工作。

（三）研究的意义

本文希望通过对俄罗斯交通基础设施市场的分析，结合山东高速集团海外业务开拓的目标，重点研究山东高速集团如何进入俄罗斯交通基础设施市场，以及进入市场后如何发展。与此同时，希望通过对俄罗斯基础设施市场进入战略的研究，为山东高速集团在其他独联体国家的开拓工作提供一些思路和办法。

（四）研究的思路与研究框架

本文从国家"走出去"战略和"一带一路"倡议的大方向出发，结合山东高速集团开拓俄罗斯交通基础设施市场的实际需求展开研究工作；以企业国际化、海外市场进入战略、市场竞争战略等理论为基础，科学分析俄罗斯交通基础设施市场的现状、竞争环境，以及存在的机遇和风险；结合对山东高速集团的内部资源和能力的分析，制定相应的战略定位和目标；在内外部环境分析基础上，分析、选择、制定适合山东高速集团的市场进入战略，并提出相应的保障措施。主要研究思路如下（图1）。

第一部分：导论。主要介绍本文选题的背景、研究的主要目的和意义，回顾和分析目前在俄罗斯交通基础设施领域的相关研究并提出研究思路和框架，介绍本文的研究内容、方法和可能的创新之处。

第二部分：理论基础与研究综述。概述支撑本文分析研究的相关理论，包括企业国际化理论、市场进入战略理论、市场竞争战略理论等。

第三部分：俄罗斯交通基础设施市场分析。根据俄罗斯交通基础设施的发展现状以及俄罗斯交通基础设施市场的环境和特点，采用PEST分析、波特五力模型、EFE矩阵等方法分析俄罗斯交通基础设施市场的现状、竞争环境、风险和机遇。

第四部分：山东高速集团内部资源及能力分析。采用波特价值链的方法分析山东高速集团内部资源和能力，通过SWOT分析方法分析山东高速集团进入俄罗斯市场的战略定位，为后续制定市场进入战略提供支持。

第五部分：市场进入模式制定和实施。在前两部分对俄罗斯交通基础设施市场分析和山东高速集团内部资源、能力分析以及市场战略定位的基础上，采用鲁特国际市场进入模式决策流程，制定和选择出适合山东高速集团的市场进入模式。进入市场后，制定相应的发展经营规划和市场竞争策略。

第六部分：市场进入战略的保障措施。结合山东高速集团俄罗斯交通基础设施市场进入战略中存在的内外部风险、竞争和问题，重点提出在组织结构、风险管控、人力资源、财务融资四方面的保障措施，确保市场进入战略能够得到顺利实施。

第七部分：结论及展望。

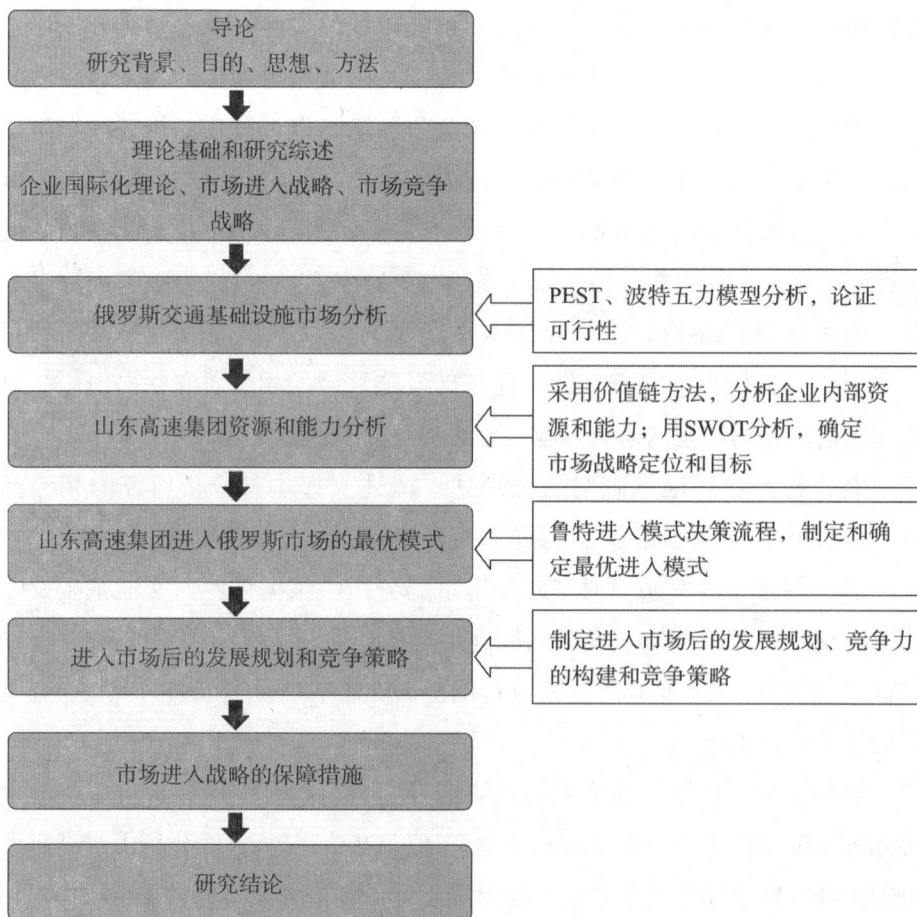

| 导论
研究背景、目的、思想、方法 |
| 理论基础和研究综述
企业国际化理论、市场进入战略、市场竞争战略 |
俄罗斯交通基础设施市场分析	←	PEST、波特五力模型分析，论证可行性
山东高速集团资源和能力分析	←	采用价值链方法，分析企业内部资源和能力；用SWOT分析，确定市场战略定位和目标
山东高速集团进入俄罗斯市场的最优模式	←	鲁特进入模式决策流程，制定和确定最优进入模式
进入市场后的发展规划和竞争策略	←	制定进入市场后的发展规划、竞争力的构建和竞争策略
市场进入战略的保障措施
研究结论

图1　研究框架

（五）研究方法

1. 文献研究法

本文通过查阅大量国内外学者正式发表的相关学术论文，中外政府、机构官方数据，以及"一带一路"官网、商务部《对外投资合作国别（地区）指南》等信息，以企业国际化、市场进入战略和市场竞争战略理论为基础，运用PEST分析、波特五力模型、SWOT分析等研究工具进行分析研究，为山东高速集团俄罗斯交通基础设施市场进入战略提供理论支持。

2. 实地访谈法

通过对山东高速集团企业高管和行业内专家进行访谈，并收集相应的资料，深度了解山东高速集团在国内和国外交通基础设施项目中，在投资、建设、运营各板块的经验、能力及资源，为制定和研究出适应俄罗斯市场的进入策略提供参考。同时也利用山东高速集团在俄罗斯有代表处的有利条件，对个别俄罗斯交通类企业进行调查，访问相关业务主管，收集相应的信息和材料。也对目前在俄罗斯的中资银行进行拜访并收集相应的数据信息以及最新政策等。

（六）论文的创新点

近年来，中国企业在海外市场开疆拓土、遍布全球，尤其是在非洲和亚太市场占据了主导地位。但是，俄罗斯市场相对于其他发达和发展中国家来说有相当的特殊性，因此，原来中国企业一些得心应手的成熟办法难有好的效果。针对俄罗斯交通基础设施市场进入战略的学术研究也比较少。本文以企业国际化理论、市场进入战略理论和市场竞争战略理论为基础，采用文献研究法和实地访谈法，运用PEST分析、波特五力模型、SWOT分析、鲁特进入模式决策模型等管理工具，对俄罗斯交通基础设施市场和山东高速集团内部资源及能力进行全面分析研究，得出与当地实力强大的企业通过成立合资公司的方式进入市场的结论，直接从产业的高端进入俄罗斯交通基础设施领域，带动企业的投资、建设和运营板块进入俄罗斯市场，有可能是一种创新和适宜的方法。

二、理论基础与研究综述

本部分主要结合企业国际化理论、海外市场进入战略理论、市场竞争战略理论以及国内外研究动态来阐述山东高速集团进入俄罗斯交通基础设施市场的相关情况。

（一）基本概念

1. 交通基础设施概念

基础设施泛指为社会和民众提供公共服务的工程设施，是保障国家和地区社会经济活动正常运行的公共服务产品和系统。基础设施是社会正常发展的一般物质条件。基础设施一般分为广义和狭义两个概念。广义概念下的基础设施主要包括生产性基础设施和非生产性基础设施两个方面，一般指能够为社会生产、人民生活服务的各个机构或部门的总称，通常是由政府提供此类服务。例如，交通、电力和水利设施等都属于生产性基础设施，也是有形产品；医疗、文化、环保都属于非生产性基础设施，也是无形产品。狭义概念下的基础设施指代生产性基础设施，也就是能够直接保障生产的机构或者部门。

交通基础设施是基础设施的一种，属于狭义基础设施，具有一般基础设施特性，是生产性的经济基础设施，直接服务于生产活动和人民生活。交通基础设施细分较多，与民众生活和生产息息相关。城际交通基础设施可分为普通公路基础设施、高速公路基础设施、铁路交通基础设施等。城市内交通基础设施一般包括市政道路交通设施、城市内高架道路、轻轨交通设施、停车场设施等。由于山东高速集团主营业务是以公路为主的投资、建设、运营和管理，本文重点研究公路交通领域的交通基础设施。

2. 海外市场进入模式概念

海外市场进入模式是指企业进入国外市场开展业务的方式，也是企业国际化发展进入海外市场需要进行的一个重要决策。进入模式从控制力角度主要可分为股权式的进入模式和非股权式进入模式。其中，股权进入模式细分为股权的模式（比如绿地和收购）或股权的占比（例如是全资公司还是合资公司）。非股权式的进入模式主要指出口贸易、特许经营、服务合同等方面。从管理和操作层面也可以把海外市场进入模式分为出口进入模式、契约进入模式和投资进入模式。出口进入模式是公司在目标国家以外的地方生产最终产品或中间产品，再将其运往目标市场。契约进入模式与出口进入模式的主要区别是把技术、知识、专利等无形资产向目标国转移，通过许可费等方式获得收益。投资进入模式是指直接在目标国家建厂或生产单元，根据母公司所有权的不同可以分为合资和全资两种形式。

海外市场进入模式可以被认为是一种公司内外作用下的系统性安排和选择。不同的海外市场进入模式可以看成是对海外机构的业务控制力和所有权方面的不同选择。同时，企业对应承担的责任、风险和收益也不同。企业根据自身资源和特性，结合外部环境因素，通过内外部分析，选择出能让企业利益最大化的模式。通过海外市场进入模式，企业可以将自身的各类资源转移至目标国家，结合当地的优势资源，为企业经营发展服务。

（二）企业国际化理论

企业国际化的理论起源于西方，研究的学者较多，在市场发展中也不断完善和发展。最早是Hymer（1960）首先提出了垄断优势理论，突出企业在市场中所拥有的垄断优势是跨国公司对外直接投资的主要动因。企业希望利用自身垄断的资源投入国外市场获得超额利润，这些资源包括资本、技术、管理技能、独特的内部文化和精神等。Hymer更重视企业跨国经营中对财产权的控制。直接投资的主要特点是企业和控制权结合。企业要建立垄断优势需要在市场不完全的前提下，具备诸如专利、技术保护、特殊的管理技能、资本以及规模经济等主要特性。在随后的研究中，Caves、Johnson、Wolf、Aliber等经济学家对垄断理论做了进一步的发展，把垄断优势归纳为五个方面：①知识和技能优势；②产品差异优势；③规模经济优势；④组织管理优势；⑤资本优势。

美国学者Vernon于1966年提出产品生命周期理论，从产品周期的角度进行研究。产品在创新阶段—成熟阶段—标准化阶段过程中，企业面临的竞争程度由弱到强，逐步丧失了技术垄断优势，发达国家企业为了降低成本，向人工成本更低的发展中国家直接进行对外投资。产品生命周期理论进一步发展中，Vernon在1974年又做了修正，引入了国际寡头竞争理论，以解释跨国公司对外投资的行为，把产品生命周期分为创新寡头、成熟寡头和老化寡头三个阶段。

小岛清通过研究"二战"后日本企业20年的快速发展和国际化，在20世纪70年代末提出了边际产业扩张理论。他主张企业应当保留自身比较有优势的产业，对外发展一些自身处于劣势的产业，目的是维持本国优势产业，提升被投资东道国的产业竞争优势，扩大比较优势差距。边际扩张理论建立在"比较优势"原则的基础上。

英国学者Peter Buckley和Mark Casson于1976年提出了内部化理论。内部化理论主要是企业可以通过内部组织体系低成本在内部转移的能力，使中间产品（技术、人力资本中的各种知识和专业技能）在公司组织内部转移，能降低交易成本，增加企业利润。Buckley和Casson认为企业内部化受到行业特定因素（产品特征、外部市场环境）、地区特别因素（地理位置、文化差距）、国别特定因素（投资国的宏观政策）和企业特定因素（内部协调、管理能力）影响，其中行业特定因素为最重要因素。

Dunning在以往对外投资理论的基础上，于20世纪80年代提出了国际生产折中理论，吸收垄断优势论、内部化理论和区位理论的主要特点，考虑了各种对外直接投资的模式，比较系统地解释了企业国际化经营中出口贸易、技术转让和直接投资的模式。国际生产折中理论是一种比较综合性的理论，认为企业国际化的动因主要是所有权优势、内部化优势和区位特定优势。所有权优势主要指企业自身拥有的能带来足够大利润的特质资产优势，如自然资源、资金、技术、专利、新工艺、研发、创新能力。Dunning

在1976年把所有权的优势根源分为以下三方面：①独占或可获得能产生大量收入的特定资产，比如原材料、产品市场、规模经济等；②子公司能得到母公司各类资源的支持；③企业地域多元化和跨国经营本身的优势。1983年Dunning又把所有权优势分为资产优势和交易优势。内部化优势是指在交易成本较高的情况下，企业会采用内部生产的方式，把优势的资源在企业组织内部转移，来实现自身的竞争优势。区位优势是目标国家能为跨国经营的企业提供更好、更有利的条件。区位因素包括生产要素方面的地区优势、市场规模庞大或技术支持、贸易壁垒和政策有利。所有权优势、内部化优势和区位优势的共同作用会推动企业的跨国经营发展。

（三）国际市场进入战略理论

国际商务和管理方面的著名学者鲁特教授，在他的著作《国际市场进入战略》中把国际市场进入战略定义为一个广泛而全面的计划，涉及战略、战术目标、资源和政策的建立，这些因素将指导企业进行国际业务的运作。

鲁特教授全面分析了国际市场进入战略要求的决策，包括以下几方面：①目标产品/市场的选择；②目标市场的经营目标和目的；③渗透目标市场的进入模式的选择；④渗透目标市场的经营计划；⑤用来检测目标市场经营表现的监控系统。国际市场进入一般分为出口、许可经营及契约合作和投资三种模式。对于特定的产品/目标国家，一家公司进入模式的最终选择是多个经常互相冲突的外力共同作用的结果。

影响选择进入模式的因素分为外部因素和内部因素。外部因素包括目标国的市场因素、目标国的环境因素、目标国的产品因素和国内因素。内部因素包括公司产品因素和公司资源/投入程度因素。

鲁特《国际市场进入战略》也详细介绍了动态的进入模式决策以及进入模式决策过程的逻辑性流程模型，从而形成一整套国际市场进入战略的研究和设计。

为了特定的产品/目标国家设计公司的市场进入战略，同时要求制定营销计划并选择进入模式。进入模式是为了渗透目标国家，而营销计划则是为了渗透国外目标市场。国外市场营销计划是一份简述营销活动目标和目的的行动安排表，一份为实现营销目标而进行的政策与资源的分配方案，以及一份活动的时间表。国外营销计划与进入模式有着密切的联系，是进入模式决策的重要组成部分，进入模式与营销计划的决策是真正的联合决策。

（四）市场竞争战略理论

迈克尔·波特提出的市场竞争战略理论，一直被认为是现有市场竞争战略理论方面的主要学派，波特也被认为是竞争战略方面的鼻祖。市场竞争战略是一种业务层战略，是指一整套相互细分的使命和行动，旨在为客户提供价值，并通过一个特定产品市场的核心竞争力的利用获得某种竞争优势[①]。波特从企业竞争优势的来源和企业展开竞争的领域两个方面对企业的竞争战略做了划分。

波特认为，企业在竞争中获取优势的方式有两种："比竞争对手更低的成本，或差异化，即有能力收取一种较高的价格以超过为产生差异化所付出的额外成本。"[②]企业要想在市场竞争中获得优势，必须在产品的成本或差异化方面进行研究和实施。企业自身的资源和特性是主要的影响因素，企业需要结合对方和环境的情况进行调整。企业开展竞争领域可分为企业是以行业范围内利用其竞争优势或以满足顾客的需求为目标两个方面。

通过以上两个维度，可以把企业竞争战略细分为五种类型：成本领先战略、差异化战略、成本领先集中战略、差异化集中战略及成本领先与差异化整合战略。

---

① Vionlina P. Rindova and Charles J. Fombrun. Constructing competitive advantage：The role of Firm-con-stituent interactions. Strategic Management Journal. Aug. 1999，Vol. 20 Issue 8，pp. 691–710

② M.E. Poter. Toward a dynamic theory of strategy，in R. P. Rumelt，D. E. Schendel & D. J. Teece（eds），Fundamental Issues in Strategy，Boston：Havard Bussiness School Press，1994，pp.423–461

成本领先战略的理论基础是规模效应和经验效应，在外部具有较高的市场占有率的情况下能得到很好的利用。

差异化战略是以竞争对手无法模仿、复制和应对的方式，创造满足顾客的价值和服务。企业必须了解顾客，具备很强的创新能力，且让顾客感受到产品和服务的独特价值。

集中化战略可分为集中成本领先和集中差异化，兼顾成本比竞争对手更低，或者又能够给顾客提供某种更适合其独特需求的产品或服务。

成本领先与差异化整合战略又称为最优成本供应商战略，其实质是一种复合战略，其目标是市场中对价格和价值都较为敏感的购买者。

（五）相关分析模型和分析工具

1. 目标国家选择模型

通过鲁特目标国家选择模型（图2），先根据消费者/使用者特征、直接估计市场规模、市场规模指标三个要素进行初步筛选，再根据市场行业潜力、公司的销售指标等要素依次进行对比、评估，最终得到最适合的市场进入目标国家。

2. 海外市场进入模式决策流程

通过图3所示决策流程，首选要明确所有进入模式，然后针对内外部因素进行分析，选取可行的进入模式进行比较利润贡献分析、比较风险分析和非盈利对象分析，经过综合比较评估排序后，选择适合的进入模式。

3. PEST分析

PEST分析是指宏观环境分析，包括政治（Politics）、经济（Economy）、社会（Society）和技术（Technology）四个方面。通常是通过这四个因素分析一个企业集团所处的环境背景。

政治环境主要包括政治制度与体制、政局、政府等，也包括政府制定的法律、法规。经济环境主要包括GDP、利率水平、财政货币政策、汇率、市场机制、市场需求等。社会环境主要是人口环境和文化背景。技术环境包括发明以及与企业市场有关的新技术、新工艺、新材料。

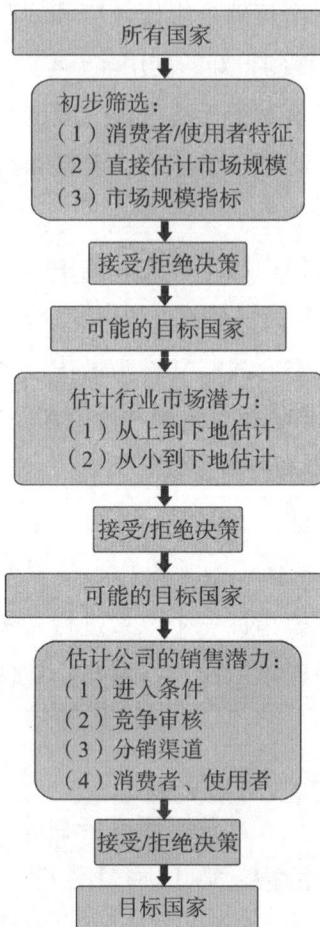

图2　目标国家选择模型

（资料来源：鲁特.国际市场进入战略（增订版）[M].北京：中国人民大学出版社，2005：39.）

4. 波特五力分析模型

20世纪80年代，迈克尔·波特（Michael Porter）提出五力分析模型，影响了企业全球性战略的制定。五力分析模型常用于竞争战略的分析，主要用来分析客户的竞争环境。波特认为，一个行业中的竞争态势是行业或者市场中五种竞争力作用的结果。五力模型清楚定义了影响企业状态的五种竞争力，在此基础上评估市场竞争强度，从而判断该行业的竞争态势，帮助企业提出可行的战略。这五种竞争力有供应商的讨价还价能力、购买者的讨价还价能力、潜在竞争者进入的能力、替代品的替代能力、行业内竞争者现在的竞争能力（图4）。

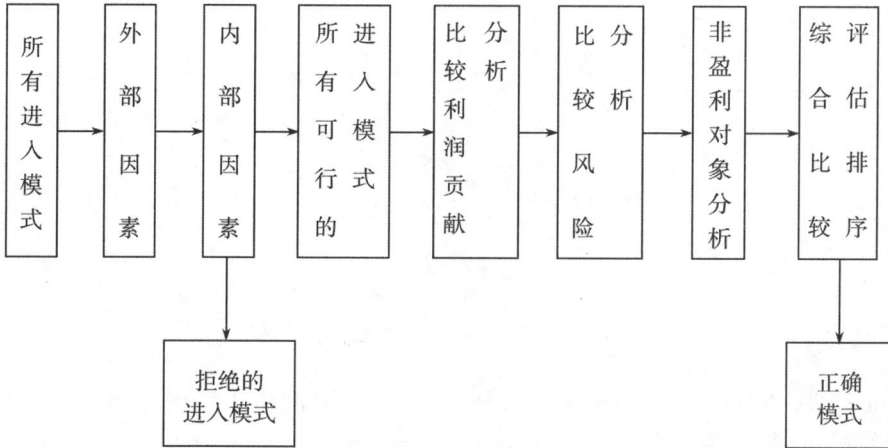

图3　鲁特进入模式的决策流程

（资料来源：鲁特.国际市场进入战略（增订版）.北京：中国人民大学出版社，2005：200.）

5. SWOT分析

20世纪80年代初，美国旧金山大学的管理学教授韦里克提出SWOT分析法，也被称为态势分析法或道斯矩阵。SWOT分析法经常用于企业战略制定、竞争对手分析。SWOT分别代表Strengths（优势）、Weaknesses（劣势）、Opportunities（机遇）、Threats（威胁）。SWOT分析通过对被分析对象的优势、劣势、机会和威胁等加以综合评估与分析得出结论，通过外部环境和企业内部资源相结合来分析对象的资源优势和缺陷，了解对象所面临的机会和挑战，从而在战略与战术两个层面调整策略、资源，以保障被分析对象的实施，确保能达到制定的目标。

（六）国内外研究综述

国外对国际市场进入战略的研究一直处于比较领先地位，例如，鲁特的《国际市场进入战略》一书全面分析了国际市场进入的所有模式以及其

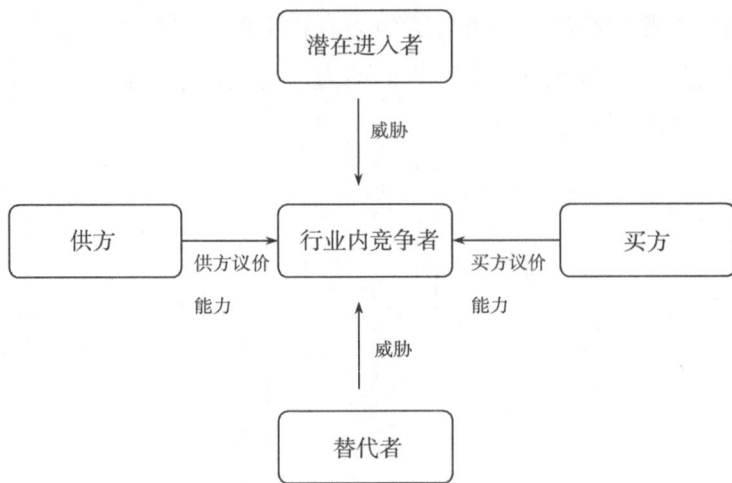

图4　波特五力模型

决策方法，制定了一个完整的决策路线图，同时剖析了跨国公司在全球企业体系中如何面对多个产品和国家市场的问题。虽然该书是从美国视角来看待国际化问题和全球市场，但其观察的问题大多为客观、共性的问题，对中国企业国际化发展及进入国际市场有着很好的借鉴作用。

　　近年来，随着"一带一路"倡议的提出以及中俄关系的不断紧密发展，对俄罗斯基础设施领域的研究越来越多。周亚静（2015）提出俄罗斯的现实基础设施投资规模与其最优投资规模的差距很大，直接和间接地阻碍了其经济发展；俄罗斯要想走出经济增长的困境，使其经济步入长期较快增长的轨道，须加大投资力度，尤其是基础设施的投资力度。维克多（2019）对俄罗斯基础建设融资存在的困难和问题进行了分析，并提出相应的对策：应不断创新法律制度，消除滞后性，建立更广泛的资本市场，吸引国内外的资本投资俄罗斯基础设施建设。李洋（2018）提出俄罗斯对"一带一路"持正面和谨慎乐观的态度，既有自身利益考量，也有自己的经济诉求，这一方面是形势所迫，另一方面也有其长远考虑与规划。美国的贸易保护主义让中俄两国在更多问题上有了一致的立场，但这并不能完全掩盖部分领域所面临的问题，两国无论是在民间层面还是官方层面都需要进行更加务实和建设性的对话，从而为"一带一路"倡议的实现打下坚实的基础。周月萍等（2016）全面分析了俄罗斯基础设施投资的法律环境、风险和应对措施。常非凡等（2019）分析认为俄罗斯对基础设施投资比重较低，基础设施建设总体仍显落后，尚未形成分布均衡的交通体系。俄罗斯政府对于基础设施建设需求旺盛，市场规模和潜力巨大。中国企业在俄罗斯基础设施市场的主要优势在于以下几方面：①已有能源基础设施领域合作的基础；②中国具备资金储备优势；③中国具备巨大的行业产能、技术和成本优势；④中国具备人力资本优势。同时，也存在一些劣势：①俄罗斯严重的债务危机和预算赤字将制约其经济的快速发展；②仍然有部分俄罗斯人对中国人存在偏见；③俄罗斯远东地区市场经济体制尚不健全，投资环境有待改善；④俄罗斯劳动力数量较少，尤其缺乏具有技能的人才。最后，重点提出了四个方面的合作思路：优化选择重点项目开展合作；在"一带一路"框架内加大对俄远东地区基础设施改造投资力度；创新投融资模式，充分发挥金融市场作用；强化企业主体作用。

总体来说，虽然目前还没有专门针对俄罗斯交通基础设施市场进入战略方面的学术探讨，但是国内外学者在相关理论、市场环境、政策以及相关的研究方法为本文论证提供了有益的借鉴和参考价值。

三、俄罗斯交通基础设施市场分析

本部分将对俄罗斯交通基础设施市场的宏观环境、产业属性、竞争环境、竞争对手等进行全面分析。在分析过程中主要采用PEST对俄罗斯交通基础设施市场的宏观环境进行分析；采用波特五力模型方法对俄罗斯交通基础设施市场的竞争环境进行分析，找出风险和机遇，并用EFE矩阵进行评估，为后续市场进入战略的研究做支撑。

（一）俄罗斯交通基础设施市场现状

2018年俄罗斯货运周转量56 395亿吨千米，同比增长2.9%。其中，铁路运输25 973亿吨千米，同比增长4.2%；公路运输2 590亿吨千米，同比增长2.3%；海运626亿吨千米，同比下降6.8%；空运8亿吨千米，同比下降

0.8%；管道运输26 678亿吨千米，同比增长2%。

截至2018年年底，俄罗斯公路网总里程152.94万千米，同比增长1.4%。根据俄联邦公路署数据，目前俄罗斯国内近30%的公路质量不符合养护标准。其中，莫斯科州不符合标准路段占比约3%，汉特-曼西自治区、阿穆尔州、克拉斯诺亚尔斯克边疆区不符合标准公路占比分别为15.9%，24.8%和28.6%。2017年初，俄罗斯政府推行"安全、高质量公路"规划，对辐射38个城区、约5万千米的公路路段进行维修和养护。此外，俄罗斯"高速公路现代化改造及拓展综合规划"国家项目，累计投入6 550亿卢布。[①]

2019年2月，俄罗斯政府出台《2024年前重大基础设施改扩建综合计划》，"交通运输基础设施"板块总拨款额为63 481亿卢布（约973亿美元），其中联邦预算30 288亿卢布（约464亿美元），地方预算587亿卢布（9亿美元），预算外资金32 606亿卢布（约500亿美元）。[②]

总体来看，俄罗斯交通基础设施市场，尤其是公路维修、维护的需求很大，政府也十分重视，出台了一系列的规划，财政方面也给予积极的支持。

（二）俄罗斯交通基础设施市场环境PEST分析

1. 政治法律环境

（1）俄罗斯国内政治情况。苏联解体后，在20世纪90年代全面危机的情况下，建立新的政治制度和稳定国内社会经济状况成为俄罗斯国内政策的主要任务。为了实现这些目标，俄罗斯领导人普京依靠强有力的中央管理机构，奉行旨在加强国家政治体制的内部政治战略。俄罗斯国内政治政策最终稳定了该国的社会政治局势。目前俄罗斯联邦为联邦共和立宪制国家，包括22个自治共和国、46个州、9个边疆区、4个自治区、1个自治州、3个联邦直辖市。俄罗斯为多党制国家，有63个政党正式注册，统一俄罗斯党为第一大党并长期执政。2018年4月，普京连任总统，开始了他的第四任

---

① 资料来源：商务部《对外投资合作国别（地区）指南》俄罗斯2019版，27页。

② 资料来源：商务部《对外投资合作国别（地区）指南》俄罗斯2019版，33页。

总统任期。总体来说，俄罗斯政局稳定。

（2）俄罗斯法律环境。俄罗斯法律体系完备，延续了苏联时期的主要法律法规条文。俄罗斯的法律体系包括《宪法》、联邦宪法、联邦法律、俄罗斯联邦总统的法令和命令、俄罗斯联邦政府的法令和命令、联邦行政机构的部门法令、俄罗斯联邦主体的宪法（章程）、俄罗斯联邦组成实体的法律、俄罗斯联邦组成实体的执行当局的行为规范、地方政府的行为规范，法律也可援引国际条约和协定（须已按规定方式批准）。

2013年3月，俄罗斯政府批准《公私合作伙伴关系联邦法》草案，允许联邦和地方政府与私营企业家、本国或外国法人（俄罗斯国有企业除外）合作建设俄罗斯公共基础设施项目。该法为俄罗斯私人资本，包括外资进入俄罗斯垄断行业和公共服务领域奠定了法律基础，是俄罗斯改善投资环境、提高私人投资积极性、进一步扩大对外开放的重大举措。[①]

（3）俄罗斯的外交环境以及与中国外交关系。国际社会承认俄罗斯是苏联的继承国，因此，俄罗斯继续行使苏联的所有国际权利，履行苏联的国际义务。俄罗斯外交政策由俄罗斯总统决定，由外交部执行。俄罗斯是国际关系中影响力较大的参与者，也是联合国安理会五个常任理事国之一，俄罗斯与联合国安理会其他常任理事国负有维护国际和平与安全的特殊责任。俄罗斯还是经济发达国家组成的二十国集团的成员，也曾是八国集团成员（自2014年起资格被中止），同时也是许多其他国际组织的成员，包括世贸组织、欧洲委员会和欧安组织。在苏联创建或参加的组织中，目前由俄罗斯延续其地位并发挥作用的，包括独联体、欧亚经济联盟和集体安全条约组织等。俄罗斯联邦目前已与190个联合国会员国建立外交关系，同时俄罗斯与白俄罗斯共同组成了俄罗斯和白俄罗斯联盟国。

近年来，中俄关系不断升温，双方政治和战略互信持续加强，达到历史新高度。习近平主席与普京总统每年在不同场合多次会晤，不断提升两

---

① 资料来源：商务部《对外投资合作国别（地区）指南》哈萨克斯坦2019版，60页。

国关系。2019年6月5日，习近平主席和普京在莫斯科共同签署《中华人民共和国和俄罗斯联邦关于发展新时代全面战略协作伙伴关系的联合声明》，标志着中俄关系进入了发展的新时代。

中俄世代友好的民意基础坚实，民间友好合作广泛而深入。中俄已建立140对友好城市、数十对经贸结对省。双方经贸、文化、旅游活动交往不断加深，互办文化旅游年，每年出境到对方国家旅游的人数日益增多。随着两国互派留学生、访问学者不断增多，中俄两国人民的关系和友谊日益紧密。

（4）俄罗斯交通基础设施领域的最新政策。目前俄罗斯政府高度重视民生发展，普京总统在2020年的国情咨文中指出"到2021年，俄罗斯国内生产总值增速应超过世界平均水平。为实现这一目标，需启动新的投资周期，致力于创造就业岗位，建设基础设施，发展工业、农业和服务业"。

俄罗斯联邦交通运输部为实现2019—2024年交通基础设施发展规划，在2019—2021年的总联邦预算为3.19万亿卢布（在2019年的联邦经费预算为1.064万亿卢布）。

俄罗斯联邦交通运输部为实现"发展交通运输系统"的国家计划（以下简称"计划"），在2019—2024年的计划预算为15.641 023 772 1万亿卢布，包括如下项目：联邦政府预算7.160 155 000 7万亿卢布；俄罗斯联邦预算外储备基金预算1.009 534 80亿卢布；俄罗斯联邦各地区主体（地方政府）预算4.343 308 631 2万亿卢布；外部资金预算4.036 606 660 2万亿卢布。

在计划框架内，用于研发和设计工作的联邦预算为53.266 805亿卢布。项目部分的资金总额为11.913 485 059 7万亿卢布，其中包括联邦政府财政预算3.697 869 433 1万亿卢布。

以上关于计划在2019—2024年的预算根据2019年3月24日俄罗斯联邦政府第378号政府令。

近年来，俄罗斯政府高度重视交通基础设施的发展，出台了一系列政府规划和政策，从中央政府和地方政府都制定财政预算用于交通基础建设，尽管如此，在交通基础建设领域的资金缺口依然较大，希望能积极吸引外国投资。

2. 经济环境

（1）俄罗斯内部经济环境。根据世界银行2018年的统计，俄罗斯联邦GDP总量为16 575.55亿美元，位居世界第12位，人均GDP为11 288.87美元，位居世界第61位。2018年俄罗斯GDP增长率2.3%，2019年经济持续增长。整体而言，俄罗斯联邦的经济属于中等偏上收入水平的混合经济和转型经济，中央政府主导俄罗斯经济战略的发展方向。苏联解体之后，俄罗斯的市场经济改革将俄罗斯的大部分工业和农业私有化，但在能源和国防相关领域则实施了一种特殊形式的私有化。俄罗斯国内各行业门类中，对GDP成长贡献率较高的行业为电气设备、电子和光学设备的生产、化学生产、制造业、燃料和能源矿产的开采、纸浆和造纸生产、出版和印刷业、冶金和金属成品生产、国防工业、电力、天然气和水的生产加工及分配。

俄罗斯是世界上国土面积最大的国家，幅员辽阔，为其经济发展提供了良好的基础，粗略统计，俄罗斯拥有全世界30%以上的自然资源。世界银行估计俄罗斯的自然资源总价值为75万亿美元，俄罗斯大部分的经济增长主要依靠能源收入。俄罗斯被认为是"超级能源大国"，它拥有世界上已探明的最大天然气储量，并且是最大的天然气出口国。2019年12月，中俄东线天然气管道"西伯利亚力量"正式开通供气，每年将向中国运输380亿立方米的天然气，占中国2018年进口天然气总量的28%，其运力还可继续拓展至每年600亿立方米。俄罗斯也是第二大石油出口国。俄罗斯丰富的石油、天然气和贵金属等资源占俄罗斯出口的主要份额。2012年，石油和天然气行业占俄罗斯GDP的16%，占联邦预算收入的52%，占出口总额的70%以上。

俄罗斯全国的经济发展在地理位置上很不平衡，莫斯科地区和圣彼得堡地区为该国的GDP贡献了很大份额，而西伯利亚和远东地区的发展则较为落后。近年来，俄罗斯政府一直致力于加大基础设施的投入，尤其是交通基础设施领域，以此带动经济的发展，减少对能源和资源出售的过度依赖（表1）。

表1　俄罗斯2016—2018年相关经济数据

	2016年	2017年	2018年
俄罗斯GDP总量/亿美元	12 827.24	15 786.24	16 575.55
俄罗斯人均GDP/美元	8 745.38	10 750.59	11 288.87
俄罗斯联邦政府财政收入/十亿卢布	13 460.00	15 257.80	19 454.90
俄罗斯政府在交通领域的财政投入/十亿卢布	825.00	883.40	863.00

数据来源：世界银行、俄罗斯经济发展部。

（2）俄罗斯与中国的经贸合作。随着中俄两国关系达到历史新高，两国的经济领域也是合作紧密。中国已连续多年成为俄罗斯第一大贸易伙伴国，俄罗斯同样是中国的重要贸易伙伴，2018年，中俄两国双边贸易额历史性突破1 000亿美元大关，达到1 070亿美元。中国保持着俄罗斯最大商品供应国的地位，并在俄罗斯产品进口商评级中名列第一。据俄罗斯出口中心称，中国已成为俄罗斯非主要能源出口的主要合作伙伴。两国计划到2024年实现双边贸易额2 000亿美元的目标。近年来，中俄一直就重大项目进行合作探讨，如莫斯科—喀山高铁、远东"滨海1"和"滨海2"项目、莫斯科地铁第三换乘线项目。

总体来说，俄罗斯经济经历了"克里米亚事件"被西方集体制裁和国际油价大跌引发的经济衰退之后，已逐步开始恢复，政府正在努力摆脱经济对能源和资源的高度依赖。为调整俄罗斯经济结构，刺激经济发展，加大对交通基础设施领域的投资是俄罗斯政府采取的重要举措之一。2018年3月，普京总统在国情咨文中指出，未来6年内俄罗斯政府将投入各类资金11万亿卢布，用于国内公路建设和养护，尽快完成欧亚交通大动脉在俄罗斯部分的建设。

3. 社会文化环境

俄罗斯领土为17 125 191平方千米，为世界第一。完全位于北半球，大部分领土都位于东半球，拥有世界上最长的海岸线（37 653千米）。俄罗斯的领土从西到东的长度近一万公里，从北到南超过四千公里。俄罗斯位于欧亚大陆的北部，乌拉尔山脉和乌拉尔河将俄罗斯分为欧洲和亚洲两部分。从社会与文化层面考虑，俄罗斯属于欧洲国家。首都为莫斯科，圣彼得堡为第二大城市，官方语言为俄语，官方货币为卢布。

根据俄罗斯2018年人口普查结果，俄罗斯全国人口为143 964 709人，位居世界第九，欧洲第一，人口密度为8.42人每平方千米。俄罗斯社会大部分人口属于中等收入水平，低收入社会群体约占总人口的30%。俄罗斯教育普及且人口受教育程度较高，根据2015年的统计，俄罗斯成人识字率达99.8%。俄罗斯联邦共有200多个民族，第一大民族为俄罗斯族，占总人口的80%，第一大少数民族为鞑靼族。法律上，俄罗斯是世俗国家，但俄罗斯族人民普遍信仰东正教，同时俄罗斯联邦南部地区有大量穆斯林。

近年来中俄人文交流发展势头较好，通过中俄人文合作委员会组织的一系列活动，双方拓展了教育、文化交流的范围和深度，举办了"国家年""语言年""青年年"等一系列国家主体活动。这不仅改变了双方国家在对方国民心目中的形象，还在一定程度上促进了两国在政治、经济和其他领域的合作。在中俄两国政治、经济不断加强和发展的过程中，双方人文交流方面建立了良好的环境。在两国政府的努力下，中俄的人文交流将努力减少文化方面差异的影响，加快中俄文化融合的进程。中俄两国在不同文化融合方面的经验可以为世界上不同种族、不同文化、不同文明的民族和国家融合提供参考，并加速人类命运共同体的形成。

4. 技术环境

俄罗斯一直以来在科技领域都保持着很高的水平，这与俄罗斯良好的教育体系和国家的重视密不可分。当前俄罗斯在航天工业、核能技术、激光技术、医疗技术和军事武器技术等方面都位于世界领先地位。虽然在苏联解体之后，国家的动荡对科技发展产生了负面影响，但在新政府及时调整之后，当前俄罗斯的总体科技水平基本上又回到了世界前列。

在交通基础设施建设技术领域，俄罗斯在苏联时代一直保持着较高的水平，且形成了自己的标准，影响了各苏联加盟共和国。中国在新中国成立初期大量学习和采纳苏联建设技术和标准。随着苏联解体，俄罗斯经济衰退，在基础设施建设方面的投入较小，工程技术方面发展缓慢，一些重大项目的建设均由外国公司承揽。

俄罗斯传统工业基础雄厚，尤其是重工业，用于交通基础领域建设的工程机械设备、钢铁工业、重型施工车辆等在俄罗斯均有生产，加上丰富的自然资源和地材，利于大规模开展交通基础设施建设。但由于苏联解体后经济衰退，俄罗斯在一些新技术、新材料方面发展缓慢，例如在桥梁建设中的斜拉索，俄罗斯尚不能自产，均是从国外进口。相比之下，中国凭借改革开放后大规模的基础设施建设，除积累了丰富的经验，同时开发研究了一批世界领先的有自主知识产权的技术专利，而且上下游配套的产业齐备，成本较低。

（三）波特五力模型分析

1. 行业内竞争者能力

在传统EPC（Engineering-Procurement-Construction）模式下，出于对本国企业的保护，俄罗斯政府投资的工程项目建设大多被本国企业承揽，遇到技术难度较大的工程才会考虑采用国外企业。中国一些大型央企，例如中建集团、中交集团、葛洲坝集团、中土集团、中铁建集团也在积极参与EPC开发，市场竞争非常激烈。2016年占据俄罗斯公路建设市场份额前5名的企业全部为俄罗斯本土企业，分别为PJSC Mostotrest（市场份额为28%）、CJSC VAD（市场份额为12%）、Transtroymekhanicatsiya LLC（市场份额为7%）、SZKK LLC（市场份额为6%）、AvtobanDSC JSC（市场份额为4%）。

近年来，俄罗斯推出公私合营的PPP（Public-Private-Partnership）模

式，加快推进交通基础设施建设，吸引外国和私营投资者参与到俄罗斯交通基础设施领域，弥补政府投资不足的问题。一些西方发达国家和土耳其公司积极进入俄罗斯市场，其中最有名的是法国万喜（VINCI）投资建设了俄罗斯M11（莫斯科—圣彼得堡高速公路）公路、谢列梅捷沃国际机场收费公路等一批重大项目。

随着"克里米亚事件"发生，西方集体制裁俄罗斯，以万喜为代表的一批西方企业逐步退出了俄罗斯市场。土耳其在叙利亚击落俄罗斯战机，引发两国关系急剧恶化，俄罗斯单方面对土耳其进行了制裁，随后两国关系虽有缓和，但仍处于不稳定状态。俄土政治关系不稳定，对于土耳其企业在俄罗斯市场的发展影响很大。

目前俄罗斯国内从事PPP模式投资类交通基础设施项目的企业主要是VTB（俄罗斯外贸银行）、GARPROM BANK（俄气银行）、VIS集团（一家俄罗斯私营工程公司）、AUTOBAN（一家老牌俄罗斯工程公司），这几家企业占据了市场的绝大部分份额。其中实力最强的是VTB和GARPROM BANK，国家级的重大项目大多被这两家企业包揽。VIS集团主要参与一些地方政府的PPP项目，规模较小。而AUTOBAN因为承揽莫斯科环线3、4标段规模较大的特许经营项目，资金链几乎断裂，公司大部分资产已抵押于银行，正在寻求出售公司和项目的股权，以此缓解自身资本实力不足的困境。

目前，在PPP模式下俄罗斯交通基础市场份额基本被俄罗斯两家大型银行所垄断，内部是既合作又竞争的关系。PPP模式对于企业资本能力、技术能力、运营能力、管理能力要求都非常高，更倾向于合作而不是竞争，加上俄罗斯交通基础设施市场的需求非常大，综合实力很强的西方公司又因为政治因素被拒，总体来说在PPP模式下竞争环境比较微弱。

2. 潜在进入者的威胁

对于EPC模式下交通基础设施项目，俄罗斯国内已经有一批竞争力很强的本土企业。其有丰富的经验和很好的业绩，政商关系非常好，操作项目和实施项目的能力都很强。再加上俄罗斯政府一贯对于本国企业的保护和支持，一般外国企业即便采取低价的方式都难以中标，潜在进入的机会非常少。

在PPP的模式下，由于俄罗斯经济环境不好，本土企业资本实力普遍不足，潜在进入者一般为发达国家的实力和经验较强的企业，如欧美企业、日韩企业，以及近年来基建领域发展快速的中国企业。受西方制裁影响，欧美现有的几家大型企业已经撤出俄罗斯市场，潜在进入者威胁很小。日本企业目前在基建方面已大不如前，早已不在行业第一方阵。倒是韩国企业这些年一直挺活跃，尤其是几个韩国国内的寡头企业，如三星建设、现代建设、SK建设等，存在一定的威胁，但韩国企业与俄罗斯的政治关系变化是影响其企业在俄发展的主要因素。中国一些大型央企之前一直以EPC施工为主业，并在国内和国际取得了很好的业绩，近年来也一直在进行转型，开始转入以投资带动建设，并积极开始参与PPP项目。大部分中国央企的特点是施工能力很强，投资能力较弱，而且同时拥有运营能力、业绩和资产的企业非常少。近年来，部分央企为了弥补在运营方面的业绩不足，也在尝试向山东高速集团购买国内的公路资产。相比之下，山东高速集团在交通基础设施领域投资、建设、运营、管理全产业链方面的优势比较突出。总体来说，潜在进入者的威胁一般。

3. 供应商的议价能力

交通基础设施建设项目规模巨大，涉及的供应产品品类和数量都比较多，主要有钢材、水泥、砂石、机械设备以及一些配套的电气安装材料和设备等。

俄罗斯幅员辽阔，自然资源极其丰富，拥有占全世界30%以上的自然资源，因此地材资源极其丰富，可以满足交通基础设施建设项目所需要的所有地材，而且价格相对便宜。工业部门是俄罗斯联邦经济中最重要的部分，工业在该国国内生产总值中的份额约为40%，大约32%的人口从事工业生产。俄罗斯最发达的工业部门是石油和天然气加工、黑色和有色冶金、机械制造生产等，可以满足交通基础设施建设中的钢材、重型卡车、吊车、燃料等需求，有些价格甚至比中国产品有优势。

总体来说，俄罗斯资源丰富和工业能力强大，可以满足交通基础设施建设中绝大部分地材和设备等需求。但由于2014年被西方制裁，俄罗斯国内经济形势不容乐观，投资下降，市场需求不足，当地的主要供应商普遍经营困难，议价能力较弱。

4. 客户的议价能力

俄罗斯交通基础设施项目的客户一般都是中央政府直属的交通运输部或地方政府。俄罗斯有比较成熟的招投标法律，一般重要的项目均采用公开招标和邀请招标的方式。受现行经济社会体制和文化的影响，俄罗斯还不能像西方国家一样具备完全自由、公平竞争的市场，其中政商关系的因素非常重要，尤其在EPC模式下，竞争激烈，加上政府对于本国企业的保护，一般外国企业低价也很难中标。

相比之下，PPP模式的招标环境要好些，主要是因为参与PPP模式的项目需要企业参与投资、建设和运营，对企业总体实力要求很高，资格预审中对资产、经营业绩等标准高，一般中小型企业难以企及，基本上都是超大型企业才有资格和能力参与。俄罗斯本国企业有能力参与竞标的企业并不多，这几年经常出现投标企业数量不足而导致的流标的现象，最终变成竞争性谈判的模式。即便如此，PPP模式参与的项目最终还是要以车流量收费或政府补贴的模式回收投资，因此政府依然占据主导地位，中标往往都是以政府补贴较少为主要标准。

综上，在俄罗斯交通基础设施市场，EPC模式下客户的议价能力很强，承包商基本处于弱势，尤其是外国企业更是艰难；PPP模式下，政府因为缺乏资金，希望吸收国外或私人资本参与投资，减少政府财政负担，虽然政府比较强势，但相比EPC模式的项目，议价能力所有下降。

5. 替代品的威胁

交通基础设施是一种公共服务产品，主要包括公路、铁路、桥梁、隧道等以及服务于交通运输的车辆、火车等。在目前阶段，地面交通工具还是以汽车和火车为主，除非因为新的科技生产出划时代的交通工具，交通基础设施尚没有替代品，威胁程度较弱。

虽然目前交通基础设施难以替代，但是涉及交通基础设施建设中的新技术和新工艺是可以替代的，往往新技术和新工艺的出现都能带来降低项目建造成本、缩短施工工期、提升工程质量的效果，这方面也体现了企业的竞争力。

通过以上波特五力模型分析可以看出，在EPC模式下，俄罗斯交通基础设施市场内竞争非常激烈，潜在进入者较多，政府议价能力强，外国公司难以进入；而在PPP模式下，俄罗斯市场内有较强的寡头企业竞争者，受市场规模巨大、资金需求大的环境影响，存在既合作又竞争的关系。总体来看，政府有较强的议价能力，但其他潜在进入者、供应商的议价能力和替代品威胁方面都比较弱。

（四）关键成功因素分析

上面通过波特五力模型对俄罗斯交通基础设施市场的产业环境、竞争特点、竞争对手做了分析。接下来将在波特五力模型分析的基础上对俄罗斯交通基础设施市场关键成功因素进行分析，识别出主要的关键成功因素并进行相应的分析。

1. 关键成功要素的识别

通过波特五力模型对俄罗斯交通基础设施市场EPC和PPP模式下市场环境分析了解到，目前在EPC模式下的交通基础设施项目，内外竞争的环境非常恶劣，俄罗斯政府议价能力很强，进入市场的机会很小，暂不作为主要分析的目标。在此将重点针对PPP模式下的交通基础设施项目进行分析。

通过前文PEST分析，我们了解到，俄罗斯政府对交通基础设施建设非常重视，有明确的规划和政府预算，但资金缺口也较大，希望积极吸引外国资本和私人资本参与，因此，积极推出了PPP项目融资模式。PPP模式市场准入的门槛很高，因此，一般中小企业难以参与，更多是希望将来能在PPP模式中承担专业分包的角色。PPP模式交通基础设施项目的全周期是投资——

建设—运营—管理—移交，这也是企业综合实力的体现。因此在俄罗斯交通基础设施市场中要想取得成功，主要看资本能力、技术能力、管理能力。通过对俄罗斯市场竞争环境和竞争者的分析，结合外部专家访谈的意见，主要归纳出三个关键成功要素，分别是资本实力、技术实力、政商关系。

2.关键成功要素分析

（1）资本实力。"克里米亚事件"被西方制裁以及国际油价大跌以后，俄罗斯经济遭遇重创，卢布汇率持续下跌，民众的生活成本增加、就业困难。以普京为首的俄罗斯政府为应对经济下滑，采取了一系列的措施，其中加大对交通基础设施的投资和建设是主要的措施之一。因政府财政力量不足，采用PPP模式吸引外国资本和私人资本是国际上比较好的做法。

俄罗斯VTB和GASPROM BANK两大银行近年来参与了M11和圣彼得堡跨海大桥等一些俄罗斯重大的交通基础设施项目。但俄罗斯国土面积巨大，且地区经济发展严重不平衡，对于交通基础设施项目的需求很大，依然有很多俄罗斯政府想上马的项目缺乏资金。虽然俄罗斯已经制定了本国的重大项目规划，很多项目的条件和收益率比较好，但是中央政府和地方政府缺乏资金是主要困难。即便VTB和GASPROM BANK这样的寡头企业也难以凭一个公司的力量承揽更多的项目，都在积极寻找国外的战略投资者合作开发俄罗斯交通基础设施项目，以争取更大的市场份额。

由此看来，俄罗斯交通基础设施市场最大的困难就是"缺钱"，当然这对于外来投资企业也是最大的机会。所以，企业的资本实力是参与俄罗斯交通基础设施市场竞争的关键成功因素，所占权重应该是最高的。

（2）技术实力。这里分析的企业技术实力主要包含两个方面：一个是技术水平高，能解决复杂技术问题；另外一方面是新工艺、新材料带来的项目成本降低和工期缩短。

前文已分析，俄罗斯在交通基础设施施工的技术方面的成就曾经很辉煌，影响了我国和独联体很多国家，并形成了自身独特的技术标准。但随着苏联的解体，以及20世纪90年代俄罗斯经济的崩溃，大型交通基础设施建设几乎停滞，影响了技术发展和人才培养。像圣彼得堡跨海大桥和莫斯科—圣彼得堡高铁这样的技术难度较高的项目，俄罗斯本国企业已无法独立完成，都是以西方公司为主体实施。2018年莫斯科地铁大环线西南段施工进度缓慢，莫斯科市长亲自出面邀请中国企业参与建设。中标的中资企业凭借先进的盾构技术，仅用18个月就完成了所有9条隧道的贯通，令俄罗斯人民对中国企业的能力刮目相看。因此，俄罗斯一些技术难度高的项目对于拥有先进技术和装备的企业是很好的机会。

当今时代，新技术、新工艺、新材料、新装备发展迅速，但俄罗斯在交通基础设施技术与世界交流较少，内部发展缓慢，有些技术和装备方面已比较落后，造成施工工期和费用成本增加。例如，俄罗斯在桥梁施工架桥机方面和桥梁斜拉索方面的技术均是空白。在PPP模式下特许经营的交通基础设施项目，风险最大的阶段就是建设期，而建设期的最大风险就是工期，延期完工会造成整个项目收益的巨大损失。另外，PPP模式下的交通基础设施项目总投资中最大的成分就是项目的建设成本，有更好的技术、工艺和材料能大大降低项目成本，在竞标阶段更有优势。

总体来说，技术实力在俄罗斯交通基础设施市场是一个比较重要的成功关键因素。

（3）政商关系。苏联解体后，俄罗斯全盘西化，从计划经济向市场经济转变，采用了"休克疗法"等激进改革措施，引发了经济的崩溃和严重腐败，并形成了一系列寡头控制俄罗斯的经济，甚至影响了俄罗斯政治环境。普京总统上台后，采取了一系列强硬手段打压寡头，加强内部各项改革，很快控制了局面，并逐步形成了新型政商关系，即强势中央政权，寡头企业要在政府主导下运行。在普京总统的强势领导下，无论对于本国企业还是外国企业，把握好政治方向、政商关系都是在俄罗斯成功经营发展的重要因素。

现阶段，俄罗斯主要的大型企业，比如主要能源企业、大型银行、投资基金，有的是被俄罗斯政府完全控股，有的是政府对企业有绝对的影响力。在交通基础设施领域，俄罗斯国有控股投资银行拥有非常好的政治背景和资源，大型的项目基本上都由其参与实施。对于国际间合作的重大项目和推广项目，很多由俄罗斯政府高级领导，甚至普京总统亲自为俄罗斯企业站台。

因此，在现阶段俄罗斯的政商环境下，企业经营发展仅凭自由竞争是不足的，必须充分考虑良好的政商关系和政治因素，这也是在俄罗斯交通基础设施领域关键成功要素之一。

（五）俄罗斯交通基础设施市场EFE矩阵分析

EFE矩阵（External Factor Evaluation Matrix）是一种对外部环境分析的工具，也称为"外部因子评价矩阵"。通过EFE矩阵进行评分的方式，来分析外部环境存在的机会和威胁对企业未来发展的影响。此处邀请外部国际市场开发、国际工程项目管理和投资咨询顾问等专家先对外部关键因子识别和综合评估，选定10个外部环境影响大的关键因素，再根据影响程序的大小评估出相应的权重，最后根据有效性的反应程度评分（表2），根据有效程度，把分值区间定为1～4，1代表最差，4代表最好，2是一般，3是较好。

表2　俄罗斯交通基础设施市场环境EFE矩阵

序号	关键影响因素	权重	评分	加权分数
机会				
1	俄罗斯加大对交通基础设施建设领域投资和政府规划	0.10	4.00	0.40
2	俄罗斯推行PPP模式，吸引国外资本和私人资本	0.15	4.00	0.60
3	完善PPP模式的法律、法规	0.10	2.00	0.20
4	俄罗斯交通基础设施市场庞大	0.10	4.00	0.40
5	中俄政治关系处于历史最好时期	0.05	3.00	0.15

序号	关键影响因素	权重	评分	加权分数
	合计			1.95
威胁				
6	受西方持续制裁	0.15	4.00	0.60
7	政商关系对项目的影响	0.10	3.00	0.30
8	政府强势，议价能力强	0.05	2.00	0.10
9	货币汇率不稳定	0.10	3.00	0.30
10	中国企业内部竞争	0.05	1.00	0.05
	合计			1.35
	总计			3.30

俄罗斯交通基础设施市场的外部环境合计总分为3.30，高于平均分2.50，表明俄罗斯交通基础设施市场可以用适当的方式利用外部机遇、避开不利的威胁。

四、山东高速集团内部资源及能力分析

本部分在上一部分俄罗斯交通基础设施市场分析的基础上，采用价值链分析方法对山东高速集团内部资源和能力进行分析，通过SWOT分析法制定山东高速集团在俄罗斯交通基础设施市场的战略定位和目标。

（一）山东高速集团简介

山东高速集团是一家拥有山东高速（600350.SH）、山东路桥（000498.SZ）、中国山东高速金融集团（00412.HK）三家上市公司及20余家全资、控股子公司的大型企业集团，主营业务涵盖交通基础设施领域及智慧交通的投资、建设、运营、管理以及交通基础设施配套土地的综合开发，物流及相关配套服务，金融资产投资与管理。

截至2019年12月，山东高速集团注册资本233亿元，资产总额7 217亿元，资产规模居省管企业前列，经营领域遍布全国二十多个省区、海外一百多个国家和地区，拥有国内AAA级和国际A级信用评级，连续十余年入选"中国企业500强"。

根据山东高速集团海外战略规划，未来10年，海外业务板块要占到集团业务的1/3。目前离这个目标差距还很大，因此，加快海外业务的发展是当前主要任务之一。

（二）内部资源分析

1. 市场资源

山东高速集团是山东省内很早就踏入国际市场的企业。旗下全资子公司中国山东国际经济技术合作公司1984年成立，是国内最早一批外经类企业之一，目前在海外42个国家有驻外分公司和办事处。

随着国家"一带一路"倡议的提出以及中俄关系的不断加强，山东高速集团积极针对俄罗斯市场进行布局，从2014年开始尝试了解俄罗斯市场，承揽了北极亚马尔油气田土方运输项目。此项目规模不大，是公司对俄罗斯市场的"试水"项目，目的是深入俄罗斯市场，熟悉当地的法律、税务及业务的情况，培养熟悉俄罗斯市场的人才。项目执行3年期间，总体来说有困难也有收获，达到了积累经验并锻炼团队的目的。2018年，公司在莫斯科注册代表处，开始重点跟踪俄罗斯大型交通基础设施项目，与俄罗斯高速公路管理局（AUTODOR）、俄罗斯直接投资基金、俄罗斯第一大投资银行VTB、俄罗斯较大的基础设施投资集团VIS、中国工商银行莫斯科分行、中国银行莫斯科分行等建立了紧密的联系，比较详细地了解了俄罗斯基础设施投资的政策、法律、流程、风险等。

总的来说，经过5年在俄罗斯的初步实践和市场研究，山东高速集团对俄罗斯已经有了较深入的了解。

2. 人才资源

山东高速集团旗下全资子公司中国山东国际经济技术合作公司是山东高速集团海外业务平台公司，从1984年就开始涉足海外业务，是中国最早一批外经型公司之一。公司最早的业务包括工程承包、进出口贸易和劳务输出。随着市场的变化、业务的发展，公司的海外业务逐渐从劳务输出、工程承包、EPC施工、EPC＋F项目到PPP投资项目不断转型。工程承包的范围包括道路、桥梁、住宅、医院、综合办公楼等一系列工程项目。

经过多年的业务发展积累，山东高速集团的海外团队得到不断的发展和锻炼，培养了大批国际商务、技术、法务、财务、投融资等领域的专业型和复合型人才。经过35年的发展，公司在人才的选拔、培养方面已经形成体系。公司制订了国际战略人才（IST）工程计划，基于公司战略和员工职业发展，制订个性化、针对性强的人才培养计划，丰富人才培养的手段和方式，打造"综合管理""专业技术"两个晋升渠道，组建公司战略人才库，在"十三五"期间，着力培养适应国际化战略的专家型专业技术人才和复合型管理人才各100名。

在俄罗斯5年的"试水"活动中，公司选派了一批具有丰富海外经验的管理人员和财务人员组建成俄罗斯团队。经过几年的实践，俄罗斯团队不仅深入了解了俄罗斯市场、法律、财税等环境情况，而且开始不断探索属地化，挖掘俄罗斯丰富的人才资源，利于将来公司业务能尽快在俄罗斯开展。已聘用部分俄罗斯籍管理人员加入公司俄罗斯代表处，开展对外商务、联络和管理工作，属地化发展是将来在俄罗斯开展业务的必要方式。

3. 财务资源

山东高速集团作为山东省大型国有企业，资本力量雄厚，融资能力强。截止到2019年12月，山东高速集团资产总额7 217亿元，比上年增加1 072亿元；全年收入847亿元，同比增长19.46%；利润总额84.99亿元，增长19.92%；资产负债率70.94%，同比下降0.08%。

2017年年底，山东高速集团被世界三大评级公司之一的惠誉国际信用评级公司（简称"惠誉"）授予A级国际信用评级。这是山东高速集团获得国内最高AAA级信用评级之后的又一重大突破。该信用评级结果与山东省政府国际评级相同，是山东省最高的国际信用评级，也是全国同行业最高的国际信用评级。

惠誉认为，山东高速集团是中国领先的交通投资集团，具有世界一流的施工能力、多元化的业务结构、稳定的现金流、强大的抗风险能力、卓越的融资能力、谨慎的财务政策、健全的风险管理体制、良好的公司治理结构、经验丰富的管理团队。鉴于以上考虑，惠誉国际评级委员会给予山东高速集团有限公司主体信用评级A，评级展望稳定。[①]

拥有强大资本和国际A级信誉评级，山东高速集团就有了较多的融资渠道和较低的融资成本，为山东高速集团执行国际化战略奠定了坚实的基础。

（三）内部能力分析

以下主要从山东高速集团的技术能力、组织能力和财务能力三方面进行比较详细的分析。

1. 技术、人才能力

山东高速集团主营交通基础设施领域投资、建设和运营，拥有全产业链的优势。集团所属山东高速路桥集团股份有限公司（000498.SZ）成立于1948年，于2013年上市，拥有公路工程施工总承包特级、市政公用工程施工总承包特级资质。共修建国内外各级公路200余条，长6 000多千米，建设足迹遍布全国30多个省、市、自治区，同时参加了尼泊尔、巴基斯坦、东帝汶、阿尔及利亚、安哥拉、越南、伊拉克等国家的建设项目。两获国家科学技术进步奖，六获国家建筑工程最高奖鲁班奖，六获交通运输部优质工程奖，五获中国公路工程质量最高奖李春奖，一获詹天佑奖和国家优质工程金质奖，22次入选"中国企业新纪录"，被授予"全国文明单位"称号和"全国五一劳动奖状"。[②]

近年来，山东高速集团投资建设了一批在国内外享有较高知名度的精品工程。济南东南二环延长线项目拥有世界最大规模八车道公路隧道群，其中浆水泉隧道、龙鼎隧道、老虎山隧道、港沟隧道分列世界最长八车道

---

① 资料来源：http://www.sdhsg.com/.
② 资料来源：http://www.sdhsg.com/.

公路隧道第1、2、4、5位。青岛胶州湾大桥攻克了高盐、高碱、常腐蚀、常冰冻等世界级技术难题，获得世界桥梁界最高奖"乔治·理查德森"奖。大桥独创的"水下无封底混凝土套箱技术"获国家技术发明二等奖，是近年来我国交通行业领域唯一获此殊荣的科研成果。

山东高速集团聘请国家最高科学技术奖获得者钱七虎院士为首席技术顾问，并与行业内知名高校及科研院所保持合作，推动科研项目攻关，带动科研队伍建设，为创新发展提供人才和技术支撑。集团持续加大科研投入，承担省部级以上科技计划项目232项，获得省部级以上科技奖项66项，其中国家科学技术奖2项，技术发明奖1项，省部级特等奖、一等奖24项。授权专利372项（其中发明专利113项），PCT专利1项；获得国家级工法6项、省部级工法132项。与山东大学合作的"隧道和地下工程重大突涌水灾害治理关键技术"荣获国家科技进步奖二等奖，"复合浇筑式沥青钢桥面铺装设计施工成套技术"获中国公路学会科学技术特等奖。

经过多年实践努力和内部建设，山东高速集团在交通建设领域已完成了大量先进的技术积累和创新，拥有一批专业技术专家和人才，为享誉世界的"中国路"和"中国桥"贡献了力量，也为集团海外发展、参与国际竞争奠定了坚实的技术基础。

2. 组织能力

（1）企业文化。山东高速集团从成立开始，经历了创业、守业、发展、跨越四个阶段，从单一高速公路运营公司，发展成为一个以投资、建设、经营、管理公路、高速公路、桥梁、铁路、轨道交通、港航、物流为主业，集主业产业链上建设、建材、信息、金融、地产于一体的国有独资特大型企业集团，也形成了集团的"畅和"文化——畅以致远，和以广融。山东高速集团以大交通为根本，形成了以大物流、大制造、大资源、大建设为支撑的"一本四大"发展格局。

（2）组织结构。从山东高速集团的组织结构图（图5）中可以看到，集团在交通领域的全产业链布局是分布在集团下属各全资子公司中的。其中，中国山东国际经济技术合作公司是集团海外发展的平台公司，主要负责海外业务开拓、海外项目投资、海外项目管理，入选ENR "全球最大250家国际承包商"；山东高速股份有限公司是从事高速公路运营管理的上市龙头公司之一，运营管理高速公路4 000千米；山东高速路桥集团股份有限公司拥有公路工程施工总承包特级，市政公用工程施工总承包特级，工程设计公路行业甲级，市政行业甲级，建筑工程施工总承包一级，钢结构工程、桥梁工程、

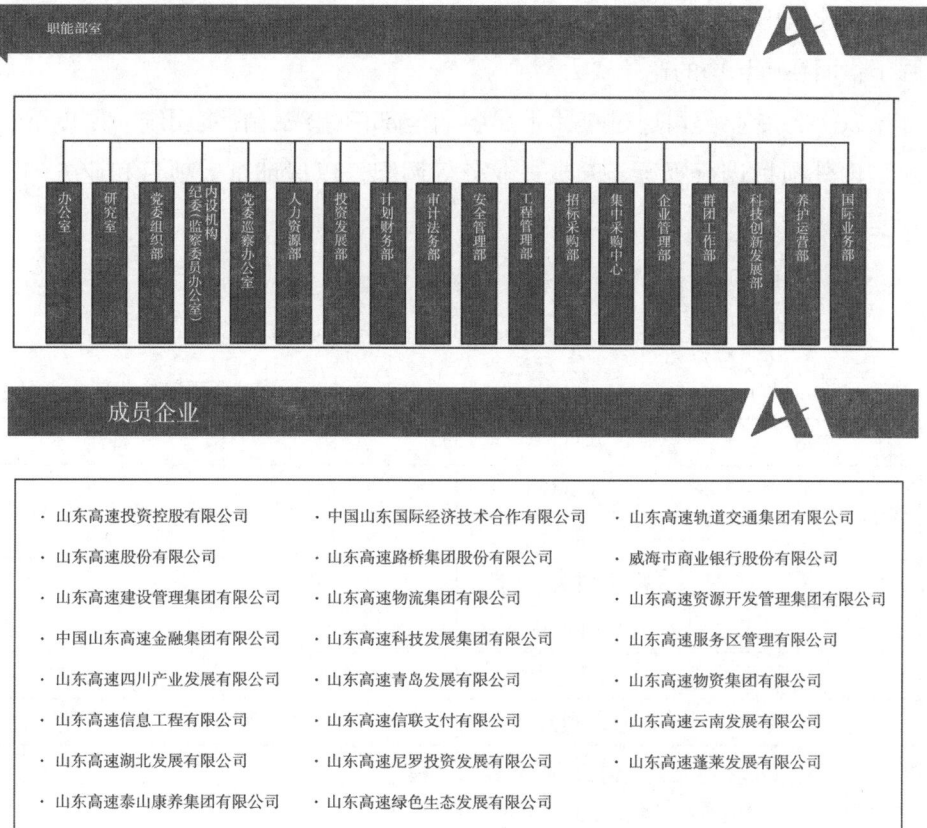

职能部室

办公室　研究室　党委组织部　纪委监察委员会办公室　内设机构　党委巡察办公室　人力资源部　投资发展部　计划财务部　审计法务部　安全管理部　工程管理部　招标采购部　集中采购中心　企业管理部　群团工作部　科技创新发展部　养护运营部　国际业务部

成员企业

· 山东高速投资控股有限公司	· 中国山东国际经济技术合作有限公司	· 山东高速轨道交通集团有限公司
· 山东高速股份有限公司	· 山东高速路桥集团股份有限公司	· 威海市商业银行股份有限公司
· 山东高速建设管理集团有限公司	· 山东高速物流集团有限公司	· 山东高速资源开发管理集团有限公司
· 中国山东高速金融集团有限公司	· 山东高速科技发展集团有限公司	· 山东高速服务区管理有限公司
· 山东高速四川产业发展有限公司	· 山东高速青岛发展有限公司	· 山东高速物资集团有限公司
· 山东高速信息工程有限公司	· 山东高速信联支付有限公司	· 山东高速云南发展有限公司
· 山东高速湖北发展有限公司	· 山东高速尼罗投资发展有限公司	· 山东高速蓬莱发展有限公司
· 山东高速泰山康养集团有限公司	· 山东高速绿色生态发展有限公司	

图5　山东高速集团组织结构

（资料来源：http：//www.sdhsg.com/。）

公路路面工程、公路路基工程、公路交通工程（公路安全设施）专业承包一级，隧道工程专业承包二级等资质，同时具有对外援助成套项目总承包企业资格。山东高速路桥集团建设足迹遍布全国30多个省、市、自治区，在海外参建了尼泊尔、巴基斯坦、东帝汶、阿尔及利亚、安哥拉、越南、伊拉克、哈萨克斯坦等国的建设项目，也入选ENR"全球最大250家国际承包商"。[①]另外，还有负责高速公路信息系统设计、建设的山东高速信息工程有限公司，负责铁路建设运营的山东高速轨道交通集团有限公司，在香港地区上市的中国山东高速新金融集团有限公司，等等。以上各权属子公司的专项业务，构建了山东高速集团在海内外交通基础设施领域的全产业链能力，也增强了集团在市场中的竞争实力。

以上各专业公司通过集团下属各职能部门组织，在集团统一调度下，对国内外项目进行资源、人员、业务等调配，以保证重大项目和业务的顺利实施。

3. 财务能力

表3　山东高速集团2019年主要财务数据

金额单位：亿元人民币

No.	项目	金额	备注
1	资产总额	7，217	
2	负债总额	5，119	
3	所有者权益总额	2，097	
4	营业收入	847.93	
5	利润总额	84.99	
6	净利润	58.65	

注：时点指标均为截止到2019年12月31日数据

数据来源：山东高速集团2019年合并审计报告

从主要财务数据分析得到，资产负债率为70.94%，不考虑威海商行存

---

① 资料来源：http：//www.sdhsg.com/.

款类负债影响的情况下，资产负债率低于70%，较低的资产负债率给高速集团进行负债类融资提供了可能，同时也为直接对外投资提供了保障。

山东高速集团营业利润率为86.45/847.93=10.2%，营业净利率为84.99/847.93=10.02%，高于山东省国资委对省管企业要求的8%的利润率，也说明高速集团的业务具有较好的回报率。总资产周转率847.93/7 217=11.75%。

总体来看，山东高速集团财务能力较强，资产总额庞大，且很多为优质资产，在国内和国际上的信誉评级好，融资能力强，为集团进一步发展海外业务打下了坚实的基础。

（四）内部劣势因素

1.决策程序多效率低

山东高速集团是比较传统的大型国有企业，存在"流程多"和"决策慢"等情况。在国际市场竞争中，效率和能力都很重要。对于重大的项目，尤其是投资类的项目，往往从招标到投标的时间较短。由此对应的是集团在重大投资项目上，报批、审批的流程太长、太多（权属单位的投委会、党委会—集团职能部门审核—集团投委会—集团党委会—集团董事会—地方发改委—国家发改委），往往一个审批流程尚未走完，投标已经逾期。这也是下一步企业内部改革改制的重点工作之一。

2.权属公司思想不统一

山东高速集团旗下权属单位几十个，很多都是经过划转、兼并、重组而来，存在着企业在经营和发展中的思想、路线和方针与集团大战略不统一的现象，出现"各自为战"的局面，形不成合力。针对海外市场，有些部门权属单位从未涉足海外业务领域，在海外市场的决策、组织和管理方面欠缺经验和能力。经常会遇到在重大项目的组织过程中，各单位不能有统一的指导思想和组织部署，各自打"小算盘"，计较内部得失，从而降低了整体的效能，在项目组织和实施过程中，出现"方向错"和"效率低"等问题，影响了海外项目的组织和实施。

（五）山东高速集团IFE矩阵分析

此处同样邀请外部国际市场开发、国际工程项目管理和投资咨询顾问等专家先对外部关键因子识别和综合评估，选定8个外部环境影响大的关键因素，再根据影响程序的大小评估出相应的权重，最后再根据有效性的反应程度评分（表4），根据有效程度，把分值区间定为1～4，1代表最差，4代表最好，2是一般，3是较好。

表4　山东高速集团IFE矩阵分析

序号	关键影响因素	权重	评分	加权分数
优势				
1	海外市场开发和运营经验	0.15	3.00	0.40
2	路桥施工方面的技术优势	0.15	3.00	0.60
3	国际化人才优势	0.10	3.00	0.20
4	内部资本优势	0.20	4.00	0.40
	合计			2.00
劣势				
5	国企决策程序较长	0.10	3.00	0.60
6	内外部审批程序多	0.15	3.00	0.30
7	内部资源调度效率	0.05	2.00	0.10
8	内部权属企业国际化程度有差距	0.10	2.00	0.30
	合计			1.05
	总计			3.05

对山东高速集团内部优势和劣势进行评分，两项合计总分为3.05，大于平均分2.50分，表明山东高速集团可以采用适当的方式去利用内部的优势和避开相应的劣势。

（六）SWOT模型分析

基于SWOT模型分析，主要对山东高速集团的优势（Strengths）、劣势

（Weaknesses）、机会（Opportunities）和风险（Threats）进行综合评估和研究，通过把山东高速集团内部资源和发展优势、外部威胁和机会有机结合起来，明确问题和困难，把握机会和挑战。通过SWOT矩阵模型来分析利弊因素，依靠SO、ST、WO、WT策略，在战略层面调整资源和策略，利于公司的持续发展，保障战略目标的实现（表5）。

表5　山东高速集团俄罗斯交通基础市场进入战略SWOT分析

外部因素／内部能力	优势（Strengths）	劣势（Weaknesses）
内部能力	1. 强大的投融资能力； 2. 丰富的施工经验和技术积累； 3. 丰富的海外市场开拓、项目运作和管理能力； 4. 有精通海外业务的人才； 5. 在交通基础设施领域有全产业链的优势	1. 审批程序冗长，决策的流程多，时效不高； 2. 集团权属单位海外经验、能力、思路层次不齐，统一调度有难度
机会（Opportunities）	SO战略	WO战略
1. 俄罗斯出台交通发展战略规划，大力发展交通基础设施； 2. 俄罗斯交通基础设施市场庞大，相比之下，其本国政府和企业在资金、技术方面不足，欢迎外资企业参与； 3. 俄罗斯与中国有货币互换协议，人民币可直接兑换卢布进行投资； 4. 两国政府关系达到历史新高度，经贸合作不断加强，基础设施是两国共同关注的领域； 5. 中国政府的"走出去"和"一带一路"倡议	充分发挥山东高速集团在投资、建设、运营方面的全产业链的能力，以中俄关系达到历史新高度为契机，抓住俄罗斯开放外国投资的机会，争取尽早进入俄罗斯市场	响应国企改革创新的政策，积极推动企业内部改制创新，提升公司治理的水平。针对公司国际化战略，重组一部分企业，通过股权的方式，将各公司发展的动力紧密结合在一起

威胁（Threats）	ST战略	WT战略
1. 因"克里米亚事件"，俄罗斯持续被西方制裁； 2. 近几年俄罗斯卢布起伏很大，汇率风险凸显； 3. 中俄文化和思维方式差异较大，与"战斗民族"谈判艰难	研究国家对俄政策，应对好国际政治风险和金融风险，充分利用好中俄之间制定的各类平台机制，发挥政府的平台作用，规避各类风险	在内部整合、调度好各类资源的同时，紧密开展在俄罗斯属地化发展，充分挖掘俄罗斯的政府、金融、保险行业的资源，规避国内和国际上的重大风险

通过SWOT分析可知，目前山东高速集团致力于企业自身海外战略发展需要，响应国家"走出去"和"一带一路"倡议，加上多年国内经营打造的全产业链等各方面的优势，有足够的动因拓展海外业务。俄罗斯经过"克里米亚事件"被西方制裁以后，经济结构也在逐步调整，减少对油气资源等依赖，大力发展第一和第二产业，但其老旧的交通基础设施对经济的发展有较大影响。近年来俄罗斯政府不断出台对基础设施，尤其是交通基础设施方面的政策和规划，吸引外国投资者参与俄罗斯交通基础设施的投资、建设和运营。在这方面山东高速集团的优势与俄罗斯交通基础设施市场的机会有较高的契合度。再加上中俄两国政治关系不断加强和巩固，达成世代友好的意愿，两国政府和地方政府也不断搭建各类交流、沟通的平台，引导各自国家企业和金融机构积极参与俄罗斯市场的发展，实现双赢。在良好的政治氛围下，在俄罗斯市场发展的政治风险大大降低。

山东高速集团企业内部的问题，也是国有企业面临的主要问题。一方面，国家正在积极制定政策，引导国有企业改革改制，不断完善现代国有企业制度；另一方面，山东高速集团自身也在响应国家和山东省政府的要求，对内展开大刀阔斧的改革，为自身发展扫除障碍，充分把自身优势发挥出来。

俄罗斯市场潜在的威胁，主因是因"克里米亚事件"被西方制裁，俄罗斯为了应对西方制裁，主动调整了国内的政策。一方面，积极强化与中国的政治和经济关系，也是解决俄罗斯经济困境的主要方式之一；另一方面，积极调整国内经济产业的布局，加强交通基础设施建设，吸引包括中国在内的企业在俄罗斯投资。对于山东高速集团来说，"危中有机"，在克服风险的同时，更应该看到机遇，应该说当前是很好的进入俄罗斯市场的机会。

综上所述，山东高速集团进入俄罗斯市场正处于SO增长型战略方向，山东高速集团应该抓住好的机遇，制定详细的市场进入战略，发挥所长，规避所短，避免风险，构建竞争力，实现顺利进入俄罗斯市场的目标，做大做强。

五、俄罗斯市场进入战略方案的制定与实施

本部分将在前文对俄罗斯市场环境和山东高速集团内部资源分析的基础上，结合鲁特市场进入战略的理论和相应的分析工具，研究和制定山东高速集团如何进入俄罗斯交通基础设施市场，以及进入市场后的发展规划和竞争策略。

（一）愿景和目标

1. 愿景

根据山东高速集团的发展战略，进军世界500强、打造"中国高速"的品牌是集团发展的方向。结合国家"走出去"和"一带一路"倡议，整合好国内外资源，发挥自身全产业链优势，把海外业务发展成为山东高速集团主要营收板块。

2. 目标

俄罗斯是"一带一路"倡议的重要支点国家，从中俄政治关系、世界影响力、经贸的发展、市场互补性等多方面来看，俄罗斯均是中国"一带一路"倡议能否顺利实施的重要环节。现阶段，山东高速集团将全力整合内外部资源顺利进入俄罗斯市场，并快速构建竞争力，力争用5年的时间，在交通基础设施市场份额能占据前三位。

（二）市场进入模式的选择

1. 所有进入模式分析

根据鲁特《国际市场进入战略》中的研究，国际市场进入模式可分为出口、契约和投资三种模式。[①]

在进入模式分类及重要因素评估的过程中主要采用专家评价法，邀请熟悉国际市场开发、国际工程项目管理、投资专业顾问等行业的专家和山东高速集团高管参与评估和评分。

山东高速集团的主营业务是交通基础设施的投资、建设和运营，提供的产品是大型交通基础设施，不同于生产制造出口产品的类型，是属于交通基础设施服务类的企业，因此，出口模式并不适用于山东高速集团。

结合山东高速集团的业务类型，契约和投资两种主要模式具体包含以下几种主要的进入模式（表6）。

表6 市场进入模式的分类

序号	契约进入模式	投资进入模式
1	建设/总承包合同	新建
2	项目管理合同	收购
3	设计合同	合资

表6已经列出山东高速集团可采用的进入俄罗斯交通基础设施市场的所有模式。但是经过前文针对俄罗斯基础设施市场的分析和研究，具体到项目管理合同进入模式来分析，俄罗斯企业在语言、文化、人员管理、技术管理等方面有得天独厚的优势，外国企业难以与之竞争，而且将来进入俄罗斯市场，这些都是需要向俄罗斯企业学习的内容，因此，通过管理合同模式进入市场基本不可行，暂不做模式分析。从设计合同进入模式分析，

① 资料来源：富兰克林·R·鲁特，《国际市场进入战略》，中国人民大学出版社，2005年11月第一版。

俄罗斯延续和发展苏联关于工程设计的理论和标准，在世界上也是一种自成一体的标准，至今独联体的大部分国家还是基本沿用俄罗斯标准，俄罗斯政府规定在俄的工程必须采用俄罗斯标准。新中国成立初期也基本是以苏联的标准来制定的中国标准，但随着改革开放，中国积极吸收世界上更先进的理论和标准，尤其是西方的工程技术标准，并不断修订和完善成为中国标准。目前中国工程设计标准已与俄罗斯标准有较大的区别，不能直接在俄罗斯使用。因此，设计合同进入模式对中国企业来说难度很大。综上所述，通过管理合同和设计合同进入俄罗斯市场的模式不作为本文研究分析内容。

如上分析，目前我们重点研究山东高速集团采用建设/总承包合同和以投资模式进入俄罗斯市场的模式。

2. 进入模式内外部因素分析

（1）外部因素分析。由表7可见，采用这四种模式进入俄罗斯市场均是可行的，各种利弊因素均有，一家公司进入模式的最终选择是多个经常互相冲突的外力共同作用的结果。总体看来，影响进入模式的主要因素体现在销售潜力、竞争环境、文化差异等几方面的差距，以下我们针对这几个方面进行分析。

表7　山东高速集团外部因素及许可进入模式

外部因素（国外）		所允许的进入模式			
		契约进入模式	投资进入模式		
目标市场	俄罗斯	建设/总承包合同	新建公司	收购公司	合资公司
销售潜力	高	×	×	√	√
竞争环境	低	×	×	√	√
营销环境	好	×	√	√	√
生产成本	低	√	√	×	√
进口政策	低	×	×	√	√

续表

外部因素（国外）		所允许的进入模式			
		契约进入模式	投资进入模式		
地理距离	近	√	√	√	√
外汇管制	较好	√	√	√	√
自由汇兑	相对宽松	√	√	√	√
汇率风险	低	×	×	×	×
文化差异	较大	×	×	×	√
政治风险	较低	√	√	√	√
外部因素（国内）					
市场规模	大	√	√	√	√
竞争程度	激烈	×	×	×	×
生产成本	低				
出口政策	支持	√	√		√
对外投资	限制	×	×	×	×

1）销售潜力。俄罗斯的交通基础设施市场竞争激烈，尤其是国家级的重大项目。俄罗斯市场上有一些规模较大、实力很强的本国龙头企业以及很多专业分包公司，这些俄罗斯企业经营多年，拥有很强的政商关系，在项目组织管理、财务管理方面也有着比较强的实力。俄罗斯政府对于本国企业也一直采取保护的政策。通常情况下，愿意选取国外总承包或专业分包的工程，一般都是需要投资、垫资、技术难度较大的工程。与此同时，近些年来随着"走出去"战略，中国企业凭借中国较低的人工成本和材料成本，大举开拓国际工程承包市场，在取得了良好的业绩的同时，也加剧了同业竞争，有些市场还陷入了恶性竞争。如此看来，通过建设/总承包的方式进入俄罗斯市场将面临中国企业和俄罗斯企业的双重竞争，难度很大。但投资类的项目对企业的综合实力要求很高，竞争的门槛很高，竞争

对手要少很多，这对于山东高速集团这样的大型企业来说较为有利，竞争压力小了很多。

2）竞争环境。近些年来，俄罗斯大型交通基础设施项目基本采用PPP公私合营的模式。自2005年俄罗斯《特许权经营性协议》（2005年7月21日，第115号）生效起至2014年，俄罗斯共实施了70个特许经营项目，其中交通项目15个。最近5年交通项目进入高峰期，诸如莫斯科环线3项目、环线4项目，莫斯科—圣彼得堡M11高速公路，莫斯科谢列梅捷沃机场高速，圣彼得堡跨海大桥等PPP项目陆续完工进入运营。

目前，俄罗斯的大型PPP项目主要还是寡头企业垄断市场，主要以VTB（俄罗斯外贸银行）、GASPROM BANK（俄气银行）为控股股东，其他的有来自芬兰、挪威、土耳其、意大利等公司参股，中国企业尚未在俄罗斯开展相关业务。

在这种寡头垄断的市场，新建公司与之竞争的难度大、投入高、周期长，相对有效的方式是采取股权合资方式，建立项目SPV公司（特殊目的公司），优势互补、风险共担、利益共享。而且俄罗斯政府对于外资公司的监管尤为严格，同时存在对本国企业的保护主义。因此，与俄罗斯公司成立合资公司，一方面可大大规避俄罗斯市场的竞争，另一方面，可借助俄罗斯公司的本地资源，为公司发展和项目实施创造有利条件。

3）文化差异。从表8分析来看，中俄文化差距较大，因此与俄罗斯人沟通、谈判时，文化差异是一个很大的障碍，这种障碍不仅存在于语言方面，更多的是思维方式和民族性格的不同。因此，如果采用新建公司或收购的方式，在管理和整合俄罗斯的人员方面存在很大的困难，沟通和整合的面很广，通常需要花费相当多的时间和成本重新建立公司的管理体系、人员配置、人员培训、文化整合。相比之下，若采用合资公司的形式，更多的需要互相融合，建立一种平衡，充分发挥双方的优势，从工作划分和责任方面进行切分，实现优势互补，虽然管理起来也很有难度，但比重新打造、整合出一种体系相对容易些。

表8 中俄主要文化特点比较

	中国人	俄罗斯人
民族	以汉族为主,其他55个少数民族受汉文化影响较大	180个不同习惯的民族
语言	汉语言为词根	拉丁语为词根
宗教信仰	无神论者居多,佛教在民间普及	东正教为主
性格特点	受儒家思想影响较深,崇尚谦让、利人和集体主义。对别人坦率和直接是危险的,避免令人感到窘迫,间接、模糊的语言是必要的	崇尚个人英雄主义和权力,有激进的思维和无修饰的选择,思维方式直接、逻辑感强,民族自尊心强
民族传承	农耕业	畜牧业

总体来说,文化差异是一个很重要的因素,这对致力于在俄罗斯发展的企业来说是一个需要重点研究和应对的问题。

(2)内部因素分析。从表9分析来看,山东高速集团属于服务型企业,主营业务是交通基础设施,经过多年发展,公司建立了在交通基础设施领域的全产业链。从俄罗斯目前市场情况的需求来看,更多是需要投资领域的进入。考虑到俄罗斯交通基建寡头垄断的情况,想通过新建或收购公司进入与寡头竞争的难度很大,而与寡头公司合作,建立一种利益和风险平衡点,相比之下适应度更好。

表9 山东高速集团内部因素及许可进入模式

内部因素		所允许的进入模式			
		契约进入模式	投资进入模式		
企业内部因素	山东高速集团	建设/总承包合同	新建公司	收购公司	合资公司
产品类型	服务型	√	√	√	√
产品适应性	高	×	×	×	√
资源投入度	多	×	√	×	√

续表

内部因素		所允许的进入模式			
		契约进入模式	投资进入模式		
成本	低	√	√	√	√
风险	低	√	×	×	×

从资源角度分析，采用契约方式进入的模式虽然投入的资源最少，但是面临的竞争力最大；投资进入的模式不但投入资源最多，而且项目周期长，风险相对较高。

总体来看，以合资公司进入模式响应度最高。以下将从利润贡献、风险和非盈利指标三个方面进行分析，研究最佳的市场进入模式。

3. 比较分析

对利润贡献、风险和非盈利指标三项进行分析，采用专家打分的方式，进行综合评分，根据专家评分结果取平均值。利润和非盈利指标分为高、中、低三个档次，对应分数为3分、2分和1分。风险指标也分为高、中、低三挡，对应的分数为1分、2分、3分。

4. 比较性利润贡献分析

利润是山东高速集团进入俄罗斯市场的主要动因之一。随着中国改革开放几十年的发展，中国交通基础设施蓬勃发展，可以说创造了"世界奇迹"，发展日新月异，随之而来的是市场的逐步饱和、项目利润的减少，这也是山东高速集团要把国际板块做大做强的主因。

俄罗斯交通基建施工市场的竞争激烈，一般采用招标或竞争性谈判的方式，市场的行业利润一般为10%～20%，施工利润为主要公司的全部收益，这个收益水平相比国内来说还算高的。

俄罗斯的银行存款基准利率大约为9%，针对交通基建的投资项目一般财务内部收益率均为20%左右。考虑到俄罗斯的融资成本较高，若从中国或其他融资成本低的国家融资，还可继续增加项目的利润。一般来说，交通基建投建营一体的项目，收益主要分为项目EPC施工利润、项目建设运营的收益和沿线土地开发收益三部分，总体来说相比施工收益要高，但是收益回收的周期比施工长。

从利润的总额来说，直接投资新建公司获取的利润是最高的，所有的收益都是公司独享。收购公司都存在股权溢价等前提投入，前期成本比较高。合资公司需要与股东进行利润分享。

总的来说，投资的收益比承包要高，新建公司利润最高，收购和合资公司基本处于中等收益。表10是专家评分表。

表10　比较性利润分析评分表

	建设/总承包合同	新建公司	收购公司	合资公司
综合得分	1.12	2.69	1.97	2.45

5. 比较性风险分析

在海外运作项目中，风险是非常重要的因素。近些年来，中国企业在外发展总体比较顺利，但也遇到沙特轻轨项目和波兰A1高速公路项目惨痛的教训。中国企业始终把风险防控放在第一位。山东高速集团是国有企业，国有资产的增值保值是每年考核的重要内容，因此对于海外项目，集团有着一整套风险评估和防控的机制。

进入新市场会面临多种类型的风险。针对俄罗斯市场，我们着重分析存在的重要风险，主要包括政治风险、汇率风险、谈判风险，也存在经营风险、征收风险等等，但是总体来说，前三种风险所占的权重很大，因此做重点分析。

（1）政治风险。俄罗斯的政治风险主要包括两个方面，一个是国内政治风险，另一个是国际政治风险。从国内政治方面来看，自2000年普京正式当选总统以来，俄罗斯20年来都在普京的领导下。普京总统当选以来，俄罗斯平息内部矛盾和战争，经济上依托油气资源的输出，经济很快走出苏联解体后的困境，人均GDP超过1万美元，经济总量也排世界前十，国内政治环境比较稳定，普京总统的个人威望非常高。目前已经到了普京总统的最后一个任期，普京总统已开始谋划权力交接，选好接班人，以保持俄罗斯战略和政策的延续性。主要执政党应该还是"统一俄罗斯党"，会继续保持现在的内外政策，尤其是继续保持和发展中俄关系，这不仅是俄罗斯内部稳定的基石，也关系到世界政治局势的稳定。关于俄罗斯的国际政治风险，由于"克里米亚事件"危机，以美国为首的西方国家集体制裁俄罗斯，这是俄罗斯目前面临的主要风险。但俄罗斯加强了与中国的政治、经济、文化、科技等多方面的合作，中俄关系不断加强，也逐步化解西方制裁对俄罗斯的影响。中国和俄罗斯均是世界性的大国，中俄关系的稳定十分关键，在这方面两国政府都有高度的共识。

总的来说，俄罗斯的政治风险是存在的，主要体现在西方制裁方面。但由于中俄关系的紧密，政治风险对中国企业在俄罗斯的发展影响不大。

（2）汇率风险。由于俄罗斯近几年被制裁以及国际油价从2014年开始下滑，俄罗斯的卢布汇率急速下滑，2013—2019年卢布对美元平均汇率分别为1美元兑换32.72、37.97、60.66、66.90、69.47、61.90、58.33卢布（图6）。

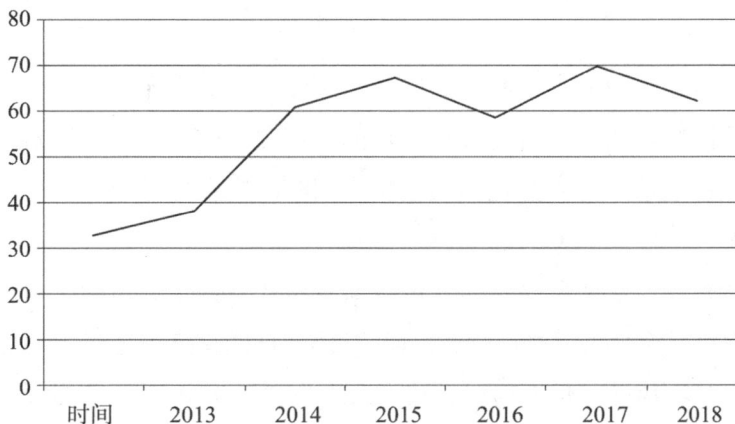

图6　美元与卢布汇率走势

（资料来源：俄罗斯央行。）

汇率

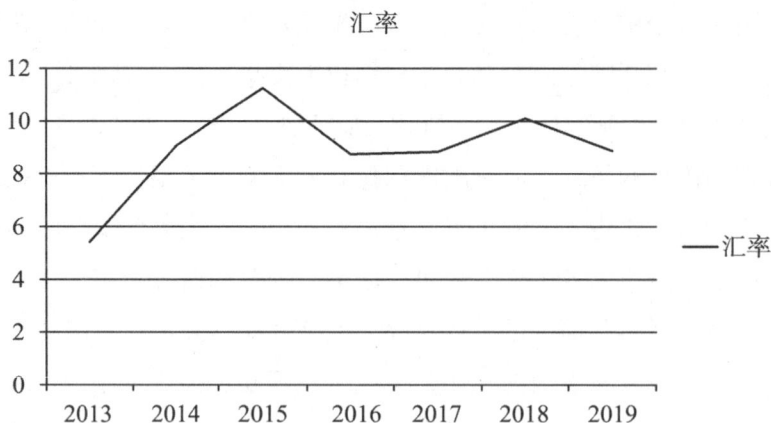

图7　人民币与卢布汇率走势

（资料来源：俄罗斯央行。）

从图6、图7分析来看，汇率变化最大的阶段是2013—2015年，主要是"克里米亚事件"后西方制裁俄罗斯以及国际原油价格大幅下跌，造成卢布大幅贬值一倍以上。从2016年开始，随着俄罗斯经济的复苏和油价的回升，卢布汇率开始企稳，期间虽然会因为一些国际政治事件略有波动，但美元对卢布的汇率基本在1∶60上下波动，人民币对卢布的汇率基本在1∶9左右。

未来西方制裁的力度和时间以及国际油价仍对卢布汇率有较大影响，这主要是因为俄罗斯经济对油气出口的依赖度比较高。但是随着俄罗斯内部调整经济改革，尤其是加强与包括中国和印度在内的亚洲主要经济体的经贸往来，卢布受外部环境的影响会减弱。

总体来看，汇率风险仍是在俄罗斯发展业务的主要风险，对于周期短的承包项目风险会小一些，对于长期的投资项目来说影响会大一些。

（3）谈判风险。俄罗斯一直被国人称为"战斗民族"，尤其是现任总统普京一向强硬。即使面对某些国家抱团对付自己的局面，俄罗斯也从未屈服和低头，一直强势应对。这样的风格不仅体现在国家层面，在商务领域的谈判桌上依然如此。

在俄罗斯经营和发展的中国人普遍都有和俄罗斯人谈判非常艰难的感觉。俄罗斯人态度强硬、不愿妥协，只顾自身利益，不考虑对方的利益，这与我们中国人讲究的"双赢""共赢"理念大为不同。

这里面的主要原因，一方面是俄罗斯人传统的民族性格——尚武、崇拜强者是主要特征，另一方面是俄罗斯人还念念不忘当年苏联的强大，尤其是苏联曾经对新中国的支持和援助，在心理方面还存有"优越感"。

中国近几十年飞速发展，但是大部分俄罗斯民众对于中国的了解不多，来过中国的更是少之又少，很多人还停留在20世纪对中国的印象。另外，在西方制裁俄罗斯之前，俄罗斯的主要发展方向还是向"西"看，加入和融入西方是俄罗斯几代人的追求，所以先前对亚洲尤其是中国的了解并不多。苏联解体和"克里米亚事件"后，俄罗斯及时调整了战略方向，中俄不断加强合作关系。随着合作的深入以及中俄主流媒体的宣传，俄罗斯民众对中国的认知会越来越客观。

因此，在商务领域和俄罗斯人的谈判风险始终存在，尤其是俄罗斯人作为业主时，相关的合同条款会比较苛刻。俄罗斯人一般主动设定条件，但态度强硬，不轻易让步；中国企业往往在谈判方面很艰难，很多时候接受了一些有风险的条款或者低价中标。投资方面相对来说要比承包的方式好一些，毕竟中国企业往往都有资本的优势，能够请中国企业投资俄罗斯的项目，一直是俄罗斯政府政策的导向。

（4）综合评分。表11是专家分析进入俄罗斯市场主要面临的三个风险后做出的综合评分。

表11　比较性风险分析评分表

风险类别	建设/总承包合同	新建公司	收购公司	合资公司
政治风险	2.43	1.25	1.64	1.76
汇率风险	2.45	1.63	1.75	1.87
谈判风险	1.13	2.41	2.83	2.33
综合评分	2.04	1.76	2.07	1.98

6. 比较性非盈利目标分析

对于山东高速集团这样的大型国企来说，进入俄罗斯市场的非盈利目标主要包含市场份额、企业品牌两个方面。

（1）市场份额。山东高速集团的目标是做大做强，实现进入世界500强的目标。要想成为超大型的国际企业，营业额和市场份额尤为重要，这也是山东高速集团致力于国际化的动因之一。俄罗斯的交通基础建设市场规模庞大且正处于成长期，尤其正处于我国对外开放的极佳时刻，对于山东高速集团来说正是良机。

从占领市场份额来说，承包方式进入难度大、竞争激烈，难以在短时间内占据主要市场份额。相比之下，投资进入的方式正是俄罗斯政府需要的，只有具备强大综合能力的企业方能入围此领域，因此占领市场份额的难度较小，但面临俄罗斯寡头企业的竞争是一个重点考虑的因素。俄罗斯的重要交通要道项目均被俄罗斯几个大企业垄断，因此与这些企业进行合作、合资，俄方企业发挥市场占有率高、项目条件好的优势，中方企业发挥资本力量大、融资成本低、项目执行效率高、专业技术强的优势，实现强强联合，利于实现迅速占据市场份额、扩大经营范围、取得高收益的目标。

总体来看，市场份额是山东高速集团"走出去"、做大做强的主要目标之一，综合评定占45%的权重。

（2）企业品牌。企业品牌对于企业发展，尤其是快速发展起到越来越重要的作用。世界500强企业的品牌效应非常高。山东高速集团经过多年经营，是交通领域上市公司的龙头企业，在交通基础设施领域已经在国内有了非常大的品牌影响力。品牌效应也促进了山东高速集团在国内多元化发展，扩大了业务的范围，增强了企业的实力。

根据山东高速集团国际化的要求和进入世界500强的目标，扩大集团在海外的品牌影响力是必经的途径。随着市场的进入，应不断借助项目的参与以及合作伙伴促进集团品牌的建设。

总体来说，通过承包合同的方式进入市场壁垒高，竞争激烈，能参与重大项目的机会少，想在短期内把品牌影响力做大很难。相比之下，外部投资，尤其是中国企业的投资正是俄罗斯市场期待的。中俄双方高层的政治关系密切，高度重视经贸往来，一直致力于中俄在多个领域的务实合作。近年来，双方举办各类论坛和峰会，由两国高层见签各类合作项目，对于双方企业的品牌宣传影响非常大。因此，投资俄罗斯的重大项目，不仅对于企业的业务开拓意义重大，而且对于企业品牌的宣传和建立有重要的推动作用。

（3）专家综合评分。根据山东高速集团的海外非盈利目标的需求，专家评定市场份额和企业品牌分别占45%和40%的权重，控制力和撤销能力并不是主要的目标，占15%的权重。具体专家评分如表12所示。

表12　比较性非盈利目标评分表

类别	建设/总承包合同	新建公司	收购公司	合资公司
市场份额（45%）	1.12	2.27	2.21	2.89
企业品牌（40%）	1.34	2.08	2.43	2.75
其他（15%）	2.86	2.73	2.56	2.52
综合评分	1.47	2.26	2.35	2.78

7. 综合评估和结论

以下将针对市场进入模式进行综合评估。经过专家对山东高速集团海外发展战略的评审，评分的权重为利润贡献占比40%，风险占比40%，非盈利目标占比20%，表13为评分明细。

表13　综合评分

类别	建设/总承包合同	新建公司	收购公司	合资公司
利润贡献（40%）	1.12	2.69	1.97	2.45
风险（40%）	2.04	1.76	2.07	1.98

类别	建设/总承包合同	新建公司	收购公司	合资公司
非盈利目标（20%）	1.47	2.26	2.35	2.78
综合评分	1.56	2.23	2.09	2.33

专家打分总体评估得出，采用合资公司进入的模式总体评分最高，这基本符合山东高速集团海外发展战略的目标，既要控制好风险，又要争取做大做强，为集团实现进入世界500强的目标迈出坚实的一步。

（三）山东高速集团俄罗斯合资公司规划

1. 合作伙伴的选择

上文通过对俄罗斯交通基础设施市场进入模式的研究，得出了以合资模式进入俄罗斯市场既契合俄罗斯市场的大环境，也符合山东高速集团自身情况。在合资公司模式进入下，如何选择好俄罗斯合作伙伴，是山东高速集团在俄罗斯市场竞争和发展的第一步，也是最重要因素之一。

通过前文对市场竞争环境以及关键成功因素的分析，结合山东高速集团自身的优势和劣势，对于俄罗斯合作伙伴的选择，应重点考虑企业规模和知名度、政商关系、资本实力这三方面特征。

（1）企业规模和知名度。合作伙伴的规模和知名度是山东高速集团考虑合作伙伴的重要因素。与俄罗斯国有知名度高的大型企业合作能够迅速吸引俄罗斯市场对山东高速集团的关注度，利于山东高速集团在俄罗斯市场的品牌推广。在当前中俄关系达到历史最好水平的时期，中俄双方每年都举办多场双边和多边经济论坛活动，很多重大企业合作、重大项目合作均在会上由双方领导人见签各类协议。山东高速集团也是中国交通基础设施领域的明星企业，若能与俄罗斯大型企业实现强强合作，应该能够有机会在两国高峰论坛上见签。如此不仅能得到两国政府的重视和支持，更能扩大山东高速集团在国际上的品牌影响力。

（2）政商关系。通过之前对俄罗斯市场的分析可知，要在俄罗斯交通基础设施市场发展，结合俄罗斯的市场环境和文化，政商关系是重要的一环。政商关系不仅在项目获取方面有着重要的作用，而且对于公司在当地经营管理、资质申请、人员配额等方面都有着积极的作用。

俄罗斯大型项目的招标或多或少都受到政商关系的影响，尤其是一些国家重大项目，甚至看起来都存在类似"内定"的现象，由几家大型企业轮流中标。受历史文化和体制的影响，俄罗斯各类法律、法规、审批机构比较完善，但审批机构繁多，程序流程复杂，客观上也造成了效率低下，往往一个简单的审批程序会耗时长久，甚至走到死胡同，无法办理。遇到这种情况时，政商关系好的企业就能发挥出优势，化繁为简，由难变易，节省大量的时间和费用成本。

（3）资本实力。俄罗斯交通基础设施市场的现状是项目多，资本不足。政府大力推广PPP模式吸引外国资本，也是为了加大交通基础设施项目的投资和建设，增加就业，带动相关产业，刺激经济发展。

大型交通基础设施项目投资大、周期长、回收慢、风险高，因此寻找一个资本实力较强的企业合作，能提高山东高速集团抗风险能力、减少投资总额。在投入固定资本情况下，有资本实力的强的合作伙伴可以多参与当地大型项目的实施，有利于迅速增加市场份额。这不仅有利于山东高速集团，也有利于合作伙伴共同做大做强。

经过上述分析得出，俄罗斯市场两大银行VTB（俄罗斯外贸银行）、GARPROM BANK（俄气银行）更符合这方面的特征。它们都是俄罗斯国有控股大型银行，都是俄罗斯著名企业。其中VTB是俄罗斯第一大投资银行；GARPROM BANK也是俄罗斯综合实力很强的银行，而且其母公司是俄罗斯最大企业——俄罗斯天然气工业股份公司，实力雄厚。两家银行都是国有控股资本，有着天然的、良好的政商关系，因此，山东高速集团在俄罗斯应该首选与这两家企业建立合作。

近几年来，这两家企业与山东高速集团已在不同场合有过沟通和交流，其中VTB银行已经与山东高速集团实现了互访，增加了了解，并互相表达了合作的意愿，为促进双方成功合作打下较好的基础。

2. 合资公司组建规划

在选择好合作伙伴之后，如何成功组建一个责任、风险和利益均衡的合资企业是在海外投资中很重要的环节。国际上已出现很多失败的案例，就是在合资公司股权分配、决策机制、争议解决等方面出现问题和隐患，最后不仅没有成功合作，实现预想的收益，还造成企业之间反目成仇。对此山东高速集团也高度重视，在对俄罗斯市场调研的基础上，聘请熟悉俄罗斯市场的法律、财务等专业咨询公司给予外部支持，主要有以下几方面的规划。

（1）公司股权分配。山东高速集团在股权分配方面，争取合资公司51%的股权，从而实现绝对控股，不仅利于对合资公司的整体控制，也能实现并表。但根据俄罗斯市场的情况和俄罗斯企业一贯强势的态度，要实现这个目标并不容易。因此，至少要实现50%的股权，双方各自并表。

（2）决策机制。合资公司的决策机制非常重要，决定着业务经营方向、高级管理人员任命、风险管控、重大项目等一系列关系合资公司发展的重要决策。因此在合资公司董事会成员方面，应该争取双方占有共同席位，并争取到同样的董事会席位，重大决策应该由董事会一致通过，且双方均有一票否决权。这样可以保证在出现重要决策失误时或明显涉及危害自己利益的情况下，及时制止错误的决策。

（3）纠纷解决。在合资公司中，出现纠纷是经常的，因此设立一套有效可行的纠纷解决机制非常关键。首先要做好公司制度的设计，其次要做好合资公司高级管理人员的选聘，尽量减少出现明显的漏洞或高级管理人员能力不足的情况。

出现纠纷时，首选通过内部沟通和协调解决。可以通过各种会议研究、讨论的方式进行商议，找出解决方案，消除内部分歧。也可以根据情况聘请外部专家参与讨论，给予专业性的意见。

若遇到纠纷不可调解、出现僵局的情况，可采取仲裁的方式。但仲裁的地点和法律不能设在中国或俄罗斯，可以找一个法律环境比较好的第三国进行，这样双方都比较能接受。

3. 合资公司整合规划

合资公司对来自不同国家和文化的员工的整合工作是非常不容易的事情。中外很多跨国企业成功实现并购或合资，最终因为内部整合不成功而失败的案例屡见不鲜。中俄之间在历史、文化、语言等多方面差异较大，中俄员工有着不同的思维习惯、工作理念和沟通方式，如何在合资公司中消除这些不利因素，加强跨文化沟通，提高工作和沟通的效率，对于合资公司来说是很关键的事情。为了能成功整合，合资公司主要从以下几个方面进行规划。

（1）管理人员的选聘。合资公司要想实现战略目标，需要靠团队来执行，人员的素质水平是重要因素。对于跨国、跨文化的合资公司来说，选聘人员不仅要看专业方面的能力，还需要考虑语言能力、适应能力、沟通能力等多方面的素质。

山东高速集团已经开展国际化业务多年，拥有一批懂商务、懂技术、懂管理、懂语言的复合型高素质人才。要精心选拔，尤其是从熟悉俄罗斯业务、善于管理、精通俄语的人中挑选管理人才。虽然不能保证大部分管理人员懂俄语，但至少英语是管理人员必要的素质之一。跨国的合资公司应要求管理岗位的员工都具备用英语交流的能力，把英语定为主要工作语言。

对于一般工作人员，总体还是要遵循属地化的原则，利用好俄罗斯人才素质高的优势，在当地进行招聘。

（2）员工培训和交流。合资公司定期对员工展开语言、文化和业务的培训是必要的。在员工上岗工作以前，应制定详细的岗前培训和团建活动制度。

员工培训要定期。对中方员工的岗前培训，聘请专业的老师重点讲授语言、俄罗斯文化、商务沟通等方面的知识。对俄方员工也要定期进行中国文化方面的培训。同时，要定期组织中俄员工在一起的团建活动，加强多方面的交流和沟通，营造团队凝聚力，有利于员工在工作中互相沟通和配合。

合资公司的高管不仅要在当地接受培训，还要定期来中国总部交流和培训。在不同环境的培训和交流，有利于双方文化和理念的吸收与整合，有利于合资公司经营和发展。

（3）部门设置和团队配备。合资公司组建的原则就是实现山东高速集团和俄罗斯企业的优势互补，因此要重点根据部门的业务属性设置部门和配备团队。

公司的商务、市场部门主要负责对外联络和项目跟踪开拓。俄方员工更熟悉外部环境和各方关系，因此应该以俄方管理团队为主，中方团队为辅，有利于合资公司各类资质申领、人员工作配额审批、投标协调等。公司的技术和施工部门应该以中方工程技术人员为主，辅以俄方专业工程师，有利于成建制和成批引进中国成熟的施工队伍和技术装备等。投融资部门应该均衡搭配，发挥各自的优势，在俄罗斯和中国以及其他国际市场争取更多融资的渠道和资源。财务部门是双方关注的焦点，可以设立双财务总监的方式，共同管理合资公司整体财税工作。

以上为合资公司的主要规划。在海外市场，合资公司组建设计是一个非常重要的环节，不仅要结合当地的环境和文化，还需要根据市场规律。因此，合资公司的设立一定要聘请熟悉俄罗斯和中国的国际专业咨询机构，针对合作伙伴的实际情况，做出量身定制的设计。

（四）合资公司的竞争策略

前面主要研究了山东高速集团俄罗斯基础建设市场的进入战略，通过分析得出，采用合资公司的模式进入俄罗斯市场是最佳的方案，并对合资公司进行了初步的规划。以下主要分析进入俄罗斯市场后合资公司如何获得竞争优势。

1. 竞争定位与目标

根据俄罗斯交通基础设施市场的现状和竞争环境，结合前文对山东高速集团的内部资源和能力的分析，山东高速集团综合实力较强，应该处于比较优势的地位。再者，与俄罗斯国内大型企业成立风险共担、利益共享、优势互补的合资公司，能实现强强联合。因此合资公司在俄罗斯市场的目标是五年内在交通基础设施市场份额至少能占据前三位。

2. 合资公司竞争优势构建

以下将研究山东高速集团在俄罗斯合资公司成立后，面对俄罗斯市场竞争环境，如何制定相应的竞争策略。通过第二部分对俄罗斯交通基础设施市场竞争环境的分析可知，要想在市场上保持强大的竞争力，资本实力、技术实力和政商关系是成功的关键因素。其中政商关系是山东高速集团在俄罗斯市场的劣势，同时也是选择合作伙伴的优势，通过与俄罗斯大型企业合作可以很好地弥补这方面的短板。因此如何提升和优化合资公司资本实力和技术实力尤为重要，也是获得合资公司竞争优势的主要方式。

（1）提升资本实力。目前俄罗斯交通基础设施市场最缺乏的就是资本，因此资本实力雄厚、融资渠道多元的合资公司在俄罗斯市场竞争中机会较多，竞争力较强。山东高速集团可以在以下三个方面提升合资公司的资本实力。

1）加大母公司的注入资本。合资公司是在俄罗斯注册的新公司，其注册资本金不仅需要考虑合资公司正常运营的需要，更需要考虑对外投资的能力以及融资的能力。因此，背靠两家大型企业的合资公司应该根据市场环境的情况和母公司的资本实力，尽量加大对合资公司资本金的注入，让合资公司成立伊始就具备较强的资本实力。

2）拓展合资公司的融资渠道。PPP模式下交通基础设施项目规模庞大，一般企业自有资金的投入占据项目总投资额的30%，剩余的部分一般都是通过银行等金融机构融资来解决。在目前俄罗斯市场，交通基础设施PPP项目的融资基本上都是依靠本国的金融机构。

合资公司应充分发挥母公司的融资渠道,一方面可以通过俄罗斯伙伴在当地的金融机构获得项目融资,另一方面可以借助山东高速集团在中国和俄罗斯的中资银行获得项目融资。山东高速集团在国内和国外进行交通基础设施项目投资项目多,资信很高。在国内市场,与各大银行基本上都有很好的业务合作,关系紧密,渠道成熟;在国外市场,与中国进出口银行、国家开发银行等政策银行也成功合作了几个海外投资项目。此外,山东高速集团还有国际三大评级机构A级信用评级,可以给合资公司带来更多的融资渠道,这也正是俄罗斯政府期望的结果。

3)降低项目融资成本。俄罗斯的资本市场融资利率很高且不稳定,近几年基本上为10%～15%,相比之下,中国的融资成本为4%～8%。山东高速集团的资源可以给合资公司带来更低的融资成本,可大大增加合资公司获取大型交通基础设施PPP项目的竞争力。

(2)提升技术实力。前文已经对俄罗斯交通基础设施领域的技术环境做了分析,目前俄罗斯本国的技术标准和工艺已经跟不上世界技术和工艺的发展,不仅使项目成本加大,也造成了施工工期的延长。在PPP模式下特许经营交通基础设施项目,项目的建造成本对总投资影响很大,项目的建设期长短影响着项目的投资回收,这是一个大型交通基础设施项目是否能取得成功的关键因素。

山东高速集团拥有在交通基础设施领域的多项专利技术,在施工领域有成熟的工艺和管理。例如,在桥梁建设方面有"水下无封底混凝土套箱技术",成功实施了青岛胶州湾跨海大桥项目,并引入目前世界上最长的港珠澳跨海大桥项目中。在施工工艺方面,钢箱梁沥青混凝土铺装技术是行业领先的。通过在俄罗斯合资公司的组建,山东高速集团可以把国内先进、成熟的施工技术和工艺引入俄罗斯市场,增强合资公司的技术能力,在同等质量要求的情况下可降低项目施工成本,缩短项目工期,提升合资公司的竞争力。

山东高速集团除了在以上两个主要方面提升合资公司实力外,还可以把国内成熟的公路运营、开发、管理方面的经验带入俄罗斯市场，在项目运营阶段充分挖掘交通基础设施的市场价值和经济价值，给项目带来多元化的收益。

3. 合资公司竞争策略的选择

当前俄罗斯对于交通基础设施市场大发展的良好环境，尤其是俄罗斯政府加大了开放的力度并调整了相应的法律政策，吸引更多外国企业参与俄罗斯交通基础设施建设，再加上中俄紧密的政治关系，为中国企业开拓俄罗斯市场提供了良好的政治环境。俄罗斯市场规模虽大，但有实力的企业少，融资成本高，市场总体缺乏资本，技术水平也相对落后。

通过合资公司的经营规划和在俄罗斯竞争优势的构建分析，山东高速集团与俄罗斯伙伴采用互相整合资源和优势互补的方式，由俄罗斯伙伴主要负责业务开发、本地融资和对外合作关系的建立和维护，山东高速集团在合资公司中主要负责项目的国际融资、技术管理、施工管理以及将来的运营管理，通过充分发挥各自的优势，规避各自的缺点，提升合资公司在资本和技术等方面的综合实力。通过引入中国和国际市场上低成本融资以及比较先进的技术专利和工艺，加上中国团队的施工组织能力，能有效降低项目的总投资成本，缩短项目建设期。综合来看，采用低成本的战略更符合目前市场的竞争环境。

六、市场进入战略的保障措施

上一部分主要分析和研究了山东高速集团进入俄罗斯交通基础设施市场战略方案的制定和实施。本部分将重点分析如何从组织结构、风险管控、人力资源和财务融资四个层面确保市场进入战略的顺利实施。

（一）组织结构层面措施

前文第四部分分析了山东高速集团的组织结构，其交通基础设施投资、建设、运营等专业公司分布在集团下属的各二级子公司。对于国内项目实施，基本都是由集团来统一调度和指挥，实施和运转较为顺利。而面对海外市场，山东高速集团海外业务平台公司——中国山东对外经济技术合作集团有限公司（以下简称"国际公司"）也是集团的二级子公司，对于调度其他平级公司资源的效率和力度不足，往往影响了项目的实施结果。

山东高速集团一直重视国际化发展，为加强决策审批、组织实施方面的效率，可根据海外市场和项目的规模情况，采取两种模式。

（1）对于海外组建的公司，山东高速集团直接投资成立子公司或合资公司。由于国内外的经营环境、业务特性、外部关系差别较大，尤其是在中外合资公司中，文化和理念都有一定的差异，所以完全套用国内审批和决策流程会出现判断不准、决策不准的情况，从而直接影响海外公司的发展。山东高速集团可以根据海外公司业务的情况，参考国内"三重一大"的决策原则进行定量和定性的分级，除了特别重大的事项，将其他人事、财务、审批、决策的权利下放给海外公司，利于高效决策和组织。

（2）根据市场和项目的情况，国际公司牵头与集团下属各专业二级公司采取股权的方式组建海外公司，如此利于调动各权属公司的资源，利于项目组织实施。对于俄罗斯交通基础设施市场来说，可以国际公司、路桥集团和高速股份分别主营交通基础设施投资、路桥建设、公路运营的二级公司分别持股海外公司，在董事会派驻董事，并作为一致行动人。这样的方式可以把山东高速集团内部二级公司的合作以股权和利益的方式结合在一起，同时在海外公司的运营中，可以有效调动各二级公司国内的资源和人才，利于业务的实施。在海外公司决策方面，也建议采取山东高速集团分级、分层授权的模式，把更多可以在国外决策的事情放在国外解决。

（二）风险管控层面措施

海外项目风险管控是非常重要的工作，甚至是首要工作。俄罗斯目前被西方制裁和打压，内部经济环境不好，汇率波动加大，加上文化差异，还是存在相当的风险。结合山东高速集团俄罗斯市场进入战略，建议在以下几个方面采取措施。

（1）完善集团内部风险评估的机制和措施。山东高速集团原有投资项目评估的制度基本是以国内项目为基础制定。对于海外项目，应该制定分地区、分级别、分国别的具体风险管控措施。在具体国别、具体业务的评估阶段，应根据海外项目的特点做专题研究，并在投资委员会评审阶段聘请熟悉海外业务的外部专家参与。

（2）利用好外部专业咨询机构的资源。随着海外业务的发展，国内、国外都有各类专业的咨询服务公司，可以针对企业的需求提供对项目的专业风险评估。考虑到俄罗斯市场的特殊性，即存在被西方制裁的风险，又与中国政治、经济关系紧密，应选择对中俄两国市场环境、法律、业务熟悉的咨询机构，对俄罗斯市场和合作伙伴进行专业风险尽职调查，及时提示风险和解决措施，并在项目实施过程中给予全过程指导。

（3）加强与驻俄罗斯使馆经商参处的沟通和联系。我驻外使馆经商参处是中国企业在外的领导机构，熟悉俄罗斯的政治、经济、文化、外交等一系列政策。在重大项目参与决策之前，应提前与驻外使馆经参处积极联系和汇报项目的情况及思路，听取主管部门的意见和风险提示并认真研究，作为风险管控和决策的重要部分。

（4）加强与保险机构的业务联系。近年来，随着中国企业积极"走出去"，遇到的海外风险也越来越多，为了给中国企业发展对外贸易和对外投资合作提供保险等服务，中国政府出资成立中国出口信用保险公司（以下简称"中信保"），提供包括中长期出口信用保险、海外投资保险、短期出口信用保险、国内信用保险、与出口信用保险相关的信用担保和再保险、应收账款管理、商账追收、信息咨询等出口信用保险服务。山东高速集团进入俄罗斯市场参与投资，必须要与中信保保持沟通联系。中信保内部也有一套对于海外项目风险评估的机制，可以作为山东高速集团进入俄罗斯市场的重要参考。海外投资项目一旦落地，要购买海外投资险，该产品为投资者因投资所在国发生的征收、汇兑限制、战争及政治暴乱、违约等政治风险造成的经济损失提供风险保障，如此可有效提升山东高速集团在俄罗斯投资的抗风险能力。

（三）人力资源层面措施

为保障市场进入战略，确保海外项目的顺利实施，执行团队是重要一环。尤其是采用合资公司的模式进入俄罗斯市场，不仅要保持和国内总部的协调沟通，还要与当地合作伙伴协调组织好公司的运营。因此在人力资源方面可采取以下几个措施。

（1）精心选派熟悉海外业务的复合型人才打造核心团队。以国际公司为主体，挑选懂商务、精管理、善沟通、有经验的中高层管理人员负责牵头，辅以集团工程技术、法务、安全、财务等专业人才组建骨干团队。在核心团队的组建过程中，人员选拔除了要重点考虑海外经验、专业素质以外，还要重点考虑语言能力，尤其是将被定为合资公司工作语言的英语。团队组建完毕，要制订详细的岗前培训计划，聘请内外部专家，针对俄罗斯的合资公司、市场环境、法律基础、文化环境、外语等进行专业的培训。

（2）充分利用好俄罗斯人力资源丰富、素质高的特点，积极采取属地化策略，从当地招募各专业人才充实海外公司。尤其是公司的执行总经理、财务、人力资源等高管人才，可聘用俄罗斯当地猎头公司寻找。针对俄方高级管理人员，也应制定相应的培训和交流计划，其中应包括到中国总部交流、培训，尽快实现双方在思维理念、工作方式、文化差异等方面的融合。

（四）财务融资层面措施

俄罗斯交通基础设施市场目前最缺乏的就是资金，政府出台一系列的政策也是为了吸引外国投资者，因此，加强财务融资方面的能力是顺利进入俄罗斯市场的重要保障。山东高速集团应充分发挥在中国市场和国际市场上的融资能力，整合国内外的融资资源，提升海外公司的竞争力和实力。为保障市场进入战略的顺利实施，提升公司财务融资的能力，具体采取以下三个方面的措施。

（1）加强与中国进出口银行等政策性银行的沟通与合作。中国进出口银行由国家出资设立，支持中国对外经济贸易投资发展与国际经济合作，尤其是支持企业实施"走出去"战略、跨境投资、"一带一路"建设。山东高速集团先前与中国进出口银行成功合作了"孟加拉达卡机场高架路PPP项目"和"波黑42公里高速PPP项目",建立了良好的业务合作关系,熟悉业务的流程和审批。对于俄罗斯市场,中国进出口银行也是高度重视,很早就在圣彼得堡设立了代表处。山东高速集团应该在投资内部立项阶段就加强与中国进出口银行总部和海外代表处的沟通,为将来海外融资做好准备,提升海外融资的效率和能力。

(2)利用好山东高速集团在国际评级中A级的优势,加强国际融资能力。山东高速集团拥有世界三大评级机构之一——惠誉国际信用评级公司授予的A级国际信用评级。因此在财务融资领域,不仅限于国内资本市场,还应利用好山东高速集团在欧洲和中东迪拜等海外公司的平台,加强与国际投资和金融机构的业务联系,为投资俄罗斯市场提供融资的保障。

(3)采用企业发债的模式融资,降低融资成本。山东高速集团控股企业——中国山东高速金融集团有限公司是香港交易所主板上市企业,目前致力于打造四大业务板块,包括融资租赁、证券投资、放债业务及科技金融。山东高速金融集团有限公司充分借助我国香港作为国际金融中心在市场、融资以及人才等方面的独特优势,借助"一带一路"政策下的国际市场发展机遇,成为"立足香港、面向国际"和"连接境内境外、实现资源有效整合"的一流投融资和金控平台。目前该集团已拥有香港证监会第1类"证券交易牌照"、第4类"就证券提供意见牌照"、第5类"就期货合约提供意见"、第6类"就机构融资提供意见"、第9类"资产管理牌照"及香港特区政府发出的放债人牌照。凭借山东高速集团良好的资信,该集团已通过香港公司发债的方式,成功进行了几次发债融资,融资成本低于银行贷款利息,大大加强了山东高速集团的海外投资能力,降低了融资成本。

七、结论及展望

(一)结论

近几年正值俄罗斯交通基础设施市场大发展和大开放的良机,市场规模和发展的潜力巨大，加上中俄关系持续紧密，在国家"一带一路""走出去"的指引下，一直致力于扩大国际业务板块的山东高速集团处于难得的机遇期。本文经过分析和研究，有以下三个主要结论。

（1）通过对俄罗斯交通基础市场和山东高速集团内部资源的分析，结合企业国际化、市场进入战略等理论和战略管理的分析工具，研究山东高速集团俄罗斯交通基础设施市场外部竞争环境、内部资源能力，山东高速集团进入俄罗斯市场正处于SO增长型战略方向。

（2）对所有进入模式进行分析和筛选，并对筛选后的进入模式进行内外部因素分析，针对利润贡献、风险和非盈利目标进行比较分析，综合评估得出采用合资公司的投资模式进入俄罗斯市场符合山东高速集团既能控制好风险，又能扩大业务规模的战略目标。

（3）着重分析了进入俄罗斯市场后，山东高速集团和俄罗斯合作伙伴组建合资公司的规划、竞争力的构建和市场竞争策略。结合目前俄罗斯交通基础设施市场的环境与山东高速集团内外部的能力和资源进行分析，认为采用低成本战略更适合实现山东高速集团在俄罗斯市场的定位和目标。

（二）不足与展望

笔者虽长期从事海外市场开发和项目管理的工作，针对俄罗斯市场的开拓工作也已经开展了三年，但受学术水平、专业知识的不足所限，对于论文研究的深度、广度有限，在后续的工作和学习中将继续努力改进。本文的写作正处于习近平主席和普京总统共同推动的中俄关系历史最好水平的大环境下，考虑到普京总统的任期将在2024年到期，后续俄罗斯总统的人选以及相应的对华政策有一定的不确定性，有可能对于中国企业在俄罗斯的发展有较大影响。

近年来，俄罗斯一直作为山东高速集团重点开拓的市场，笔者作为团队负责人一直致力于俄罗斯市场开拓的工作。基于三年在俄罗斯市场开拓收集的信息和资料，理论结合实际形成本论文，受水平限制，还有很多不足的地方需要不断完善。希望本文的研究和结论，能为山东高速集团开拓俄罗斯市场提供一些思路和方式，同时也为其他计划开发俄罗斯交通基础设施市场的中资企业提供一些参考。

附：

山东高速集团高管和行业内专家访谈纲要

（1）您对当前国内交通基础设施领域的行业现状和发展的看法是什么？

（2）您对山东高速集团加强国际化发展的看法如何？

（3）您认为山东高速集团的优势主要是哪些方面？

（4）您认为山东高速集团的劣势主要是哪些方面？

（5）您对俄罗斯的了解有多少？如何看待俄罗斯交通基础设施市场？

（6）您对山东高速集团开发俄罗斯市场怎么看？

（7）您认为山东高速集团开发俄罗斯市场会遇到哪些方面的问题和风险？

（8）您对中俄关系发展的前景怎么看？

（9）您认为俄罗斯交通基础市场的关键成功因素是什么？

（10）您如何看待企业在进入俄罗斯市场过程中利润贡献、风险和非盈利指标的权重？如果按照利润和非盈利指标分为高、中、低三个档次，对应分数为3分、2分和1分，风险指标也分为高、中、低三档，对应的分数为1、2、3分，请您根据不同的进入模式进行相应的打分。

（11）您认为在俄罗斯选择合作伙伴的关键因素是什么？

（12）根据访谈对象的回答，提出其他的问题。

俄罗斯政府官员和行业高管访谈纲要

（1）您怎么看待俄罗斯交通基础设施市场的现状和前景？

（2）您认为俄罗斯交通基础设施市场有多大的需求和潜力？

（3）您认为俄罗斯交通基础设施市场对于俄罗斯经济的发展有带动作用吗？主要体现在哪些方面？

（4）您认为俄罗斯交通基础设施市场的发展存在哪些方面的困难？

（5）您对中国和中国企业的了解是什么？

（6）您认为中国企业来俄罗斯投资发展会存在哪些方面的困难？

（7）您认为中国企业来俄罗斯发展能成功的主要因素包括哪些？

（8）您对中俄关系发展的前景怎么看？

（9）您如何看待中国企业在进入俄罗斯市场过程中利润贡献、风险和非盈利指标的权重？如果按照利润和非盈利指标分为高、中、低三个档次，对应分数为3分、2分和1分，风险指标也分为高、中、低三档，对应的分数为1、2、3分，请您根据不同的进入模式进行相应的打分。

（10）您认为在俄罗斯选择合作伙伴的关键因素是什么？

（11）根据访谈对象的回答，提出其他的问题。

参考文献：

［1］张磊.关于道路运输基础设施建设的研究［J］.中国商论，2018：12–13.

［2］李雅.中国对"一带一路"沿线国家基础设施投资问题研究［D］.兰州大学，2018.

［3］赵鹏.交通基础设施对区域经济增长的影响［D］.吉林大学，2017.

［4］臧晓飞.M公司国际工程承包的市场营销策略研究［D］.吉林大学，2011.

［5］吕蓉慧，周升起."一带一路"背景下中国对俄罗斯及泰国直接投资分析［J］.江苏商论，2019：45–50.

［6］阿廖娜（Boiko Alena）.中国企业对俄罗斯乌拉尔联邦区投资潜力研究［D］.哈尔滨工业大学，2018.

［7］杨楠.新形势下的海外工程市场开发模式［J］.国际工程与劳务，2018：55–56.

［8］方允秋.赞比亚建筑工程市场开发及风险浅析［J］.企业改革与管理，2018：217–218.

［9］唐韵，熊一峰，王若景.上海产业巨头13亿美元海外造城——中国企业海外最大房地产项目揭开神秘面纱［J］.中国经济周刊，2006：46–47.

［10］周月萍，孟奕.俄罗斯基础设施项目投资和承包的法律环境与注意要点（上）［N/OL］.建筑时报.2017–2–16.

［11］胡马尔.中石油在哈萨克斯坦发展战略研究［D］.中国石油大学（华东），2016.

［12］波波夫·安德烈.俄罗斯基础设施建设发展及其对华合作研究［D］.黑龙江大

学，2015.

［13］王俊刚.俄罗斯轨道交通市场现状及发展形势和铁路配件企业的市场开发策略
［J］.国外铁道机车与动车，2018：6-10.

［14］陈勇强，马晓苹，薛敬.我国国际工程承包企业并购后的人力资源和文化整合
［J］.中国港湾建设，2009.

［15］李婷.中石油开拓中亚市场问题研究［D］.黑龙江大学，2016.

［16］中国证监会原副主席姜洋.推进商品期货市场开放助力"一带一路"建设［N/OL］.
经济日报，2019-4-2.

［17］盛慧峰，葛艳莉，柯慧.电力企业海外市场开发战略研究［J］.中国市场，
2015：169-171.

［18］郭建新.我国国际工程承包行业现状及发展前景研究［J］.现代商贸工业，
2011.

［19］周亚静.俄罗斯基础设施投资最优规模的实证分析——兼论俄罗斯走出经济增
长困境的对策［J］.欧亚经济，2015：75-87，127-128.

［20］李洋."一带一路"：俄罗斯的选择［J］.前沿，2018：52-59.

［21］Andreas p. kyriacou, Leonelmuinelo-gallo, Oriolroca-sagalés. The efficiency of
transport infrastructure investment and the role of government quality：An empirical analysis
［J］.2018.

［22］张勇.浅谈海外工程市场开发危机管理的参考标准与建议［J］.中国设备工
程，2019：32-33.

［23］常非凡，赵静.中国——俄罗斯基础设施互联互通及中国参与俄罗斯基础设施
建设的优劣势分析［J］.中国经贸导刊，2019：52-55.

［24］赵冲，汪亚飞.西亚基础设施建设市场开发分析［J］.国际工程与劳务，
2017：66-68.

［25］周杰.境外项目市场开发前期风险防控研究［J］.企业改革与管理，2019：16，20.

［26］唐韵，熊一峰，王若景.13亿美元海外造城［J］.招商周刊，2006：32.

［27］马江涛.GW集团海外市场开发策略研究［D］.华北电力大学（北京），2016.

［28］于小琴.亚洲基础设施投资银行与中俄基础设施项目合作研究［J］.西伯利亚研究，2018：39-44.

［29］徐传格.M公司俄罗斯市场开发策略组合研究［D］.山东大学，2014.

［30］郭广珍，刘瑞国，黄宗晔.交通基础设施影响消费的经济增长模型［J］.经济研究，2019：166-180.

［31］梁建军.我国国际工程承包产业发展与企业竞争力研究［D］.天津财经大学，2008.

［32］王兰芳.关于做好国际市场开发的途径探索［J］.现代经济信息，2018：162.

［33］维克多.俄罗斯基础设施建设融资问题分析［D］.哈尔滨工业大学，2019.

［34］熊艳.ABC公司国际市场进入战略研究［D］.山东大学，2012.

［35］靳文硕.山东高速国际化战略研究［D］.山东大学，2018.

［36］周月萍，孟奕.俄罗斯基础设施项目投资和承包的法律环境与注意要点（下）［N/OL］.建筑时报，2017-3-2.

［37］邱亚玲.我国国际工程承包企业竞争力影响因素研究［D］.重庆交通大学，2017.

［38］付建辉.zysd公司进入国际市场战略研究［D］.重庆大学，2008.

［39］Bernard fingleton，Nikodemszumilo. Simulating the impact of transport infrastructure investment on wages：A dynamic spatial panel model approach［J］，2019.

［40］袁新涛."一带一路"建设的国家战略分析［J］.理论月刊，2014：5-9.

［41］王士奇.BYD新能源电动汽车英国市场进入战略研究［D］.山东大学，2016.

［42］Florian W. Bartholomae，Karl Morasch，Rita Orsolya Seebode. Fixed margin price undercutting：An adequate entry strategy in a market with switching costs?［J］. Managerial and Decision Economics，2019，40（7）.

［43］V.J. Thomas，Elicia Maine. Market entry strategies for electric vehicle start-ups in the automotive industry – Lessons from Tesla Motors［J］. Journal of Cleaner Production，2019，235.

海外电力建设市场开发的难点与对策研究

赵中华[①]

摘要: 为了在严峻的市场经济形势下求生存、求发展,实现企业发展新突破,我国越来越多的电力建设企业将目光瞄向海外市场。本文分析了海外电力建设市场开发面临的种种困难。要想在海外电力建设市场不断扩大业务,就要树立全球化思维,增强企业自身实力,加大国际化综合型人才的培育力度,提升海外承包项目的技术和管理水平,打响品牌,赢得市场。

关键词: 电建建设;项目施工;海外市场;国际化

国内电力建设市场日趋饱和,为了在严峻的市场经济形势下求生存、求发展,实现企业的发展新突破,我国越来越多的电力建设企业将目光瞄向了海外市场。

近几年来,中国电建集团核电工程有限公司积极实施"国际优先"战略,海外工程足迹遍布非洲、西亚、东南亚、南亚等地区,先后完成了苏丹、沙特PP8与PP10、孟加拉西莱特、印度尼西亚龙湾等项目。在海外项目实施中,该公司推进本土化战略,加强与当地社会的文化融合,为项目实施创造了良好的内外部环境,成就了多项精品工程,赢得了丰厚的市场份额,打响了"中国电建"品牌。

电力建设企业承接海外项目,会面临着比国内项目复杂多变的风险和难题。结合工作经验,本文将对这些风险和难点进行分析,并提出相关对

---

① 赵中华,中国电建集团核电工程有限公司国际工程公司副总经理。

策，以期对国内电建企业同人们有所启发，规避相关风险，拓宽扩大电建国际市场，做大电力建设的海外市场。

一、电建企业海外市场开发的难点分析

（一）资金方面存在的难点

几年来，电力建设项目的投资越来越大，需要的资金量也越来越大。在很多海外国家，由于施工建设市场的竞争，电力建设项目前期往往需要施工方垫资建设，因此需要的项目资金特别是流动资金巨大。一些电力建设施工企业由于自身发展薄弱，企业自有资金少，很难满足承包大型国际项目流动资金的需要。此外，我国的出口信贷利率比一些发达国家的贷款利率高、还款期短等，这些政策上的短板也直接影响了电力建设施工企业带资承包国际工程项目。

（二）品牌影响力方面的难点

在国际电建承包市场上，施工企业的品牌对海外市场的开发影响巨大。我国电力建设企业的施工技术和管理水平虽然近几年来得到了很大提高，但与发达国家特别是一些欧美国家比较，还存在很大差距。近年来，我国一些电力施工企业纷纷走出去，相继完成了一大批海外电力建设施工项目，但这些项目多是在一些发展中国家或落后国家，在欧美等发达国家的电力建设施工市场中，轻视中国企业总体实力的现象仍普遍存在。

（三）技术和管理人才方面的难点

国际化综合型人才的缺乏，直接影响电力建设施工企业对海外市场的开发。语言不通也是一大障碍。目前，我国电力建设企业的技术、管理等人员多为工科院校毕业生或从工程实践中成长起来的老员工，外语沟通能力不佳，不能满足国外项目的语言需要。而懂外语的人则多为外语专业人才，他们缺少电力建设的技术、管理等知识。由于我国教育体制的影响等因素，复合型人才严重缺失，成为电力建设施工企业开发海外市场的一大短板。

（四）国内承包商不良竞争方面的难点

目前国内电力建设施工市场的竞争激烈，导致大多数电力施工企业

纷纷把目光投向海外市场。国内的绝大多数电建施工承包商都各顾各的市场，不能抱团作战。更有甚者，一些企业在电力建设海外市场中"内战外打"，采取恶性价格竞争等不正当的手段争取中标工程，扰乱了市场秩序，破坏了我国电力建设企业的整体国际形象，导致两败俱伤。

二、海外电力建设市场的开拓策略

（一）加强全球化观念

电力建设企业要善于抓住机会，迎接挑战，制定全面的海外市场开拓计划。参与到海外工程建设市场的竞争中，是历史的必然选择，电力建设企业要加强参与力度，建立全球化的观念，解放思想，大胆作为。

（二）建立大型的电力建设施工集团企业

国内电力建设企业要强基固本，发展壮大，建立强大的企业集团，才能增强自身竞争力和抵御市场风险的能力。同时，要抱团作战，减少过分竞争和无序竞争。

（三）加强国际化人才的培育

要注重培养大量具有高素质的综合型专业人才。要联合高校和专业培训机构以及科研单位，共同培养熟悉外语、熟悉国际法律法规及国际施工相关标准要求及市场规范等知识的综合性人才，还需要培育一批具备高水准的管理能力、专业能力、公关能力以及适应市场和社会变化的人才。除了自己培养外，要面向社会广泛招揽人才。对人才要招进来、留得住，这就需要提高人才的待遇，薪金留人、感情留人、机制留人、文化留人相结合，管理好人才。

（四）提升承包项目的技术和管理水平

在进行海外项目施工时，施工企业一直都是产业链的最末端。所以，电力施工企业要善于提升承包项目的技术水平，进行相应行业结构组合和资源调整，把设计、施工等方面融合到一起，建立区域性集团，增强国际EPC工程项目的能力。此外，还要健全企业经营管理制度，吸收国内外先进的管理模式。

三、结语

电力建设的海外市场开拓无法一蹴而就，需要一个循序渐进的过程。在市场全球化的今天，电力建设企业要想在海外市场占有一席之地，就要不断增强自身实力，解放思想，开拓创新，在技术上、管理上向发达国家标准看齐，增强企业核心竞争力，顺应国际市场的需求，不断争取更多的海外业务。

参考文献：

［1］盛慧峰，葛艳莉，柯慧. 电力企业海外市场开发战略研究［J］. 中国市场，2015，（21）：169–171.

［2］吴添荣，祝慧萍. 合力推进电力"走出去"战略［J］. 中国电力企业管理，2011，（5）：18–22.

［3］赵启明. 如何开发海外电力项目市场［J］. 国际工程与劳务，2014，（11）：43–44.

对境外投资项目的几点认识和思考

苏伟洪[①]　刘志远[②]

近年来，随着"一带一路"倡议的深入推进，我国企业境外投资步伐明显加快，规模和效益显著提升，为带动相关产品、技术、服务"走出去"，促进企业经济转型升级，深化与相关国家的互利合作发挥了非常重要的作用。中铁十四局集团有限公司"走出去"近20年来，已经逐步布局中亚、南亚、非洲、拉美、大洋洲和欧洲六大区域市场，在做好既有项目的同时，积极联系跟踪有关投融资项目信息，逐步开展境外投融资业务，延伸经营链条，促进转型升级。现结合多年海外工作经验及公司国外投融资项目实践，就企业"走出去"开展投融资合作的注意事项进行分析探讨，为提升企业境外投资风险防范能力提供借鉴。

一、企业开展境外投资的重要意义

国际市场机遇和风险并存，要扩大海外市场份额，实现海外经营目标，海外投资势在必行。特别是建筑类企业，认真研究政策，评估市场，审慎决策，积极参与国外基础设施及其他项目的投资业务，对企业的健康可持续发展具有重要意义。据统计，我国"走出去"企业在基础设施建设领域的对外承包新签合同额逐年增长，但是竞争日趋激烈，利润率越来越低，很多"走出去"企业纷纷转型，国外投资业务增长较快。最近几年，不仅部分国企加大了海外投资及并购力度，不少曾经以劳务外派、施工承

---

① 苏伟洪，中铁十四局集团海外工程分公司党委书记。
② 刘志远，中铁十四局集团海外工程分公司副总经理。

包等业务为主的地方企业、民营公司也纷纷加大对外投资力度，扩大业务范围，参与海外并购、矿产资源开发、农业技术合作、项目运营服务等，不断延伸产业链，推进投建营一体化，海外业务规模实现快速增长。

（一）企业开展境外投资是国家经济发展到一定阶段的必然要求

现在，无论是在世界经济的宏观层面，还是在企业经营的微观层面，转型升级都是一道必答题。世界经济在深刻的结构调整中负重前行，低增长、低通胀、低回报、低贸易增长和高负债率呈常态化，各种传统风险和非传统挑战复杂交织。同时，随着我国倡议的"一带一路"建设和"构建人类命运共同体"理念逐渐成为国际共识，一系列便利政策形成巨大助推力，国际社会对中国引领经济全球化新方向充满期待，我国经济深度融入世界经济体系的进程正在升级提速。境外投资是顺势而为，对服务国家"走出去"战略、对当地和区域经济发展、对企业自身发展，都有显著而积极的意义，是着眼于深层次对接市场需求，追求企业战略布局、产业布局和能力结构的全面转型，是供给侧结构性改革的必然之举。

（二）企业开展境外投资是国际经济格局和市场发展的客观需求

自2008年全球金融危机以来，发达经济体一直处于缓慢复苏状态，资产价格较低，对外国投资有需求，各国也纷纷出台吸引外资的便利化措施。但是，当前贸易保护主义抬头，全球贸易紧张局势加剧，基于规则的多边贸易体系被削弱，单边主义威胁世界经济增长。国际市场上，部分国家由于政府债务压力不断增加，达到国际货币基金组织规定的举债上限，主权借贷落实项目资金的难度越来越大，在公共事业建设运营领域趋向于采取特许经营方式鼓励社会资本参与基建投资。如今的世界已经成为你中有我、我中有你的地球村，各国经济社会发展日益相互联系、相互影响，推进互联互通、加快融合发展成为促进共同繁荣发展的必然选择。

（三）企业开展境外投资是扩大业务规模、加强产能合作、实现转型升级的现实需要

对标国外大型先进企业，在对外工程承包领域，国内大部分企业国际化指数不高，境外投资占比较低。要扩大市场份额，单凭工程承包业务难以实现目标，必须加大投资力度，通过投建营一体化发展，规避国外贸易壁垒，促进产业结构转型升级，保持企业高质量地可持续发展。

二、企业开展境外投资的主要对策

（一）战略引领，聚焦主业，量力而行

没有战略规划和引领是投资行为最大的风险，海外投资必须符合企业中长期发展规划，符合转型升级要求。对海外投资不能盲目跟风，也不能裹足不前，科学合理的投资决策能规避大部分投资风险。

（二）具备投资者眼光和业主意识

不能照搬国内投资经验，不能以承包商的惯性思维考虑问题，不能单纯地考虑以投资带动承包或以小额投资撬动工程总承包，要认识到投资行为的根本目的和内在的逻辑，结合企业实际选择合适的投资方式，把握境外投资规律和管理策略。

（三）做好高层对接和高端经营

投资项目涉及中外双方众多部门，平时都要与他们及时沟通联系。境外投资要符合我国战略和企业发展规划，还要符合当地政府的需求，因此要保持与当地政府高层的经常性对接，及时了解他们的需求和发展规划。根据他们需求的轻重缓急，我们要应时而谋，顺势而为。

（四）抱团合作，属地经营，绿色可持续发展

本着优势互补、合作共赢的理念，加强与国内外有关企业的合作，重视属地化管理和企业社会责任，真正融入当地经济社会发展，实现绿色可持续发展。

（五）熟悉中外有关投资政策和法律法规

运行中的每个环节都要符合当地法律法规，符合当地设计、施工、制造等方面的标准和规范。要入乡随俗，认真研究项目所在地的政策法规，不能硬性照搬国内经验和做法。因此要加强境外投建营一体化相关知识的学习，加强有关中外法律法规的学习，加强有关财税、人力资源管理等政策的学习。对这些基本知识，专业人员要做到熟知熟用，相关人员要普及宣贯。学习方式可以灵活多样，如自己办班、聘专家授课，也可委托培训机构和高校办班学习等。

（六）加强投融资专业团队建设

投资项目涉及众多的法规政策和专业知识，必须拥有一定数量和规模的高技术、国际化投融资专业人才做支撑。既要整合内部优势资源，又要加强与国际咨询公司合作，建立精干高效的投融资运作团队。要有专门的部门和相关的制度，加强对这些人才的引进和招聘，加强对这类人才的培养。对这类人才还要努力做到属地化和国际化招聘。

三、企业开展境外投资的注意事项

（一）要加强全过程风险防控

与国内投资业务相比，境外投资项目普遍具有资金额度大、运作周期长、前期成本高、合同结构复杂等特点，各种风险因素更多，做好全过程风险防控对于境外投资至关重要。

第一，要健全风险防控体系和管理流程。针对海外投资风险点，制定并完善风险防控体系，组建专业风险管理团队，引入国际风险咨询机构，细化风险管控流程，利用各种风险防控工具，做好投资尽职调查和可行性研究，明确投资进入时间及退出机制，加强建设期和运营维护期管理，确保投资收益。

第二，从政府层面，随着"一带一路"倡议的持续推进，我国政府正在不断改进境外企业和对外投资的安全及风险防控工作，有关部门也陆续出台引导和规范海外投资的管理办法和指导意见，在国家安全体系建设总体框架下，完善统计监测，加强监督管理，健全法律保护，加强国际安全合作。加强政府各部门、驻外机构和使领馆的沟通协调，在海外投资利益受到损害时，协同运作，互相配合，支持企业维护海外权益。

第三，从企业层面，要研究制定企业海外投资行为规范，设立海外投资风险评估部门，完善投资风险防控体系，提高风险防范意识，做好风险识别与评估，建立投资风险数据库，加强信息化和大数据建设，重视与国际机构、跨国公司、项目所在国企业和组织的合作，对投资地区或国家的政治动向、监管政策、安全形势、利益相关方诉求等方面进行综合分析，科学评估投资项目收益和风险。

第四，从项目层面，完善风险防控及处置流程，建立风险预警机制，遵循事前控制、全面控制、风险与对策匹配等原则，做好项目实施策划和合规管理，制定风险控制计划和突发事件应急计划，运用好商业保险等风险管理工具，按照事前评估、事中控制、事后补偿等要求，针对不同风险源，制定不同应对策略，做好风险规避、风险转移、风险降低、风险分担等工作。

第五，做好各项尽职调查和可行性研究。收益和风险是投资工作的两大主题，所有投资都是为了寻求预期收益，但是必然面临各种风险，投资决策前做好各项尽职调查和可行性研究至关重要。

（二）要注重各方关系的协调

投资项目参与方很多，其中一方不能履约就给其他各方带来影响，互相掣肘。要细化合同条款，健全协调制度，细化协调流程，通过例会定期沟通，通过急事急办制度随时处理意外事件，随时解决出现的矛盾。

要注重社会责任，力所能及地做一些对当地社会的帮扶工作。例如，慰问老人、学校捐助、小型民生项目改造等，既是对企业形象的宣传，又是处理当地关系的润滑剂。

（三）要注重团队建设管理

要保持团队内部中外人员的大融合及有效合作。加强对中方人员的管理，建立健全内部管理制度，完善并简化工作流程。要发挥党建优势，经常性开展遵守当地法规教育、尊重当地宗教信仰和风俗习惯的教育。加强对所聘外方人员的管理，建立日常管理的长效机制。

综上所述，企业开展境外投资业务，必须充分认识境外投资的重要意义，了解境外投资区别于国内投资及海外工程承包的特点，利用好国家"一带一路"和"走出去"相关政策，熟悉投资项目所在国的政治经济环境，甄选市场，审慎决策，防控风险，合规经营，坚定不移地推动企业做强做优做大，实现转型升级。

有关国际建筑工程市场开拓、项目运营的思考与认识

王晓彬[①]

随着国内建筑行业依赖国家城市化进程、固定资产投资拉动的高速发展红利期渐近尾声，行业产能过剩且市场竞争的加剧，促使建筑企业开始在转型中寻求新的经济增长点。同时，在建筑施工行业国际化进程方兴未艾的大环境下，背靠国家"一带一路"建设机遇期，"走出去"开拓国际建筑市场成为企业加快转变发展方式、促进业务结构转型升级的重要选择之一。

尽管国内建筑企业"走出去"步伐加快，但海外市场中经营风险过大、整合不力等窘境充斥海外征途，因此打开国际市场、提高企业国际经营水平的重要性不言而喻。在这种情况下，企业认清自身形势，制定行之有效的市场开发、项目实施策略，是海外市场开发的关键。

近年来，德建集团以国际公司为代表不断加大"走出去"模式探索力度，逐步探索出一条国际市场开发、项目运营的新路。受公司国际市场开拓探索启发，结合海外工作体会，现将个人对国际建筑市场开拓、项目运营的思考与认识汇总如下。

一、国际建筑工程市场的现状分析及其要求

随着经济全球化的发展和世界经济重心的不断迁移，国际建筑工程市场呈现出了以下几个特点。

---

① 王晓彬，山东高速德建集团有限公司苏丹分公司总经理。

（一）国际建筑市场全球化进程加快，国际建筑工程市场区域性划分日益明晰

建筑工程行业，尤其是基础设施建筑行业急剧扩张阶段往往依赖本国经济发展的内在需求，也是落后国家迈向发展中国家、发展中国家向发达国家过渡的标志性行业。因此，具备一定经济基础的战后国家重建，或落后、发展中国家在经济发展过程中会创造巨大市场空间，外资会主动涌入。（准）发达国家基础设施、商业地产的更新升级也会相应创造一定高端市场空间。鉴于（准）发达国家自身成熟的行业体系导致市场竞争激烈，外来建筑施工企业进驻门槛偏高，但相应的利润可观、业绩明显。

通过观察发现，全球建筑工程市场区域划分及其市场等级大致如下：

第一类地区（落后地区）：绝大部分非洲国家；

第二类地区（发展中地区）：中东、东南亚、南亚、中亚、西亚、拉美；

第三类地区（准发达地区）：中东欧、欧亚；

第四类地区（发达地区）：西欧、北美、其他个别发达国家和区域。

目前国际建筑市场规模化集中区域主要位于第一、第二类地区，我国对外建筑市场布局、开发区域也大都集中在这些发展中国家和落后区域。其中，非洲作为下一个全球经济中心，重要性不言而喻。同时，国际工程由于技术、地域、人文和社会的不同千差万别，尤其是上述落后区域为了带动当地经济发展和原住民的就业，缓解社会矛盾，往往会在市场准入、劳工审批、合同门槛、税务门槛等方面设置壁垒，这些壁垒对所有的承包商来说都是不可逾越的红线，是市场开发、项目实施中需要认真研究并加以解决的问题。

面对国际建筑市场的区域集中分布态势，背靠"一带一路"政策优势，志在开拓国际市场的国内建筑施工企业以重点区域/国别为单位，针对性分析其政治、经济、资源、文化等综合信息，形成区域/国别行业现状分析及预判报告，成为企业引导自身主业以及相关业务范围扩展到更加广阔的国际市场的必然要求。

（二）国际建筑工程开发模式日益多样化，对承包商融资能力的要求越来越高

随着亚、非、拉国家作为新兴国际经济中心的崛起，其基础设施需求、社会生活条件改善需求日益强烈，生活建筑及基础设施成为经济发展的前提性要求，也是其经济腾飞的重要助推力。但受限于当地政府资金、行业发展水平，极速扩张的当地建筑市场面临巨大资金差额，因此国际援助项目、融资项目、所在国政府贷款项目等开发模式日渐成熟并越来越受到大型跨境建筑施工企业的青睐。

目前很多国际工程项目都要求总承包方有很强的融资能力，以满足项目的资金需求，这就对总承包商掌握金融政策，对接银行/信保的融资能力，探索、适应国际主流项目合作模式的能力提出了很高的要求。

（三）区域性市场保护主义抬头，国际建筑工程市场的开放附带明显的社会责任

当前国际建筑市场以落后、发展中国家为主。落后区域本身存在经济落后与急需发展的矛盾，而资本、技术输出的本质目的永远是超额资本回流，因此在当地建筑施工市场，外来市场力量的涌入不可避免会刺激当地政府痛点、激起民众逆反心理。加上当前世界经济持续低迷，各国都希望由固定投资带动本国经济更多更快地发展，因此对项目建设提出的附加条件或隐性要求越来越多。

为解决因跨境建筑工程开发、运营产生的政治、经济、文化摩擦，项目所在国在对外开放市场除盈利之外，还要拉动项目所在地的经济发展，促进其他相关产业在当地的进步，借此提升原住民的生活水平，无形中对开拓海外建筑市场的企业提出更高的社会责任要求，从而催生外企必须注重口碑、提升品牌效应的必然要求，这种责任在非洲和中亚、西亚地区尤为突出。

因此，国际建筑市场开发在盈利范围内担负起相应社会责任，正确处理项目建设所带来的环境治理、劳工纠纷、文化冲突等各种社会问题，是保证各利益相关方利益诉求一致，实现互惠互利、和谐共赢的新挑战。

（四）国际建筑市场融合步伐加快，属地化管理重要性凸显

国际建筑工程市场开发及运营有一定的特殊性。受国外工程项目的实施环境、项目管理政策差异，以及语言、文化、行政管理等差别限制，国际建筑施工企业需要主动"入乡随俗"，遵守当地游戏规则。因此，属地化管理理念很早之前已经在国际工程开发、管理中成为共识，在国际工程开发、管理中占据重要地位，也是国外市场做深做透并实现本土化的长期选择。

在国际建筑市场开拓、运营中，当地代理顾问、技术人员具备天然优势与资源。客观而言，属地化管理是一种必经的借力过程。但是，受文化地域差异、行业准则等影响，尤其是在非洲地区，在具体实施过程中仍存在很多不容忽视的难题。因此，属地化管理必须是渐进的过程，原则是把国内目标指向与国外当地优势相结合。

先期市场开发是内外各方合作下各种因素（包括机会因素）产生的最终结果，而属地化管理是国内建筑施工企业缩短探索周期的借力工具。以当地政府人士、行业权威人士为代表的属地化代理人是帮助企业快速熟悉、适应当地社会环境，建立开发渠道的重要助力，相对较易实现。但项目运营中的属地化管理周期更长，面对当地行政要求、成本控制、技术水平低、文化差异等现实因素，虽然其本身是提升工程管理国际化水平、为人力资源提供滚动发展、保证管理连续性、节省人力成本的重要途径，但截至目前，尚无特别成熟且可以普遍推广的模式。因此，逐步探索完备的属地化管理创新制度，成为中资企业开拓海外国际建筑施工市场的研究课题之一。

（五）国际建筑市场同质化竞争日益激烈，企业准确自身定位及合作共赢的重要性

随着建筑市场国际化进程的不断成熟，开拓国际工程项目不仅要面临国际竞争对手，还不可避免地要面对与国内大型工程建设承包商竞争的尴尬局面。

目前中国企业参与国际建筑市场开拓时，海外业务仍以国企、央企为主导，除资金、技术、人才、设备等行业优势外，背靠政府的先天属性决

定了其在市场渠道、融资能力、项目业绩、社会口碑等方面也远优于民营企业，因此国际建筑市场越来越呈现出"马太效应"，负重前行的民企很难与其比肩。但是，"中"字头企业过硬的施工能力、不断扩大的国际建筑市场份额也为所有海外中资企业打造了"中国品牌"，为国际建筑工程市场熟悉中国思维打下了坚实的基础。

面对强者越强、弱者越弱的市场客观规律，在认识到国际市场残酷性的基础上，如何分析自身优劣，做出正确的判断和市场定位，进而制定符合国际大势且适应当地市场的战略发展计划，如抱团开发、合作借力等，是中小民营企业避免同质化竞争、探索对外合作模式的必修课程。

二、立足国际公司平台，对国际建筑工程市场开拓、项目运营的思考与认识

背靠国际公司总部的德建人无论是幸福感还是安全感，都远优于只身在海外打拼的建筑从业者。从企业自身经营角度结合公司发展现状来分析，国内总部是海外分公司、项目部发展壮大的根本，自上而下的原则性决策是重中之重。当然，这与分公司、项目部的自主能动性并不冲突。事实上，单打独斗或协作不力无法充分发挥集团公司的优势，早已在全球化过程中被视为成熟企业运营体制的大忌。

从现有各海外分公司、项目部的综合实力分析，目前海外力量分散、规模总体偏小的现状导致其尚不足以扛起大旗，而总部统筹布局的根本性力量同样需要充分挖掘。在企业对外扩展的瓶颈阶段，在不进则退的关键时期，公司的战略性规划是未来发展的航标灯，是全体员工执行力的目标指向。因此，国际公司在国际建筑工程市场开拓及项目运营方面建立旗帜鲜明、内外分工明确的完善制度势在必行。

（一）充分发挥国内公司总部的领导指引作用，对海外分公司、项目部提供多角度支持

1. 增强凝聚力，自上而下凝聚人心

作为德建集团开拓海外的代表力量，国际公司总部是凝聚海外人心的一面旗帜，无可替代。在海外分公司、项目部奋力打拼时，能时刻感受到背后的坚强后盾，这是海外德建人最大的安慰与动力。

对以海外市场为主攻方向的国际公司而言，绝大部分资源、资产、人力、业绩等均在海外，公司总部也早已针对海外同事制定了详尽完备的管理手册，从薪酬、福利、休假等制度方面做了充分的人性化管理。

（1）心理慰藉。家庭支持是海外员工潜心工作的最大动力，同样，亲人是绝大部分海外员工最大的牵挂。在公司同等福利投入的情况下，部分受益由员工转向员工的家属可以有效弥补员工对家属的愧疚，也能团结员工家属。对海外员工的心理慰藉可能是增强企业向心力的角度之一。

（2）能力培养。随着国外工作时间延长，追求个人能力提升是员工重要诉求之一，也符合公司内部培养的需求。可以探索建立以高层管理高校进修、骨干业务培训的竞争性、奖励性激励机制，在提升个人能力服务公司的同时，开阔员工视野，满足员工的自我提升追求。

（3）集中活动。经常组织由总部发起的各分公司、项目部响应的统一主题活动，如食神争霸、扑克大赛、体育竞赛，也是增强员工向心力的做法。

2. 推动标准化管理，形成文化传承

面对海外众多区域/国别差异、经济差异、文化差异、法律差异等，标准化管理是完善企业传承、凝聚智慧的有效方式。通过对市场开拓的成败经验进行汇总，能积累企业宝贵的无形财富，避免走弯路，实现薪火相传，避免过于注重个人打拼或单纯市场选择下的机会因素或偶然因素。

国际公司经过十多年来在国际建筑工程市场的打拼，积累了丰富的工程经验和教训，是我们未来在国际市场上做大做强的宝贵财富。遗憾的是，目前这些财富大都保留在曾亲身参与项目开发、项目运营的同事的头脑中，是其个人人生阅历和事业发展的一部分，尚没有充分转化为可以帮助公司发展的企业财富。

（1）总部统筹。公司有必要对过去的宝贵经验进行梳理，建立详尽的项目资料库,对重点国际工程项目的工期、人力、成本等经济数据指标进行整理和分析,对有代表性的项目进行更深层次的研究,作为今后国际工程项目运作的参考。

(2)员工献策。在充分借鉴外部经验的基础上,更注重内部群策群力,智慧集中,形成德建特色。总部可以建立制度,以季度或年度为时限,收集海外一线分公司、项目部、员工对项目招投标、合同谈判、施工流程及难点、税务常识、法律常识、劳工管理、对外联络乃至具体特殊事例的经验教训、解决方案并汇编成册,形成学习材料。

3. 拓展人脉资源,完善利益集团网络

面对竞争日益激烈的海外建筑施工市场,尤其是国际工程项目主流模式的变化趋势,无论是新开拓市场还是面临项目更替的成熟市场,单纯依靠自有力量很难做大做强,尤其是在非洲等公司现有重点海外市场,除企业自身技术、人力、资金实力外,缺乏前期运作,很难有效独立开拓项目。而项目的成功签约落地,往往是资本、技术、管理、市场、政策等各因素整合的结果。因此,建立所在国建筑行业完备的利益捆绑集团,如中资企业、当地政府部门、行业权威人士、大型施工企业等,是先期市场开拓的关键。对海外分公司、项目部而言,项目融资、市场预判、拓展渠道、人脉网络等的前提性要求均离不开国内总部的支持。

(1)银行/信保加强融资能力。

国际建筑市场集中区域如非洲面临巨大资金缺口,因此国际援助项目、融资项目、所在国政府贷款项目等开发模式日渐成熟,因其支付风险的降低,受到跨境建筑施工企业的青睐,相应对总承包商对接银行的融资能力、运用信保政策的抗风险能力提出了很高的要求。

因个人海外项目经验有限,对此板块没有实操体会,在此就不班门弄斧了。

(2)行业协会提供工程咨询。

随着国际建筑行业的全球化与透明化,及时掌握权威的行业资讯(海外市场分析及国别资信、国家政策信息、其他企业项目信息，及合作可能性、交流分享等行业信息）可能让海外市场开拓收到意外之喜。目前国内已出现一批建筑行业相关的国际行业协会，公司借助现有渠道开展甄别工作并进行接触，既可以扩大公司知名度，也可发现合作机会。

（3）国企、央企合作共赢。

作为民营股份制企业，从渠道、资金、人才、技术、经验等方面的综合实力进行分析，我们很难与开拓海外市场多年的国有大型建筑企业比肩。从众多探索海外市场的中小企业成功经验分析，先期市场开拓阶段借力当地已有大型建筑施工企业是相对安全的道路。国内提供的项目高层渠道先天具备自上而下的指令性，对分公司、项目部借力当地中资企业资源事半功倍，可以有效避免海外无法接触对方高层的局限性。

具体建议：

第一，充分发挥办事处作用，配备必要的人力、资金，充分发挥沟通外联作用，收集、整理业界最新资讯，并与国外分公司、项目部通力合作、双管齐下，撒网式对接协会、大型建筑工程企业，从国内为海外市场拓宽国企、央企的渠道资源，为新开发市场或开发力度不足的市场创造项目合作机会。

第二，海外分公司、项目部作为市场一线力量，是发现项目线索、开展项目实施的主体，也是向总部反馈本区域市场资源、提供人脉资源的主要渠道，在海外市场对接国企、央企等大型施工企业发现合作机会，及时回馈，配合国内总部实现双向沟通。

第三，总部统筹规划，以优质项目分享为基础，与国企、央企签订战略合作协议，从多方面借助对方资源。鉴于非洲市场受政府政策变化影响较大，加上其他外部因素，有时候我们掌握的优质项目可能无法及时推进，而市场条件成熟阶段可能会面临来自他方的强力竞争，因此可以尝试以现有优质项目资源为橄榄枝，寻求与大型建筑工程企业的合作，从其他角度变现未落地项目的效益，并借此开发新项目或合作机会。

4. 完善项目评审制度，综合评估

国际建筑施工市场风险不断加大，海外市场开拓不能急于求成，要在稳扎稳打、保证盈利的前提下，以优质项目为突破口实现跨越发展。因此市场开拓的成败关键是项目优劣，往往一个成熟的个体优质项目操作模式能带动周边区域市场的开发，进而盘活整个海外市场。因此，专业、严格的项目评审制度是分公司、项目部盈利与否或发展是否强劲的关键。

（1）国外项目上报。对重大项目，分公司、项目部应形成完善报告，包括当地政府政策、社会形势、项目合同、风险控制、现场勘测、人才及成本等。在国外准确客观汇报的前提下，国内召集评审委员召开主题会议。

（2）国内项目评审。完善项目评审委员会，条件允许的情况下，尽量邀请熟悉项目所在国情况、具备丰富施工经验的外部人士共同进行充分深入的合同、财务、税务、法律、技术、成本、风险等的严格评审。有充分的前期准备、风险预控，才能在具体烦琐的项目实施中有效避免后期困难。

（3）项目后期追踪。经评审后，不具备落地条件的项目，由评审委员会出具详细研究报告，形成参考资料；项目成功签约落地的，项目部及时向评审委员会反馈具体实施过程中出现的新情况、新问题，完善数据库。

5. 加强员工管理，完善人才引进制度

全球化竞争往往是人才的竞争，掌握人才从某种程度上而言就掌握了技术、渠道等。当前，尽管公司在多年的海外工程开发运营中培养和锻炼了一支高素质、经验丰富的国际工程建设队伍，但不可避免的是员工管理仍存在一些隐患。

（1）海外员工，特别是具备综合素质的职能骨干人员及高端专业技术人员不足，轮休困难或者短时间国内休整后因工作需要仍需出国，容易因家庭原因等出现思想波动甚至人才流失，公司不得不花大力气和资金来解决由此带来的降效和其他问题。

（2）新晋员工，尤其是非建筑行业出身人员往往需要经历边工作边学习的阶段，成长周期长，闭门造车的学习方式导致试错成本较高；具备一定国际工程项目经验的管理人员，因缺少经验的交流和总结，工作主要依靠个人经验或个人对某项目的认知，很难避免局限性。

（3）当地员工主要集中在力工和极少有技术含量的工种上面，没有真正解决海外用工需求。事实上，担任重要岗位的当地员工往往需要经过前期甄别、后期持续考察的价值认同过程，耗时耗力，但这是国际建筑施工市场无法回避的课题。

客观而言，海外员工管理是所有国际建筑施工企业面临的常态化难题，除上述人性化管理、合理薪酬、成长渠道、增强企业凝聚力等解决办法外，仍需在价值认同、晋升渠道、引进方式、回国安置等方面不断探索。

6.拓展多种投资方式，反哺主业

多元化投资是企业分摊经营风险、壮大经济规模的有效方式。目前非洲是公司的国际市场主阵地，长远分析，其将逐步成为真正的全球经济新中心，远期收益乐观。事实上，以非洲为例，通过对海外建筑工程市场多年的开拓，公司无形中已经完成对海外其他项目的长期调研。公司可以尝试围绕建筑主业开展贸易、运输、原材等关联行业以及其他外延项目，理论上任何具备较强稳定盈利潜力的项目都值得一试。

除公司主业外，目前众多私人海外小型投资越来越多，例如准入门槛较低的小型酒店、宾馆甚至超市等项目，收益可观，其规模小、灵活性强的特点也符合"船小好调头"的思路。

另外，鉴于一些实际经验，同一国别的多种投资应在统一管理的前提下，尽量实现法律独立性，防止因部分投资出现问题时产生一损俱损的连锁反应或其他连带责任。

（二）充分发挥国外分公司、项目部的自主能动性，以效益回馈公司总部

面对瞬息万变的国际形势和纷繁复杂的海外建筑市场状况，海外分公司、项目部是贯彻落实公司总部发展战略、反馈海外市场信息、建立并维护公司海外形象的基础，也是实现海外项目开发、落实项目实施、建立当地资源渠道的主体。海外力量是否成熟是公司开拓国际建筑工程市场成败的关键。因此，除服从、配合总部战略计划外，海外力量应结合所在国实际，对自身提出更高要求，充分发挥主观能动性。

海外分公司、项目部可以从以下几个方面探索尝试。

1. 依托国内总部资源，主动探索团队建设

国际建筑施工市场在合作与碰撞的融合过程中，对管理团队的国际商务能力、融资运作能力、项目实施能力，乃至人力资源、经营理念、企业规范等提出更高的要求，加强团队建设至关重要。

（1）提高责任意识。海外工作繁杂细琐，员工责任心是提高工作效率、避免低效的前提，其作用远比个体工作能力更重要。但责任意识很难量化，建议各分公司、项目部制定分工明确、责任到人、奖惩结合的制度体系，以公平、客观的制度约束带动员工总体责任心、强化执行力。

（2）整合部门资源。公司总部实行海外国家负责人负全责制，统筹安排、分析决策、方向指引是负责人的工作中心，事务性工作多由技术、计划、商务、财务、后勤等具体部门承担。各部门掌握的工作资源、经验教训，大到人脉资源、项目线索、招投标流程、合同规范、索赔方案、法律法规，小到语言学习、贸易清关、移民签证、税务审计、劳务纠纷、采购分析、医疗救治等，应形成时时更新的规范资料，向负责人集中并形成工作参考，便于负责人整合力量、正确决策，同时反馈总部形成企业传承。

（3）协调部门配合。受多种因素影响，一职多岗的工作模式是目前降低成本、综合锻炼员工的必然选择，对各部门团队作业的要求更高。因此海外工作在厘清部门主业的同时，以部门资源整合为契机，以日常例会加强部门知识交流，提高部门骨干综合知识的学习，增强互补性。

（4）加强带动作用。海外负责人是整个项目发展的领头羊，也是总部扩张的根本，其视野格局、综合素养、职业经验、抗挫意志，是市场开发、项目实施的关键。建议在个人自主提升的同时，以出色的业绩促动国

内总部组织落实高校进修、专项业务培训的培养机制，以负责人领先成长带动全员进步。

总之，目的是在负责人精英制、骨干普遍成熟、一般管理人员逐步成长的基础上，海外分公司、项目部在报批总部的前提下，以利润支撑创新探索，逐步成立思维先进、勇于开拓、分工明确、意志坚韧的管理团队。

2. 研究当地市场特征并结合自身实际，制定适合海外的短、中、长期发展战略

凡事预则立，不预则废。不同于国内稳定的政治环境、经济政策，海外建筑施工工程市场，尤其是非洲市场，受当地政治经济体制、政权交替等限制，经济政策连贯性很差，政策变更、社会动乱、民众意识等导致海外市场容易出现风险不可预控。因此在充分分析研究当地市场利弊、预估前景的基础上，提前指定短、中、长期发展计划，防止风险发生时临时抱佛脚或者走一步看一步的被动应对。同时，市场一线的准确分析及发展计划，也能为国内总部战略计划提供项目实操依据。

（1）短期目标。以现有项目合同工期为时限，统筹项目成本、施工组织、工程支付、人员安全等以推进现有项目建设，以实现项目效率及效益为主，积极捕获项目线索，做好项目群储备。

（2）中期目标。对存在开发潜力或具备合作条件的项目，制定完善的跟进举措，以为项目签约落地创造条件为主，做好新旧项目衔接，防止资源闲置，实现持续滚动发展。

（3）长期目标。多角度研究区域/国别的政策变更、行业规范水平、能源资源、自然条件、文化习俗差异、法律法规、社会稳定性等社会因素，以及通货膨胀、外汇、汇率、信贷、支付等经济因素，提前进行市场布局，对存在的风险提前识别并建立应对预案，做出充分的不可预见储备。

3. 与时俱进，创新思维，推动属地化融合

海外建筑市场开拓及项目运营的首要原则是熟悉、适应当地行业发展、社会文化要求，套用国内思维或强调个人主观经验是大忌，因此熟悉

当地人思维、遵守当地游戏规则、借助当地资源是发展前提。

（1）建立人脉资源。从非洲市场开拓经验来看，诚信可靠、实力雄厚、商务沟通协调能力强的合作伙伴或代理人是项目经营成功的关键因素，对疏通关系、打开局面、实现项目策划、签约、落地意义非凡。这样的合作伙伴或代理人通常是政府职能部门高层、行业权威人员，或其他有背景或具备资源渠道的企业、个人等。

1）慎重选择。选择合作伙伴或代理人一定要慎重，借助总部多渠道全面了解和掌握对方的背景信息、能力品性、合作可能，防止偏听偏信或主观推测。

2）制定对接方案。在以德建树、以信取赢的自我诚信基础上，灵活制定对接不同目标资源的方案。对接政府职能部门高层要以利为先，但要增强防范意识，不可授人以柄；对接行业权威人员或其他有背景或具备资源渠道的企业、个人，要以合作共赢为原则。

3）创造合作基础。良好成熟的合作方式、佣金制度是持续合作的基础。当然，合作初期为打破其既有利益合作团体，可尝试适当让利换取长远回报，要提供详细制度供总部审核批准。

（2）注重合同学习。目前西方建筑理念体系、规范标准是非洲建筑工程市场的主流思想，屡屡创造中国速度的项目操作方式却多次在国际建筑市场碰壁，其中对合同规范不熟悉、对规范现场执行不力是重要原因。

1）合同条款。国际建筑工程合同以菲迪克条款为依据，条款倾向于保护业主利益，注重监理方对施工现场的管控，因此把好合同关至关重要。议标阶段要详细分析和评估合同条款，包括双方的责任权利、保函条件、工程保险、专利权益、变更和索赔、汇率约定、付款条件，以及当地规范中的验收、计量标准等，提前争取增大工程变更可能性、材料设备价格波动等条款，控制风险。

2）工程规范。目前国际建筑工程市场存在美标、英标、欧标等，且各区域现行标准各有不同，非洲各国主要以英标为主建立本国工程规范。深入学习研究当地工程规范和验收标准，对施工验收、计量、海外采购及报关等至关重要，可以有效控制成本、把控工期。

深入掌握菲迪克条款、合同、规范是国际工程顺利实施、规避风险的前置条件，先拿项目、边干边学的操作模式往往得不偿失。越是大型国际建筑工程，对合同、规范的要求越严格。

（3）增强法律意识。不同于国内人情社会，非洲虽然腐败严重，且社会劣根性根深蒂固，但受西方殖民影响，法律体系较为完善。虽然对本国民众法律执行不力，但"穷国家，富政策"在外资企业身上体现得淋漓尽致。

1）结合工作需要，研究项目所在区域的法律知识，尤其是税务审计、移民签证、劳务规定（如雇佣合同、社保、纠纷处理）以及施工相关法律体系（如消防、卫生、职业健康安全、环评）等。其实，面对当地底层民众对法律条文并不熟悉、政府人员想当然执法的漏洞，熟悉法律法规可以在合法合规的情况下有效节省成本、减少争议。

2）研究执法机构的执法行为，在双方充分沟通、建立良好关系的基础上，将应对当地政府重点检查范围（如税务审查、劳资纠纷、签证办理）的工作交由政府内部人士承担，形成捆绑，合法合规分担我方风险、成本。

当然，在条件允许的情况下，可以主动、有针对性地选择专业化的法律援助、管理咨询等，逐步探索出依法合规的运作模式。

（4）承担社会责任。如上所述，出于跨境企业在当地提升社会口碑、品牌形象的需要，承担当地社会责任逐步成为普遍现象。海外分公司、项目部已经或计划开展一些社会捐赠活动，但因经验较少以及当地政府和居民对企业捐赠期望过高，加上中外捐赠思维认识、宗教信仰和文化风俗的差异，我们包含热情的捐助可能遇冷或出现当地反复索要的尴尬情况。因此在对外践行社会责任时，应思虑周全、降低预期、因地制宜、量力而行。

上述建议是参与公司海外建筑工程市场以来的个人体会与思考，以维护公司利益为初衷，但受眼界、经验及能力所限，难免有失当之处，望各位同仁予以指正。

哈萨克斯坦国电力设备技术护照要点解析

荀向阳[①]

摘要：技术护照作为独联体国家特有的设备身份证明，广泛用于办理清关手续、CU-TR证书、设备安全使用许可证以及设备的安装、调试、运行、维护和转让等。掌握技术护照编制要点，可以在设备招标、生产、运输、安装、调试、运行、维护乃至项目移交等各个阶段提前谋划，及早预防，从而达到推动工程顺利进展、降低工程风险的目的。

关键词：哈萨克斯坦；电力设备；技术护照；编制要点

哈萨克斯坦乌斯克门热电厂12号机组汽机岛EPC项目是山东电建一公司承接的首个哈萨克斯坦国电力工程项目，由美国AES公司投资建设并组建专业管理团队进行严格的项目管理。项目于2013年9月7日开工建设，于2016年10月30日顺利移交业主。山东电建一公司在项目特殊认证调研及实施过程中，通过研读独联体国家特有的技术标准和技术法规，不间断地与工厂、业主以及当地政府部门沟通，克服了文化差异、认知差异以及合同差异等诸多困难，逐步掌握了技术护照的编制要点和注意事项，确保了工程的完美移交。

一、技术护照的特点

技术护照是独联体国家特有的一种技术文件，是产品使用说明书、生产过程技术文件、质量文件、安装记录、使用过程检查和维护保养信息、

---

① 荀向阳，中国电建集团山东电力建设第一工程有限公司物贸科技公司高级工程师。

产品转让信息记录的集成文件，必须按照哈萨克斯坦法律法规要求以及哈萨克斯坦的通用格式由制造商用俄语编写，具有以下特点。

（1）技术护照伴随设备终身，直至产品使用寿命期终结，是必须提交给业主的文件之一。

（2）技术护照是办理清关手续、CU-TR证书、设备安全使用许可证，以及设备的安装、调试、运行、维护和转让等必备的技术文件之一。

（3）技术护照编制的细度与范围与业主的要求有关，不同的业主有不同的要求。

（4）技术护照编制格式和语言已固化，作为指导运行和维护的必备文件，编制的要求高。

（5）无论是清关认证还是计量认证，计量类仪表技术护照是编制重点。

二、技术护照在实施中存在的问题

在执行乌斯克门电站项目时，我们在技术护照编制和提交业主过程中遇到了不少波折。我们在前期办理清关手续和各种许可证时提交的技术护照比较简单，范围仅涉及成套设备，其编制细度类似于产品技术说明，其中主要包含制造商名称、地址，以及产品型号、品牌、产地、用途、结构类型、外形图、主要部件材质等，通过了哈萨克斯坦国政府部门的审查并获得了放行单和清关认证证书。但是后期业主提出了设备中的仪器仪表等零部件的技术护照也需要编制，这说明政府对于技术护照的要求不高，严格的技术护照要求更多来自业主方。项目实施中存在的问题如下。

（一）要求编制技术护照的设备范围界定不清晰，合同执行受阻

在电站项目中既有阀门、电缆等单项材料，也有汽轮机、发电机等成套设备，成套设备中又包括许多设备部件和材料，如控制柜等，而控制柜又包含开关、仪表、电缆等零部件。技术护照是针对成套设备编制，还是所有零部件都要编制？这个"度"不好把握，在主合同中也没有明确的界定。在项目执行前期，我们在对哈萨克斯坦国从事工程项目的中国公司或供货厂家进行调研时发现，各家说法不一，对技术护照要求的范围不尽一致，这与业主的要求有直接的关系。在项目执行中，我们曾要求业主明确技术护照编制的具体要求或者提供其现有机组中各类产品的技术护照做参考，但业主始终未能提供相关信息，从中可以看出业主对技术护照的要求也不清晰。但是到了项目执行后期，业主方又提出已提交的技术护照不能满足要求，不但要求提交各设备的技术护照，而且要求提交各设备中包含的仪表、测量产品等零部件在内的技术护照，并以此为由禁止启动机组和拒付工程款，增加了工作量和工作难度，使合同执行受阻。

（二）技术护照编制涉及点多面广，编制难度大

以变压器为例，业主不但要求提交变压器本体的技术护照，还要求提交变压器中CT、互感器、电流表、电压表、温控器等部件的技术护照。技术护照编制时需要产品编号信息、检验报告信息、产品清关认证信息。除非合同中有明确要求，一般制造厂提供不出来成套设备配套的仪器仪表的产品编号和每项仪器仪表的测试报告，在清关证书中也不会体现成套设备中仪器仪表等信息，因此无法按照业主要求编制技术护照。项目部与业主基于现实情况达成一致，以产品类别和计量认证时的测试报告为依据编制了技术护照，满足了业主的要求。

三、技术护照编制问题的防范措施

上述问题源自我们对哈萨克斯坦国技术规范和标准了解不够、理解不深。通过项目执行，我们掌握了相关规则和要求。因此后续在哈萨克斯坦或其他独联体国家执行项目时，应采取如下防范措施。

（一）在合同中应规定技术护照提交的范围和编制细度

在主合同签订时，应与业主方确认技术护照范围和提交要求；与设备供应商签订设备供货合同时，应对技术护照编制提出明确的要求，防止在合同执行过程中与制造厂出现纠纷，造成合同执行风险。

（二）在合同执行中应注重技术交底和过程检查

设备采购合同签订后，应对各供货商进行技术交底，使供货商明确项目的特殊要求和技术护照的编制要求。在设备生产中，要注意进行过程检查，在各关键点及时收集相关资料，确保在设备出厂前编制好符合要求的技术护照。

四、技术护照的编制要点

乌斯克门项目提交的技术护照比较齐全，涵盖了汽机岛主要设备和仪器仪表类部件，具有在独联体国家推广的样板示范作用。乌斯克门项目提交技术护照设备主要包括阀门、管道管件、各种泵与电机、电缆（动力缆和控制缆）、压力容器、换热器、汽轮机、发电机、测量产品（互感器、传感器、流量孔板、温度计、压力表、流量孔板等）、计量显示类仪表（转速表、电流表、电压表、磁翻板液位计等）、管道管件、起重设备、DCS、DCS电源柜、内部电源切换装置、LED屏、电脑等。根据项目执行经验，编制技术护照时应注意以下几点。

（1）技术护照中产品俄文名称应与图纸和报关中俄文名称保持一致。例如，图纸中写"汽机房行车"，技术护照中就不要写"汽机房双轨桥式起重机"，尽管业内人士都知道两者是同一个设备，但哈萨克斯坦政府官员和业主方不认可，会要求返工重做。

（2）产品编号必不可少且应与铭牌中编号一致。在清关和办理计量认证时会用到技术护照，一旦产品铭牌与产品编号不对应，将无法清关和进行计量认证。

（3）俄文合格证（包含产品名称、数量、型号、制造商名称、合格印章或签名）应附于技术护照中。俄文合格证是哈萨克斯坦计量护照中不可或缺的一项重要内容，应包含产品的主要信息。

（4）计量（测量）产品技术护照中应附计量认证证书。

（5）如果是单独清关产品或（1、3、5）年有效期认证产品，技术护照提交业主时应附清关证书（CU-TR证书或GOST-K证书）。

（6）产品外形图必不可少。

（7）产品安装时，安装商应收集整理安装过程信息并填入护照中。如管道安装，需要提供管道布置图，管道焊口编号、焊工识别钢印号、焊口无损检测报告，支吊架安装、调整信息，管道水压试验信息，等等。

（8）计量或测量设备技术护照中测试报告必不可少。测试报告需要由CNAS/ISO 17025实验室认可机构出具，这一点非常重要。

（9）技术护照中的文字除了俄文外，尚需根据主合同要求添加相关语言文字。乌斯克门项目技术护照按照合同要求，使用了中、英、俄文。

乌斯克门项目技术护照编制的要求来源于哈萨克斯坦技术法规、主合同和业主的要求，编制质量来源于对相关国家法律法规以及当地电力建设工程的熟悉程度。了解和掌握技术护照编制方法和要求，并以此加强对供货商编制资料的管控能力，提供满足项目所在国和业主要求的文件资料，才能推动工程顺利进展，降低工程风险。

哈萨克斯坦计量认证技术解析

荀向阳[①]

随着中国"一带一路"建设的稳步推进，中国企业对哈萨克斯坦的设备出口和工程总承包项目大量增加。中国设备出口到哈萨克斯坦，除了根据哈萨克斯坦法规要求办理清关认证外，还需要在产品使用前根据产品类别办理不同的认证，否则产品不允许在哈萨克斯坦销售和使用。计量认证就是其中一项重要的功能性认证要求。

哈萨克斯坦没有明确的强制性的计量产品认证清单，中国企业对哈萨克斯坦计量认证要求相对陌生，往往导致在哈萨克斯坦从事工程项目时的被动，要花费不菲的认证费用且影响项目的执行。

本文以山东电建一公司哈萨克斯坦乌斯克门电站EPC总承包项目为例，解析哈萨克斯坦计量设备认证技术的要点和方法。

一、计量认证的范围、流程

哈萨克斯坦共和国2000年6月7日颁布的第53条法律《国家统一量度保障体系》规定：所有具有测量和计量功能的仪器仪表需要经过计量认证取得证书，方可在哈萨克斯坦境内销售和使用。

计量认证是对产品型号的认证，同一厂家不同型号的产品需要单独认证，不同厂家同一型号的产品也需要单独认证。

认证工作流程：确定计量认证清单—提出认证申请—签订计量认证合同—付款—每种产品取3个样品进行测试（哈萨克斯坦计量研究所参与或不

---

① 荀向阳，中国电建集团山东电力建设第一工程有限公司物贸科技公司高级工程师。

参与）—整理认证资料—提交认证资料—等待认证结果。

二、计量认证需要的资料

认证资料文字和产品铭牌需要有俄文。根据不同的认证方式，需要以下相关资料（非所有必需）。

（1）产品说明书。

（2）同一型号不同编号的3个样品。

（3）同一型号不同编号的3个样品进行测试的照片（每一个样品的测试照片都需要）。

（4）同一型号不同编号的3个样品的测试报告（最好是型式试验报告，次之是17025实验室出具的报告，最次是工厂自己出具的测试报告）

（5）同一型号不同编号的3个样品的外形图（能看清每个样品的编号和整个样品的形状或组成）。

三、认证证书的类型与有效期

计量认证证书分为计量注册和计量认证两种类型。使用数量少于3个的计量样品，进行计量注册，需要提供测试报告和产品说明及外形图；使用数量大于等于3个的计量样品，需要进行计量认证，除了提供产品说明、外形图外，尚需要提供3个样品进行检测。计量认证证书有效期一般为5年时间。

四、认证需要的时间和费用

每批次认证需要3个月左右，哈萨克斯坦官方单张计量注册证书费用及计量认证证书费用折合人民币分别为5 000及15 000元左右（人民币对坚戈汇率1：48情况下）。由于哈萨克斯坦计量认证存在一定的非规范性，实际单张计量认证证书费用将多于以上费用。工程项目整体认证费用的多少与认证方法、认证服务商的选择及认证产品的数量有关。

五、计量认证费用控制问题

对于EPC工程项目来说，总承包商控制计量认证费用的有效途径主要有三种。

一是在设备采购时，要求设备供应商配套使用的计量产品采用具有哈萨克斯坦计量证书且证书在有效期内的产品（哈萨克斯坦官方计量网站能够查到已取证计量产品的信息），减少计量认证的产品数量，从而达到节省认证费用的目的。不建议要求设备供应商单独针对计量产品取证，因为单独进行计量产品认证，认证费用的增加将推高主设备的价格，增加EPC总承包商的成本。此项工作的难点在于设备供应商是否能够在哈萨克斯坦计量署官方网站中选到并采购到有证的计量产品，因为单靠官方网站中披露的信息，不一定确定参数是否能与自己公司设计的产品匹配，需要设备制造厂技术人员与已取证仪表厂家进行深入的沟通和落实。

二是在统计完成整个项目完整的计量产品清单后，针对每类计量产品指定品牌和型号（型式），由EPC总承包商统一进行认证。由于同类产品选择了同一厂家、同一型号的产品，也就减少了认证证书的数量，从而减少了认证费用。此项工作的难点是各设备制造厂有其固定的计量产品供应厂家和固定的型号配置，统一品牌和型号过程中需要总承包商与各设备制造厂进行深入的技术和商务沟通。

三是在认证的组织模式上。需要根据自身的认证能力，考虑是自己公司进行认证还是委托认证公司进行认证，认证是送样到哈萨克斯坦计量署认证还是要求哈萨克斯坦计量署专家来华认证。如果送样到哈萨克斯坦计量署进行测试并认证，涉及样品的报关、清关、运输、样品检测不合格后重复送样检测等时间成本增加问题；如果邀请哈萨克斯坦计量署专家来华，需要承担专家来回相关费用等。综合考虑，邀请哈萨克斯坦计量署专家来华认证是性价比较高的方案。在总承包商公司自身不具备独立认证能力的情况下，需要慎重选择认证服务代理商。目前国内哈萨克斯坦成套设备计量认证服务代理商能力参差不齐，选择不慎，可能多花了费用还会影响项目进展。

六、计量设备清单问题

EPC电站总承包项目，设计院提供的仪表清单往往未包含设备制造厂设备配套的计量仪表信息，计量认证组织的前提是要弄清计量仪表的数量和范围等信息，这就需要完整的计量仪表清单。在签订设备采购合同时，约定设备制造厂在完成初步设计后向总承包商提供完整的计量仪表清单非常重要，清单中应列出供货设备配套的具有测量和计量功能的仪表的名称、参数、数量、计划采购厂家的名称和仪表型号。设计院与制造厂完整版本的计量清单完成后，可以与业主方就清单中所列产品进行认证讨论，以删除无关紧要的仪表认证项目（如房间空调上的温控仪等），便于双方就认证种类达成共识，免除项目执行后期的认证分歧和风险。

七、计量仪表的初次校检问题

对于采购的具有哈萨克斯坦计量认证证书的计量仪表，有的业主会提出在现场使用前进行初次校检。这点对于容易校检和容易拆卸的计量仪表没有问题，但有些计量仪表装在设备中，例如变压器中的电流、电压互感器等，在工程现场拆卸和校检存在很大的困难。针对此类问题，建议与哈萨克斯坦业主方在主合同谈判时约定其接受中国ISO 17025实验室出具的检测报告，并在与中国各设备制造厂签订采购合同时约定交货时提供配套计量仪表的ISO 17025实验室检测报告。

本文基于2016年在哈萨克斯坦完工的EPC电站总承包项目实际计量认证经验，对哈萨克斯坦计量认证技术及认证中需要注意的问题做了解析和介绍。在哈萨克斯坦进行工程项目，因项目不同、业主方不同，业主方对计量认证的要求也会存在严与松及细节的不同。但是无论业主方要求松或严，计量认证都是哈萨克斯坦法律要求的一项重要工作。期望本文能让大家对哈萨克斯坦计量认证有基本的认识和了解，在哈萨克斯坦工程项目执行前期就重视和提前策划好计量认证各项工作，并在项目执行中随时与哈萨克斯坦业主方密切沟通交流，做好计量认证工作，从而达到节省计量认证费用、保障在哈工程项目顺利进行的目的。

关注菲律宾新能源发展机遇，促进中国资本向产业链上游转型

刘 涛[①]

2019年，菲律宾在全球经济低迷背景下依旧实现了GDP 5.9%的增长率，保持了近10年来高速增长的势头，也因此获得了"亚洲经济小虎"的美誉。中国已于2019年第四季度成长为菲律宾最大的海外投资国，中菲双方愿意积极商讨将海上油气勘探、能源、矿产及其他海洋资源可持续利用等包含在内的海上合作。

当前新冠肺炎疫情对菲律宾宏观经济和各行业造成的影响逐渐显现，对于国际化程度较高的能源行业影响尤甚。菲律宾为稳定自身经济发展、缩小电力供应压力与缺口，已逐渐加大电力项目的发展力度。在此背景下，把握好新能源的投资开发机遇，将是中资企业转变角色、优化市场布局的关键契机。

一、菲律宾新能源发展概况

（一）风电发展概况

菲律宾设定了2030年将实现可再生能源1548 MW的目标，并将其纳入《2012—2030年国家可再生能源计划》中，其中占总份额38%（593 MW）的风电成为最大份额。截至目前，已建风电的价格仅次于太阳能的价格，达到了8.53比索每千瓦时，是第二高的购买价格（太阳能为8.69比索每千瓦时）。目前，菲律宾累计风力发电装机容量在东盟所有国家中最大，圣洛伦

---

① 刘 涛，山东电力建设第三工程有限公司海外市场部菲律宾国别代表。

佐和纳巴斯的维萨亚斯岛链上两点及皮利亚、卡帕里皮桑、布尔戈斯和班吉湾吕宋岛等四个地点总计达到了426 MW的运行量。

（二）光电发展概况

地处于东南亚地区的菲律宾，日照量充足，平均日照量达到4.5～5.5 kW·h/m²。截至2018年，菲律宾光伏装机量达到了896 MW。其中，新增装机量最高年份为2016年，一次性实现了600 MW的新增量。菲律宾现有光伏项目依旧是以2016年前的FIT阶段为主，项目通常偏小，参考性几乎不存在，业主非纯商业开发。2020年菲律宾拟实行新一轮的《绿色能源补贴计划》，旨在通过竞价上网的形式促进光伏等新能源项目落地，加之不断降低的再生能源技术成本，菲律宾今后再生能源项目将会为投资者提供丰厚的机会。

（三）地热发展概况

地处于环太平洋火山带的菲律宾，地热资源相当丰富，是世界最大的地热发电国之一。2018年3月9日，菲律宾在八打雁省圣托马斯进行了Maibarara地热发电厂的投产，该发电厂达到12 MW。结合国际地热协会（IGA）的数据不难发现，菲律宾地热能生产方面在全球范围内位居第二，仅次于美国。根据最新的IGA统计数据，菲律宾发电总量中，约有17%来自棉兰老岛、莱特岛及吕宋岛等6个地热田综合能源，且菲律宾80%的地热电厂都隶属于该国最大地热能源生产商——EDC。

二、菲律宾新能源发展中的机遇分析

随着全球光伏、风电等再生能源发电成本的持续走低，相较于亚洲其他国家，菲律宾电力开放的市场化开发模式已经相对成熟，总体上是一个有竞争力和可持续性的电力市场，能够为投资者提供一个相对公平、透明的竞争环境。菲律宾新能源发展中的机遇主要表现在以下方面。

（一）发展潜力巨大

根据菲律宾《2012—2030年国家可再生能源计划》，到2030年，菲律宾计划水电容量将增加160%，风电容量将增至2 345 MW，光伏容量将增至1 528 MW。2016年，在该计划的基础上，菲律宾能源部（DOE）进一步制定了《2017—2040年菲律宾能源计划》。到2040年，菲律宾可再生能源装机容量将达20 000 MW，相比2030年的装机容量目标提高了约30%。

根据DOE公布的数据，2018年菲律宾已实现可再生能源装机容量7 227 MW，占2030年计划装机容量的47.2%，尚存在8 077.3 MW的缺口。

（二）市场灵活自由

发电企业和购电方可以在电力竞价池通过竞价的方式购售电力。目前，除输电网络全部由国家垄断之外，发电和配电领域基本已经全面开放。发电企业除了可以与配电企业签署长期供电协议售电外，还可以与适格电力消费者签署短期购电协议售电，此外，WESM售电等多个售电途径也为发电企业提供了更灵活的市场选择。

长久以来，菲律宾对电力能源市场可持续发展都予以了足够的重视，近期内出台的多项能源方面的新政也以本国电力产出与零售市场竞争力的提升作为主要目标。菲律宾政府与我国始终保持着密切合作，两国新能源领域发展得到巨大推动。预计到2024年，天然气资源将面临枯竭的危机，主流逐渐转化为储气站和燃气项目，这也为中资企业向菲律宾电力市场进军提供了良好的机遇。

（三）政府补贴到位

根据菲律宾《绿色能源补贴计划》（*Green Energy Tariff Program*），2020年2月，菲律宾能源部已经发布了2 000 MW的可再生能源项目招标计划，在封顶电价范围内，通过竞价方式确定可再生能源电价，即绿色能源电价。2020年的第一轮竞价在下半年启动，相关配套措施也随即出台。

（四）新能源行业发展大势所趋

在快速发展的产业链以及技术提升的驱动下，全球光伏项目LCOE（平准化度电成本）下降将日益明显，其替代传统能源的趋势也将逐渐显现。2020年，全球光伏去补贴化将成为常态。

新冠肺炎疫情暴发后全球各地采取的封城及其他行动管制等措施，严重冲击了传统的石油及天然气行业，原油期货价格暴跌更加打击了投资者的信心。这意味着在疫情袭击之前，原本计划的大部分投资将被推迟甚至报废，该部分投资势必转向新能源领域。笔者联系了多家菲律宾电力行业的业主，他们均表示疫情结束后将进一步扩大对新能源行业的投资。可预测，在疫情后可再生能源将战胜石油和天然气，并改变各种能源的市场动态，投资市场将更加侧重风能、太阳能和水力发电等可再生能源。

三、中资企业开拓菲律宾新能源的策略

（一）深入研究菲律宾法律对新能源项目的股权比例限制问题，最大化地保障出资权益和对项目资产的控制权

菲律宾宪法规定，外资参与能源勘探、开发和利用的项目，最多只能占40%的股份，菲律宾公民（或企业）需要占至少60%的股份和经营投票权。即中资企业如果想参与风力、光伏、水利、地热等新能源项目开发，需要与当地公民（或企业）按40%～60%比例合资。同时，为促进新能源行业发展，菲律宾政府已宣布从2019年11月开始，生物质发电和/或垃圾发电项目的外商投资不再受40%的投资比例限制，不排除再生能源项目将来进一步对外资开放的可能。

为保障投资方利益，中资公司对中间层进行投资并拥有资产（土地除外），土地业主将土地租给外资及菲律宾合资运营公司，收取土地租金。合资公司拥有设备等资产，并通过长期租赁协议和服务协议将项目设备等租赁给菲律宾合资运营公司并收取租费。

通过设备拥有权和运营权分离，并通过运营公司与资产公司签订的租赁协议、服务协议以及其他可能的融资协议等间接对运营公司进行控制，减少公司风险。但该架构需要考虑税务成本，最好通过融资尽职调查结果综合考量。有部分中资企业拟采取小比例股权投资带动EPC工程的模式，需要以再生能源项目实际情况为根据，并与现有法律实践相结合，挑选更适宜的项目公司合作方，最大程度促进自身工程建设经验与优势的发挥。需要注意的是，股权交易文件中应当对小股东利益的保护机制予以关注并权

衡，以便能够贯彻落实EPC合同。

（二）做好项目尽调，选好本地合作伙伴

菲律宾相关法律规定，投资开发能源的合资公司在利润分配方面不受股权投资比例限制，外资可获得的利润分配比例合理上限为90%。建议有意参与菲律宾可再生能源项目的投资者通过法律尽职调查，进一步了解外商投资的法律实践的动态，结合具体的商业诉求搭建符合当地法律规定的交易结构。因此，中资企业要进入菲律宾投资新能源项目，选择好本地合作伙伴尤为重要。遭遇困难与挫折的项目多是因为尽职调查不够深入，中资企业需要认真、详细地研究新能源项目的行业政策、新能源资源情况及接入电网条件。同时，在项目开发过程中坚持诚信守法，与项目所在地政府及居民搞好关系，重视环保，与政治纷争保持足够的距离。

在菲律宾新能源项目上进行投资，必须重视优选本地合作伙伴。中资企业应挑选专业能力强且对华友好的本地合作伙伴，经营过程中也应当密切关注政局变化、劳资纠纷、汇率波动及设计施工标准差异等，最大程度避免此类风险的产生。

（三）做好新能源资源的普查及现场接入电网的实际情况勘察，主动抢占优质资源

菲律宾具备较好的风能潜力，最大的风力资源位于北部和中部地区，如巴丹尼斯和巴布扬以及吕宋岛北部和中部地区。菲律宾光照资源丰富，拥有平均$4.5\sim5.5$ kw·h/m^{2}的日照量。投资者除了要寻找较好的新能源资源外，还需考虑接入附近变电站的距离和电压等级以及变电站是否有足够的容量接入。优质的新能源资源是项目未来具有较好经济性的前提条件。

（四）新冠肺炎疫情掩盖下的勃勃生机

从光伏等新能源设备制造到石油、天然气等资源的进口，中国能源行业在国际市场上扮演重要角色的同时，也越来越多地受到海外供需格局的影响。不过，从长远来看，新能源发展的趋势并不会发生变化。中国投资者、供应厂商若能顺应时势，抢占市场的良机，加大在菲律宾新能源投资

力度，不仅能促成菲律宾完成新能源产业转型，更能促使中国资本向菲律宾产业链上游转型。因此，需对菲律宾再生能源电力市场保持密切关注。

四、结语

菲律宾能源领域具有足够的开放性，其能源部正在制定绿色能源电价方案并已经公布草案向社会征求意见。随着2 000 MW的新能源项目招标计划的公布，新的再生能源电价方案即将出台，将惠及在太阳能、风能、地热及生物质能等领域进行投资的企业。投资菲律宾新能源项目具有可观前景，且加大投资有助于改善中资在菲律宾能源领域的布局。中国为菲律宾电力供应、建设及燃料等物流业务的建设提供了很大的帮助，一定程度上促进了两国贸易额的增长。

能源领域中两国贸易合作的开展，不但能敲开菲律宾能源投资的大门，也能促进中国企业的发展，提升中国企业的竞争力。

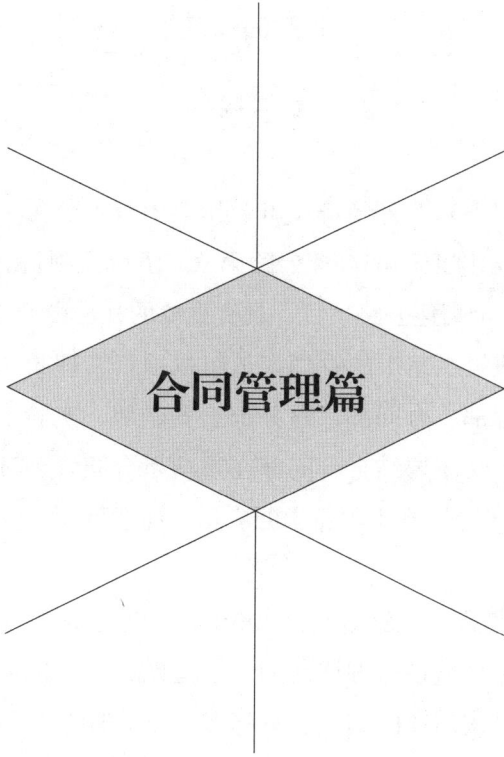

合同管理篇

FIDIC合同管理中的经验和教训

——以塞尔维亚E763高速公路项目为例

郭恒燕①

2013年，中国山东对外经济技术合作集团有限公司（以下简称"外经集团"）中标了塞尔维亚E763高速公路第三、五标段项目。这是中国企业在中东欧中标的第一个高速公路项目，具有重要的社会影响与意义。

外经集团迅速组织精干的管理人员组成项目管理团队实施该项目，项目管理组下设工程部、合同部、财务部、安全部、实验室、采购部等部门进行项目管理。本文主要结合合同部在该项目合同管理过程中的经验与教训，简要介绍FIDIC合同在本项目中的应用及注意事项。

一、项目简介

塞尔维亚E763高速公路全长约300千米，连接塞尔维亚首都贝尔格莱德至黑山共和国边境城市比耶洛波列，是泛欧11号走廊的重要组成部分。外经集团承建的是该高速的第三、五标段，全长50千米，双向四车道，设计时速130千米/小时，合同额约3.93亿美元，于2014年6月30日开工建设，2019年8月18日顺利通车。

二、FIDIC合同在该项目中的运用

该项目为施工总承包工程，采用FIDIC粉皮书合同版本，即FIDIC土木工程施工合同条件银行和谐版，业主负责设计工作并按照工程量清单中的单价支付工程款，承包商负责施工建设。

---

① 郭恒燕，中国山东国际经济技术合作有限公司安全质量和项目监督部部长。

本项目的合同管理工作贯穿项目建设的全过程，不仅包括总包合同、分包合同等各类合同的商谈及签署，也包括合同的过程管理及合同执行中的风险管理。本项目在执行过程中充分运用合同条款向业主争取工期及额外费用，并积极采取合同手段同分包商进行商谈，防止分包商向总包商提出不合理的索赔。该项目原合同建设工期3年，原合同额3.33亿美元，由于设计错误、征地延误等业主责任，承包商合理运用合同条款向业主提出延长工期、支付额外费用等共12项索赔，成功将工期延长了25个月，并成功索赔费用1 200多万美元。

该项目充分运用FIDIC合同条款，还体现在项目的变更管理方面。FIDIC红皮书/粉皮书在工程变更方面对承包商十分友好，所有与原设计不符的情况，承包商均可提出变更。在该项目中，我方作为承包商提出了将近200项变更，业主审批同意的变更金额将近5 000万美元。

三、经验与教训

塞尔维亚E763项目是外经集团在国际承包工程中严格运用FIDIC合同的第一个项目，取得了一定的成绩，但在合同管理过程中也走了不少弯路，项目组吸取了一定的经验与教训。本文将该经验教训总结如下。

（一）合同管理部门与工程部等部门应密切合作

合同管理工作不是孤立的，需要各部门相互配合，在合同索赔和工程变更方面，尤其需要合同管理部门与工程部门密切配合。合同管理人员要参与项目组内、外部各种会议，熟悉现场情况及问题，与工程部积极配合向业主发函请其尽快解决问题。由于工程部的员工主要为技术人员，其在向业主发函时不能或不能正确引用相关合同条款，故需要合同管理部门与其密切合作。

（二）关键路径上的工作应挑选履约能力强的分包商

项目初期要充分考察分包商的业绩和履约能力，尤其是关键路径上的分包商，做好低报价分包商报价与履约能力之间的权衡。该项目在执行过程中出现过承包商破产、施工进度严重拖延等情况，项目组均合理运用合同条款规避了这些不利因素带来的损失，且关键路径上的工作均由承包商自行承担或由履约能力强的分包商负责实施，故分包商的破产、更换不合格的分包商等不利因素均未对项目工期产生重大影响。

（三）日常合同管理工作务必做到位

日常合同管理工作大部分是"发函、发函、发函"，且函件在发出之后要定期进行函件处理情况的跟踪，对业主没有按时处理的函件或事宜，要多次发函催促。这些往来函件均是后续纠纷（如有）处理过程中的重要依据，故需要重视日常函件的发送和跟踪。

（四）做好文档管理工作

为项目各参与方的函件科学编号，并妥善保管所有函件的原件。如果与相关方出现合同纠纷不能协商解决需要诉诸争议小组的情况，摆事实、摆证据将是争议小组成员审阅事项情况并给出判断的重要依据。如果文件丢失，争议小组成员不能清晰还原事项真实情况，则有可能做出对承包商十分不利的判断。

（五）进度管理务必强调过程中的节点控制

分包合同中切忌只规定最终的竣工时间，一定要设定严格的里程碑节点及没有达到里程碑的处理措施，否则会出现分包商严重拖期，但承包商无法采取罚款、终止合同、更换分包商等有力的赶工措施。

（六）高度重视进度计划的编制与上报

承包商应合理编排第一版进度计划并催促业主/工程师批复该版进度计划，后续定期更新计划，因为如果出现索赔事项，进度计划将会成为分析业主延误/承包商延误进而决定是否判定工期延期的重要支撑文件。

（七）注意合同中的时间节点

FIDIC合同中有多处规定了时间节点，有的时间节点可宽松对待，但有三处时间节点一定要严格遵守：不可抗力事件须在承包商意识到不可抗力事件后14天（或特殊条款修改的日期）内上报业主，保险索赔通知须在保险事件发生后在保单规定的通知日期内通知保险公司，业主责任的索赔通知需在承包商应该意识到索赔事项后28天内上报业主。这三项日期如果承包商没有严格遵循，有可能被争议小组/仲裁委员会判决失去索赔权利。

（八）终止合同时要注重程序及前期铺垫工作

与分包商终止合同时不要"戛然而止"，要对分包商不符合合同的行为进行充分铺垫，并保留书面证据，避免合同纠纷中处于不利地位。

（九）项目经理等高级管理人员需熟悉合同并具备一定的合同管理知识

项目组高级管理人员应是具备专业知识和合同管理知识的复合型人员，合同管理部门对项目组全部管理人员进行合同交底。

（十）不要担心合同管理会影响与业主的关系

适当的合同管理会给业主一定的压力感，敦促业主及时解决业主责任问题；反之，怕影响与业主关系而束手束脚，不能据理力争，会让业主认为承包商经验不足、不专业。

（十一）关键时刻找专业机构协助

索赔工作是复杂又系统的工作。当与业主的分歧上升到理论、法律等更高层面时，项目组合同管理人员由于专业知识等受限，需积极寻求外部专业机构的协助。

合同管理是工程项目管理的重要组成部分，好的合同管理是克服项目先天不足、保证项目顺利交工的后天保障因素。FIDIC合同管理贯穿了该项目实施的全过程。在各部门的全力配合下，项目于2019年8月顺利完工并通车，实现了较好的经济效益和社会效益。

谈谈国际承包工程的合同管理

齐 鲁[①]

伴随着我国越来越多的企业"走出去"承接国际工程，如何做好国际工程，把利润"拿回来"，对每个企业来说都是一个值得沉思的问题。面对不同国家、不同的环境，需要有不同的国际工程项目管理策略。其中，国际工程合同管理是相当关键的一个方面。

国际工程合同管理贯穿项目管理的整个环节，每个环节对项目的整体运作都十分重要。

国际工程合同管理需要设立专门的机构。在工程管理过程当中，要认识到合同管理的重要性，通过专业的管理人员来进行管理，把合同的管理纳入规范的渠道。这个合同管理机构不能只涉及一个方面，而要求覆盖整个建设工程的各个方面，包括分配专职人员管理合同条款的协商、订立，加大对相关法律、法规的解读，安排合同审查人员核对合同的内容，等等，组建起以合同法为中心，专业的合同管理人员共同管理的模式，在相关责任人员的领导之下开展合同的管理工作。各个管理人员充分发挥自己的专业特长，保证合同条款的有效实施。

总包方在项目投标阶段要仔细研究招标方提供的合同文件，查找合同文件里的关键条款，比如工期（包括工程的总工期，工程开始、工程结束的具体日期以及工程中的一些主要活动的持续时间），价格（包括工程总价格、各单项工程的价格），工程质量、规模和范围（如质量标准、技术规范，一

---

① 齐 鲁，烟建集团国际公司副总经理。

般由图纸、规范、合同条件、工程清单组成）。合同管理就是要保证这些目标的实现。本阶段合同管理的作用就是根据建筑施工企业自身条件，合理有效地减少投标风险系数。

中标以后，签订合同前，组织公司相关部门对合同进行评审，已经成立项目组的，项目组也要参与进来，重点是评审合同条款与招标文件的一致性，以及有关合同支付、工期及变更、索赔等方面的风险。在合同评审中若发现风险问题，需与招标方进行谈判；谈判不成，则制定相应的风险应对措施。合同管理其实是为了能够了解施工中合同的各类风险，并且采取有效的风险化解措施，帮助企业取得良好的经济效益。合同当中的风险主要包括几个方面的内容。若文本中出现了承包商和发包商责任不明的条款，容易引起双方的争执，激发双方的利益矛盾。也有的合同条款没有把不可预测的风险考虑在内，一旦发生这种意想不到的情况时，受到经济利益的影响，双方很难达成明确统一的意见。还有一些风险是双方在商定协议时选择签订的方案不同而造成的失误，比如在工程实施过程中，固定总价和单价合同承担风险是不一样的。要在合同的管理当中，强化相关人员对合同风险的意识，防止合同的责任不明确引起合同双方在合同风险发生之后的转嫁风险行为，造成不必要的损失。国际承包行业的发展是不断进步的，这不仅要求管理人员掌握专业的技术技能，还要不断地加强培训，跟上不断变化的市场发展和政策的变动，始终能够对潜在的合同风险有充分的心理准备。

国际承包工程的一个核心环节是合同谈判，这也是合同管理最实质的部分。承包商应针对设计、采购、施工、安装及试运行等不同谈判议题，组建具备相应知识的谈判团队负责合同谈判。承包商派出的主谈人员应具有谈判所需要的综合素质，即掌握谈判议题所涉及的项目技术知识、商务知识、基本的法律知识、谈判策略和技能，同时应被赋予相应的决策权力。承包商在合同谈判阶段涉及的主要议题包括但不限于：①预付款；②总承包合同工作范围；③业主要求；④组织接口问题；⑤项目风险分配；⑥项目组织与各类管理程序；⑦承包商文件；⑧价格与支付问题；⑨对业主人员的培训；⑩工程、生产设备、材料和承包商文件的保险；⑪争端解决程序。

合同谈判中，双方谈判人数和报价陈述所用时间应对等。承包商谈判团队应由下列人员组成：主谈应具有综合知识和技能，辅谈包括技术人员、商务人员、合同工程师和律师。谈判团队成员之间应有具体的职责划分，并应具备使用合同规定的语言直接进行沟通的能力。如果使用翻译，翻译人员应具有一定的项目管理经验。

合同签订后，确定了合同价款和结算方式之后，要深入理解合同的每一条款，切实加强日常管理，使管理行为正规化、规范化，做好处理合同纠纷的各种准备。履约过程中的合同管理应做好以下工作。

（1）做好施工合同交底工作是成本控制的基础。良好的工程成本控制离不开施工合同，一切成本控制的依据都是施工合同。通过合同交底分解项目任务，明确施工质量和技术要求，以及会在施工中牵涉到的关键工序和工作等，同时将责任落实到特定的部门和个人。

（2）工程合同的变更、索赔管理是成本控制的重要手段。所有工程项目在施工过程中都可能产生变更、索赔事项。从合同出发，在合同规定的时间内，有理有据地提出变更、索赔，是提高经济效益的重要途径。变更可以让复杂的施工简单化，也可以降低高额的施工成本。

对在履行合同过程中业主提出的任何要求，特别是在审核设计方案时提出的修改建议，承包商应对照合同规定仔细分析是否构成变更，并确定业主提出的要求或建议对总承包合同价格的影响程度。如果业主提出的要求或建议将大幅提高合同价格，应启动承包商的合同评审机制，及时进行评审，由合同评审专家组确定其合理性和是否构成变更。

承包商应独立保存每一项变更的完整证据资料，包括变更令、变更文件、与变更相关的往来函件、发票、收据等书面文件，以作为提出变更及索赔的依据。

承包商在项目实施过程中应明确引起工期延误的原因，并根据如下原则确定自己是否有权得到工期补偿：①对于承包商自身原因造成的延误，业主不予补偿工期；②对于业主自身原因造成的延误，则给予工期补偿；③对于外部原因引起的延误，则根据总承包合同的相关规定，凡业主负责的原因，承包商有权得到延期。

项目竣工并不意味着合同履约的结束。竣工以后，要检查合同中对竣工资料的提交时间约定、质量保证期、保修证书、履约保函及质量保证金的退回、竣工结算的约定，制定事项管理日程，并安排专人负责跟踪办理。

国际工程项目合同管理过程中，更需要我们紧密结合以上各程序，做到根据具体情况灵活应变，认真对待每一项风险因素，才能最终取得良好的结果。

COVID-19影响下执行FIDIC条款的
国际工程索赔探究

岳　兵[①]　张京波[②]　吴　晓[③]

摘要： 本文对COVID-19新冠肺炎疫情特殊影响下，执行FIDIC版本合同条件的国际总承包工程的相关工期和费用索赔进行了研究，通过对具体合同条款的分析提出有针对性的索赔方式，并结合工程实例，理论与实证相结合，探究了工期和费用索赔的正确方法，为国际工程承包企业提高索赔管理水平、合理合法维护自身利益做出了指导。

关键词： COVID-19；FIDIC；索赔；不可抗力

2020年1月以来，COVID-19新冠肺炎疫情作为世界卫生组织认定的"国际关注的突发公共卫生事件"和"全球大流行病"迅速席卷全球。因其快速的传播性和巨大的危害性，截至7月底，全世界感染人数已突破1 700万，死亡超60万人。160多个国家和地区先后宣布进入紧急状态，很多还实施了短期的全国封禁。中国作为全球基建强国，分布在世界各地的很多工程首当其冲。由于担心安全问题，承包商在人员调遣和安排员工工作方面不得不放缓节奏，在所需物资采购等各个环节也出现了困难，面临安全、成本、履约、管理等多项风险，受到了不同程度的损失。因此，中资承包商迫切需要启动相关索赔程序，维护自身利益。

---

① 岳　兵，青建海外发展有限公司工程部经理。
② 张京波，青建海外发展有限公司项目经理。
③ 吴　晓，青建海外发展有限公司纳米比亚分公司副总经理。

一、FIDIC条款下索赔思路

对于采用FIDIC施工合同条件实施的国际工程，可遵循"黄金五原则"[1]（合同所有参与方的职责、权利、义务、角色以及责任一般都在通用条件中默示，并适应项目的需求），从自身利益出发，按正规流程向业主提出索赔。但国际承包商对疫情事件的索赔仍持有不同的看法，主要焦点为能不能索赔，依据什么索赔，能索赔什么，如何索赔，具体如何实施。

我们根据《FIDIC施工合同条件》2010版（本文所指合同条件以该版本为主），参考1999版和2017年版，在不考虑当地法律及特殊合同条件的情况下，总结了可用于支持本次疫情索赔的核心条款，详见表1。

表1　FIDIC合同条款索赔依据及优先应用指数

条款编号	内容	索赔内容	疫情影响下优先应用指数
4.12	不可预见的物质条件	可索工期与费用（仅限于现场范围）	★★
8.4（d）	竣工时间的延期	可索工期	★★★★
13.7	因法律改变的调整	可索费用	★★★★
17.4	业主的风险后果	可索工期与费用（仅限于项目所在国）	★★★
18.2	工程及承包商设备险	可索费用（以保险合同为准）	★★
19	不可抗力	可索工期与费用（保险之外）、终止合同权利（费用索赔只能发生在项目所在国）	★★★★★
20.1	承包商的索赔	规定了具体的索赔程序和步骤	★

根据FIDIC相关索赔条款，承包商可以索赔费用和工期。实际通用条件中并没有给出承包商索赔费用的权利，但这不意味着FIDIC禁止承包商索赔费用。是否能得到费用索赔，还要看合同专用条件具体规定以及合同适用的法律。事实上新冠肺炎疫情的爆发，对国际承包商工期和费用均造成了损失，

因此从索赔工期和费用两方面考虑，表1中4.12、17.4、19三项条款可满足。但从具体条件内容分析可知，COVID-19本身不会导致对工程、货物或承包商的文件造成损失或损坏的程度，工程师不太会要求修正此类损失或者损害，因此17.4可能不适用。COVID-19也显然不属于4.12不可预见的"物质条件"。2020年3月20日，中国商务部合作司也牵头编制了《对外承包工程企业使用不可抗力规则应对新冠肺炎疫情影响指引》。为获得工期及费用补偿，甚至想达到终止合同的目的，则对国际承包商而言，按照不可抗力来开展COVID-19事件的索赔是最为有利的。疫情当下，索赔依据优先采用指数推荐为五星。当然，对于仅想进行工期顺延（Extention of Time for Completion）的承包商，8.4（d）条款也可以使用。往往索赔条款可多条同时使用。

二、依据不可抗力条件实施索赔的流程与策略

（一）索赔流程

根据FIDIC通用条件的19条款和20.1条款的事件有效期规定，承包商依据不可抗力进行索赔的程序可分为以下四步（图1）。如果个别国家因新冠肺炎疫情影响无持续和反复，可省略第三步。

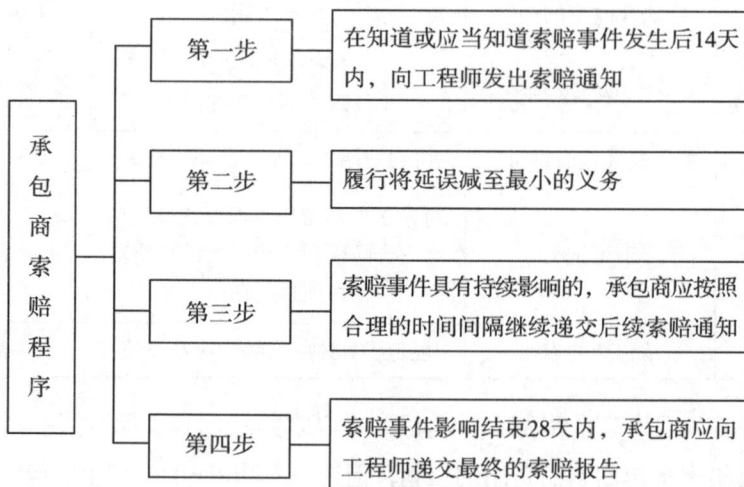

图1 承包商索赔程序

（二）索赔通知举证不可抗力的要点

在依据不可抗力来开展COVID-19事件开始索赔的索赔通知中，首先要对COVID-19作为不可抗力进行举证，需要同时满足以下四项：①超出一方的控制；②在签订合同前，该方无法合理防范；③发生后，该方不能合理回避或克服；④不是主要由另一方造成的。在2017版中，19条不可抗力（Force Majeure）已调整为18类异常事件（Exceptional Event）[2]，满足条件基本未变。另外结合其他案例和国家仲裁裁决，承包商还可以补充：①不可抗力事件阻碍（prevented）了承包商履行合同义务，使得承包商履行整个或部分合同义务实际上或法律上成为不可能，而不是更加困难或无法获取利润。除了阻碍承包商履行整个或部分合同义务外，更低的门槛可能是妨碍（hindered）或延误（delayed）了承包商履行整个或部分合同义务。②不可抗力事件与阻碍承包商履约之间存在因果关系。③不存在避免事件发生可采取的合理措施。

在国际工程项目中广泛使用的FIDIC合同专用条件一般约定适用所在国的法律。除合同存在明文的不可抗力约定外，合同当事人在举证的同时还应查明合同适用的准据法中的法律规定及其认定标准来支撑COVID-19作为不可抗力的说明，适用法律甚至可以是地方层次的市政命令或行业指令。在此应特别注意，个别国家不认可新冠肺炎疫情构成不可抗力，比如已知的迪拜、巴基斯坦、孟加拉。因此，新冠肺炎疫情是否在境外承包工程项目实施中构成不可抗力或特殊风险事件，应视合同或相关法律的具体规定，不能一概而论[3]。企业应根据新冠肺炎疫情对具体工程项目的影响及影响程度，依据合同约定和适用法律的规定主张新冠肺炎疫情构成不可抗力。

（三）履行将延误减至最小的义务

不可抗力19.3条款"将延误减少至最小的义务"规定："每方都应始终尽所有合理的努力，使不可抗力对履行合同造成的任何延误减至最低。"由此可见，承包商在遭遇疫情停工或进度缓慢时应采取相关的措施来履行减损义务，避免工程师以承包商消极怠工、推脱责任为由拒绝索赔。承包商可以依据条款要求做出合理的努力而不一定是最大努力，不要给业主留下恶意索赔的印象，从而以承包商自愿为由拒绝赔付合理努力产生的费用。

（四）索赔报告时效性和重点体现的内容

FIDIC合同条件要求：承包商提交索赔意向通知后的28天内或者是承包商觉察引起索赔事件或情况后42天内[4]，也可以是在工程师允许的其他合理时间内递交正式的索赔报告。如果索赔时间持续存在，28天内还不能算出索赔额和工期延误天数时，承包商应按照工程师合理要求时间间隔，定期陆续报出每一间隔时间段内的索赔证据资料和索赔要求。承包商必须在合理期限内递交报告，否则可能导致索赔失败。工程师在收到最终索赔报告等相关资料的42天内或经承包商同意的其他期限内，做出回应。

索赔报告是具有法律效力的正规书面文件，是比索赔意向书更为具体的文件，是影响整个索赔事件的重大事项。通常报告由四部分组成：①总论部分。要综合叙述索赔事件的日期和过程，还要包含承包商为了减轻索赔事件造成的损失而做的努力、索赔事件造成承包人施工工期的拖延天数和费用损失，明确提出自己的索赔要求。②合同引证部分。这是报告的关键性内容之一，主要引证的是项目合同的条件及有关的法律规定，表明承包商有索赔的权利，索赔事项应得到支持。③索赔论证部分。在该部分承包商应明确说明自己要求索赔的根据并进行明确的专业划分，应该对相关损失进行分类分析，必要时辅以详细计算过程，确保工程师和业主充分了解索赔根据。④证据部分。该部分通常作为附件，应当包含索赔事件所涉及的一切有关证据资料以及对证据的说明，应尽可能详尽可靠。该部分资料可以包括：项目所在国发布的疫情期间封禁法令，可包含具体法令及条文内容；国内外材料供应商、运输行业发布的停工、停产或工作周期增长、费用增加的公告；项目现场造成损失、产生额外费用的影像、书面资料及记录；承包商为减损而采取的相关措施的记录；承包商就疫情影响，同工程师和业主往来的洽商信函、会议纪要等；其他有利于支撑索赔事件的相关资料。

最终索赔报告递交后，接着就是一个同工程师据理力争的持久战，尤其是涉及费用索赔时，通常工程师会从业主利益出发驳斥承包商的观点，给出种种不合适的理由。一旦工程师出现抗辩，不认可索赔，则应积极沟通，根据抗辩理由及时补充材料，加强沟通，适时调整谈判策略。

三、工程索赔实例

南部非洲某国2018年年底开工、仍在建的91 km道路升级项目，是在中非合作论坛框架下实施的"两优"贷款项目，由中国和项目所在国共同出资。现施工阶段雇佣当地劳动力近300人，中方管理人员30多人。2020年3月29日—5月5日，该国发布法令实施了全国封禁。5月底，当地出现第一例确诊病例后，感染者持续增多，国家紧急状态持续到7月底仍未结束。根据法令，封禁期间项目停工。中方项目团队在4月8日就向工程师发出了索赔通知，5月26日递交了中期索赔报告，主要依据FIDIC 20.1、8.4、19、13.7条款主张工期顺延索赔和费用索赔。工程师在合理时间内给出了回复，根据4.1承包商一般义务、19.3将延误减至最小的义务，以"承包商有责任对所有现场作业安全性承担责任""承包商未实施所有合理的努力"为由拒绝对防疫用品、停工期间支付的劳务及管理人员工资等费用索赔内容。项目管理团队在第一时间对相关资料做了完善补充，通过"多数防疫物资为非正常施工所必需，而是因为疫情特殊配置；国际材料供应商出具的延期发货证明及具体的费用增加书面文件；从邻国非疫区雇佣专业人员数量；从邻国提前订购额外的施工设备，加快现有施工进度；石子厂加班加点进行石子生产，为后期抢工增加材料储备"多方面陈述来澄清相关内容，完善我方做出的合理努力。通过双方后期的进一步沟通，最终业主同意了我方的工期顺延和近1 000万人民币的费用索赔，有效降低了我方的成本损失。

COVID-19影响下依据FIDIC不可抗力条件进行的索赔实际上是一项偶然、复杂而艰巨的任务。实践表明，中国承包商可以通过合理的手段来捍卫自身的利益，绝大部分承包企业也都能够在疫情事件后依据有效条款立即或迅速向业主发出不可抗力通知和索赔通知，主张合同赋予的工期延长和额外费用的权利。或许索赔过程中我们会遇到种种阻挠与不公，但我们依然可以通过完善索赔依据、加强同业主的沟通而最终获得业主的支持。

参考文献：

［1］国际咨询工程师联合会. FIDIC施工合同条件［M］. 中国工程咨询协会，译. 北京：机械工业出版社，2002.

［2］International Federation of Consulting Engineers. Conditions of contract for construction［M］. 2nd Edition. 2017.

［3］中国商务部合作司，《对外承包工程企业使用不可抗力规则应对新冠肺炎疫情影响指引》，2020.3.20.

［4］陈津生. FIDIC施工合同条件下的工程索赔与案例启示［M］. 北京：中国计划出版社，2016.

FIDIC合同条件下公路工程延期与间接费索赔分析

张建超[①]　路　遥[②]

摘要： 结合塞尔维亚E763高速公路项目的索赔实践，归纳分析了FIDIC合同条件（2005年世行和谐版）下工期索赔的应用经验，探讨了基于工期延期的间接费的计算方法与索赔报告的撰写，并据此成功获得工期延期、间接费比例调整及工期延期间接费的索赔，为FIDIC合同条件下同类型国际工程的工期与费用索赔提供了参考借鉴。

关键词： FIDIC合同；高速公路；工程延期；间接费比例；工期延期间接费

一、工期索赔

工期索赔分析的常用方法包括整体影响法、计划与实际进度对比法、实际进度But-for法、计划进度But-for法、影响计划法、进度焦点跟踪分析法、时间影响分析法[1]。各种方法的优缺点如表1所示。

在工期索赔方法的选择上，塞尔维亚E763高速公路项目的工期索赔采取了难度最大、可信度也最高的时间影响分析法。该项目下设第三、五两个标段，因此工期索赔时对两个标段根据各自索赔事件分别做了工期索赔分析，从而分别得到两个延长工期，再依据两个标段隶属于同一主合同而主合同仅存在一个竣工日期的合同事实，进而以两个标段索赔工期中的较

---

① 张建超，中国山东国际经济技术合作有限公司总工程师。
② 路　遥，中国山东国际经济技术合作有限公司欧洲公司副总经理。

晚者作为该合同的最终索赔工期。该观点得到业主认可。

表1　工期索赔分析方法对比

分析方法	可信度	方法完备性				
		实时分析	延误时的加速施工	步调不一致性延误	浮动时间所有权	共同延误
整体影响法	低	×	×	×	×	×
计划与实际进度对比法	低	×	×	×	×	√
实际进度But–for法	较高	√	×	×	×	√
计划进度But–for法	较低	√	×	×	×	√
影响计划法	中等	×	×	×	×	√
进度焦点跟踪分析法	较高	√	√	×	×	√
时间影响分析法	高	√	√	×	×	√

说明："√"表示需要该项的资料或者具有该项的特点，"×"则表示相反。

在索赔依据及程序上，严格按照2005年世行和谐版FIDIC合同[2][3]的相关明示条款并结合该项目主合同的相关规定执行。FIDIC合同索赔的主要依据归纳如表2所示。

表2　主要工期索赔依据

序号	条款	事由
1	1.9　迟到的图纸和指示	工程师未能在合理的时间内发布图纸和指示，造成承包商误期
2	1.13　遵守法律	业主应为永久工程获得规划、区域划定、建筑许可或者类似的许可，以及规范要求中所述的业主应取得的许可

序号	条款	事由
3	2.1　进入现场的权利	业主未能给予承包商进入或占有现场的权利，造成承包商误期
4	4.7　放线	业主提供基准点错误，造成承包商误期
5	4.12　不可预见的外部条件	承包商遇到了不可预见的外界条件造成误期
6	4.13　道路通行权	业主应提供专有和/或临时道路通行权
7	4.24　化石	承包商因在现场发现化石或其他文物造成误期
8	7.4　检验	在检验过程中，承包商因执行工程师的指示或因业主的延误而造成误期
9	8.5　当局引起的延误	如因合法当局的原因给承包商造成了不可预见的误期，承包商可索赔工期延长
10	8.1　工程开工的条件	条件之一向承包商提供现场占有权及工程开工所需的许可
11	8.4　竣工时间的延长	由于变更、异常不利气候条件等原因造成延误的，承包商可索赔工期
12	8.9　停工的后果	非承包商责任引起的临时停工造成承包商误期
13	9.2　拖期的检验	如业主拖延竣工检验，承包商可援引第7.4款和/或第10.3款
14	10.3　对竣工检验的干扰	由于业主的原因使承包商不能及时进行竣工检验，造成承包商误期
15	13.4　相应于法律变更的调整	如果立法变更导致承包商工期延误，承包商可得到工期补偿

序号	条款	事由
16	16.1 承包商停工的权利	如工程师未能签发证书或业主未能提供资金安排的证据或业主未能如期支付，承包商可暂停工程并提出工期赔偿
17	17.3 业主风险	由业主人员设计或业主对其负责的其他人员所做的工程任何部分的设计
18	17.4 业主风险的后果	承包商有权索赔工期及费用（如果有）
19	19.4 不可抗力的后果	如承包商因不可抗力的影响发生费用或造成工程延误

以2005年世行和谐版的FIDIC合同条件为例，其一般条款20.1款规定的索赔程序可简化为以下三个时间节点。

（1）时间节点1：28天。承包商必须在其察觉或者应察觉索赔事件或情况之后的28天内向工程师提交索赔通知，否则竣工时间不得延长。

（2）时间节点2：42天。在承包商察觉（或应已察觉）引起索赔的事件或情况后42天内，或在承包商可能建议并经工程师认可的其他期限内，承包商应向工程师递交一份充分详细的索赔报告。

（3）时间节点2：28天。承包商应在索赔时间或情况产生的影响结束后28天内，或在承包商可能建议并经工程师认可的其他期限内，递交一份最终索赔报告。

根据塞尔维亚E763高速公路项目的索赔实践，上述几个时间节点理解和应用时应注意以下几点。

（1）在上述时间节点1规定的28天内必须提交索赔通知，否则将失去索赔的权利。

（2）在上述时间节点2规定的42天内是否必须提交详细索赔报告，以及连续影响事件是否每个月必须上报详细索赔，在实践中FIDIC合同虽然规定了该程序，但并未规定不按照此条件履行就失去索赔的权利，而且工程师通常不会以此为由拒绝承包商索赔的权利。但是建议承包商在提交索赔通知之后也不要长时间保持沉默，即使没有在规定的时间内提交详细索赔，也应积极响应工程师的指示，表现出对索赔事件处理的积极性和"存在感"。

（3）关于上述时间节点3规定的事件结束后28天内承包商应提交最终索赔报告，为避免争议，承包商需要按照28天的时间节点提交最终索赔报告，否则工程师有可能会以此为理由判决承包商失去索赔的权利。因此从该项目的实践角度分析，时间节点1和时间节点3规定的两个28天是极其重要的。

通过时间影响分析法并按照上述合同索赔依据及索赔程序，针对塞尔维亚E763高速公路项目，承包商分别向工程师提交了17项工期索赔文件，索赔情况如表3所示。

表3　塞尔维亚E763高速项目工期索赔情况

索赔编号	工期索赔原因	业主批复情况	主要索赔依据
1号（三标）	开工许可下发延误及未解决征地问题导致的现场进入权问题	同意延期120天，工期延期至2017年11月30日，承包商无延期费用	1.13款、8.1款
3号（三标）	取土场进入权下发延误	拒绝	2.1款
4号（三标）	现场文物发掘导致的1号改路停工	拒绝	4.24款
5号（五标）	隧道开外不可预见地质条件以及隧道洞口边坡地质不稳定性	同意延期105天，工期延期至2018年3月15日	1.13款、2.1款、4.12款、4.13款、8.1款、8.4款
6号（三标）	取土场存在当地居民阻工	拒绝	4.12款、4.13款、8.4款

索赔编号	工期索赔原因	业主批复情况	主要索赔依据
7号（三标）	排水图纸下发不及时	组成12A综合索赔，索赔情况见12A索赔	1.9款、2.1款
8号（三标）	路基边坡防护图纸下发不及时		
9号（三标）	Straca改河进入权下发延误		
11A（五标）	隧道额外工作及隧道地质条件不良导致左洞开挖停工（期中索赔）	同意延期173天，工期延至2018年9月4日，有延期费用	4.12款、8.1款、8.4款
11B（五标）	地质条件不良导致隧道左洞开挖停工（最终索赔）	同意延期112天，工期延期至2018年12月25日、有延期费用	4.12款、8.4款
12A（三标）	三标7~9号综合索赔，索赔工期至2019年7月20日	在2017年11月30日基础上批复工期536天，批准工期至2019年5月20日。392天因为共同延误无延期费用。144天有延期费用	1.9款、2.1款
17号（五标）	对五标段国道连接当地路施工图纸下发晚的索赔		1.9款、8.4款
18号（五标）	对隧道电力及技术控制中心图纸等技术文件下发晚的索赔	延期155天，索赔工期至2019年5月29日，有延期费用	1.9款、8.4款、17.3款、17.4款
57号变更（五标）	改河变更图纸下发不及时		1.9款、13.3款、8.4款
22号（五标）	隧道照明设计及施工所需要的额外时间	延期18天，无延期费用，共同延误。索赔工期延期18天至2019年6月16日	8.4款、8.9款、17.3款、17.4款

索赔编号	工期索赔原因	业主批复情况	主要索赔依据
25号（五标）	隧道边坡修复图纸下发晚	延期63天，无延期费用，共同延误，索赔工期至2019年8月18日	1.9款、8.4款、20.1款

根据SCL协议[4]第10款核心原则的规定，如果承包商和业主存在共同延误且共同延误事件在关键路径，那么承包商有权利获得工期顺延。根据该协议核心原则第14款规定，当共同延误发生后，因共同延误事件导致承包商招致额外费用时，承包商没有索赔额外费用的权利。根据此原则，自2017年11月30日起算，三标索赔工期共计536天，存在共同延误392天，因业主原因导致的延误为144天；五标索赔工期共计626天，其中共同延误81天，因业主原因导致的延误为545天。

二、间接费比例的确定

费用索赔是承包商创收的三大支柱之一[5]，但要充分利用费用索赔进行创收，需要满足费用索赔的先决条件，包括费用索赔中所涉及的索赔项目和具体事项的确定、对索赔项目进行分类以及索赔项目的合理计价[6]。间接费种类及实际发生费用的确定，是计算实际间接费比例的基础，也是工期延期费用的基本依据。而实际间接费比例的确定，对合同及量单中没有相同或类似单价作为参考的新增变更项确定间接费至关重要。该项目执行过程中，三、五标段共产生变更200余个，其中诸多变更都属于原合同中没有相同单价或者类似单价的工作项。由于业主并不认可某一间接费的经验比例或者招标报价所使用的间接费比例，所以总承包方提出将项目在2014年6月至2017年7月37个月期间发生的间接费分成四大类共计25项，并对每一项间接费进行证明。经过与业主不断磋商，双方就管理费的种类、管理费明细以及计算方法达成一致，并按照各类间接费是否与时间有关进行区分，为下一步工期延期费用的计算做好准备。间接费种类及明细如表4所示。

表4 间接费种类及明细

间接费种类		间接费明细或说明	是否与时间有关
准备工作	现场准备工作	水稳及沥青拌合站建设，三、五标段分开统计	否
		现场建设的营地，三、五标段分开统计	否
		仓库、钢筋加工场及车辆保养维修厂，三、五标段分开统计	否
		营地建设及相关设施的土地租赁，三、五标段分开统计	是
		集装箱营地，三、五标段分开统计	否
	办公室租赁	项目管理团队办公室租赁，按照合同额之比分配至三、五标段	是
		承包商办公室租赁，三、五标段分开统计	是
	工人住宿成本	直接费之外的工人住宿成本，三、五标段分开统计	是
	便道修筑	三、五标段分开统计	否
	弃土场租赁	三、五标段分开统计	否
	临时交通设施	三、五标段分开统计	是
	供水排污费	营地及隧道施工供水排污费（不含在直接费的部分），三、五标段分开统计	否
	临时设施拆除费	现场临建的拆除等，三、五标段分开统计	否
	当地道路养护及维修费	三、五标段分开统计	否
管理人员工资	项目管理团队人员工资	项目管理团队人员工资，按照合同额之比分配至三、五标段	是
	承包商管理人员工资	三、五标段分开统计	是

间接费种类		间接费明细或说明	是否与时间有关
其他费用	交通费	三、五标段分开统计	是
	通信费	三、五标段分开统计	是
	伙食费	仅承认中方员工的伙食成本，根据当地法律规定，当地员工伙食费包含在工资内。三、五标段分开统计	是
	办公水电费	三、五标段分开统计	是
	车辆保养费	三、五标段分开统计	是
	固定资产折旧费	除参与直接费计算的折旧的固定资产之外的其他固定资产的折旧。三、五标段分开统计	是
	现场安保费	HSE费用，按照合同额之比分配至三、五标段	是
	各类咨询服务费	业主认为承包商应该拥有自己的团队，而不应引入外部咨询服务，否则将由承包商自担费用	业主不予认可
	试验费	指不包括在直接费中的独立实验室费用，按照合同额之比分配至三、五标段	是
	测量费	三、五标段分开统计	是
	竣工图设计费	三、五标段分开统计	是
其他管理费	项目保险费	按照合同额之比分配至三、五标段	是
	保函开具成本	开具保函所发生的财务费用，按照合同额之比分配至三、五标段	是
	总部管理费	为财务审计报告中管理费占营业收入的比例与合同额的乘积，按照合同额之比分配至三、五标段	是

在收集完成自2014年6月30日至2017年7月30日期间共计37个月的上述实际间接费成本后，即可汇总计算出总的间接费成本，通过以下推导计算即可获得间接费比例。假设合同价格为C_A，直接成本为C_D，间接费成本为

C_I，总成本为C_T，利润为P，间接费占合同额的比例为p，合同额（或新增变更费用）占合同直接费（或新增变更直接成本）的比例系数为F_1，合同间接费（或新增变更间接成本）占合同直接费（或新增变更直接成本）的比例系数为F_2，利润率为5%，则：

$$p=C_I/C_A$$

$$C_T=C_D+C_I$$

$$p=5\%\times（C_D+C_I）$$

$$F_1=C_A/C_D$$

$$C_A=C_D+C_I+p$$

$$C_A=C_D+C_I+5\%\times（C_D+C_I）$$

$$C_I=p\times C_A$$

$$C_A=C_D+p\times C+5\%\times（C_D+p\times C）$$

$$C_A=C_D+p\times C+0.05\times C_D+0.05\times p\times C_A$$

$$C_A\times（1-p-0.05\times p）=C_D\times（1+0.05）$$

$$C_A=C_D\times（1+0.05）/（1-p-0.05\times p）$$

$$F_1=C_A/C_D=（1+0.05）/（1-p-0.05\times p）$$

$$=（1+0.05）/（1-C_I/C-0.05\times C_I/C_A）$$

$$F_2=C_I/C_D=C_I/（C_A/F_1）=C_I\times F_1/C_A$$

由于间接费成本C_I已经通过收集获得，而合同额C_A为已知数据，因此通过上述公式即可获得合同额占直接费的比例系数，从而对无法套用原量单相同单价或类似单价的新增变更项采用直接成本乘以该间接费比例系数F_1获取新增变更费用。在塞尔维亚E763高速公路项目，经过长达近两年的证明和磋商，承包商提报的间接费比例系数F_1和F_2连续两次获得业主调整提高，大大增加了新增变更的间接费用。

三、工期延期间接费用索赔计算

工期延期间接费用的索赔分析报告共分为四部分，包括事实陈述、索赔依据论述、索赔事件的历史节点论述、索赔量化分析及相关附件。事实际述部分以合同和项目情况简介为主，项目参与各方情况介绍、合同金额、项目工期、工作范围、开工条件、合同进度计划提交批复情况、工期索赔及业主批复情况，费用索赔的依据及具体金额等整体情况，索赔的细节将在索赔依据、索赔事件历史节点、量化分析等章节中展示。

索赔依据论述部分应重点论述索赔主要依靠的合同条款，以及各条款之间的互相引用关系。例如，本次延期间接费索赔的主要合同依据为1.9款延误的图纸及指示、1.13款遵守法律、2.1款现场进入权、4.12款不可预见的物质条件、4.13款临时道路通行权、8.1款工程的开工、8.4款竣工时间的延长、13.1款变更权、17.3款业主的风险、17.4款业主风险的后果、20.1款承包商的索赔。

索赔事件历史节点论述部分，应对项目执行过程中承包商遇到的一系列导致工期延长的客观事件，根据20.1款提出的对应的工期索赔情况，以及业主对相关索赔进行的批复情况进行阐述：1号索赔批复三、五标工期延长120天，工期延长至2017年11月30日；5号索赔批复五标延长工期105天，工期延长至2018年3月15日；11a索赔批复五标延长工期173天，工期延长至2018年9月4日；11b索赔批复五标延长工期112天，工期延长至2018年12月25日；12a索赔批复三标延长工期536天，工期延长至2019年5月20日；17号索赔、18号索赔及57号变更，批复五标延长工期155天，工期延长至2019年5月29日；22号索赔批复五标延长工期18天，工期延长至2019年6月16日；25号索赔批复五标延长工期63天，工期延长至2019年8月18日。根据与业主签订的工期延长补充协议以及合同条件20.1款规定，如果承包商招致相关费用，则承包商有权得到相关费用损失及额外利润的补偿。

量化分析部分在第二部分间接费分类及明细的基础上，将三、五标段的间接费按照与时间无关的成本（固定成本）以及与时间有关的成本两类进行区分后分类汇总，如表5所示。

表5　三、五标间接费分类表

间接费种类	三标		五标		汇总	
	固定成本	与时间相关成本	固定成本	与时间相关的成本	固定成本	与时间相关的成本
准备工作（A）	A_1	A_2	A_3	A_4	A_1+A_3	A_2+A_4
管理人员工资（B）	B_1	B_2	B_3	B_4	B_1+B_3	B_2+B_4
其他费用（C）	C_1	C_2	C_3	C_4	C_1+C_3	C_2+C_4
其他管理费（D）	D_1	D_2	D_3	D_4	D_1+D_3	D_2+D_4
汇总（A+B+C+D）	$E_1=$ A_1+B_1+ C_1+D_1	$E_2=$ A_1+B_1+ C_1+D_1	$E_3=$ A_1+B_1+ C_1+D_1	$E_4=$ A_1+B_1+ C_1+D_1	$E_5=$ A_1+B_1+ C_1+D_1+ A_3+B_3+ C_3+D_3	$E_6=$ A_2+B_2+ C_2+D_2+ A_4+B_4+ C_4+D_4
求和汇总	E_1+E_2		E_3+E_4		E_5+E_6	

将上述四类25种间接费在2014年6月30日至2017年7月30日期间与时间有关的成本求和，即可计算出37个月共计668天的每日平均间接费用。每日平均间接费用与上述业主批复的除共同延误之外的索赔工期天数的乘积，即为三、五标段各自的工期延期间接费用。但部分变更在关键路径且是引起工期延期的重要原因之一，因此这部分变更的间接费用业主已通过IPC批复，为避免重复计算，需要在上述三、五标段各自延期的间接费用基础上扣除通过上述变更而获得的间接费即为延期间接费索赔额，如表6所示。

表6　延期间接费计算表

	五标	五标	汇总
合同额	C_{A3}	C_{A5}	C_A
合同工期/天	T_3	T_5	T_3或T_5

	五标	五标	汇总
批准的索赔工期/天	$T_3^{'}$	$T_5^{'}$	$T^{'}$
间接费种类	与时间相关成本	与时间相关的成本	与时间相关的成本
准备工作（A）	A_2	A_4	A_2+A_4
管理人员工资（B）	B_2	B_4	B_2+B_4
其他费用（C）	C_2	C_4	C_2+C_4
其他管理费（D）	D_2	D_4	D_2+D_4
汇总（$A+B+C+D$）	$E_2=A_2+B_2+C_2+D_2$	$E_4=A_4+B_4+C_4+D_4$	$E_6=A_2+B_2+C_2+D_2$ $+A_4+B_4+C_4+D_4$
日平均间接费	$F_2=E_2/T_3$	$F_4=E_4/T_5$	$F=F_2+F_4$
应获得的延期间接费	$G_2=F_2 \times T_3^{'}$	$G_4=F_4 \times T_5^{'}$	$G=G_2+G_4$
通过变更批复的间接费	V_2	V_4	$V=V_2+V_4$
最终批复的延期间接费	G_2-V_2	G_4-V_4	$G_2+G_4-V_2-V_4$

四、结论

本文以塞尔维亚E763高速公路项目为背景介绍了索赔程序在实践中的使用要点，探索了一种基于项目实际发生的间接成本的工期延期间接费索赔计算方法。该计算方法为在2005年世行和谐版FIDIC合同条件下的索赔实践及例证提供了思路，可为类似项目的索赔提供了有益借鉴。主要结论如下。

（1）归纳总结了2005年世行和谐版FIDIC合同条件下工期索赔的主要依据，并重点阐述了工期索赔的重要时间节点及其在塞尔维亚E763高速公路项目的成功应用。

（2）在厘清与业主磋商实际发生的间接费分类及明细的基础上，探索了基于实际发生的间接费用确定间接费比例的计算方法。

（3）以塞尔维亚E763高速公路项目为例证，介绍了工期延期的间接费索赔报告的主要内容以及量化分析方法，并最终获得业主认可。

参考文献：

［1］陈勇强，张水波. 国际工程索赔［M］. 北京：中国建筑工业出版社，2008：86-89.

［2］国际咨询工程师联合会. FIDIC施工合同条件［M］. 中国工程咨询协会，译. 北京：机械工业出版社，2002.

［3］陈勇强，吕文学，张水波，等. FIDIC 2017版系列合同条件解析［M］. 北京：中国建筑工业出版社，2019：158-164.

［4］The Society of Construction Law. SCL Delay and Disruption Protocol［M］. 2nd Edition. Oxfordshire：Society of Construction Law，2017：30-32.

［5］田威. 创收的三大支柱及"不可抗力"［J］. 国际经济合作，2001，（1）：52-55.

［6］张鹏. 国际工程总包项目争端索赔管理机制与策略研究［D］. 北京：中国矿业大学，2016.

如何以协商方式解决国际工程项目
分包索赔争议

常向忠^①　姜　伟^②

在大型国际工程项目EPC总承包合同执行过程中，分包索赔争议是总承包商无法回避的问题。如何妥善解决分包索赔争议是总承包商在项目执行过程中始终面临的严峻课题，特别是在项目执行的关键阶段和项目执行后期，分包索赔争议处置不当则可能对项目工期和分包合同关闭产生极为不利的影响，甚至演变成为旷日持久的法律纠纷。协商是基于合同当事人双方的自由意志进行双向、友好的积极沟通、磋商，以寻求索赔争议的妥善解决方案，实现双方的利益平衡。

一、以协商方式解决分包索赔争议的优势和劣势

（一）优势

以协商方式解决分包索赔争议具有仲裁、诉讼争议解决方式所不具有的显著优势，主要体现在以下四点。

1. 时间可控

以协商方式解决分包索赔争议，当事人双方具有充分的自主权，在时间安排上比较灵活，何时启动、协商多长时间、在哪一个节点上暂停或达成书面协议，完全由双方根据自己的判断决定，无须考虑任何第三方的程序要求或时间安排。实践中，总承包商与分包商以协商方式解决索赔争

① 常向忠，中国电建集团山东电力建设第一工程有限公司海外事业部国际风控部主管。
② 姜　伟，中国电建集团山东电力建设第一工程有限公司法律与风险管理部副主任。

议的关键在于寻求双方的利益平衡点，无论是一两天、数周、数月还是数年的磋商谈判，直至双方达成最终一致意见为止，一切都在双方的掌控之中。而仲裁、诉讼在时间上需要一两年甚至更长时间，一旦仲裁、诉讼程序开始，在时间安排上便不能随意暂停、延长或结束，整个程序的控制权完全掌握在仲裁庭或法庭手中，且对项目的执行或关闭极为不利。

2. 过程可控

以协商方式解决分包索赔争议，当事人双方可以自主掌控谈判的节奏、节点以及参与谈判的人员构成。

实践中，分包索赔争议的磋商谈判首先在执行层进行，双方就争议焦点进行梳理、澄清，求同存异，就争议问题进行磋商或提出解决方案。一旦双方谈判陷入僵局或长时间无积极推进，则需要双方决策层的介入以打破僵局，重新启动新一轮的谈判。如果双方经过多轮多层次的谈判，找到了实现利益平衡的解决方案，达成了一致意见，则以协商方式解决索赔争议的过程宣告结束。

3. 结果可控

合同当事人双方最清楚自身利益的边界。在以协商方式解决分包索赔争议过程中，作为当事人的总承包商和分包商往往需要根据谈判情况，求同存异，做出自身利益的取舍，以达成体现利益平衡的协商方案。协商方案是否可行、是否可以接受，完全取决于当事人双方对自身利益的考量。当事人双方对协商方案和结果完全掌握控制权，如果任何一方认为利益分配失衡，协商方案和结果将难以达成。

4. 节约费用

以协商方式解决分包索赔争议与调解、仲裁、诉讼等方式相比，不产生律师费、调解员或仲裁员费用、诉讼费用，以及相关人员的差旅费、会议费等，对合同当事人双方来讲都将节约巨额费用。可以说与仲裁、诉讼等争议解决方式相比，协商无疑是对争议双方最好的且最省钱的。

（二）劣势

以协商方式解决分包索赔争议也不是十全十美的途径。与仲裁、诉讼等争议解决方式相比，协商方式具有两个显著的劣势。

1. 程序性不强

以协商方式解决分包索赔争议，当事人双方具有充分的自主权，协商谈判能否顺利推进完全取决于双方是否具有协商意愿，是否积极沟通、互相配合，没有任何强制性的程序可以要求任何一方必须参加协商谈判。

2. 缺乏强制约束力

以协商方式解决分包索赔争议，最终达成协商协议，实现了双方的利益再分配和利益平衡。但是，对协商协议的执行则完全取决于双方的意愿和诚意，当事人一方无法申请强制机关和强制力量要求另一方当事人必须履行协商协议。

二、以协商方式解决分包索赔争议的基本原则

（一）尊重合同原则

书面合同是双方真实意思的表达，对双方均具有约束力。合同约定是处理分包索赔争议的基本依据，任何争议问题的解决原则上都不能突破合同框架，应当尽可能地在合同框架范围内寻求解决方案。注意在沟通过程中避免形成任何超出合同约定范围的书面记录，包括信函、邮件、会议纪要等。

（二）公平合理原则

对合同没有约定或约定不明的事项，应坚持按公平合理的原则进行灵活处理，既考虑项目履约的实际需要，又坚持原则性和灵活性相结合，抵制和拒绝对方过分、不合理的索赔诉求，在照顾合同双方不同需求的前提下，达成双方都能够接受的争议解决方案。

（三）审慎适当原则

在根据上述两项原则处理合同争议过程中，对为推进工程进度根据分包商实际履约情况而考虑补偿的情形，应当坚持审慎适当的原则。

原则上，合同约定不能补偿、赔偿的费用，在补充协议或合同变更过程中应当避免，应尽量在合同框架内以适当形式进行补偿，避免事实上突破合同框架而为后续可能发生的争议解决及法律纠纷处理留下隐患。会议纪要或补充协议应当经过法务人员审核，如有必要，还应当经过外部律师审核把关。

三、实例分析解决分包索赔争议的策略

印度某大型燃煤电站EPC总承包合同执行过程中，因为印度分包商普遍存在商务索赔意识强、合同信用差、组织动员和项目管理能力弱等特点，给总承包商项目管理的各个阶段都带来了严峻的挑战。其中分包索赔争议是这些挑战的焦点问题，主要分包商提出索赔的时间大都处在项目施工高峰期，属于项目实施过程的关键阶段。最终通过协商方式解决分包索赔争议，都是在其工作范围内的主要工作已完工，且处于合同关闭的最后阶段。

在处理这些索赔争议时，总承包商采取的主要策略如下。

（一）采取安抚措施，避免问题升级

对分包商提出的索赔，总承包商不予以回避，应采取安抚措施，并积极主动地与分包商进行协商，保持与分包商的谈判交流。同时双方要建立各个层面的联络机制，形成互信的积极氛围，保证分包商不因索赔问题而影响现场施工，避免问题升级。

（二）适时提出总承包商的反索赔诉求

分包商在施工过程中，不可能100%没有违约情形，例如施工进度缓慢、人力机械不足、材料设备丢失或损坏。总承包商对此必须在过程中予以记录，并最终形成总承包商的反索赔资料，再根据现场实际工程进度情况适时地发起反索赔，以避免在双方的索赔谈判中一直处于"被动挨打"的局面。

（三）以合同为依据严格审核分包商的索赔资料

审核分包商的索赔资料时必须以合同为依据，检查其中是否有合同所

规定的不予赔偿或补偿的部分。

另外，在审核索赔资料时必须捋清其逻辑关系，要求分包商提供计算依据及支持性资料。例如，人力闲置，需要工人的用工合同，签字版考勤，闲置期间的工资、福利等发放证明，财务入账凭证，等等；机械闲置，需要机械购买或租赁合同、机械的进门及出门证、机械实际闲置时间的证据，等等。当然，总承包商的要求也必须是合理的。而对于使用调价公式计算的索赔，则需要对调价基数、调价区间、印度政府颁布的工业指数或材料价格等等进行审核，同时也包括对其所提供的调价公式的适用条件进行审核。

（四）以合同关闭为契机，解决索赔问题

分包商提出索赔往往是在项目高峰期，这个时机对解决其索赔往往最为有利，而对总承包商来说则恰恰相反。总承包商应尽力选择在项目基本完工时或合同关闭时开始协商谈判，此时对自己比较有利。

因此，总承包商在施工过程中应尽量避免与分包商发生较为激烈的正面冲突，应以现场施工为主，但同时又不停止索赔谈判，在不影响现场施工和双方良好合作氛围的前提下尽量以合理的方式与分包商沟通。

在合同执行的最后阶段，总承包商以双方合同关闭为契机，全力与分包商解决索赔争议，此时对总承包商来说往往最容易实现利益最大化。

（五）过程中巩固谈判结果

总承包商与分包商在漫长的索赔谈判过程中，往往会达成一定程度上的一致。

对于总承包商有利的部分要尽量签订会议纪要，即使无法签订会议纪要，也尽量要以信函或邮件等方式巩固双方谈判过程中达成的积极成果。例如，在与某水塔分包商的索赔谈判中，后期由于其谈判人员的变化，便推翻了之前双方达成一致的一些成果，但在总承包商拿出强有力的证据后，对方不得不回到之前谈判的正轨上来。

四、结论

分包索赔争议解决是总承包商在国际工程项目执行过程中无法回避的严峻课题，同时又是一项复杂而艰难的工作，对双方的耐心、诚意和智慧都是考验。国际工程项目分包索赔争议的解决，应当坚持"协商为原则，诉讼仲裁为例外"的基本原则。

为达到以协商方式解决国际工程项目分包索赔争议这一目的，在协商谈判阶段应综合运用上述策略并统筹考虑相关过程文件记录的准确性、完整性等因素，做到费用可控、风险可控，努力寻找双方利益的平衡点，形成妥善的分包索赔争议解决方案。

项目管理篇

以巴基斯坦XYZ项目融资方案为例解读
F-EPC模式协助融资安排实务

柳　帆[①]

一、前言

自2009年起，为应对经济危机，国家下达大型成套设备出口融资保险专项安排政策。自此之后，该项支持"走出去"政策保持常态化。中国融资需符合信保机构中长期出口信用保险政策。我们常说的中国融资指的就是利用这一政策协助境外业主获得项目融资，这也是近年来最流行的F-EPC模式。中国承包商利用该模式在全世界范围经济危机爆发的背景下，屡屡逆势而上，斩获新的市场和新的项目，在国际市场上实现了许多西方企业无法实现的高增长。本文旨在以巴基斯坦XYZ项目为例解读F-EPC模式协助融资安排实务。

二、项目简介

（一）项目背景

XYZ项目位于巴基斯坦旁遮普省。为增加电力供应，缓解电力短缺，调整和优化能源供应结构，根据巴基斯坦政府《2013年国家能源政策》，旁遮普省政府制定了3～5年电力发展规划，通过引入私人或公共投资方式，建设总装机容量达到6 000 MW的燃煤火力发电机组，共计划了6个对国际电力投资商招标的拟建项目。

其中，XYZ项目为政府主导下已开展一定前期工作的独立发电项目

[①] 柳　帆，中国电建集团核电工程有限公司经营管理部高级主管、高级经济师。

（IPP）。旁遮普省政府已组织开展了初步可行性研究、厂址选择、环评、地质勘测、接入系统和交通运输等前期工作，并将该电站定位为快速建设项目，一直在寻求有实力和经验的合作对象。为贯彻落实国家"一带一路"倡议和"中巴经济走廊"远景规划，2014年2月，XYZ项目开发商参与了旁遮普省发电项目的投标，通过投标过程中展示的技术实力和项目实施能力，得到了旁遮普省政府的充分认可。4月11日，旁遮普政府正式授予预中标意向函（EOI），开发商于5月21日获得巴基斯坦旁遮普省电力发展委员会（PPDB）颁发的项目授标意向函（LOI）。

XYZ项目主要为在巴基斯坦旁遮普省XYZ市开发、设计、建造、调试、运行和维护容量为1 320 MW（660 MW×2）的燃煤发电站。

开发商为XYZ项目组建的项目公司（SPV）股东均来自中国香港地区。项目总承包方为中国某电建企业。本项目的总投资额为18亿美元，其中资本金3.6亿美元，贷款14.4亿美元。EPC合同金额为14.535 7亿美元，中国成分总体占比为88%。除当地的沙子、水泥等耗材，其余的主要设备材料均从中国采购，适用中国标准。

（二）项目可行性及经济效益分析

该项目主要的经济指标如表1所示。

表1　XYZ项目主要经济指标

指标	值
股权投资内部收益率	15.36%
股权部分净现值（NPV）（折现率8%）	2.80亿美元
股权部分投资回收期	4.64年
项目全投资内部收益率	10.50%
项目净现值（折现率8%）	3.40亿美元
项目整体投资回收期	6.30年
平均偿债备付率	1.75

通过上述各项经济效益指标可以看出，在采用巴基斯坦政府公布的预定电价的情况下，可于5年内（含建设期）完成资金回收。通过测算，可以看出，计算期各年能收支平衡，有盈余，财务净现值大于零，该项目在财务上是可行的。

（三）承贷方案

本项目符合大型成套设备出口项目条件，因此由承包商协助借款人在中国申请出口买方信贷的支持通过与各方谈判，确定融资方案如下。

借款人：SPV。

贷款人：中国某银行（牵头行）等。

贷款模式：出口买方信贷。

贷款利息：3个月LIBOR＋4.5%。

贷款金额：占EPC合同额的85%，占出口信用保险保费融资总保费的85%。

贷款期限：不超过14.5年（宽限期不超过30个月，还款期不超过12年）。

担保方案：

（1）出口信用保险：投保中国某信用保险机构中长期出口信用保险，承保政治风险（赔付比例95%）、巴基斯坦政府违约风险（赔付比例95%）和商业风险。

（2）部分其他担保要求：①巴基斯坦财政部对巴方购电义务的担保付款（主权担保）；②偿债准备账户、电费归集账户、购电协议下应收账款质押，执行协议下各项权益与本项目相关的各项保险权益转让予银团；③借款人各项有形资产抵押给银行，项目公司持有的特许经营权质押给银行；④项目公司股东全部股权质押给银团；⑤完工担保；⑥不低于EPC合同金额10%的成本超支保函；⑦巴基斯坦政府提供22%电费收入账户资金沉淀。

三、本项目协助融资流程简介及注意事项

本项目协助融资流程见图1。

（一）EPC合同签署

合同内容中工作范围必须包含大型成套设备出口。合同额应涵盖承包

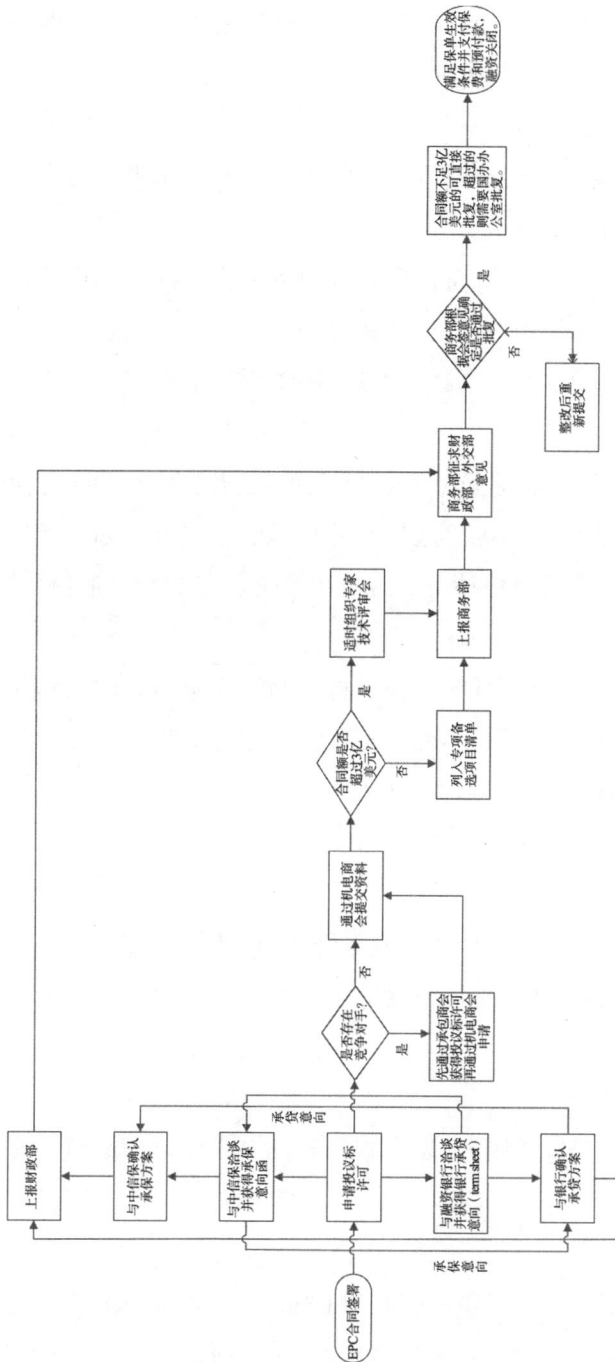

图1 大型成套设备项目融资申请流程

合同内所有工作范围的合同总价，同时考虑部分融资的可变部分，譬如在合同额中考虑一定金额的暂列金额（provisional sum）。

（二）办理机电商会备案手续

由于本项目符合大型成套设备项目融资要求，需通过机电商会大型成套设备项目融资平台进行网上申请。

整个申报流程首先需要网上申请，在完成商务部投（议）标许可项目备案申请后才可以在机电商会的系统中看到自动推送的项目信息。在此过程中需要同时获得中国驻项目所在国经商参处/室的支持函。

（三）投议标许可

在商务部对外投资合作信息服务系统网上填报投（议）标许可信息时，必须选择机电商会协调（不可以选择对外承包商会协调；如果已经选择对外承包商会协调，则需要将申请退回后再次提交），项目类别选择中国融资。

中国融资类项目需提交补充材料。补充材料为纸质资料，包括信用保险机构的承保兴趣函和银行承贷兴趣函。某些特殊地区需提交补充材料，包括安保方案等（巴基斯坦就属于该类地区）。

商务部外贸司会按照项目国别分配给所属的处进行办理，例如，巴基斯坦属于亚洲处。

补充材料递交和投议标许可打印都在商务部办事大厅进行。

商务部在咨询外交部意见后会视情况核准。除特殊国别外，外交部通常不会提出反对意见。

（四）银行初审

在办理上述内容的同时，需要与融资银行解除并确定融资条件（term sheet）。

（五）信用保险机构

在办理上述内容的同时，需要向信用保险机构提交询保单和融资文件。该机构上会评审项目，评审通过后出具项目承保意向书。

（六）机电商会复审

在完成了上述工作内容之后，才能进入机电商会复审。机电商会主要是针对技术方案的可行性进行评价。项目合同额超过3亿美元的，根据商务部要求，需机电商会组织技术方案专家评审会，评审专家会对整个技术方案进行详细的审查并提出改进意见。根据专家意见修改方案后，机电商会才会通过审查。

（七）银行复审

向银行提交信用保险机构的承保意向书，银行才会出具承贷方案。

（八）信保机构复审

向信保机构提交投保单和银行的承贷方案后，信保机构才会出具承保方案。

（九）融资报告

按照机电商会的报告格式，由上级主管部门提交申请报告到商务部外贸司成套设备处。中央企业直接提交，地方企业则是由省商务厅提交。

（十）商务部会审

商务部在收到最后的申请报告之后，会组织外交部、财政部会签审批。对于项目合同额超过3亿美元的，各部门会签后，国务院办公室批准融资报告。

（十一）融资关闭

信用保险机构出口买方信贷保单生效需满足承保意向书上的全部条件。出口买方信贷保单生效是融资协议生效的前提，融资协议生效前，需要确认主权担保生效。主权担保生效的条件是巴基斯坦政府确认担保协议。主权担保确认则意味着融资协议上约定的融资关闭条件实现了，可以准备放款的手续了。

（十二）融资放款

向投保的信用保险机构支付信用险的保费。由于85%的保费来自银行贷款，所以支付保费意味着银行开始放款了。第一笔放款需要准备的手续比较多，需要1个多月的时间。

（十三）开始放款后的工作

项目实施后，企业按现行规定每月将项目实施情况报送商务部，抄报财政部、外交部及投保的信用保险机构、机电商会。报告内容包括项目实施效果、带动出口情况、贷款发放收回情况、项目实施中的重大问题等。投保的信用保险机构、有关银行也要建立信息报送制度，定期向商务部、财政部等部门报送专项落实进展情况。

四、工作重点解读与展望

F-EPC模式下的融资不同于其他境外银行的融资：该模式是针对中国承包商（或制造商）的一种促进出口的融资方式，并不直接针对境外的项目开发商或业主；该模式融资的基数是承包合同的合同额，并不针对项目的全部开发费用（CAPEX）为基础进行融资。因此承包商（或制造商）应充分考虑并向开发商解释清楚项目的前期现金投入情况（信保机构保费和银行、律师、会计师等费用，以及不低于15%合同额的预付款），让其清楚整个融资流程与国际通行方式的区别。

中国融资需满足信保机构中长期出口信用保险政策，因此，欲利用中国融资，首先需要考察信保机构是否能对项目所在的国别出保单，其次还要考虑信保机构可能提出的费率情况，费率过高也将影响最终的融资方案。

银行对于中国融资中担保的要求是很高的，往往不愿意承担信保机构担保之外的风险，这就使得承包商和开发商需要考虑承担更多的风险，尤其是完工担保之类的要求。这也使得许多项目无法完成中国融资。

总之，不论是何种融资方式，都要求一个项目有好的回报，有可控的风险等级。这些都是完成中国融资的先决条件。

马里低标准住宅项目精细化管理经验分享

孔令龙[①]

摘要： 现在中国很多建筑企业都在发展"大海外"，积极响应"走出去"和"一带一路"倡议，不断拓展海外市场，投资规模也在不断扩大。但开拓海外市场注定是多磨难、多阻碍、多分歧、多付出的。随着海外业务的不断深入，海外企业精细化管理问题也逐渐凸显。由于海外市场存在着文化差异、语言差异、环境差异、资源差异、法律差异等，随意套入其他国家的管理模式，会造成我们的生产和经营产生不同程度的施工管理乱象，施工管理难度会加大很多。每个国家的市场氛围都有各自的特点，在新形势下，海外企业如何提高精细化管理效率、防范风险，如何将精细化管理运用到不同的国家、运用到不同的项目，从而获得较好的经济效益，是我们要快速摸索及探讨的重要课题。

关键词： 西非马里；低标准项目；精细化管理；小片区模式

青建国际集团在非洲国家发展30多年，2005年进入西非马里建筑市场，发展至今，历经不同的发展阶段。自2015年，青建国际集团开始建设马里国家低标准住宅类项目——社会住房项目，过程中不断了解当地文化、环境、资源、法律等各种因素，将精细化管理落到实处，实行制度化、规范化管理，落实责任、规范行为，弘扬企业的文化，从而真正展示了自身的专业水准，在当地的激烈竞争中稳步前进。

---

① 孔令龙，青建集团股份公司常务副总裁。

一、实施背景

项目所属西非内陆国马里，社会住房项目为当地政府重要惠民工程。项目占地面积200多公顷，建成后是4 000多户居民的低标准住宅小区，类似于一个小城镇。现阶段所有施工仅F3、F4两种户型，合同施工范围涵盖住宅、宅院、市政水电、道路桥梁配套、部分绿化等小镇性交钥匙工程。

青建国际集团调研参加社会住房项目的当地中资企业及其他企业，同时开工的社会住房项目约8 000套，不到一年的时间仅剩余4 000套左右在施工，其中就包括青建国际的3 100套。项目班组认真分析项目背景及合同条件，连续两年对社会住房项目实施精细化管理，并在此基础上创新试验小片区管理模式，最终成为在承揽马里社会住房项目的5家中资企业中唯一一家全部按照合同完成项目实施任务且取得较好盈利的公司。项目利润率最初测算为6.5%，实际达10%以上。同时，该项目获得青岛市工人先锋号荣誉以及国清集团年度优秀项目部称号。

二、精细化管理运用到低标准住宅项目的内涵和做法

（一）内涵及思路

优化项目管理模式，从编制施工规划大纲开始，严格根据项目实际情况，创新管理模式。实施初期采用大项目部项目经理承包责任制。前期管理班子刚组建，团队年轻，工作热情高，初来乍到的新鲜感让大家忘记了工期紧、工作强度大带来的身体和精神压力。项目前期管理人员工作积极性、工作效率比较高。随着项目实施进入雨季，蚊虫增多、疟疾高发，出现人员患病情况增多、工作积极性及效率下降等问题。项目部根据项目占地面积大、工期短、属地工人用量大、户型统一且可复制性强等特点，通过实施标准化，降低项目管理难度，起用年轻一线管理人员参与项目全专业线管理，试验小片区管理模式，让一线施工管理人员不仅仅是负责施工管理，还要对各自片区进行涵盖工期、质量、安全、成本的综合性管理，以加强各片区的精细化管理，提升大项目部的精细化管理水平。这种做法既给年轻管理人员一个提升自己的平台，又完成了公司人才梯队建设工

作，也提升了员工工作积极性及工作效率，提升了团队积极性和凝聚力。

（二）做法（如何划分片区及管理流程）

（1）规划将整个项目按照布局划分成小片区，采用流水作业形式，逐步推进，使资源配置最优化。项目部资源统一调配供应、统一管理。小片区采取目标责任书制度执行，以成本、实际进度、质量、安全进行综合考核，提高积极性。

例如，按照拆迁地块位置将合同一部分划分为J3、J4、J5、T1、T2、G1、G2等7个片区，每个地块150～300套住宅。根据测算，每150套住宅配置管理人员1名、中国工人2名。

将法文版马里施工技术条款全部翻译成中文，组织员工多次培训学习，使员工对马里当地施工标准及规范做法有充分的了解，避免施工过程中出现违反当地规定的做法而造成返工，增加质量成本。另根据马里技术条款要求，将社会住房项目所有工序施工工艺技术标准进行完善，完成相关技术资料编制，主要是针对社会住房项目的《施工工艺标准》《施工标准及质量控制要点——土建篇》《施工标准及质量控制要点——安装篇》等，规范了施工做法及施工工艺流程，作为现场施工的主要依据。由管理人员重点把控片区施工管理全面工作，中国工人指导并监督属地员工，配备属地技术人员，以方便管理属地工人。

在施工过程中，对部分施工工艺进行技术改进，主要包括模板工艺创新、屋面砖改进、围墙大门预埋件改进、水电套管预埋改进等，在保证施工质量的前提下，确保施工简便，增加工效，降低施工成本。

（2）项目部的主要工作职责是对项目整体进行管理，规划实施推进；对财务、材料、商务进行集中管理，设备管理采用领用计时制，实行材料审核集中供应制度。根据项目进展随时调整小片区流水节奏。小片区根据项目部整体规划，管理本片区内的施工流程、成本、质量、安全等。小片区管理是在项目经理承包责任制的基础上根据项目情况修改演变来的一种管理模式。在产值报审、人工费定价、材料采购发放、整体进度管理上，项目分管部门统一负责；但各片区属地化工人使用、机械设备材料调配使用、片区进度控制、材料损耗率控制等方面，由各片区负责人独立管理，分管部门监督。既保留了大项目部规模化管理降低管理成本、材料采购成本的优势，也通过管理权限下放消除了管理末端管控松散的弊端。

结合当地采用比价审批制度，降本增效，服务项目。根据马里当地供应商实际情况，采用比价模式，精简招标，既满足公司招投标管理的需要，又降低成本，并适应当地市场情况。根据价格及服务情况，建立供应商名录，分类管理。将供应商定位为库管，减少现场库存，延后付款日期，减缓资金压力。各片区收料较为分散，根据人员情况安排专人进行集中收料，提高工效，减少浪费，进行集中管控。对所有物资材料进行集中管理，分类摆放设置，由专人严格按制度进行出入库管理，提高日常工作效率。

细化项目标价分离工作，做好项目目标成本控制。先知其策，然后行；先共其策，然后知。项目实施前期，根据设计图纸，项目预算人员重新核算住宅、道路、市政水电等实际工程量，结合项目部制定的施工工艺标准，制定可指导项目实施的目标成本文件。

项目商务人员牵头，会同项目各专业人员组织合同交底。明确合同内容，重点针对市政工程项目红线边界部位水电、道路的施工界限问题做出划分。对合同量单逐条说明，确保在进度款形象进度确认中无漏项，保证项目现金流稳定。

减少专业分包内容，将门窗由专业分包调整为供应商提供材料，项目部自行安装。

项目部实施小片区化管理后，提升项目一线人员自主权，将管理人员由18人减少至15人，且以应届毕业生为主，既满足项目管理的基础要求，又使平均薪资水平低于计划目标。

综合验收前一个月，项目部完成竣工图绘制、验收资料准备、结算资料上报等工作。验收完成后，积极跟踪监理公司、业主单位的结算资料签署工作，使项目验收完成后两个月内就完成了合同应收款项的回收工作。

（3）小片区管理实施过程分为以下三个模块。

1）片区过程考核管理书划区签订。根据人员管理能力、地块情况对整个项目划分小片区，统一签订过程考核管理书，依据该管理书对项目片区负责人进行考核。

2）过程检查评比奖励与处罚。每周对各片区进行质量检查，对片区主体、二次结构、装饰装修、水电安装等各工序质量及现场安全文明施工情况进行综合评比。通过项目周例会、项目月例会对各片区进度完成情况、关键工期节点完成情况与周进度计划、月进度计划对比，及时发现过程偏差并修正。周质量检查、月进度计划完成情况综合评比前三名可参加一次外出活动，既放松了身心，也给一线员工提供了互相交流学习的机会。对周质量检查、月进度计划完成情况较差的片区，工程技术部现场以罚款单形式进行处罚。关键工期节点考核根据管理目标责任书条款。对各节点工期提前完成，给予节点工期奖励；若最终验收提前超过30天的，给予验收工期奖励；若各节点工期延误，则给予处罚，如后一节点完成时间达到节点目标要求，则免除前期各节点处罚；若最终验收延误，给予验收工期处罚。

3）竣工考核奖励与处罚。项目结束后，根据各片区人工费、材料损耗率、工期计划三个指标完成情况综合评审。对成本节约的片区进行适当比例奖励；对超目标成本的片区按同比例处罚，罚款从风险抵押金中扣除。

（4）项目部后勤服务部门根据片区管理要求，对各片区人工、材料设备使用、工期进行独立记账，协同推动小片区管理模式的实施。根据项目一线进展情况，综合评定后勤服务评比办法，每月展开一次部门的考评，张榜公布，调动员工工作积极性。通过片区管理，推动后勤服务部门的工作能动性。

（5）在项目管理上，将标准化作为管理成绩考核的基础，做到管理考核可量化。对管理人员和中国工人实行末位淘汰制，考核优异的予以提拔，考核垫底的进行约谈，约谈后仍无法胜任岗位职责的予以劝退，保证团队活力。

（三）遵循策划先行，标准化建设助力项目精细化管理

社会住房项目实施前期，项目部未急于进行大面积展开，而是仔细研究项目形式具有复制性的特点，将单套住宅分为146个施工工序，对每道工序进行工艺设计、流水组织设计、组团管理搭配和管理跨度研究，将每道工序的工艺、成品质量、工时、人工单价、材料用量进行标准化，初期在样板区域演练、调整，逐步形成社会住房项目管理标准化。

（1）运用标准化管理支撑，将属地化程度提升到1∶80以上，最高到1∶200，原计划中国工人数量27人，实际使用中国工人数量平均为14人。每个片区仅配备属地化管理人员2～3名，直接管理当地施工班组，仅此一项降本增效达800万元。由于工艺操作流程、质量、领料等制度化、标准化，当地班组施工简易且类似于车间机械化操作，现场管理顺畅简单。当地班组从放线开始就自行盯上组织施工，后续基础施工、模板班组、钢筋班组等自动形成流水作业，组织管理上无缝衔接，一直到整套别墅包括围墙完成。中方管理人员最大精力放到质量、安全、物料组织管理上。施工组织验收采用班组完成上报—属地化管理人员初验合格—中方管理人员验收签字—转下一个施工地点的流程，高效工作。

（2）运用标准化管理支撑，成本管控落到实处。由于施工工艺标准化，每一道工序都确定人工数量和成本，保证片区管理人工成本的一致性。在工人使用上搞内部竞争，提高片区管理人员帮助当地工人改善施工工艺、提高工效、强化当地班组为自己服务的意识，对如何在人工费基础上再降低成本进行思考，并且在当地班组中形成竞争，人工成本降低幅度很大。在材料领用上，根据工序划分标准直接确定工序所需的材料、周转料具使用数量、设备配置及使用时间，全面进行限额领料管控，当地施工班组按照这些按部就班施工即可，所以将材料、设备使用台班等耗费控制到最低，有些工序几乎无浪费现象。在施工时间上，由于每道工序使用当地人员数量、施工时间等已经确定，每个工序整体施工时间亦确定，基本上保持了流水作业各工序的无缝衔接，极大地缩短了工期，降低了成本。由于机械设备按照领用制制定内部使用台班费用，落实到片区考核指标内，施工机械使用效率达到极致，投标规划设备在实际操作中减少近30%。

（3）在房屋建设标准化基础上，推广附属配套施工亦进行标准化管理，指导班组现场生产。比如排水沟施工，根据当地人开挖情况，按照延长米数确定开挖人工数量和垫层使用人工、沙、水泥数量，侧壁砌石使用人工、石材、水泥、沙数量，开挖班组、垫层施工班组、砌石班组每组施工周转料具如铁锹、小车等数量，以及多少米进行更换等。不但将施工成本控制牢固，而且由于当地班组按劳动数量支付薪酬，多劳多得，极大地调动了当地工人的工作积极性，不但不要中国员工督促，而且施工完全按照计划进行。

三、实施后所产生的效果

通过项目片区化、标准化管理，此项目不但按照合同工期圆满竣工，获得较高效益，而且得到业主的一致认可，后期连续两次给予工程合同。在公司人员培养上，培养了一批优秀的项目管理人员，后期陆续走上负责人、项目经理岗位。

综上所述，精细化管理更多地体现在对细节的把握上。企业发展到最后，往往是细节之处的竞争。针对海外市场特色，我们管理要序、执行要快、沟通要畅、效益要高、形象要好，做到快速反应、快速调整、精细化管理，可以有效地实现企业自身的持续发展，实现向管理要效益，更好地适应市场需求，保证企业取得更大的成就。

国际工程项目商务管理问题与分析

王风亮^①

笔者从2008年至2015年全程参加中国电建集团核电工程有限公司承建的G电站EPC总承包工程，不仅负责项目投标阶段的商务投标报价及商务谈判，还在合同签订后负责整个项目执行阶段的商务管理工作。结合个人在投标及项目执行阶段商务管理中的经历，将国际项目商务管理中发现的一些问题进行了针对性的分析，希望能够为今后的商务管理工作起到借鉴作用。

一、招投标阶段

南亚某国G电站项目是我公司承担的第一个EPC项目，也可以说是我公司从设计、采购和施工全面介入的电站项目。在投标之前，我方对项目所在国市场的认识和了解可以说是比较少的，尽管在投标期间我们对项目现场和当地市场进行了针对性的考察，但是仍缺乏对当地市场的了解，不了解当地的材料价格，不了解当地的分包资源和价格，对当地的市场、施工环境、人文环境和政策环境的了解依旧停留在兄弟公司承建的邻邦B电站项目的经验上。但是由于该国各个邦之间税制、市场、文化等环境差异较大，这不可避免地会导致我们准备标书时出现偏差。另外，由于投标时间较仓促，在一个月的时间内消化掉大量的招标文件提供的信息几乎是不可能的。这些问题都在项目实施阶段尤其是设计阶段暴露出来，很多漏项和对标准的理解不同产生了不菲的额外费用。

---

① 王风亮，中国电建集团核电工程有限公司国际工程公司副总经理。

当然，我们在B电站项目的经验基础上进行投标也体现了我们的优势。由于两个项目相邻时间较短，很多东西都值得借鉴，使我们少走了很多弯路；而且基于B项目的投标及实施阶段总结出来的经验，我们在此基础上可以更加细化和提高；同时通过该项目与业主建立起来的人脉关系，我们也了解到竞争对手的很多情况，也明白了自己的优势。这样我们才能从容地坐在谈判桌上与业主周旋，历时7个月。期间，我们根据国家汇率政策的调整和国家鼓励出口的出口退税优惠政策，以及和业主的多次澄清，适时对报价做出修改，最终胜出。

二、合同执行阶段

我公司进入当地市场较晚，这也使得我公司能够借鉴、吸取兄弟公司宝贵的经验和运作方法。当然，每个项目都有各自的特点，G项目在执行过程中遇到了各种各样的困难，项目一直在克服困难中推进。

（1）项目未能按时开工。由于当地的土地私有化问题，业主征地没能按计划完成。再加上不断有村民干扰，项目业主发出开工令很长时间后，现场仍不能正常施工。面对此种不利局面，我公司督促业主加快征地及厂区围墙修建进度，改善施工环境。

（2）设计审查困难，批复非常缓慢。出于习惯及能力问题，项目咨询公司一直坚守项目所在国当地标准，很难接受合同中明确规定的"等同于国际标准的中国标准"。而中国设计院及多数设备厂家，更熟悉中国标准，也更乐于参考中国标准进行设计。为克服此问题，我们加强了与业主的沟通，将部分中国标准翻译成英文版提交业主及咨询公司工程师审查，按照中国标准来进行设计并提供最终数据，业主使用当地标准进行检查核算，以证明中国标准等同于或高于国际标准，并多次组织业主工程师到中国电厂进行有针对性的现场考察，让业主能够接受中国标准；并且在施工过程中加强监控，通过良好的工艺质量来验证中国标准。由于采取了有效沟通，使业主及咨询公司工程师对中国标准由最初的抵制到逐步接受，保证了设计的顺利进行，同时也降低了成本。

（3）各种认证以及当地许可的办理难。办理压力容器认证时，前期图纸认证非常困难，当地各级主管机构审核非常慢，而且不能一揽子提出问题，往往解决一批又来一批，一批比一批多。而且给出的意见多为描述性标准，在范围的认定上有很多人为因素。工程初期认证工作推进非常缓慢。项目为岩石地基，需要爆破的工程量大，爆破证办理时难度大。一是由于办理爆破证慢；二是爆破分割区域多，必须逐区办理，影响了工程推进。面对这种情况，我公司提早接触审核部门，先交朋友，后办业务，并邀请认证人员来中国参观考察，取得了很好的效果。

（4）工作签证获得难。由于该国劳工效率无法满足要求，我们需要动员中国工人到现场参与施工。而出于对本国就业机会的保护，当地政府的签证政策越来越严厉，直接影响了本项目签证数量。我方施工组织计划动员中方工程技术与管理人员216名，各专业熟练技术工人800名，后来签证政策发生变化，我方只能获得160个针对项目的工作签证，影响了现场的项目管理。我公司认真研究签证政策，通过与业主的共同努力，将工作签证数量增加到217个，同时积极探索业主招聘等新途径，并努力办理商务签来弥补工作签证的不足，保证了项目执行的人力资源。

（5）物流运输过程中的清关推迟问题。由于业主全额免税证书申请的进度慢，造成多船设备到港后压港，单船最长达两个月之久，影响了现场进度和项目成本。为此，我公司多次与业主沟通协调，并形成书面资料递交业主，催促业主加快进度，并在业主获得证书后积极组织加快发货进度，弥补损失。

（6）村民干扰风险，增加工期延误及项目成本。G项目所在地的民风比较差，我们的分包商劳工经常受到村民的威胁、抢劫，甚至殴打，造成劳力动员很困难，流失十分严重，有些劳工担心人身安全得不到保障而撤离现场，很多分包项目经常出现无人施工的局面。厂外取水泵房及厂外取水管线等项目施工过程中，经常遇到村民干扰，造成停工，造成了工期的严重滞后和成本的增加。当地村民在业主征地、开工以及目前的当地运输过程中制造了不少麻烦，也影响到了工程分包及市场价格，不少分包商不愿参与该邦项目，或者在报价中充分考虑较高风险，分包价格随之较高。

（7）项目所在国分包商履约能力较差，在项目执行过程中，当地分包商整体实力不强，劳动效率较低，分包商组织劳力机械材料等资源缓慢，每月分包商都要付款，而且结算等资料不完善，如果付款不及时，其所施工区域处于停滞状态，这样严重影响了工程的进展。

（8）合同管理及履约意识。合同管理始终是工程项目管理的主线，G项目部成立伊始，就将合同管理作为商务工作的重点之一，尤其是将合同风险的识别、评估、分散、控制及监督作为重中之重。但在合同实施的过程中，我们的履约意识仍有待加强，可以说G项目的合同执行过程中我们履约意识淡薄，迫于工期罚款和考虑到项目所在国未来的市场，我们放弃了合同中明确规定对我们有利的条款。比如，没有对之前因业主土地交付和村民干扰造成的工期影响进行确认，没有对业主长期拖欠工程款提出停工要求并继续垫资施工，最经常发生的就是在项目执行阶段对发生的合同工期和价格调整事件没能及时提出自己的主张。

三、项目索赔管理

G电站项目自开工以来，由于业主土地交付滞后、村民严重阻挠、设计更改、分包商效率低下、上网许可等因素，项目拖期严重，后期为了加快施工进度，公司投入了大量机械和劳力，成本也相应增加。在项目执行过程中，项目部始终把工期和费用索赔作为工作重点，尤其是针对现阶段的实际情况，采取了如下措施。

（1）组织成立索赔工作小组，定期组织召开索赔会议，针对业主、分包商等各种信函来往进行了及时针对回复和发函，编制了索赔资料，并完善相关支持性资料；

（2）聘请当地律师通过合同和适用法律角度对索赔资料进行审核和完善；同时，针对与业主信函，经过律师分析后回复，确保索赔的有效性；

（3）加强项目各部室各专业有效沟通，针对将来发生的和已经发生的索赔事项，及时整理完善有关资料，力求使索赔资料做到真凭实据、准确翔实。

但是在索赔资料的准备过程中，也暴露出我们在项目执行期间合同管理工作中的很多短板。首先是对整个EPC合同研究得不透，尽管通过多次合同培训，但很多现场施工技术管理人员仍对合同不是很熟悉，而且对合同贯彻执行力度不够；另外就是与业主之间的信函来往上，我方不能及时地对现场发生的事项给业主发函或者及时回复业主来函，在合同约定的时效期间未能提出我方的主张，另外也给后期索赔资料的收集整理带来困难，这些都是在今后的合同管理过程中需要注意的地方。

四、结语

随着全球经济一体化的深入发展，我国企业承接的国际EPC工程总承包的业务发展迅猛，规模也在日益扩大，国际竞争力显著提高。但是在境外EPC项目实施过程中，仍不可避免地存在一定风险。合同管理贯穿于国际工程项目自投标阶段、谈判签约、项目执行直至工程结束的整个过程，是影响项目的关键因素。基于此，企业需要提高对国际EPC工程总包商务管理的能力，从根本上提升企业自身境外业务项目的抗风险能力。

贸易术语在国际ECP项目中的选择与运用

马兆庆[①]

摘要： 在国际EPC项目物资采购管理过程中，由于对贸易术语理解不透彻所造成的价格误判或履约延迟时有发生，其所引发的工期和成本损失往往超出设备本身价值。无论是作为买方的EPC承包商，还是作为卖方的制造商或中间商，都有必要对贸易术语进行深入研究。本文以国际商会Incoterms®2010解释规则为理论依据，结合国际EPC项目物资采购实践，对如何选择与运用各类贸易术语进行分析解读，以期提高物资采购管理水平。

关键词： Incoterms®2010；EPC项目；物资采购

一、引言

国际贸易术语是买卖双方达成合意的基础，也是双方履行义务、享受权利、解决争端的依据和准则。纵观贸易术语的相关解释规则，影响较大的有国际商会制定的《国际贸易术语解释通则》（简称"Incoterms"）、美国商会和对外贸易委员会制定的《美国对外贸易定义修订本》（简称"American Definitions"）、国际法协会制定的《1932年华沙–牛津规则》（简称"Warsaw–Oxford Rules"）。其中，以Incoterms应用最广、影响最大、适用性最强，自1936年以来已经进行了8次修订，每次升版都反映了国际贸易领域的最新趋势。Incoterms®2010是目前国际贸易活动中使用频率较高的版本，其充分考虑了免税贸易区、电子商务、链式销售和贸易安全

---

① 马兆庆，中国电建集团山东电力建设有限公司采购物流部主任师。

等问题，用DAT和DAP代替了Incoterms®2000版本下的DAF、DES、DEQ和DDU，使贸易术语的数量从13个精简到11个，对各方权利和义务的表述也更加简洁明确。

二、国际贸易术语的主要特性

（一）有限适用性和地区差异性并存，默示权利和义务有差别

国际贸易术语不是国家法律，亦不是国际公约，对当事人不具有强制约束力，其效力也不存在"新法代旧法"之说。虽然Incoterms®2010已被广泛接受和使用，但并不意味着之前的版本自动作废，双方仍可协商选择较早的版本。为避免对同一术语做出不同的解释，应在合同条款中明确采用哪一版本的解释规则，以此来界定默示权利和义务。同时，双方应意识到对合同的解释会受到签约地或履约地贸易习惯的影响，要尽可能精准地描述所涉及的装卸港口或交付地址，地点越精准，Incoterms规则越有效。在离岸贸易、加工贸易和链式销售盛行的趋势下，买方、卖方、实际生产商分处不同的国家和地区，贸易合同签订后，设备材料的出口报关、运输交付等工作往往由实际生产商执行，而非由签约方履行。因此，买卖双方有必要在签订合同时对贸易术语的基础要义进行沟通，并将"Incoterms®版本号+贸易术语+精确指定地点"作为不可分割的内容放入合同条款中。

（二）实际性交付与象征性交付并存，风险与费用转移并不同步

国际贸易术语中的"Delivery交货"一词用来表明买方向卖方移交货物所有权和控制权，在Incoterms®2010中，其实现形式主要有两类：一类是以EXW、DAT、DAP、DDP为代表的"实际性交付"；另一类是以CFR、CIF、CPT、CIP为代表的"象征性交付"。前者由卖方将货物实际交付给买方处置时，宣告完成交付义务；后者由卖方向买方提供海运提单、公路运单或多式联运提单等交付凭证时，视为完成交付义务。在"实际性交付"术语下，风险点和费用点一致，均在交付时完成转移。但在CFR、CIF、CPT、CIP四种"象征性交付"术语下，风险点早于费用点，风险在装船时或货交第一承运人时转移给买方，费用要等到货物运抵目的港或目的地时

完成转移。在"象征性交付"术语下，尽管卖方要负责缔结运输合同并结算运费，但并不保证货物安全和准时到达，如货物在装车或装船后发生损毁，以及由此引发的各类检验、维修、更换、重置等风险和费用均由买方承担。换句话说，买方不能针对"象征性交付"后发生的风险向卖方索赔（货物包装不良或内在瑕疵除外），只能向保险公司或承运人追偿。双方对此应有清醒的认识，并在运输保险等方面做出相应安排。

（三）权利和义务边界相对清晰，内涵交叉渗透且互有牵制

虽然国际贸易术语对当事人的权利和义务进行了界定，但在实践中，出于"便利性"和"适用性"原则，各方的义务经常会发生交叉和渗透。例如在FOB术语下，由买方负责租船订舱，但实际的订舱动作（向承运人提交装货单（shipping order），俗称"递载"）却常常由卖方来执行，因为根据FOB术语要求，卖方要负责将货物装到船上，买方则无须在启运港安排代理来递载；而当货物装船之后，如果买方没有及时结算运费，承运人也会拒绝向托运人签发提单，进而影响卖方向买方结汇，双方互相依赖、互有牵制。另一方面，虽然Incoterms（International Rules for the Interpretation of Trade Terms）《国际贸易术语解释通则》规定了当事人均有配合义务，但具体到报关、报检、核销等实务工作，配合的深度和广度还需要不断磨合，例如，在EXW术语下，买方常常需要借助卖方的资质文件、报关授权及装载证明来完成出口报关工作；在DDP术语下，卖方也往往需要借助买方的资质文件、清关授权、担保函来履行进口清关义务；而在DAP术语下，清关与运输工作高度交叉和融合，卖方将货物运抵目的港后，需要等待买方清关后，再将货物装车运输至现场。因此，双方的相互信任、主动担当和密切协作能够大大降低交易成本并促成合同的顺利执行。

（四）形式相对固定但允许自由协商，稳定性与权变性兼备

国际贸易术语内容明确、形式简练，能够提高买卖双方的贸易效率，平衡双方的权利、义务，有其固定的格式和解释；但另一方面，Incoterms也不排斥当事人自由协商，对贸易术语进行变形、补充，甚至赋予新的内

涵。此类变形主要有两类：第一类是不改变双方风险和责任的分界点，由一方授权另一方代办某些具体业务，例如，FOB术语下应由买方负责投保，但买方可以委托卖方代办，因为卖方更易于掌握集港和装船动态，此种代办行为并不改变风险和责任的划分，货物灭失或损坏的风险仍然在装船后转移至买方；第二类是双方重新界定工作范围，并承担相应的风险和费用，例如，EXW术语下卖方无装车义务，如双方在合同中约定由卖方负责装车，则与装车相关的费用和风险均由卖方承担。总之，贸易术语的变化要遵循Incoterms的基本原则，不能前后矛盾，也不要产生歧义，正如Incoterms®2010导言所述"贸易各方有时因各自需要意图修改某一国际贸易术语规则的适用，Incoterms®2010并不禁止这种修改，但是这样做会带来一定的危险，双方应当在合同中明确表明修改意欲达到的效果，以避免不愉快的分歧"。

三、国际贸易术语的选择与运用

（一）E组EXW

EXW作为实际交货术语，当卖方在其工厂或仓库将货物交由买方处置时，即完成交货义务。该术语主要用于境内贸易，常见情形有两类：一是卖方处于强势地位，如业主指定的短名单供应商或合格供应商，拥有较高的技术优势，产品具有不可替代性，货值高、精密、运输风险大，厂家为了规避运输风险并提前结算货款会坚持使用EXW。此种情况较多地出现在沙特阿美项目中，很多业主指定的RVL（Regulated Vendor List）供应商实际上成为单一采购来源，买方的议价空间有限，只能自行承担运输风险。第二类是特种设备或超限设备，卖方运输能力或资源有限，需要买方安排运输。需要注意的是，EXW术语下卖方不承担装车义务，而实际操作中由买方来协调装车机具又存在诸多不便，特别是重大件设备，要使用行车或龙门吊进行吊装或直接在支墩横梁上接货，卖方应负责装车或向买方提供必要的装车机具。在境内贸易中，为避免EXW装车受阻或纠纷，建议将其变形为"EXW+卖方负责装车/装箱；或卖方提供装车机具等便利条件"。

EXW用于跨境贸易的情况比较少见，由于快递形式对报关单证的要求不高，双方较容易形成默契，小批量零星物资有时采用"EXW交货+快递派送"的组合模式，由买方提供快递账户给卖方，由卖方在工厂或仓库直接交付给上门取件的快递公司。如遇大批物资采购且通过海运或空运出口，买方一般需要借助卖方的出口资质和运输证明来完成报关手续。根据美国商务工业安全局与国土安全部海关和边境保护局相关规定，由美国出口的商品，如果由非美国籍进口商控制并运输，交易将被定性为"指定路线交易"，在出口报关时需要提交一份由卖方出具的商品装载证明，如果卖方以EXW术语下不负责装车为由拒绝配合，买方将无法进行申报。因此，在使用EXW前，买方必须核实卖方是否有出口资质，能否提供运输证明等报关所需文件，很多要求使用EXW的卖方，多是出于"不掌握运输资源"或"不想承担运输风险"的生产制造商或库存商，缺乏外贸资质或经验，此时需要借助当地的中间商来完成出口报关手续，卖方与中间商使用EXW术语，买方与中间商则可选择其他贸易术语。在跨境贸易中，为避免EXW出口报关受阻，建议将其变形为"EXW+卖方负责出口清关；或卖方提供授权、资质等清关所需文件"。

（二）F组FOB、FCA、FAS

Incoterms®2010将FOB的交货点由"船舷"改为"装船"，这样的表述更准确地反映了贸易实践的需要，避免了以往风险划分围绕"船舷"这条虚拟垂线来回摇摆所带来的种种不确定性。在FOB术语下，由于向承运人交付货物的"实际托运人"为卖方，而与承运人订立运输合同的"缔约托运人"为买方，围绕提单"Shipper/Consignor（托运人）"权属问题引发的争议不在少数，如果双方对承运人做出相反的指示，合同将很难执行。比较常见的做法是将"卖方"登记为提单托运人，由其负责向承运人"递载"并承担"递载"费用，提单签发后由承运人释放给卖方用于向买方议付和结汇。其次，FOB术语下也极易发生船货衔接风险，船舶调度和靠泊计划受天气影响较大，与贸易合同及信用证约定的装运期限有时较难完全契合，"船等货"或"货等船"的情况时有发生。买方需将"交货期"与"受载期"控制在合理范围内，避免产生堆存费或滞港费，同时还要具备较强的运力掌控能力，以便有效管控船舶并向承运人传递风险。最后需要注意的是，FOB并不适合集装箱运输，主要原因在于集装箱的责任区间是"场站-场站"，设备自场站交付后还需经过装箱、绑扎、短倒等过程才能完成装船作业，如双方有意使用FOB，则应明确如何分摊装箱、绑扎、THC等各类费用。因此，在使用FOB术语时，要明确"提单托运人的权属，合理约定装船期限，做好船、货、单的衔接"。

与FOB相比，FCA更适用于集装箱和国际多式联运等新兴运输方式。根据交货地的差异，有以下两种情形：若指定交货地是卖方所在地，当货物已装载于买方所提供的运输工具时，完成交付义务；若指定交货地不在卖方所在地，当装载于卖方运输工具上的货物已达到卸货条件，且处于承运人或买方指定的其他人的处置之下时，完成交付义务。第一种情况下，由买方安排运输车辆到卖方所在地接货，卖方负责提供装卸平台、装车机具并进行装车或装箱，内陆承运人在装车后签发"公路运单"作为交货凭证，风险和费用从装车后转移至买方；第二种情况一般是在港口堆场或场站交货，货物到达指定地点后由买方的代理人签发"港口或场站收据"作为交货凭证，风险和费用从卸车时转移至买方。此种情况下从工厂到港口段的运输风险和费用，实务中一般认定由卖方承担，但为避免争议或纠纷，最好在合同中加以明示。需要注意的是，FCA具有"象征性交付"的性质，其交货期是指货物交给第一承运人处置的时间而非最终装船日期；其交货凭证一般为公路运单、港口或场站收据，此类单据不可转让，也不能议付，当事人一般采用电汇形式结算。由于FCA有两种实现形式，在使用时要"明确具体的交货地点，注明工厂或港口的具体位置；如选择在港口交付，则要明确内陆运输段的风险及费用划分"。

FAS在实务中并不多见，主要用于重大件设备。所谓"船边"一般是指船舶吊机或其他装货索具可触及的范围。由于重大件设备订舱周期长、运输费用高、吊装风险大，一般采用"车船直取"方式进行装卸，由船吊将重大件设备直接从运输车板上吊装到船上。特殊情况下，如果船期不确定，也可先将重大件设备卸到港口的支墩横梁上，待船舶靠泊后，再用液压轴线车将大件倒运至吊钩下。还有一种复杂情况是驳船FAS交货，要充分考虑母船的作业半径和驳船的挂靠位置，FAS演变为在"在驳船之上且在母船的安全作业半径之内"交货。使用FAS的主要风险在于船与货的衔接，一般采取"压车不压船"的策略，根据船舶的靠泊计划和货物的配载位置，安排重大件的集港运输工作；另外，在美国和德国的一些装运港，如查尔斯顿、汉堡，会向托运人或承运人收取重大件挂钩费或接驳费，此费用不包括在运费和装卸费中，需要当事人协商支付方式。因此，使用FAS术语时，要明确大件设备的交接方式，做好船货衔接，提前协商挂钩费和接驳费的归属。

（三）C组CFR、CIF、CIP、CPT

在CFR/CIF术语下，卖方虽然负有订立运输合同的义务，但考虑到运费已在销售成本中锁定，且风险先于费用发生转移，卖方无需在船型、船期等细节方面与承运人逐一推敲，很可能无法将买方的具体要求贯彻到合同条款中去，运输合同难免存在瑕疵。如遇市场运价波动或燃油价格上涨，卖方亦有可能为了规避损失而选择绕航或廉价船舶，存在一定的道德风险。使用CFR/CIF术语时，由于卖方不负责装船后可能发生的运输延误，买方必须对"装运期""交货期"和"到货期"有清晰的认识："装运期"（Shipping Date/Loading Date）是指卖方将货物装上指定运输工具的期限；C组下的"交货期"（Delivery Date）均为"象征性交付期"，卖方只要在装运期限内将货物装上运输工具并将承运人的签收单据交付给买方，则完成交付义务；而"到货期（Arrival Date）"是指货物实际运抵目的港或目的地的日期。在使用CFR/CIF术语时，为规避船期延误风险，可在合同中约定交货期和到货期两个时间点，并对运输工具和运输周期提出限定要求。

CPT/CIP术语可以视作CFR/CIF的升级版，其主要区别如下：一是CFR/

CIF只适用于海运，而CPT/CIP可用于各种运输方式包括多式联运。二是CFR/CIF风险转移点在货物装到船上，而CPT/CIP风险转移点在货交承运人，术语中的"P"是指定目的地，一般是目的港或买方所在地，货物需经过工厂装车、内陆运输、港口卸车、短倒、装船、海运等多个环节，风险自货交第一承运人也即内陆运输承运人时发生转移。三是适用单据不同，CFR/CIF适用的海运提单为物权凭证，可以议付，多采用信用证结算；而CPT/CIP适用的公路运单、铁路运单、航空运单或多式联运提单不是物权凭证，不可议付，买方可以凭"身份证明"提走货物，卖方为避免"钱货两空"一般会要求电汇结算。四是交货期不同，CFR/CIF的交货期为货物装船的日期，而CPT/CIP的交货期是将货物交付给第一承运人的日期，并非最终的装船时间，中间还要经过内陆运输、港口装卸、码头短倒等多个环节，货物的实际启运时间并不确定。考虑到CPT/CIP术语下存在交货风险提前转移、交货期不确定等风险，使用时可将"交货期"约定为货物装上出口运输工具的时间，并将"装船"或"装机"作为风险转移点，如此一来，CPT/CIP在费用、交货期和风险转移上与CFR/CIF接近，可作为多式联运下的CFR/CIF使用。

有关C组和F组术语的选择，可参考以下因素：一是项目现场对物资需求的紧迫性，急需设备材料要优先使用F组术语，将租船订舱的主动权掌控在自己手中。二是对运力的掌控情况及综合运输成本，如果航运市场运力充足、竞争充分，可以选用F组术语以节省海运成本，反之则尽量选用C组术语。三是对各环节资源的调控能力，特别是涉及一些重要检验点的长周期关键设备，其检验、包装、集港等过程需要协调的环节较多，如果没有足够把握在有限的时间内协调好船、货、单及各级检验资源，可考虑C组术语以规避相关风险。四是对结算方式的要求，由于CPT/CIP术语下的多式联运提单不是物权凭证，买卖双方和银行之间的利益与风险无法得到平衡，卖方一般要求使用电汇结算，而在FOB、CFR、CIF术语下，可以灵活采取多种方式进行结算。

（四）D组DAT、DAP与DDP

DAT是指卖方在指定目的港或目的地的指定终点站卸货后将货物交给买方处置即完成交货。这里的"Termination终点站"包括码头、仓库、集装箱堆场或公路、铁路、空运货站，卖方须承担将货物运至指定终点站和卸货所产生的风险和费用。DAP是指卖方在指定的交货地点，将仍处于运输工具上尚未卸下的货物交给买方处置即完成交货，卖方须承担货物运至指定目的地的风险和费用。两者的差异在于DAT是运到指定终点站，DAP是运到指定地点；DAT需要卸货，DAP不需要卸货。使用DAT术语，货物卸至终点站后，进口清关及境内运输工作将转移至买方履行；而使用DAP术语时，目的地一般选为最终客户所在地或项目现场所在地，货物到达进口关境时，运输和交付工作尚未完成，但进口报关责任与费用已转移至买方，待买方完成清关手续后，货物又继续由卖方运输至指定地点直至交付给买方控制。由于买卖双方的工作内容在清关和运输过程中相互交叉，一旦出现清关或运输延误，很难界定责任归属，由此产生的港口堆存费、装车费、车辆待时等额外费用也较难及时确认和支付。比较可行的办法是将进口清关工作也委托给卖方进行，由卖方安排代理统一负责清关和运输，但买方需要提供相应的资质和授权文件，将DAP变形为"DAP+卖方负责清关及港口作业"。

DDP术语常用于以下两种情况：一是单纯境内运输，无需任何清关手续，由卖方负责运输至买方指定地点；二是卖方使用自己的快递账户运输并结清进口关税，或使用专线物流公司提供的"双清包税"模式，承担进出口清关工作并支付进口关税。涉及大宗设备的跨境贸易则较少使用DDP，因为卖方一般不了解项目所在国的通关环境和道路情况，较难把控清关和运输风险；另一原因是如果买方不提供进口清关授权，不承担任何税费，卖方只能以第三方名义进口，其与第三方代理之间只有清关运输合同，没有购销合同，也没有涉及货款的资金往来，无法向海关提供货款支付凭据，可能导致清关受阻。而对于买方而言，之所以选择DDP术语且支付高额费用，主要目的是为了规避海关查验、核销等进口风险，一般也不愿介入清关进程并向第三方代理提供授权或担保。所以说，在使用DDP术语前，需要明确买方是否同意提供清关授权并妥善处理资金流与物流不匹配的问题，以免清关受阻。

四、国际贸易术语的运用原则

（一）公平合作原则

使用贸易术语时，应树立公平合作意识与契约精神，在Incoterms®2010中立思想指导下，买卖双方的责、权、利分摊相对公平，所谓的贸易"主动权"亦是建立在对贸易术语的理解、领悟、变通以及合约的良好执行基础之上。考虑到贸易术语的复杂性和风险性，为了减少履约过程中的误解和纠纷，买卖双方应厘清各自的工作范围和责任边界，并就贸易术语项下的默示权利和义务进行交底；对于委托事项，要明确责任、费用和风险的承担方，区分是合同项下的"法定义务"还是代办性质的"代理行为"；对于需要双方配合的地方，应提前协商一致并在执行过程中积极协助，共同降低交易风险和费用。

（二）综合权衡原则

使用贸易术语时，要综合权衡现场物资需求时间、设备材料生产检验时间、运输成本、物流周期等各类影响因素，围绕关键目标和关键路径进行决策。从运输方式上来看，单纯境内运输可用EXW或DDP，跨境海运多用FOB、CFR、CIF；集装箱运输多使用FCA；重大件运输一般采用FAS；空运或多式联运适用CIP或CPT。从货物特性上来看，大宗散货设备对船型和船龄的要求较高，优先使用FOB；重大件设备因涉及车船直取，集港和装船时间不易协调，为规避压车或压船费用，可考虑使用CFR或CIF；电气仪表设备，尽量选择FCA并在工厂装箱和绑扎，以减少运输损耗；危化品涉及复杂的进出口清关手续，应尽量选择DDP交付；对于运输风险大、易发生货损货差且难以界定责任方的设备材料，则考虑DAT、DAP、DDP，以实际到货验收为交付条件。

（三）统筹兼顾原则

使用贸易术语时，要统筹兼顾贸易合同、运输合同、保险合同的相关条款并注意彼此衔接。在贸易合同项下，贸易术语所适用的交货期和运输单据，要与合同规定的到货期、违约金、支付条件、结算方式等条款相匹配。在运输合同项下，当事人扮演着"实际托运人"或"缔约托运人"的角色，虽然贸易术语不对租船方式进行约束，但需注意术语下的交货期与运输合同中受载期的衔接，并避免承运人对装卸费和码头操作费进行双重收费。在保险合同项下，当事人承担着投保人或被保险人的角色，由于贸易术语仅规定了责任方的最低投保责任，即"投保义务仅限于按照《协会货物保险条款》（劳埃德市场协会/国际保险人协会）的条款或其他类似条款中的最低险别投保，保险合同应与信誉良好的保险人或保险公司订立，并赋予买方或任何其他对货物具有保险利益的人直接向保险人索赔的权利"。受益人如对免赔额、保险责任区间、附加险种有更进一步的要求，应将其细化到相关的合同条款中。

五、结语

在国际EPC项目物资采购管理过程中，合理选择贸易术语能够有效节约采购成本并缩短交货期。采购管理人员，不仅应熟悉和掌握贸易术语的基本要义，牢记风险与费用的转移点，还要善于平衡买卖双方的权利与义务，灵活运用术语变形，以期最大限度发挥贸易术语的价值，不断提升采购工作的效益和效率。

安哥拉湿陷性粉细砂地区砼灌注桩的施工技术

徐全成[①] 宋 勇[②] 陈永辉[③]

摘要：以安哥拉共和国首都罗安达某公司自建项目——试桩及桩基检测为例，针对湿陷性粉细砂场地复杂环境下桩基础施工，充分研究地质勘探报告、现场调查、试成孔、采集数据，通过分析现状和数据，结合当地工程实例，选取了合理有效的施工组织方案、质量控制措施、实时监测流程，保证工程顺利实施，其成果可供相关工程参考。

关键词：湿陷性粉细砂，泥浆护壁，旋挖成孔灌注桩，过程控制，桩基检测

一、工程概况

（一）基本情况

某公司的安哥拉自建项目位于安哥拉首都罗安达市Talatona地区。基础采用混凝土灌注桩基础形式，桩身采用C30混凝土，共计436根，桩径为800 mm，有效桩长20 m，持力层为中砂层，单桩竖向抗压承载力特征值：桩径800 mm Ra=1 600～1 900 KN。因地质勘探报告显示项目拟建场地存在多种特殊性岩土，故对其采用旋挖钻机进行试成孔工作，得到结论是在采用干成孔作业时（旋挖）下部中砂孔壁不稳定，出现坍塌现象，后改成静浆护壁后可正常钻进。将此问题反馈至业主和设计方后，最终协商确定在工程桩施工前，在场地内选取3点进行试桩及桩基检测，以验证施

---

① 徐全成，青建海外发展有限公司项目总工。
② 宋　勇，青建海外发展有限公司项目经理。
③ 陈永辉，青建海外发展有限公司副总工。

工工艺的可行性和可靠性，并为工程桩成孔的施工流程和工艺参数提供依据；确定单桩竖向抗压极限承载力，为判断桩基承载性状提供依据。

（二）周边环境

项目拟建场地属性沿海平原低丘地貌，地形地势较为平缓且具有一定的倾斜度。场地四周均是住宅区（其中北侧为多层住宅区，西、东、南侧均为2层别墅区），场地及其附近无较大活动性断裂构造带通过，无土洞、饱和砂土液化（抗震设防烈度<6）等不良地质作用。

（三）工程水文地质条件

1. 工程地质条件

拟建场地在25 m揭露深度范围内，根据土（岩）层的地质成因、沉积规律及物理力学性质，把场地土（岩）层划分为6个地层，其工程地质自上而下依次描述：

① 耕植土：以黄褐、红褐色为主，干，呈松散状，顶部含少许植物根系，全场地分布，揭露层厚0.3～0.4 m，层顶标高65.15～65.55 m，层底标高56.10～56.50 m。

② 素填土：以黄褐色、红褐色为主，干，欠压实，呈松散状，主要成份为粉细砂，为场地修建围墙堆积土，顶部覆盖少许低矮植被。局部分布，揭露层厚0.4～0.8 m，层顶标高62.20～62.80 m，层底标高56.63～57.43 m。

③ 细砂：以棕红色为主，稍湿，呈稍密至中密状，主要由石英及长石组成，含少量的粉黏粒，分选性一般，级配一般。全场地分布，揭露层厚2.3～8.6 m，层顶标高56.10～65.15 m，层底标高52.71～60.51 m。

④ 砂质黏性土：以黄褐色为主，含灰白色花斑，稍湿，呈硬塑状，无摇振反应，干强度高，韧性一般，含少量的细砂及有油脂光泽的黏土矿物，局部可见钙质胶结物，该层钙质胶结物胶结程度较高，似砂岩状，成短柱状，较坚硬，上部夹少量的碎石颗粒及贝壳状物质。全场地分布，揭露层厚2.60～11.60 m，层顶标高52.71～60.51 m，层底标高45.71～52.80 m。

⑤ 黏土：以浅灰色为主，稍湿，呈坚硬状，无摇振反应，切面稍光

滑，有油脂光泽，干，强度高，韧性一般，局部夹薄层状粉细砂，岩芯丢失水份后干裂成块状。全场地分布，揭露层厚0.80～7.70 m，层顶标高45.71～52.41 m，层底标高40.31～49.47 m。

⑥ 中砂：以灰黄、灰白色为主，稍湿，呈密实状，主要由石英及长石组成，含少量的粉黏粒，分选性一般，级配一般，局部已相变成胶结状。全场地分布，揭露层厚0.80～14.00 m，层顶标高40.31～48.77 m，层底标高31.75～47.97 m。

本项目拟建场地区的特殊性岩土主要为填土、湿陷性土、膨胀土。

人工填土：主要为修砌围墙而堆积在场地周围的粉细砂及少量建筑垃圾，欠压实，呈松散状，土质较为疏松，孔隙比较大，压缩模量较小，压缩系数较大，土质不均匀，应予以换填或压实处理。

湿陷性土：浅部地层为粉细砂，全场地分布，在雨季施工时，应注意表层砂土由于雨水的冲刷浸泡而具有湿陷性，导致该岩土层原始状态及承载力发生变化。但这种砂土层的湿陷现象，不同于我国黄土的湿陷性，黄土的湿陷是原始结构的破坏，大孔隙压缩；该粉细砂土层所表现的湿陷性，应是在水的浸湿作用下，造成土体抵抗外力能力的减弱，土体强度的降低，随着土体含水量的增加，其强度的降低比较明显，对于具有一定含水量的土体，含水量的继续增加，其软化作用会逐步减弱。

膨胀土：场地内广泛存在，厚度不等的黏性土层，该层沿埋藏深度由浅入深，膨胀潜势表现为弱至中等性，该土层表现的膨胀性受季节性气候影响较大（因土层含水量随季节性变化），导致该土层的力学强度也会发生变化，丢失水份后收缩强烈易引起体积缩小，表面干裂，成块状，使建筑物上下反复升降，造成开裂破坏。

2. 工程水文条件

勘察期间未发现稳定的地下水水位，受大气降水的影响，区域内地下水水量较小，且在自然坡度下场地排水条件较好，故旱季施工时可不考虑其影响，但在雨季开挖基础时应注意其影响，特别是上部渗流的影响，同时由于场地靠近已建居民小区可能存在生活污水渗透影响。

二、工艺原理

混凝土灌注桩成孔方法有很多,例如套管成孔、干成孔、泥浆护壁成孔。在本次基桩深度范围内,浅部和底部土层以砂层为主,砂质较纯,孔壁易坍塌,而上部砂层和黏土层稳定较好。为减少泥浆对孔壁的影响,减少泥浆的用量和泥浆中的悬浮物,故本次在细砂、黏土层钻进时采用干成孔钻进,在离中砂层还有2米左右时进行泥浆护壁钻进,采用造浆法使用静浆进行护壁。

三、施工过程控制要点

(一)测量定位

定位采用"十"字护桩,为确保桩基位置的准确,防止人员或车辆的误碰,测量定位采用即放即打的策略,在旋挖钻机就位前以及护筒就位时对桩位进行二次复核(图1)。

图1 采用"十"字护桩定位

（二）钻前准备

1. 护筒的开挖以及埋设

护筒采用8 mm厚的钢板加工卷制，高度1 500 mm，护筒内径比钻头大200 mm。护筒按照设计桩位中心线外放100 mm埋设，护筒中心对正测定的桩位中心，埋设深度1 200 mm，高于地面300 mm，然后用黏土分层回填夯实，避免护筒出现位移等情况，保证旋挖钻机中心、转盘中心与桩位中心三点一线（图2）。

2. 桩位校核

钢护筒埋设完成后，用细绳放出钢护筒的中心点，测量复核该中心点是否与桩体中心相重合。

图2 护筒埋设前桩位校核

（三）钻进成孔

根据本工程的地质条件，旋挖钻机选用三一产SR型旋挖机。旋挖钻机就位时，保持底座平稳，不发生倾斜移位（图3）。

图3 钻进成孔

（四）泥浆护壁

依据钻进时带出来的渣土岩样来判别正在钻进的土层，在离中砂层还有2米左右时进行泥浆护壁钻进，施工中通过反复测定泥浆比重、黏度、含砂率和胶体率，计算出泥浆主要控制指标如表1所示，泥浆制备如图4所示。

表1 泥浆主要参数[1]

地层条件	相对密度	黏度	含砂率	胶体率
粉土、黏土层	1.1左右	16～22s	＜4%	≥90%
砂层	1.2左右	19～28s	＜8%	

图4 泥浆制备

（五）终孔检孔

钻孔达到设计深度后，核实地质情况。通过捞取孔底的钻渣，与地质勘探报告中的钻孔柱状图对照，以验证地质情况是否满足设计要求。对桩位、孔径、孔深和垂直度进行检查，检查方法和允许偏差如表2所示。

表2 泥浆护壁成孔灌注桩质量检验标准[1]

成孔方法及设计桩径	检查项目	允许值或允许偏差	检查方法
泥浆护壁钻孔桩D<1 000 mm	桩位	≤70+0.01H（mm）	用全站仪或用钢尺量开挖前量护筒，开挖后量桩中心
	孔径 孔深 垂直度	≥0（mm） 不小于设计值 ≤1/100	用超声波或井径仪测量 用测绳或井径仪测量 用超声波或井径仪测量

（六）泥浆循环

施工区域设置泥浆循环系统，中间用钢筋网分隔，使之成为泥浆池、沉淀池，并及时对沉淀池中的渣土、砂砾石等进行清理，以保证泥浆的性能，废浆池采用集装箱制作，确保泥浆不外溢，保持场地整洁。

（七）钢筋笼制作

钢筋笼分为上、下两节。注意钢筋插入套筒的深度、套筒内不能有杂物。

（八）钢筋笼安装

为确保保护层厚度，钢筋笼顶达到设计标高后，调整钢筋笼使其中心与桩位中心重合，然后用插杠将钢筋笼吊环固定在方木上（图5）。

图5　钢筋笼吊装

（九）导管安装

本工程混凝土灌注采用直径250 mm防漏性能好的双头螺旋导管。导管使用前应进行水密性试验，下导管过程中要加O型密封圈，防止漏水、漏气。导管下入后应测量沉渣厚度，若沉渣厚度不符合设计要求，必须进行二次清孔。

（十）水下混凝土灌注

本次灌注采用水下混凝土灌注工艺，使用罐车运输并配合导管和料斗进行灌注,首斗灌注必须加隔水球,未加隔水球不得灌注,灌注开始后,应连续紧凑地进行,严禁中途停止。在灌注过程中,导管离孔底300~500 mm,以保证隔水球顺利推出为准。其后正常埋管深度不得小于2 000 mm,最大埋深不宜大于6 000 mm,一次拨管不得大于4 000 mm。

(十一)破除桩头

为保证混凝土灌注质量,混凝土顶面要超出设计标高1 000 mm,在7~10天后,进行桩头破除。

四、桩基检测

(一)低应变检测

1. 检测原理

低应变检测是由安装在桩顶的传感器以不同的延时依次接收由桩顶至桩底的桩身质量反馈的信息。通过对桩的动态特性的计算与分析,即可判断桩身缺陷的性质及位置(图6)。

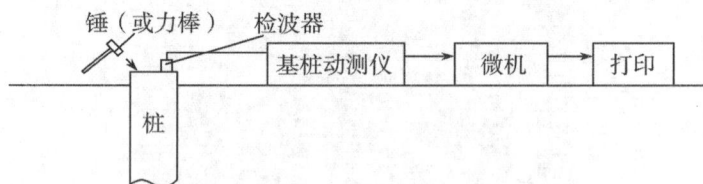

图6 低应变反射波法试验示意图

2. 检测结果

桩身质量均为完整无缺陷,桩身混凝土平均波速值为4 087 m/s,波速正常(图7)。

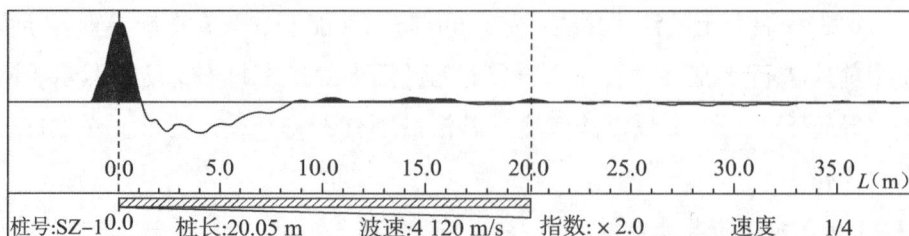

图7 低应变试验曲线

（二）高应变检测

1.检测原理

高应变检测是一种对单桩竖向抗压承载力和桩身完整性进行判定的检测方法，实验时用重锤冲击桩顶，实测桩顶部的速度和力时程曲线，通过波动理论分析，本次检测采用CASE法对实测结果进行分析。[2]

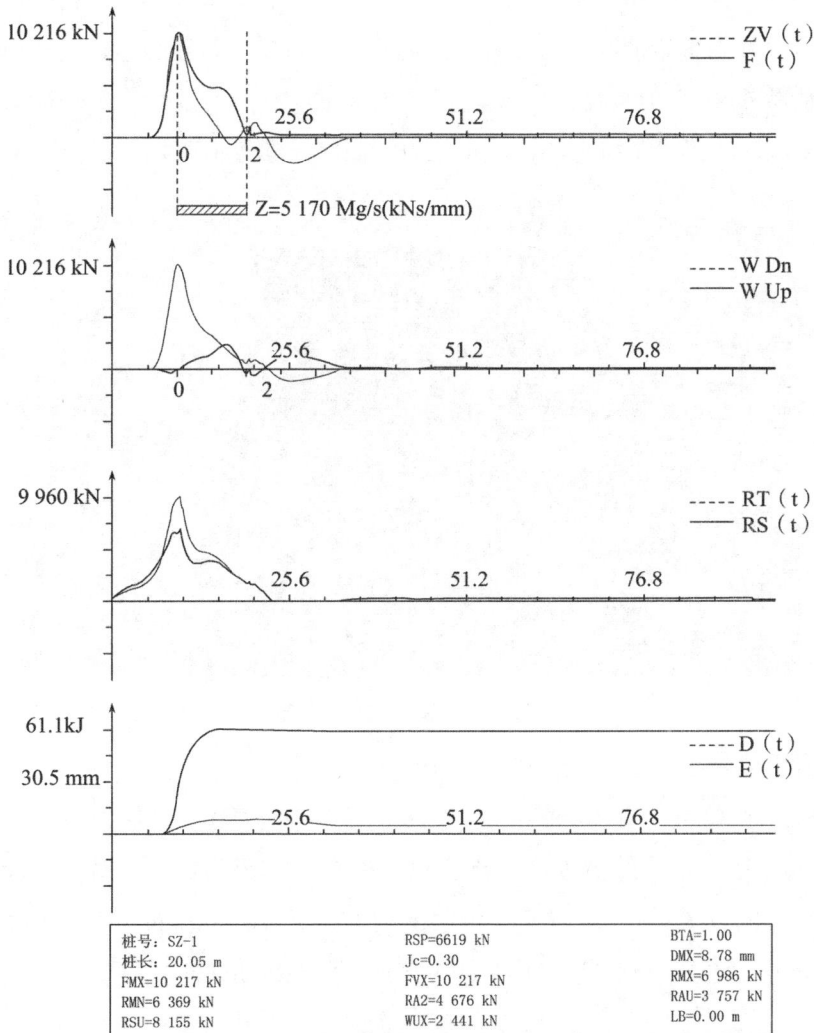

桩号：SZ-1	RSP=6619 kN	BTA=1.00
桩长：20.05 m	Jc=0.30	DMX=8.78 mm
FMX=10 217 kN	FVX=10 217 kN	RMX=6 986 kN
RMN=6 369 kN	RA2=4 676 kN	RAU=3 757 kN
RSU=8 155 kN	WUX=2 441 kN	LB=0.00 m

图8　高应变实测力与速度时程曲线

2. 检测结果

所测SZ-1单桩完整性指数1，为Ⅰ类桩。单桩竖向承载力极限值为6 619 kN（图8），建议单桩竖向承载力极限值按6 000 kN考虑，单桩竖向承载力特征值按3 000 kN考虑。

（三）单桩竖向静载荷试验

1. 基本原理

本次静载试验加载反力装置拟采用压重平台反力装置。通过实测单桩在不同荷载作用下的桩顶沉降，得到静载试验的Q-s曲线及s-$\lg t$等辅助曲线，然后根据曲线推求单桩竖向抗压承载力特征值等参数（图9）。[3]

图9　单桩静载试验工作图

2. 试验结果

SZ-1试验桩为直径800 mm，钢筋混凝土钻孔灌注桩，旋挖成孔，桩体设计强度为C30。加载至6 000 kN，试验桩SZ-1未发生破坏，载荷试验结果（图10、图11）表明，单桩竖向极限承载力不小于6 000 kN，累计沉降量为5.99 mm（表3）；单桩竖向承载力特征值不小于3 000 kN。

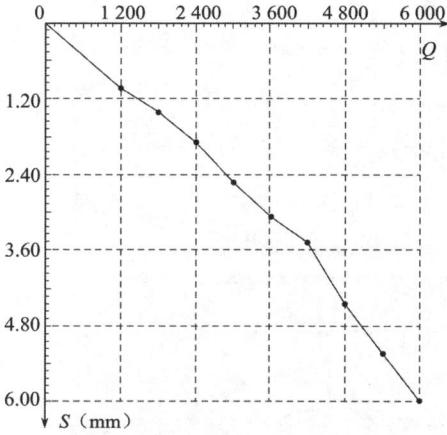

图10　*Q*–*s*曲线

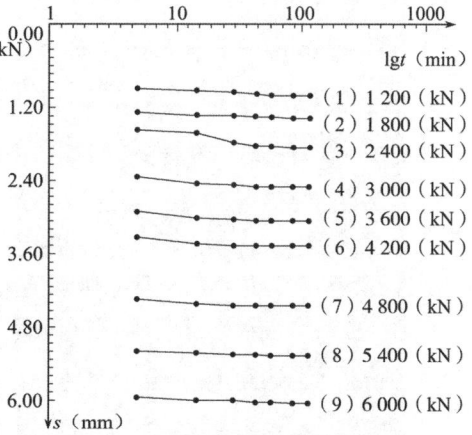

图11　*s*–lg*t*等辅助曲线

表3　各级荷载下沉降量

荷载（kN）	1 200	1 800	2 400	3 000	3 600	4 200	4 800	5 400	6 000
本级沉降量（mm）	1.04	0.36	0.48	0.63	0.55	0.40	0.98	0.79	0.76
累计沉降量（mm）	1.04	1.40	1.88	2.51	3.06	3.46	4.44	5.23	5.99

（四）钻孔抽芯检测

经现场钻芯取样显示，混凝土芯样连续、完整、表面光滑、胶结好、骨料分布均匀，呈长柱状、断口吻合，芯样侧面见少量气孔（图12）。

图12　芯样照片

经抗压强度试验，芯样强度满足设计要求（表4）。

表4　芯样试件抗压强度试验结果

抗压强度（MPa） 桩号	取样深度		
	1.5 m	10 m	18 m
SZ–1	33.7	32.8	33.1

（五）结果分析

本工程对SZ1试验桩进行了低应变检测，高应变检测、钻孔抽芯检测，检测结果显示，试验桩桩身完整，为Ⅰ类桩。

根据高应变检测、单桩竖向静载荷试验结果，建议单桩竖向承载力极限值按6 000 kN考虑，单桩竖向承载力特征值按3 000 kN考虑。

五、结语

本文结合工程实例，分析了安哥拉湿陷性粉细砂地区泥浆护壁旋挖成孔灌注桩施工过程控制要点，简单介绍了桩基相关检测方法及数据。前期通过对地质勘探报告的详细分析，针对现状制定合理的施工工艺和操作流程；施工过程中采取全过程监控，严格控制各项指标，总结出符合本工程设计及规范的相关指标参数；后期检测，选派专业人员，各项操作符合规范流程，保证数据真实有效。

最终根据相关检测结果论证，采用干成孔+泥浆护壁成孔的施工方法，其施工效率高、成孔质量佳、成孔速度快，为本工程合理有效的施工方法。同时，也为后续436根工程桩施工提供可行性依据，为类似工程提供借鉴。

参考文献：

［1］中华人民共和国住房和城乡建设部.GB50202-2018建筑地基基础工程施工质量验收标准［M］.北京：中国建筑工业出版社，2018.

［2］梁如福.浅谈高应变检测在工程基桩检测上应用以及注意的事项［J］.科学之友，2010（018）：52-54.

［3］翁月泉.压重平台反力装置在大吨位静载试验中的应用研究［J］.福建建材，2019（006）：14-16.

超规范8度以上抗震地区外挂石材幕墙
的研究与应用

周文钢[①]　郭平平[②]　周子豪[③]

摘要：《中国国家建筑幕墙施工及验收规范》规定，外墙石材干挂幕墙仅适用于8度抗震以下地区。中国某驻外使馆馆舍新建工程外墙采用干挂石材幕墙，而当地抗震设防烈度为9度，地震加速度值为0.4 g，超出了规范使用范围。为解决这一难题，青建国际集团有限公司项目技术人员积极与专家沟通，通过大量的咨询、考察、试验数据及专家论证会的论证，采取后置埋件背栓式石材干挂工艺，调整竖向龙骨间距及与结构的拉结点，增加石材板材的厚度，通过1：1幕墙单元模型进行实验室模拟试验，成功地实现了在超出施工规范8度以上抗震地区应用外墙干挂石材工艺。克服了施工中出现的一系列难题，总结出一套针对高抗震地区外挂石材幕墙的施工工艺，实践证明该技术切实可行，提高了抗震性能，保证了结构和使用安全，加快施工进度，提高施工质量，保护环境，是一套绿色的施工技术。

关键词：超规范；抗震；外挂；石材幕墙；绿色；施工技术

随着建筑业的高速发展，建筑外墙的装饰也是日新月异，外墙石材装饰幕墙大量地用于大型公共建筑，体现建筑物的庄严和厚重感，经久耐用安全可靠，但是国家规范规定石材幕墙只适用于抗震烈度8度以下的地区。

---

① 周文钢，青建海外发展有限公司工程部副经理。
② 郭平平，青建海外发展有限公司工程部业务主管。
③ 周子豪，青建海外发展有限公司莱索托分公司业务主办。

8度以上地区幕墙的各连接点是薄弱位置，钢架与主体结构的连接，石材与钢架的连接，钢架及石材本身的强度都是需要重新计算考虑范围，特别是石材为脆性材料，需要解决地震波产生的内应力出现

图1 已完办公楼

的破损问题，因此提高石材幕墙的抗震性能至关重要。我公司以中国某驻外使馆馆舍新建工程外墙石材幕墙为课题进行研究，并成功得以运用。

一、工程概况

中国驻外使馆馆舍是我国在所在国开展外交活动的重要场所，代表中国政府的国际形象。本项目总占地面积39 201.53 m²，总建筑面积9 130.33 m²，在办公楼与官邸、馆员公寓、签证用房及门房、设备用房、库房、次入口门房、活动中心共8个单位工程组成；结构安全等级为二级，结构形式为现浇钢筋砼框架结构和框架-抗震墙结构，基础为柱下独立基础及墙下条形基础，抗震设防烈度为9度（0.4 g）；办公楼与官邸、馆员公寓外墙装饰为干挂花岗岩石材，搭配铝单板铝格栅幕墙，以及白色的外墙涂料（图2）。该项目总工期为24个月。

图2 效果图

二、技术难点研究及方案选择

（一）工程特点和难点分析

本项目石材幕墙与格栅幕墙、铝合金幕墙分段间隔布局，原设计为在

外墙外保温板上挂贴石材，因当地为极寒极热地区，温差较大，冰冻期较长，无法保证施工质量和后勤使用安全，经施工、设计、监理、业主四方共同研讨，将外墙挂贴石材变更为干挂工艺。但项目所在地为9度抗震设防地区，超出了国家施工验收规范范围，没有相关参考资料，施工质量没有保障。根据对项目这些特点的分析，外墙干挂施工具有以下3方面的难点：

（1）由于为结构主体施工完成后变更石材施工工艺，与主体结构连接点位布置是个难点，需要根据干挂石材幕墙重新设置点位，增补二次砼结构。

（2）9度抗震区，超出了规范要求，幕墙系统没有可参考的运用的数据，需要重新计算选择石材、钢架型号及整个幕墙系统。

（3）9度抗震地区，石材幕墙各个连接点是薄弱环节，石材和钢架连接，钢架与主体连接施工难点，也是关键技术点。

（二）幕墙体系方案选择

根据项目特性和特点分析，本项目为高抗震地区，且超出国家规范使用范围，使馆为国家驻外重要外交场所，代表国家形象，外观要求必须美观庄严。

（1）考察当地外墙石材使用施工工艺情况，发现在项目所在地也有使用干挂石材幕墙，中国援建的一所中文学校外墙装饰局部也为干挂石材幕墙；

（2）了解当地外墙干挂石材幕墙使用的钢架系统和采用的石材材质和规格型号，当地石材幕墙多采用通槽式，钢架系统为铝合金钢架和型钢钢架，石材多为灰华洞石；

（3）咨询国内石材幕墙专家，了解当前高抗震地区石材幕墙的使用情况，以及国内石材幕墙较为先进的浮点背栓式干挂石材工艺；

（4）邀请专业幕墙公司重新对幕墙进行深化设计；

（5）深化方案完成后，经国内知名专家评审后，进行实验室9度抗震模拟试验。

综合以上分析，经专家评审和模拟试验，本项目幕墙选用抗震较好的背栓式干挂石材幕墙系统，石材选用强度较高的花岗岩黄金麻。浮点背栓式石材幕墙系统是目前世界上较先进技术，其特点是实现石材的无应力加工，石材连接强度高，节省强度值30%左右。整体结构形式是将石材面板独立分解开，各面板自成独立连接体系，相邻板块间不传递荷载作用，板块与骨架之间仍设计成活动连接，可保证面板有足够的位移变形空间，因此背栓式结构比其他结构具备更好的位移变形性能和抗震性能。

三、幕墙系统设计

根据现有已完成的主体结构，重新计算石材幕墙系统各个节点受力和荷载验算，选择构件规格型号。

（一）钢架系统的设计

（1）钢架受力计算依据《建筑结构荷载规范》（GB50009-2012）[1]和《建筑抗震设计规范》（GB50011-2010）[2]计算钢横梁和立柱横断面，验算其强度及挠度。

（2）通过结构计算，幕墙钢架系统后置埋板选用200 mm × 250 mm × 10 mm，材质为Q235热镀锌钢板，化学锚栓选用M12 × 160；立柱主规格选

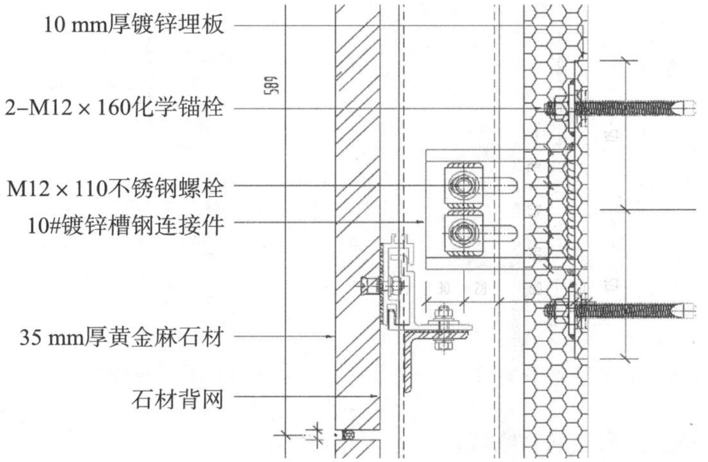
10 mm厚镀锌埋板
2-M12 × 160化学锚栓
M12 × 110不锈钢螺栓
10#镀锌槽钢连接件
35 mm厚黄金麻石材
石材背网

图3　节点图

用120 mm×60 mm×4 mm镀锌方钢，横梁选用L50 mm×5 mm角钢，连接件采用10#镀锌槽钢，立柱钢插芯选用6 mm的钢板加工成"工"字型，立柱与连墙件连接对穿螺栓选用M12×110不锈钢螺栓（图3）。

（3）后置埋板通过化学锚栓与主体结构连接，连墙件焊接在埋板上，立柱通过不锈钢对穿螺栓与连墙件连接，利用连墙件上椭圆螺栓孔调节立柱的垂直度，立柱安装从下往上施工，上下立柱采用"工"字型钢插芯连接；立柱安装完成后，在立柱之间和侧面焊接横梁，横梁按照每一层石材板块的高度排布。

（二）石材及挂件设计

（1）参照《金属与石材幕墙工程技术规范》（JGJ 133–2001）[3]计算石材板面四个支撑点的抗弯强度，以及石材板面背栓的抗剪强度和石材挂件的强度。

（2）根据计算石材选主规格600 mm×900 mm×35 mm花岗岩，石材背面采用四点固定，石材与钢架系统通过铝合金挂件连接，挂件使用M8不锈钢扩底背栓固定在石材上（图4），挂件底座使用M8不锈钢防震螺栓固定在横梁上（图5），然后将石材挂到横梁上，通过挂件的顶部丝杆调整石材的平整度，通过底座的椭圆孔调整石材的垂直和接缝。

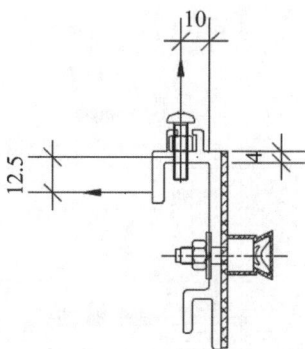

图4　石材挂件及背栓　　　　图5　石材挂件底座

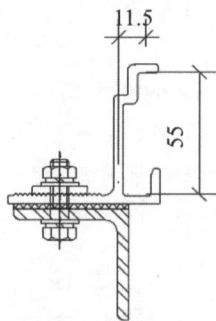

（三）方案评审及模拟试验

深化设计完成后，邀请国内幕墙知名专家进行评审，评审通过后，按照通过方案在实验室按1：1比例加工安装2幅3.6 m × 2.7 m石材幕墙单元板块（图6），然后按照试验要求模拟地震逐级加强，直至达到设计要求的9度抗震（400 g），观测幕墙系统及石材板块的变化情况，钢架及石材无变形和破损（图7）。

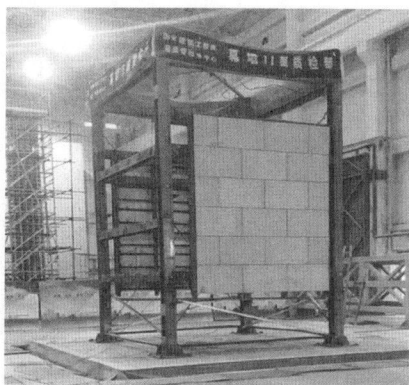

图6　模拟实验

检验结论 (Conclusion)

幕墙样品在峰值加速度为100gal（7度设防）、200gal（8度设防）、300gal（8.5度设防）、gal（8度罕遇）、510gal（8.5度罕遇）、620gal（9度罕遇）的“El-Centro”地震波、人工地波的X方向、Y方向，立柱与假象主体结构连接牢靠、横梁与立柱连接牢靠、挂件与横梁的连未发生损坏、背栓系统与挂件的连接未发生损坏、面板材料与背栓系统及挂件的连接未发生损面板材料未发生损坏或脱落、面板间缝隙无明显变化。

注　——

批准 (Approval)	审核 (Verification)	主检 (Chief tester)	联系电话 (Tel.)	报告日期 (Date)
			010-88386984	2019-04-29

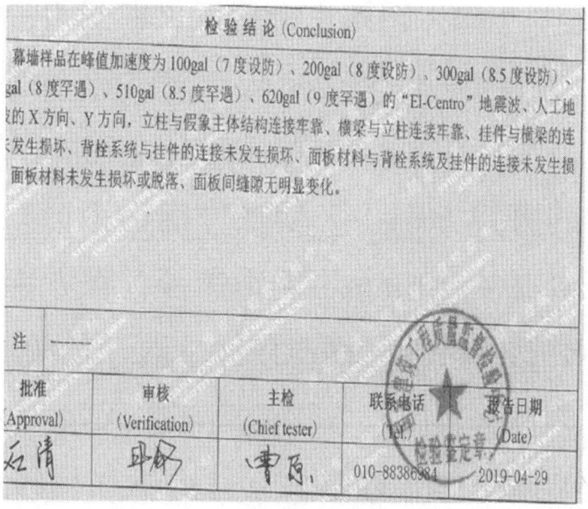

图7　检测结论报告

四、幕墙施工要点

（一）定位放线及埋板安装

（1）检测主体结构基层，测量垂直度和平整度，平整度不大于10 mm，超出部分进行剔凿处理，凹陷不足部分用高标号水泥砂浆找平。

（2）基层弹线：依据建筑轴线和标高，弹出幕墙水平线和垂直线，确定埋板的位置。

图8　定位放线和埋板安装

（3）水平线以一层±0.000的标高为起点，四周连通，尤其要注意接缝必须与窗洞口的水平线连通；垂直线尽可能按整块石材尺寸，由阳角端向阴角端方向弹线。

（4）后置埋板基层钻孔：孔位要求依照弹线尺寸确定，在混凝土主体

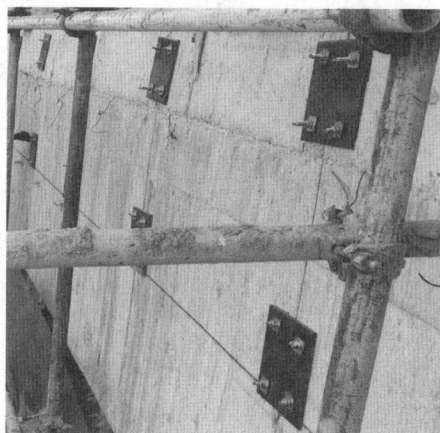

结构基层上钻孔，孔径按照选用的锚栓确定，比锚栓直径大1 mm，深度必须达到选用锚栓的长度。锚栓孔清理干净后钉入化学锚栓（常用规格：M12×160，依锚栓使用要求进行放置），待锚栓固化后，安装后置埋板，埋板固定螺栓应紧固牢靠（图8）。

（二）钢架系统的定位和安装

（1）钢架立柱安装，依据一层±0.000标高和主体轴线，控制立柱的标高和定位。根据楼层的高度现场截取相应长度的120 mm×60 mm×4 mm的镀锌方钢，一端在方钢横截面1/3的位置钻直径14 mm的对穿孔，使用M12×110 mm不锈钢螺栓，在方钢的两侧各穿上一块长306 mm的10#镀锌槽钢连接件，钢连接件一端开长50 mm、孔径13 mm的椭圆形孔，以便立柱调整垂直度，方钢内底部插入70 mm×50 mm×4 mm长200 mm的"工"字型钢插芯，调整好立柱的纵横轴线位置后，先将钢插芯与埋板点焊固定，让后挂通线调整立柱的垂直度，再将连墙件与立面埋板点焊固定住，然后通过顶部的对穿螺栓，精细调整立柱垂直度。最后将底部插芯与埋板焊牢固，将连墙件已立面埋板焊牢，即将连墙件与立柱两侧焊牢（图9）。

图9 立柱安装

（2）当遇到单层楼层超高时，需在中间位置增设连墙件，结构需增设钢筋砼结构梁。

（3）单面幕墙整体钢架立柱安装完后，开始安装横梁。因建筑墙体受限，横梁采用隐藏式，减小幕墙的厚度，有利于抗震。根据石材排版布局和立柱间距，切取合适长度的横梁，横梁采用L50×5角钢，然后根据石材背栓孔距及挂件的位置，用台钻钻φ10的孔；依据深化图纸，块石材四个挂点，需两层横梁，根据石材的层数，将横梁点焊到立柱上，然后复核每一层横梁的标高及水平，确认无误后进行满焊。

图10　钢架体系焊接

（4）横梁全部焊接完成后清理焊渣，报请监理验收合格后，进行防腐处理（图10）。

（三）保温系统安装

整幅石材幕墙钢架安装完成、监

图11　保温层

理验收合格后开始进行保温层的施工。在钢架和围护结构之间设有50 mm厚挤塑板保温层，因钢架横梁焊接完后，横梁之间的间距仅为420 mm，标准规格600 mm×1 200 mm挤塑板无法直接安装，需将苯板切割成合适的尺寸进行安装，苯板施工均按外墙保温板做法施工，先粘贴后打钉固定（图11）。

（四）石材安装施工

钢架系统及保温层验收合格后，开始干挂石材的施工，采用M8不锈钢锤击式背栓，挂件采用铝合金子母转接件，石材采用35 mm厚黄金麻。

1. 背栓安装

（1）按照编号将石材放置水平，底部垫实，然后将扩底孔内杂物清理干净。

（2）检查背栓孔深，和扩底直径，背栓孔深不小于15 mm，扩底直径不小于15.5 mm。

（3）将M8不锈钢背栓螺母卸下，把锥形螺杆插入扩底孔内，用专用工具套住螺杆，使用手锤锤击

图12　背栓安装

套管，使孔内的梅花扩压环胀开，紧贴石材内壁（图12）。

2. 挂件安装

（1）在锥形螺杆上垫80 mm×60 mm×3 mm厚橡胶片，放上铝合金挂件，安上平垫片和弹簧垫片后拧上螺母，再使用套筒扳手将挂件拧紧牢靠。

（2）每块石材背面需安装四个挂件，上层两个挂件需要安装两个限位调节镙钉，用来调整石材的水平。

图13　挂件安装

（3）在挂件安装过程中，需要注意调整挂件与石材边缘平行，四个挂件横竖向均在一条直线上，各条边缘平行。

（4）使用M8×35不锈钢螺栓在横梁上安装铝合金转接件，横梁与转接件之间垫50 mm×50 mm×3 mm的橡胶垫，以免铝件与钢架发生化学反应腐蚀挂件（图13）。

3. 石材安装

（1）在幕墙两个转角处，由幕墙顶部至一层地面挂一根通线。

（2）在石材幕墙的顶部安装1台卷扬机，将石材垂直运输至操作面外脚手架上。

（3）由于单块石材重量较重，因此在进行干挂操作时需两人一组协同合作。

图14　石材安装

（4）按照排版编号将石材挂至横梁的转接件上，在挂件与转接件的连接处设置橡胶减震垫（图14）。

（5）石材面板接缝之间用8 mm×8 mm×20 mm硬质塑料垫块间隔，保证石材缝隙大小均匀。

（6）使用转接件螺栓调整石材板面的垂直度及板与板之间的平整度，然后使用上层挂件上的限位钉，微调石材的水平度。

（7）石材按照由下往上的顺序逐层安装，按由大到小的原则组拼。

（8）先安装正立面大规格的板块，再安装侧板和顶板。

（五）浇筑耐候密封胶

石材面板安装完成，经查合格后，在石材缝隙中开始注胶，选用的是石材专用的耐候胶，注胶前需将注胶位清理干净，填

图15　注胶及验收

上泡沫棒（深度合适）。注胶面与石材面形成一个凹面为宜。必要时在注胶的周边贴上美纹纸，注胶完成后清理美纹纸。待胶表皮固化干燥（不粘手为宜）后，再将石材表面也一起清理干净。

待整面石材幕墙施工完成，自检合格后报请监理验收（图15）。

五、结论

根据对驻外某使馆馆舍工程外墙干挂石材幕墙的研究，得出结论如下：

（1）在超出规范8度以上抗震地区，通过一系列措施，同样可以使用外挂石材幕墙装饰。在理论上通过二次深化设计计算，选择合适的材料、制定可行方案、进行模拟试验，并组织专家进行论证评审；实施中采用当前世界先进的浮点背栓式石材幕墙工艺系统，独立的板面连接系统，消除了板面之间的直接荷载传递和石材内应力，增强了石材的连接强度，板面之间有足够的位移变形空间，保证了石材幕墙发生形变时的使用安全，方便了后期的运营维护。

（2）技术经济效果显著。大大地缩短了施工工期，省工省时，操作简单，标准化施工，使用机具少，与普通挂贴石材湿作业相比现场湿作业大量减少，施工环境好，避免扬尘，占用施工场地面积小，可减少灰色建筑垃圾。

（3）社会效果显著。使用本技术保证了建筑立面效果，消除了使用过程中石材脱落伤人的安全隐患，确保使馆大国形象不受影响；大量绿色建材的使用，产生建筑垃圾少，减少资源损耗，减轻了对不可再生资源的破坏，在防治施工污染等方面取得了很好的环保效益和社会品牌效益。

参考文献：

［1］GB50009-2012建筑结构荷载规范［S］. GB50009-2012，Load code for the design of building structures［S］.

［2］GB50011-2010建筑抗震设计规范［S］. GB50011-2010，Code for seismic design of buildings［S］.

［3］JGJ 133-2001金属与石材幕墙工程技术规范［S］. JGJ133-2001，Technical code for metal and stone curtain walls engineering［S］.

门窗"湿法干做"施工工艺的研究分析
及探讨改进

高 坤① 辛 鑫② 林 强

摘要：本文是通过分析基于某地产门窗安装工艺体系下门窗与建筑墙体连接方式带来的诸多弊端，针对门窗湿法安装的症结，重点介绍门窗干法安装的附框形制及门窗与建筑墙体之间连接的保温、隔热等物理性能。

关键词：湿法；干法；附框

一、简介并分析门窗湿法安装工艺体系利弊

门窗作为建筑节能的一部位，由于门窗与建筑墙体的连接安装不好、密封不好、保温性能差而导致漏水、漏气、结霜经常发生，是建筑工程常见的质量通病。某地产门窗安装工艺体系示意图（图1），此工艺体系基于门窗湿法安装，将门窗洞口抹灰二次收口前置，即先收口、预留门窗与洞口连接处凹槽、后安装门窗的施工顺

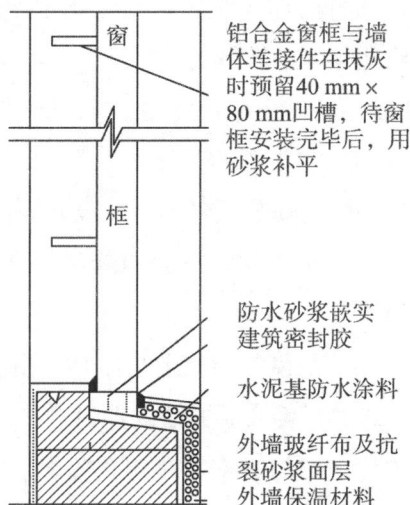

铝合金窗框与墙体连接件在抹灰时预留40 mm×80 mm凹槽，待窗框安装完毕后，用砂浆补平

防水砂浆嵌实建筑密封胶

水泥基防水涂料

外墙玻纤布及抗裂砂浆面层外墙保温材料

图1 窗下口大样图

---

① 高 坤，青建海外发展有限公司副总工程师。
② 辛 鑫，青建海外发展有限公司经理助理。

序，通过调整作业顺序，进而在一定程度上避免了湿作业，是一种湿法干做的门窗安装工艺，也契合晚投资早收益的成本控制策略。

但在实践中，也暴露出现场实际操作的诸多不利和弊端。比如，收口预留凹槽易空鼓，尤其门窗上口；外墙非全剪结构，窗洞口收口需上下通线；框底与洞口之间缝隙形成热桥存在渗漏隐患等，并因外窗后置安装，导致户内营造封闭环境相对滞后，不利于施工工序穿插的弊端。

查阅相关规范标准及技术规程，从技术、经济方面分析产生如上问题的症结。

（1）外门窗框或附框与洞口之间的间隙应采用弹性闭孔材料填充饱满，并使用密封胶密封[1]。如图1所示，水泥砂浆导热系数0.93 W/m·K，框底采用防水砂浆封堵显然不符合节能要求；若室内外温差较大，易形成窗台位置结露、结霜，反复导致涂饰层脱皮、发霉。

（2）采用湿法安装时，铝合金门窗框安装应在洞口及墙体抹灰湿作业前完成[2]。如图1所示，采用先收口施工工艺，利用技术手段调整作业顺序，违背门窗安装技术规程基本要求，过度考虑成本控制，也很"巧妙"地将质量风险转嫁。

综上所述，门窗安装"湿法干做"工艺，主要存在如下问题。

（1）定型化程度不高。预留洞口及收口（非全剪结构外墙）的质量直接影响门窗安装质量和门窗尺寸的标准化。

（2）采用水泥砂浆填缝不符合节能要求，保温节能效果不佳，易形成热桥。

（3）门窗安装固定拉片时，预留凹槽遭扰动极易产生空鼓。

二、门窗安装方法的探讨

传统的门窗安装是湿法安装，它是将门窗框直接通过某种连接方式与墙体连接，再进行土建抹灰收口的一种安装方法，以及在此基础上如前所述的门窗"湿法干做"安装工艺也已做分析，不再赘述。

为了解决此种方法不利于进行门窗的成品保护而严重影响门窗质量，

金属门窗又必须进行防腐处理，门窗施工周期长的缺点，较为普遍地采用门窗干法安装。现在普遍实行的干法安装增加了钢转接框也就是钢副框，先将钢转接框通过某种连接方式与墙体连接，然后进行土建抹灰收口，待土建湿作业完成后再进行门窗框安装，窗框与墙体之间填充保温材料，外侧用防水密封胶进行密封（图2）。此种方法同湿法安装相比有利于门窗框的成品保护，缩短了门窗的施工期，便于门窗进行更换，优势是巨大的，已得到广泛的应用。

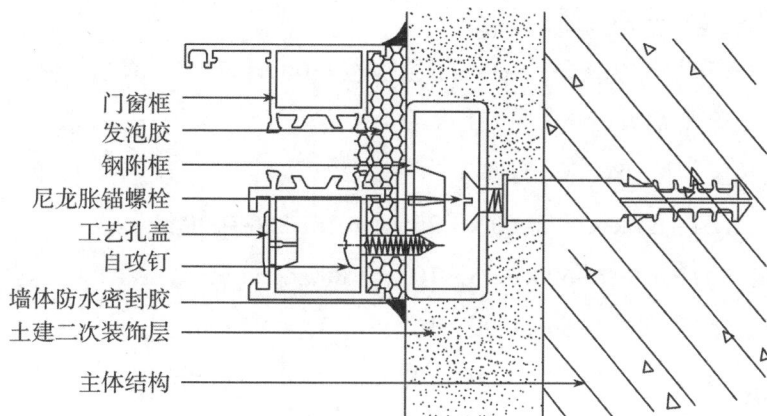

图2　干法安装

门窗的安装方式究竟采用干法安装还是湿法安装，从如上研究分析中不难看出，采用门窗干法安装的方法势在必行。

三、当前干法安装中存在的问题

（一）线膨胀系数及变形量

由于钢附框材料、建筑墙体所用材料、门窗材料三者之间的线膨胀系数不同（表1），导致由于热胀冷缩而产生的位移量和变形量不同（见计算），严重影响了建筑门窗与墙体的密封，导致了雨水渗漏、门窗有"响动"、固定点松动、脱胶等现象发生，直接影响了门窗与建筑连接的气密性、水密性和保温性能。

表1 材料的线膨胀系数 α（1/℃）

材料	α	材料	α
玻璃	$0.80 \times 10^{-5} \sim 1.00 \times 10^{-5}$	混凝土	1.00×10^{-5}
钢材	1.20×10^{-5}	砌砖体	0.50×10^{-5}
铝材	2.35×10^{-5}	玻璃钢	0.73×10^{-5}
不锈钢板	1.80×10^{-5}		

计算因季节温差而产生的变形量：$\Delta L = \Delta t \times \alpha \times L$

上式：ΔL——温度变形后量；

Δt——季节温差（冬季按-30℃，夏季按$+30$℃计算，季节温差为60℃）；

A——线膨胀系数；

L——长度（按1 800 mm计算）。

解：$\Delta L_{钢} = \Delta t \times \alpha \times L = 60 \times 1.20 \times 10^{-5} \times 1\,800 = 1.30$ mm

$\Delta L_{铝} = \Delta t \times \alpha \times L = 60 \times 2.35 \times 10^{-5} \times 1\,800 = 2.54$ mm

$\Delta L_{玻} = \Delta t \times \alpha \times L = 60 \times 0.90 \times 10^{-5} \times 1\,800 = 0.97$ mm

$\Delta L_{混} = \Delta t \times \alpha \times L = 60 \times 1.00 \times 10^{-5} \times 1\,800 = 1.08$ mm

$\Delta L_{玻钢} = \Delta t \times \alpha \times L = 60 \times 0.73 \times 10^{-5} \times 1\,800 = 0.79$ mm

（二）导热系数

从表2可以看出，钢附框导热系数比较大，它对保温性能影响极大。

表2 建筑材料导热系数 λ：（W/m·K）

材料种类	导热系数	材料种类	导热系数	材料种类	导热系数
钢筋混凝土	1.74	水泥沙浆	0.93	铝	237.00
混凝土（$p0 = 2\,300$ kg/m³）	1.51	复合水泥沙浆	0.87	铝合金	160.00
碎石混凝土（$p0 = 2\,100$ kg/m³）	1.28	石灰沙浆	0.81	建筑钢材	58.20

材料种类	导热系数	材料种类	导热系数	材料种类	导热系数
加气混凝土 （p0=700 kg/m³）	0.22	石灰石膏 沙浆	0.76	不锈钢	17.00
加气混凝土 （p0=500 kg/m³）	0.19	保温沙浆	0.29	三元乙丙	0.25
重砂浆砌筑黏土砖墙体	0.81	玻璃钢型材	0.30	聚氯乙烯	0.16
轻砂浆砌筑黏土砖墙体	0.76	平板玻璃	0.76	聚酰胺	0.25
矿棉、岩棉 （p0=70以下 kg/m³）	0.05	建筑玻璃	1.00	PVC	0.43
矿棉 （p0=70–120 kg/m³）	0.045	66%尼龙 25%玻纤	0.30	花岗石	3.49

（三）钢附框节能性能

在隔热保温铝合金门窗安装过程中，为了保证窗框安装强度，内外门窗框都与墙体或钢附框固定，导致钢附框形成了金属通路而影响门窗的保温性能。

（四）钢附框形制及安装强度

金属钢附框，现在普遍采用的是20 mm×40 mm的矩形钢管，壁厚采用1.5 mm，金属钢附框40宽的断面不能适应不同门窗断面的要求。当门窗采用ST4.8自攻钉与其固定时，1.5 mm壁厚，固定不到两个螺距，极大地影响了安装强度。

（五）钢附框安装存在的问题

（1）现在的干法安装，为了避免门窗安装后因土建施工的湿作业而造成门窗污损，采用膨胀螺栓先将钢附框与墙体固定，待土建湿作业完成后，再进行门窗框的安装，所安装的钢附框只起转接作用，作用单一。

（2）现在无论采取何种窗框与墙体的联接方法，都是在窗框与墙体之间打聚氨脂发泡填实，在窗框室内和室外侧与墙体用密封胶进行密封处理。

此种方法一是由于在打发泡胶填实时会出现注胶不饱满现象，而影响门窗的安装强度；二是窗框与外墙体之间在建筑施工中没有留有注胶槽而导致打胶时只能打在平面上而影响粘接强度；三是窗框与墙体之间因热胀冷缩和施工质量等因素容易形成通缝，导致渗水和空气渗漏，从而极大地影响门窗和墙体间的安装强度、气密性、水密性和保温性能和使用功能。

四、门窗干法安装的新途径

鉴于干法安装存在上述问题，也就是存在附框的问题，为此所设计的附框要具有转接、挡排水、连接强度高、密封严密、保温性强、与建筑材料亲和性好、耐腐蚀、易加工组装等功能，从根本上解决现在附框所存在的问题，而解决好附框材料、断面尺寸及结构是干法安装的必要途径。

（一）附框材料

附框材料的选择直接影响了门窗与建筑墙体的连接强度、密封、保温、与建筑材料亲合性、耐腐蚀等功能，当前附框所用的材料主要有钢材、但铝材、隔热铝型材、PVC塑料型材、钢塑共挤塑型材、玻璃纤维增强塑料（玻璃钢）等材料，可作为门窗附框的选择，综合上述材料的强度、导热系数、线膨胀系数、耐腐蚀（寿命）、连接以及经济性等因素进行综合评价，评价结果见表3。从表3的评价来看其综合性能最好的是玻璃纤维增强塑料（玻璃钢），为此玻璃纤维增强塑料（玻璃钢）应作为首选材料予以推广。

表3　附框材料性能评价表

材料	强度	隔热	热胀冷缩	连接	耐腐	经济	综合
钢材	1	5	5	1	6	3	4
铝材	3	6	6	2	5	5	6
隔热铝型材	4	4	4	3	4	6	5
PVC塑料型材	6	2	2	6	3	1	3
钢塑共挤塑型材	5	3	3	4	2	2	2
玻璃纤维增强塑料（玻璃钢）	2	1	1	5	1	4	1

（二）附框断面尺寸及结构

附框作为门窗干法安装过程中门窗与建筑之间的一个主要构件，不应只起有利于成品保护的转接作用，而应具有有利于挡排水、连接强度高、密封严密、易加工组装等功能。根据不同要求，附框可分为普通型、功能型、单元型三种。

1.普通型

普通型是指附框结构简单的矩型结构，其功能只起转接作用。

（1）单腔附框

图3和图4是常用的单腔钢附框及安装节点图，此种结构单一，应被新型的附框体系所替代，但对一些夏热冬暖、温和地区及无保温要求的地区仍可采用。单腔钢附框的安装是先将钢附框用膨胀螺栓固定在建筑结构上，土建二次收口用防水抗力水泥砂浆将附框抹平，待水泥砂浆干后安装窗框，窗框与墙体之间填充保温材料，内外两侧用密封胶密封。

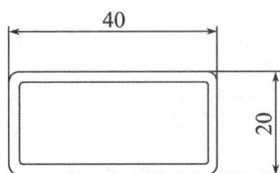

门窗框
发泡胶
钢附框
自攻钉
墙体防水密封胶
工艺孔盖
尼龙胀锚螺栓
土建二次装饰层
主体结构

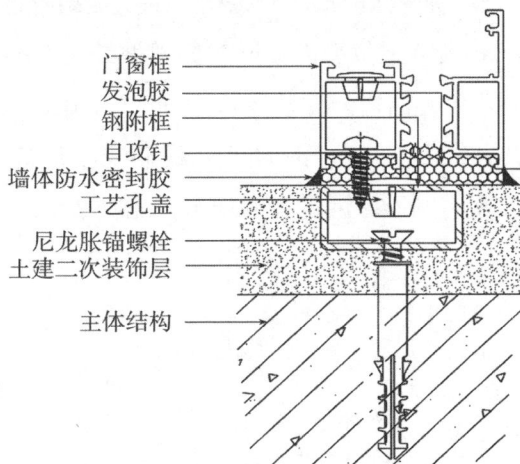

图3　单腔附框　　　　　　　　图4　单腔附框安装

（2）双腔附框

图5和图6是玻璃纤维增强塑料双腔附框及安装节点图，由于实行了双腔在中间增加了一道分隔，提高了其隔热性能，可以不用在腔体填塞保温

材料，有利于提高墙体保温性能。玻璃纤维增强塑料双腔附框的安装是先将附框用膨胀螺栓固定在建筑结构上，土建二次收口用防水抗力水泥砂浆将附框抹平，待水泥砂浆干后安装窗框，窗框与墙体之间填充保温材料，内外两侧用密封胶进行密封。

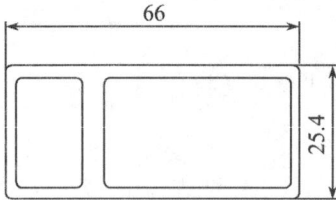

图5 双腔附框

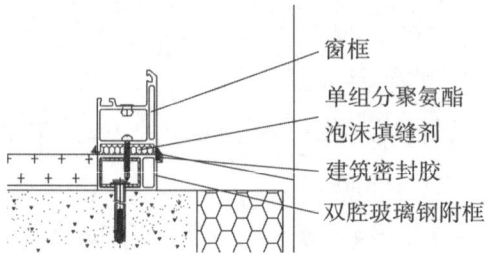

图6 双腔附框安装

2. 功能型

功能型是指附框的结构能够满足附框与墙体联接所必备的功能要求，图7是一种带注胶槽（胶条槽）的功能型附框。

a–安装定位平面；*b*–立面斜坡结构；*c*–平面坡结构；*d*–注胶槽（*f*：胶条槽）；*e*–档边。安装定位平面*a*主要用于安装时的定位和组框的基础面，双斜坡结构*b*主要提高防水水泥砂浆与建筑结构的结合密度，单斜坡结构*c*主要是有利于渗漏进水的排出，注胶槽*d*（胶条槽*f*）主要提高密封效果，档

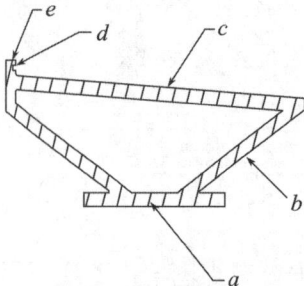

图7 功能附框

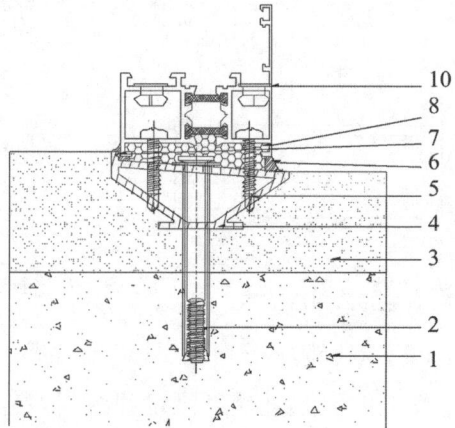

图8 功能附框安装

边e控制室内外高低差和便于室内装饰。

　　图8是门窗附框的隔热保温铝合金窗安装剖面图，先将特殊构造的附框4，用金属膨胀螺栓2固定在建筑预留的洞口1上，再由建筑进行防水水泥砂浆二次收口装饰面的湿作业3，待湿作业完成后用自攻钉或自攻自钻螺钉5将铝合金窗框10的内外腔分别固定在特殊构造的附框4上，实现有效的连接，在铝合金窗框10与特殊构造的附框4之间填充发泡胶8，内外铝合金窗框10与室外防水水泥砂浆和室内装饰面用室外密封胶7和室内密封胶6进行密封，最终实现门窗框的干法安装。

　　3. 单元型

　　单元型是指附框结构能够满足门窗进行整窗单元安装的要求。图示a–f如上文。

　　图9、图10和图11所示是用于整窗单元安装的玻璃纤维增强塑料附框，图9为窗的上下部和两侧所用附框。图10是整窗单元安装的节点图，先将特殊构

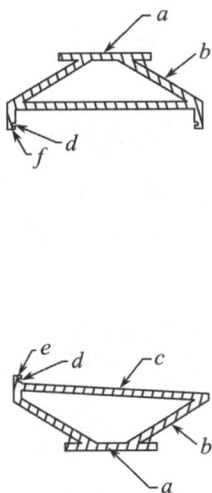

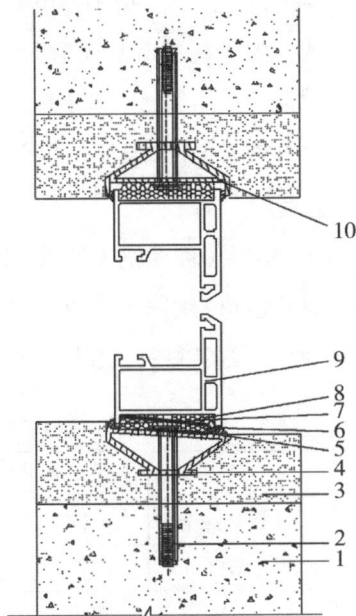

图9　单元附框　　　　　　图10　单元附框安装

造的附框4和10组成的整体附框，用金属膨胀螺栓2固定在建筑预留的洞口1上，再由建筑进行防水水泥砂浆二次收口装饰面的湿作业3，待湿作业完成后先安装弹簧卡片5后进行整窗单元安装，先将窗9的上端斜推入附框10的槽口内再将下部推入附框4内，同时卡簧卡住窗框9的内壁，实现有效的连接，在铝合金窗框9与特殊构造的附框4之间填充保温材料8，内外铝合金窗框9与室外防水水泥砂浆和室内装饰面用室外密封胶7和室内密封胶6进行密封，最终实现门窗框的整窗单元安装。

（三）玻璃纤维增强塑料附框的特点

玻璃纤维增强塑料附框具有优秀的材料性能，它是采用玻璃纤维增强塑料通过拉挤工艺拉制而成，型腔可以多样化，适应不同功能要求。

玻璃纤维增强塑料附框采用纤维及其制品为增强材料，以树脂为基材，将纤维及织物浸透树脂后在牵引机牵引下通过加热专用模具高温固化成型，经拉挤工艺生产出表面光洁、尺寸稳定、强度高的空腹异型材的新型高分子复合材料，它是基体树脂和增强纤维构成的类似于钢筋混凝土的一种复合结构体，由于树脂和纤维在性能上"优势互补"，使其具有轻质高强、耐潮湿、耐腐蚀、抗老化，阻燃、绝热、绝缘、保温、隔声等优良的物理化学性能，在高低温作用下，仍能保持尺寸的稳定性，工艺先进，在生产过程中不会造成公害。

玻璃纤维增强塑料（玻璃钢）型材具有轻质高强的优良性能（表4），玻璃纤维增强塑料附框无须以钢框为骨架，完全靠自身就能支撑，抗压、抗折、不变形、不弯曲。既节省了钢材，又达到了使用目的，可在台风多发区使用。

表4　材料性能对比表

项目	单位	玻璃钢	铝合金	PVC	钢
密度	1 000 kg/m³	1.7	2.9	1.5	7.8
拉伸强度	MPa	388	150	50	420
弯曲弹性模量	MPa	20 900	70 000	1 960	20 600
比强度	/	220	53	36	53

玻璃纤维增强塑料附框型材与建筑墙体的材料线膨胀系数相近，这样可在热胀冷缩情况下保证变形量基本一致，避免了出现裂缝；玻璃纤维增强塑料附框与墙体结合部位采用了特殊处理，增强与墙体的结合度，为此实现了有机的结合，提高附框的安装刚度；玻璃纤维增强塑料附框不用做任何表面处理，具有不怕水泥砂浆等碱性或酸性的较强耐腐蚀能力，同建筑同寿命。

玻璃纤维增强塑料附框四角通过钢角件采用自攻自钻螺钉连接，玻璃纤维增强塑料附框通过金属膨胀螺栓与墙体进行连接，保证了连接强度，现场施工更加方便。

玻璃纤维增强塑料附框室内的凸边可实现门窗的正确定位并解决通缝问题，并提高了门窗的抗正风压能力；门窗框通过自攻自钻螺钉与玻璃纤维增强塑料附框进行连接，经实侧自攻钉与玻璃纤维增强塑料附框单壁厚进行固定，其抗拉能力为490 N、抗剪能力为980 N、15 mm距离的拉弯应力294 N自攻钉不倾斜、拉弯应力784 N时倾斜不脱落，可以保证门窗承受3 500 Pa的抗风压强度，当采用加长自攻钉钻透附框两个壁厚时，可以保证门窗承受5 000 Pa的抗风压强度，从而保证了门窗的连接强度。

门窗框与玻璃纤维增强塑料附框之间采用聚氨酯发泡胶填缝，实现了保温并为热胀冷缩提供了变形能力，门窗框与玻璃纤维增强塑料附框内外周边密封胶的密封提高了密封性和抗变形能力。

玻璃纤维增强塑料附框上框采用槽式结构，先将上部插入，可以防止在安装过程中倾倒，便于施工过程中调整门窗的位置，同时也提高了门窗的抗风荷载能力。

玻璃纤维增强塑料附框可以与窗框采取一样宽度，保证了与窗的一致性。

注胶槽或胶条槽的设置提高了胶的粘接能力和密封效果。

玻璃纤维增强塑料附框下框采用弹筑片卡扣式结构，为整窗单元安装法提供了可靠的联接方式和密封，有效地解决了湿作业和建筑施工的难度，整窗单元安装使门窗更新更加便利。

本方法适用于铝合金、塑钢和玻璃钢等各类门窗的安装，具有较强的适应性。并为金属门窗因热胀冷缩提供了变形空间，而不会影响结构变形，消除了响动、脱胶、固定点松动等现象发生。

在附框与墙体之间设置了专用安装调整件，可以保证玻璃纤维增强塑料附框的安装精度和安装强度。

玻璃纤维增强塑料附框可以达到同门窗相同的物理性能指标。

性价比高。现行采用的20 mm×40 mm×1.5 mm的镀锌钢副（附）框造价1.413 kg/m×6.00元/千克=8.48元/米，玻璃纤维增强塑料附框造价为0.56 kg/m×15.00元/千克=8.4元/米，造价基本相等，但现在钢材价格是上涨趋势且又受到镀锌的环境污染限制，而玻璃钢型材材料是下降趋势，玻璃纤维增强塑料附框又比钢附框具有完整的功能性，所以具有良好的性价比。

五、结语

本文通过分析研究"湿法干做"门窗安装，发现其本身固有的弊端是难以避免的，进而通过探讨改进，解决办法就是采用标准化附框，通过附框将建筑门窗洞口和标准化门窗联系起来，二者之间实现有机的结合。这样不仅可以推动门窗行业的可持续发展，同时还有助于环境友好型、资源节约型社会的构建，对社会经济发展具有重要的意义。

参考文献：

［1］GB50411–2019建筑节能工程施工质量验收规范，2019年版.

［2］JGJ214–2010铝合金门窗工程技术规程，2010年版.

斐济斯丁森桥水上施工平台设计及受力分析

刘光忠①

摘要： 本文对在利用旧桥的情况下如何设计水上施工平台[1]及对平台的安全稳定性进行分析，对如何在保证安全和工程质量前提下优化施工材料进行了分析。从结构方案、设计计算等方面总结了水上施工平台的改进和创新。在对平台结构方案的安全性和可靠性进行验证的基础上，对平台结构方案的设计方法和施工管理提出一些建议，以指导设计和施工，供专家和技术人员参考。

关键词： 旧桥利用；贝雷梁；水上平台；受力分析

引言

现阶段我国在海外建设的桥梁工程越来越多，规模越来越大，虽然难度不及国内某些大型桥梁，但国内成型的施工技术早已在国外工程中得到了应用。国外的桥梁工程受限于材料及专业人员的缺乏，必须对所需材料进行精确计算，并在施工中严格控制质量。海外的建设者在面临巨大压力的情况下也进行了大量的创新，为蓬勃发展的海外事业提供了经验借鉴。本文就贝雷梁钢平台在斐济斯丁森桥2#墩灌注桩施工中的应用进行了分析。

一、工程概况

（一）桥梁概况

斯丁森桥位于斐济共和国首都苏瓦半岛西侧市中心，在滨海的Stinson路上，桥梁全长72.1 m，桥跨布置为3孔22.5 m，桥面宽度15 m。桥梁下部结构

---

① 刘光忠，中铁十四局集团海外工程分公司哈萨克斯坦卡麦公路项目总工程师。

采用钢筋混凝土双柱墩,桥台采用钢筋混凝土座板台,基础采用钻孔灌注桩基础。1#、2#墩为水中墩,桥址位置水深3~5 m,设计高潮水位1 m,水中墩依托旧桥作为施工栈桥搭设钻孔平台施工桩基础。

(二)水文地质条件

斯丁森桥位于苏瓦半岛西海岸小河入海口处,平面宽约50 m,桥址位于滨海平原潮间带,桥址区两侧地形标高1.9~3.5 m,受潮水影响,河底淤积较厚的淤泥、砂,桥位一般条件下,潮汐水流缓慢,流速一般不会超过1.0 m/s。因为主岛外围有小岛和珊瑚礁盘做屏障,且桥梁处于入海口浅滩,一般情况下桥位处没有大浪。

表1 根据地质勘查报告显示,2#墩土层分布表

土层编号	土层名称	层底深度(m)	土层厚度(m)	桩侧摩阻力标准值(kPa)
1	粗砂	2.69	0.40	10~15
2	珊瑚块	6.59	3.90	40
3	砂质淤泥	13.69	7.10	12
4	淤泥	15.89	2.20	12
5	中风化粉砂岩	16.99	1.10	65
6	微风化粉砂岩	22.69	6.30	100

(三)新旧桥梁平面位置

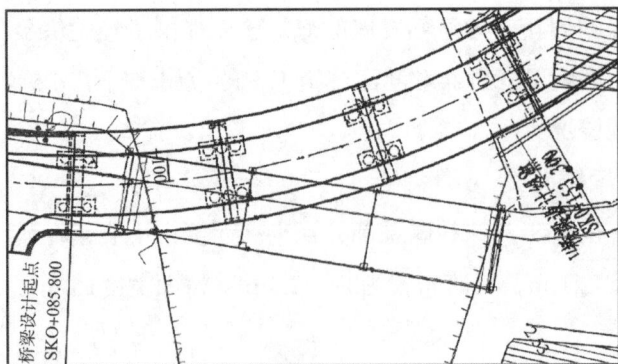

图1 新旧桥梁平面位置

二、2#墩平台平面及结构设计

（一）平面设计

该平台使用单根长度12 m、直径630 mm和820 mm、壁厚8 mm的钢管桩，全平台共布置11处钢管桩，每处钢管桩长度24 m，由2根拼接而成，其中直径630 mm的5根，直径820 mm的6根，每根钢管桩入土深度18 m，贝雷梁布置在平台长边两侧，平台平面布置形式如图2所示。

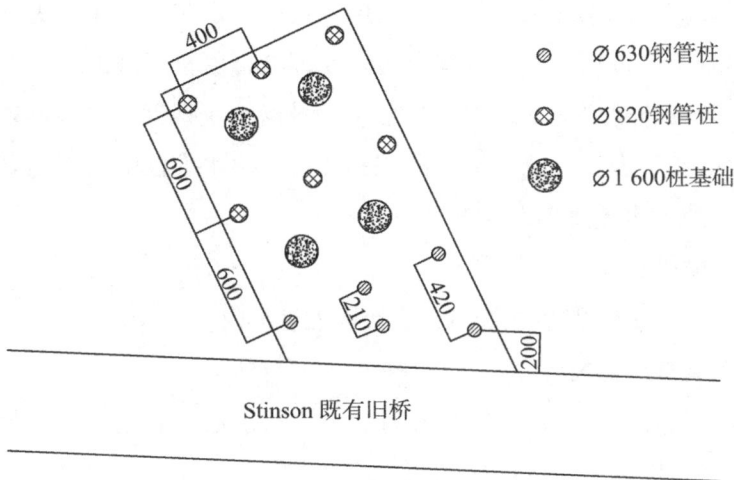

图中所示尺寸单位为厘米

图2　平台平面布置形式

（二）结构设计

钢管桩之间采用12号槽钢连接，桩顶设凹槽，2根25a工字钢横梁嵌入钢管桩中，以保证横梁的横向稳定性，平台采用贝雷片作为主梁，主梁与工字钢通过限位器固定，贝雷梁顶面设置中心间距500 mm的20a工字钢横梁，横梁通过U型螺栓与贝雷片连接，20a顶面设置12.6工字钢纵向背肋，中心间距300 mm，12.6纵梁与桥面钢板及横梁均焊接牢固，桥面板厚度10 mm，焊接在中心间距300 mm的12.6工字钢纵梁上。为方便施工机械进出水上平台，平台顶高程与旧桥桥面标高一致。平台高程高出常水位大于2 m，且施工海域无明显风浪，故可不考虑淹没风险。

三、平台施工

（一）钢管桩施工

钢管桩从靠近旧桥的一侧开始施工，钢管桩沉放使用履带吊配合振动锤打设，必要时可租用两条浮船作为临时作业平台，以便于人员施工，钢管桩打设利用全站仪定位及校核。

钢管柱沉放应注意：振动锤重心和桩中心轴应尽量保持在同一直线上，每根桩的下沉应连续，不可中途停顿过久，以免土的摩阻力恢复，继续下沉困难。每根钢管桩下沉到位后，立即进行管桩之间的剪刀撑焊接连接，增加管桩的稳定性，连接材料采用10号槽钢。型钢尺寸根据现场尺寸下料，焊缝质量满足规范要求。沉桩到位后，用水准仪测出桩顶高程，为切割桩头安装墩顶横梁提供数据。

（二）横梁安装

2根25a工字钢经测量放线后，直接嵌入桩顶内。

（三）贝雷片安装

贝雷片预先在陆上按每组尺寸拼装好，然后运输到位，吊车起吊安装在桩顶工字钢横梁上。贝雷片安装到位后，横向、竖向均焊定位挡块，将其固定在横梁上，贝雷片任何位置严禁施焊。

（四）分配梁[2]及面板铺设

贝雷片拼装完毕吊装到位后，其上铺设20a横向分配梁，间距50 cm，20a工字钢与贝雷片间采用φ20U型螺栓固定，每组贝雷片与工字钢横梁相交处设一套螺栓。

纵向背肋采用12.6工字钢，间距300 mm，花纹钢板面板与工字钢和槽钢焊接连接。

平台栏杆高1.2 m，立柱采用U50 mm钢管焊接，立柱间距2 m，焊在平台20a横梁上，钢管立柱纵向最上一道用U50 mm钢管，下面设3道U16钢筋做护栏。栏杆统一用红白油漆涂刷，交替布置，简洁美观。

四、平台受力验算

（一）荷载计算参数

平台施工荷载考虑9 m³砼罐车，自重13 T，满载砼重20 T，共重33 T，冲击钻机加锤头荷载15 T（考虑冲击系数），55 T履带吊，冲击系数取1.15。

根据平台设计，简化为跨度9 m，间距4 m的简支结构。实际结构为连续结构且加强了与旧桥联系，因此此计算偏于安全。平台控制荷载为跨间行走或作业一台55 T履带吊并考虑其吊重，其荷载每条履带单位压力为78 kN/m，每条履带着地长4.5 m、着地宽0.7 m，55 T履带吊重量500 kN并吊重200 kN。即每条履带承荷350 kN。行人荷载按3 kN/m考虑。材料自重及惯性矩等数据取自《路桥施工计算手册》[3]。

（二）自重荷载计算

（1）贝雷梁自重（每榀）δ_1=290×2÷3=193 kg/m

（2）20a自重（按6.0 m计）

δ_2=27.91×6.0÷0.5÷3=111.64 kg/m（每榀贝雷梁承受的）

$\delta_2{'}$=27.91 kg/m（每根20a承受的）

（3）12.6自重

δ_3=4÷0.3×14.2=189.33 kg/m

（4）钢面板自重

δ_4=4×0.01×7 850=314 kg/m

总自重$\delta_{自}$=$\Sigma\delta$=807.97 kg/m（每榀贝雷梁承受的）

$\delta_{自}$=$\Sigma\delta$=531.24 kg/m（每榀20a承受的）

（三）内力计算（考虑一条履带直接作用在一榀贝雷梁上的最不利情况）

（1）履带-55产生的弯矩（按简支集中荷载计算）

$P=W×1.15=350×1.15=402.5$ kN

$$M_{max}=\frac{PL}{4}=\frac{402.5×9}{4}=946.125 \text{ kN·M}$$

（2）自重产生的弯矩（按简支均布荷载计算）

$$M_{\max}=\frac{\delta_{自}L^2}{8}=\frac{807.97\times9^2}{8}=81.81 \text{ kN} \cdot \text{M}$$

（3）人群、泵管产生的弯矩

$$M_{\max}=\frac{\delta_{人}L^2}{8}=\frac{3\times9^2}{8}=30.375 \text{ kN} \cdot \text{M}$$

跨中最大弯矩为$M_{\max}=\Sigma M$=1 058.4 kN · M

（四）贝雷主桁梁强度与变形验算

（1）强度验算

$$\sigma=\frac{M_{\max中}}{W_x}=\frac{1\,058.4\times10^3}{7\,157.1\times10^{-6}}=148\times10^6 \text{ N/m}^2=148 \text{ MPa}<[\sigma]=273 \text{ MPa}$$

（2）挠度验算

人群及自重引起的跨中最大变形

$$f_{人}=\frac{5PL^4}{384EI}=\frac{5\times1\,107.97\times10^{-1}\times900^4}{384\times20\times10^6\times500\,994.4}=0.094 \text{ cm}$$

履带吊-55引起的跨中最大变形

$$f_{活}=\frac{PL^3}{48EI}=\frac{350\,000\times900^3}{48\times20\times10^6\times500\,994.4}=0.53 \text{ cm}$$

总变形$f_{\max}$=0.094+0.53=0.62 cm<$[f]$=900/500=1.8 cm

此计算按简支结构进行计算，实际主桁架贝雷梁为连续结构，故实际应力与变形比计算值还小。

（3）剪力验算

$Q=P+(q_1+q_2)\times900/2$=350+11.08$\times$9/2=399.86 kN<$[Q]$=490.5 kN 满足要求。

（五）分配梁20a验算

横梁受力为不等跨连续结构，按简支计算偏于安全。其计算跨度e=400-90=310 cm，承荷宽度即其间距0.5 m，则外力P=（7.8+0.531）×0.5=4.16 t，此力为70 cm履带宽均布力，简化集中力，这样更安全。

横梁产生的最大弯矩

$$M_{max} = \frac{PL}{4} = \frac{41.6 \times 3.1}{4} = 32.24 \text{ kN} \cdot \text{M}$$

应力验算

$$\sigma = \frac{M_{max}}{W_x} = \frac{32.24 \times 10^3}{236.9 \times 10^{-6}} = 136 \times 10^6 \text{ N/m}^2 = 136 \text{ MPa} < [\sigma] = 215 \text{ MPa}$$

挠度验算

$$f = \frac{PL^3}{48EI} = \frac{3224 \times 10 \times 310^3}{48 \times 20 \times 10^6 \times 2502} = 0.40 \text{ cm} < 310/500 = 0.62 \text{ cm}$$

如考虑1.15的冲击系数，应力、变形均满足要求。

（六）次梁12.6验算

次梁受力为等跨连续结构，按均布简支计算偏于安全。其计算跨度 $e = 50 - 11.6 = 38.4 \text{ cm}$，每条履带直接作用在两根次梁上，则均布力为 $P = （7.8 + 0.531）/2 = 4.16 \text{ t/m}$

横梁产生的最大弯矩

$$M_{max} = \frac{PL^2}{8} = \frac{41.6 \times 0.384^2}{8} = 0.767 \text{ kN} \cdot \text{M}$$

应力验算

$$\sigma = \frac{M_{max}}{W_x} = \frac{0.767 \times 10^3}{77.529 \times 10^{-6}} = 9.89 \times 10^6 \text{ N/m}^2 = 9.89 \text{ MPa} < [\sigma] = 215 \text{ MPa}$$

挠度验算；

$$f = \frac{5PL^4}{384EI} = \frac{5 \times 4260 \times 10^{-1} \times 0.384^4}{384 \times 20 \times 10^6 \times 488.43} \approx 0 \text{ cm}$$

如考虑1.15的冲击系数，应力、变形均满足要求。

（七）钢面板验算

10 mm钢板做面板，底部12.6做支撑，间距为30-7.4=22.6 cm，按两边简支均布验算。

取1 cm宽钢板进行验算（$h = 1 \text{ cm}$，$b = 1 \text{ cm}$）

$W_x = bH^2/6 = 0.1667 \text{ cm}^3$，$I_x = bh^3/12 = 0.0833 \text{ cm}^4$

$P = 78 \div 0.7 \div 100 = 0.1114 \text{ kN/m}$

弯矩验算

$$M_{\max} = \frac{PL^2}{8} = \frac{0.111\ 4 \times 0.226^2}{8} = 7.28 \times 10^{-4}\ \text{kN} \cdot \text{M}$$

应力验算

$$\sigma = \frac{M_{\max}}{W_x} = \frac{7.28 \times 10^{-4} \times 10^3}{0.166\ 7 \times 10^{-6}} = 4.36 \times 10^6\ \text{N/m}^2 = 4.36\ \text{MPa} < [\sigma] = 215\ \text{MPa}$$

挠度验算

$$f = \frac{5PL^4}{384EI} = \frac{5 \times 111.4 \times 10^{-2} \times 22.6^4}{384 \times 20 \times 10^6 \times 0.083\ 3} = 0.227\ \text{mm} < [f] = 22.6/500 = 4.52\ \text{mm}$$

如考虑1.15的冲击系数，应力、变形均满足要求。

由于贝雷梁均位于桩基支点上，门架横梁[4]无须验算。

（八）钢管桩竖向承载力计算

最不利荷载组合为履带吊起吊钢筋笼并行走在平台上，此时恒载=45+12=57 T，活载=75+10+5=90 T，总荷载=1.2 × 57+1.3 × 90=185.4 T。

根据《公路桥涵地基与基础设计规范》5.3.3-3式，单桩轴向受压承载力为：

$$[R_a] = \frac{1}{2}\left(u\sum_{i=1}^{n}\alpha_i l_i q_{ik} + \alpha_r A_p q_{rk}\right)$$

R_a——单桩轴向受压承载力允许值（kN）；

u——桩身周长（m）；

n——土的层数；

$\alpha_i \alpha_r$——分别为振动沉桩对各土层桩侧摩阻力和桩端承载力的影响系数，对于锤击、静压沉桩其值均取为1；

l_i——每层土的厚度；

q_{ik}——与l_i对应的各土层与桩侧摩阻力标准值（kPa）；

q_{rk}——桩端处土的承载力标准值（kPa）；

由于钢管桩为开口截面，因此不考虑其桩端处土对桩基的承载力，保守仅考虑土体对桩基外侧壁的摩擦力。

根据以上公式计算得出：

$\varphi630$单根承载力为666 kN，$\varphi820$单根承载力为867 kN，

总承载力=$666\times5+867\times6=8\ 532$ kN>$185.4\times10=1\ 854$ kN，因此钢管桩竖向承载满足要求。

钢管桩入土深度18 m作为固定端，水中及水上部分6 m作为悬臂端，经验推算钢管桩水平承载力（剪应力）、弯曲应力、挠度均满足要求。

五、结语

斯丁森桥2#桥墩钻孔平台设计比较巧妙，首先充分利用了既有斯丁森旧桥作为连接水上平台和陆地的栈桥，55 T履带吊在旧桥上就可以完成平台所有钢管桩的打设，且平台顶面与旧桥桥面高程一致，履带吊和砼罐车等机械可以自由进出，方便钢筋笼下放、泥浆倒运及水下砼灌注；其次平台四个角上的钢管桩设计考虑了桩基完成后利用其作为钢板桩围堰的定位导向装置，减少了二次施工成本；最后平台与旧桥进行了有效连接，平台安全性更有保障。海外桥梁施工有其特殊性，前期的方案选择决定了材料的采购，好的方案可以减少材料使用。斯丁森桥水上施工平台的设计及结构选取方案能为各位同行在海外桥梁工程中类似水中桩基的施工提供一定的经验和参考。

参考文献：

［1］黄金光.水中钢管桩和钢护筒联合平台的设计与施工［J］.山西建筑，2007（20）：350-351.

［2］王伟，王玉平.浅析水中栈桥搭设和平台冲孔灌注技术［J］.珠江水运，2014（12）：39-41.

［3］周永兴.路桥施工计算手册［M］.北京：人民交通出版社，2001.

［4］李龙龙，檀瑞青.桥梁施工中水上钢平台设计与施工［J］.市政技术，2016，34（2）：60-62.

沙特阿美燃气增压站MGS项目无损探伤管理

王　纯[①]　董占凯[②]　解永峰[③]

摘要：本文介绍了沙特阿美燃气增压站MGS二期项目管线等级及其无损探伤要求，对MGS项目无损探伤的优、缺点进行了分析，综合讨论了阿美MGS项目无损探伤管理，包含资质说明、程序提交、过程管理和阿美项目黄金焊口。指出无损探伤工作的精细管理对于项目焊接技术质量评价、组织管理、过程管理具有重要意义，进而为中国企业实施阿美管线项目提供参考和指导。

关键词：沙特阿美；无损探伤；燃气增压站

一、引言

MGS（Master Gas System）系统是当今世界上规模最大的天然气采集和处理系统，自1982年建成以来，成为沙特工业经济网的支柱。随着沙特国内中西部天然气需求的增加，沙特阿美石油公司（下文简称"阿美"）拟通过新建增压站，提高其东气西输管线的输气能力。MGS项目作为沙特阿美东西管道走廊的扩建项目，由中国电建集团山东电力建设有限公司EPC模式中标建设。项目占地约89万m³，建成后将使天然气输送能力由每日2.72亿m³提高到3.55亿m³，项目包含地上管道5.3万m，焊接当量1.1万达因[1]。

---

① 王　纯，中国电建集团山东电力建设有限公司沙特阿美MGS二期燃气增压站施工部经理。

② 董占凯，中国电建集团山东电力建设有限公司沙特阿美MGS二期燃气增压站项目总工。

③ 解永峰，中国电建集团山东电力建设有限公司安全环保部副经理。

阿美作为全球最大的综合性石油和天然气公司之一，其投资运营的油气、石化及电力EPC总承包项目为中国企业提供了大量的机会，但其严苛的企业标准和管理体系也对中国企业的管理水平提出了更高的要求[2]。MGS项目虽采用ASME31.8设计标准，但在项目实施、质量控制过程中，需同时满足高于一般国际标准的阿美工程标准-SAES、材料规范-SAMSS、项目程序文件-SAEP等标准和程序。无损探伤作为质量控制一部分，阿美企业对此要求极为严苛，因此熟悉阿美项目无损探伤流程和工艺，对于项目焊接质量评价，焊接进度管理、指导具有非同一般的意义。

二、管线等级和无损探伤要求

阿美标准对于服役管线的等级编码有明确的定义和分类。所有管线服役编码在阿美文件系统中可查找对应标准，设计图纸和P&ID也须提交业主审核签发。如管线标识：6″-FG-123-1CS1P，指一个线号为123的6英寸燃气线，其管线等级为1CS1P。而对于管线等级，沙特阿美标准SAES-L-105[3]中也将其细化、分类、定义。在工艺系统类别中，将钢种分为非酸性条件服役碳钢、酸性条件服役碳钢、低合金钢、不锈钢、高合金钢，进而将根据不同钢种的设计温度、压力、服役环境等对应至不同的管线等级。阿美标准对于管线等级的一般定义为：第一区为管线压力等级；第二区为管线材质；第三区为设计腐蚀余量；第四区为服役系统；第五区为修正要求，明确系统介质类型和具体要求，如管线等级3CS1P11，指碳钢管线的设计压力为300磅，腐蚀余量1.6 mm，普通工艺管线服役环境，修正要求需满足具体项目规范要求。

表1　阿美MGS项目管线等级及无损检验比例

管线等级	设计温度/F	设计压/Psig	水压压力/Psig	气压压力/Psig	无损检验		
					RT	MT	PT
1CS2P11	0/230	285/251	425	–	100%	100%	–
6CS2P11	0/230	1 012	2 220		100%	100%	–
1CS2U16	0/165	285/268.7	NA	310	10%	10%	–

续表

管线等级	设计温度/F	设计压/Psig	水压压力/Psig	气压压力/Psig	无损检验		
					RT	MT	PT
6CS2U16	Amb/165	1 480/1 402	–	–	10%	10%	–
1CA2P11	–49/230	285/251	425	–	100%	100%	–
3CA2P11	–49/230	740/672.5	1 110	–	100%	100%	–
6CA2P11	–49/230	1 012	2 220	–	100%	100%	–
12CG0U16	25/165	285/268.7	425	–	10%	10%（BW）	–
80CG0D01	25/185	285/263.75	425	–	10%	10%（BW）	–
1SD0P01	Amb/185	275/241	410	–	10%	–	10%
1SD0P11	Amb/165	275/249	410	–	100%	–	100%
1SD0U16	Amb/270	275/220	410	–	10%	–	10%
6SD0P11	Amb/230	1 440/1 204	2 160	–	100%	–	100%

表1表明，阿美MGS项目不同管线等级对应不同工艺系统，且对应不同设计温度、试压类型和试压压力，进而确定无损探伤类型和比例，也表明管线等级可以直接反映管道服役介质。管线等级12CG0U16为碳钢材质（含镀锌碳钢材质）的管线焊口需100%RT，同一管线等级附加10%MT检验比例；管线等级1SD0P01（工艺系统）、1SD0U16（公共水系统且阿美明确规定此等级）为316/316L材质管线焊口需100%RT，同一管线等级附加10%PT检验比例；其余管线无论材质或介质，均需100%RT附加100%MT或100%PT。

三、阿美MGS项目无损探伤类型

阿美项目对于碳钢管线焊口质量评价，常用RT、MT、PT、UT无损探伤方式；对于不锈钢管线焊口质量评价，常用RT评价管线焊口质量和PMI

评价母材和焊口成分，无损探伤方式的选用在阿美标准SAEP-1143中有明确的补充说明。表2列出以阿美项目为例的不同无损检测方式及其特点。

表2　阿美MGS项目焊缝无损检测方法比较

序号	名称	适用对象	特点
1	RT	a.焊缝内部体积型缺陷气孔、夹渣、未焊透； b.焊缝内面积型缺陷须与透照方向一致才有较高检出率	a.透照厚度 δ <400mm； b.防辐射安全距离大，影响交叉施工进度； c.底片可追踪，需存档移交阿美； d.操作和审片人员需阿美多级认证
2	UT	a.适合焊缝内面积型缺陷裂纹、未熔合； b.对体积型缺陷也有较高检出率	a.厚度基本不受限，安全，成本；低，对交叉施工无影响，但缺陷定性困难； b.灵敏度高，结果易受人员主观影响； c.操作和审片人员需阿美多级认证
3	MT	a.坡口表面（夹层缺陷）； b.焊缝及附近表面裂纹； c.厚焊缝中间检查	a.简便经济，结果直观，易于解释； b.能确定缺陷位置、大小和形状，但难以确定深度
4	PT	致密材料表面开口缺陷（裂纹、针孔）	对被检表面光洁度要求高，其余同MT
5	PMI	适合承压合金配件、管道母材、管线焊口的材料成分检测	简便，结果易得到，可追踪

从表2可以看出，RT能够检测出体积型缺陷，UT能检测出面积型缺陷，MT和PT主要检测近表面裂纹。RT和UT本身特点相比，UT安全，成本低，RT具有辐射性，同时对检测人员和评片人员资质要求高，但是MGS

项目由于地处沙漠深处，环境恶劣，UT检验易受个人操作和环境影响；此外，由于焊缝余高和UT对于缺陷方向性的限制，综合因素会产生探头杂波、仪器杂波、耦合杂波、焊角反射、咬边反射、沟槽反射、焊缝错位和上下宽度不一等情况，进而造成一系列非缺陷引起的反射假信号[4]。加之中资企业阿美项目施工周期紧张，时间宝贵，为避免UT检验对于结果的准确性不能保证，造成项目时间和成本的浪费，因此，MGS项目只能选择RT检验方式来进行管线焊口的缺陷评审。

四、阿美MGS项目无损探伤管理

（一）资质说明

MGS项目焊口无损探伤方式以RT、UT为主，MT、PT附加。以RT为例，曝光操作员资质以ASME Section V，ASNT-CP-189标准为基本要求，现场RT曝光人员须2人一组，且最少Level Ⅰ和level Ⅱ各一人，对于曝光人员的认证人员，需经阿美公司认证考试授权；MGS项目的RT检验审片流程分为三级，第一级为执行RT检验公司具有level Ⅲ资质的评片员审核，第二级为阿美公司认证的具有level Ⅲ资质全职评片员审核，第三级为阿美的OID（Operation Inspection Department）部门审核，OID为阿美石油运行验收部门，具有否决权，OID审核结果不合格，即使第一级和第二级结果合格，其结果还是不合格，从RT检验到最终报告出来需要3～5天；阿美程序Schedule-Q中规定，在预制车间或现场必须要有一名阿美PID（Project Inspection Department）部门认证的NDT协调员，以申请许可证、检查焊口、准备图纸等。

UT检验前，需按照API 1104[5]从预检验母材取标准样对操作设备进行校验，所有UT检验人员必须通过阿美公司的资格考试认证和培训，对设备调试，数据采集、分析人员最低要求资质Level Ⅱ。对于UT设备操作、结果审核人员，最低要求资质Level Ⅱ或Level Ⅲ，阿美对于无损探伤人员要求需符合ANSI/ASNT CP-189[6]国际标准，也要满足阿美项目程序SAEP-1142[7]等要求。

（二）程序文件审批

阿美项目的程序文件审批有着一套精细完整的系统。RT检验因涉及放射源的存放，审批流程涵盖部门多，耗时长。总包方先确认具有阿美Vendor Code且有阿美资质的第三方，分包商准备全套操作流程文件交给总包方，总包方主管部门审核签字后通过文控发正式Transmittal（总包方审核签字传递单）提交给阿美项目方文控，再发送至主管PMT（Project Management Department）审核，PMT审核后向更高一级LPD（Lost Prevention Department）和Proponent（项目运营者）请求审核，在此过程中，每一级审核给出的意见都需修改再提交请求审核，过程耗时且效率低下，程序文件审批需总包方主管人员清晰流程流转位置，充分协调第三方和阿美PMT部门，为文件审批节约时间。

（三）无损探伤过程管理

MGS项目的无损探伤以RT检验为主，RT检验是管道试压前必须完成的重要环节，是确保焊接质量及工程安全投运的有效手段，也是阿美试压文件包中最为核心的支撑性文件。RTFI（RT For Inspection）报告包含焊口信息无损探伤结果，管道水压包文件在提交给阿美审核之前，须附上完整的阿美三级认证签字RTFI，同时焊口的无损检测合格率也会影响项目执行的PQI分数（Project Quality Index，阿美基于QMIS系统数据对承包商质量管理能力评价），因此，正确控制过程，提高检验效率，对在建项目意义重大。

阿美认证的无损探伤公司操作人员技能素质各不相同，经常出现因技能原因产生的非专业行为，如RT检验重影、高曝光，需重新RT检验，造成时间的浪费；阿美二级和三级审核依附但独立一级审核结果，即一级审核结果合格，二、三级审核会严格审核，一级审核不合格，二、三级审核会不严格，因此总承包企业有必要增压专业的审核员来增加审核的正确性；中企承包的阿美项目一般具有工期紧、任务重的特征，因RT检验的安全隐患，尽可能选择夜间避免和其他专业交叉作业；射线源的能量大小影响检验效率；充分利用协调员在RT前确定焊口位置；必要时借助阿美PMT部门来督促OID加快审核，提高效率。

（四）黄金焊口

黄金焊口是指不参与管线试压，但至少经100% RT检验或UT检验来保证质量的焊口。黄金焊口是为解决常规试压中一些难以实现的管线试压问题而提出的，比如常常遇到一些与管线焊接在一起，不能参与试压的设备、阀门等，通过选取设置合适的黄金焊口，能有效地解决管线试压中存有的一些困难[8]。

MGS项目与阿美原始管线相接，其原始管线仅可临时停气，因此接口不可试压，只能以黄金焊口代替管线试压。阿美标准对黄金焊口的要求极为严格，如阿美审核批复图纸，施工程序文件；组对前进行母材的PMI，UT，PT，MT，厚度检查，确保焊接接头材质正确，母材无分层，坡口面无裂纹，材料厚度达标等；焊接过程需阿美PMT、PID、QC三方见证，每焊接完一层需PT/MT检验合格后进行下一层焊接；黄金焊口采用100%UT+100%RT+100%PT/MT来确保质量严格满足阿美要求。

五、结束语

EPC项目是中国企业承包沙特阿美项目的主要模式之一，随着阿美管线不断扩建，中国企业在沙特管线市场的机会越来越多，而焊接和无损检测是管线扩建项目中重要的环节。面对复杂的阿美程序文件和更高一级的标准要求，本文以阿美MGS项目为例，对于阿美管线扩建项目的管线等级，特定无损探伤方式，特别是对RT、UT检验资质，检验程序流程，无损探伤过程控制等均予以说明，为后续中资企业在阿美管线项目的经营活动和过程控制提供一定的参考，为无损探伤的组织和质量管理提供一定的借鉴，更好地实现中国企业在阿美项目上的共赢。

参考文献：

［1］范磊，于江强，黄付帅．"一带一路"背景下国际EPC工程项目管理的案例分

析［J］.项目管理技术，2020（18）：100-103.

［2］戴杰.沙特阿美石油公司标准及中国总承包企业履约现状分析［J］.低碳世界，2018（3）：315-316.

［3］SAES-L-105.Piping Line Classes［S］.

［4］赵熹华.焊接检验［M］.北京：机械工业出版社，2012：100.

［5］API 1104，Standard for Welding Pipelines and Related Facilities［S］.

［6］ANSI/ASNT CP-189，Qualification and Certification of NDT Personnel［S］.

［7］SAEP-1142，Qualification of Non Saudi Aramco NDT Personnel［S］.

［8］何小超，程兆欣，史海峰，等.黄金焊口在试压中的应用分析［J］.中国造船，2015（11）：300-304.

不停输带压开孔技术应用与实践

滕平强[①]　范　磊[②]　董占凯[③]　吴子山[④]

摘要： 燃气管道不停输带压开孔作业需在全密封环境下进行，在燃气不停输状态下安全可靠地完成管线的对外接口工作，即不停输带压开孔技术，该技术在天然气管线维护和管理过程中应用广泛。本文主要分析了不停输带压开孔技术在高压、大口径管道上的原理和工艺，并详细介绍了不停输带压开孔作业的控制要点和安全性因素。

关键词： 天然气管线；开孔计算；在役焊接；带压开孔

引言

带压开孔技术是一种工艺先进、专业性强的管道维修技术，全过程在密闭环境内完成对新旧管道过渡或者在原来的管道上增加旁路作业的新工艺，其核心技术原理就是通过开孔机底部的轴封填料装置，使开孔机在带压作业环境中不渗漏，保证开孔机在密封环境下完成开孔和封堵作业。不停输带压开孔技术避免了停气置换再开孔的繁琐工艺，保证了下游用户的

---

① 滕平强，中国电建集团山东电力建设有限公司沙特阿美MGS二期燃气增压站设计部经理。

② 范　磊，中国电建集团山东电力建设有限公司沙特阿美MGS二期燃气增压站项目经理。

③ 董占凯，中国电建集团山东电力建设有限公司沙特阿美MGS二期燃气增压站项目总工。

④ 吴子山，中国电建集团山东电力建设有限公司沙特阿美MGS二期燃气增压站施工部副经理。

用气供应，带来了良好的经济和社会效益。

带压开孔技术在特大口径高压管道上应用并不多，而且在技术可靠性、机具设备、专业材料配置方面均有不足。本文结合现有技术，详细分析了带压开孔在高压、大口径管道上的应用，从技术原理和工艺方面详细分析了不停输带压开孔作业的控制要点和安全因素。

一、带压开孔技术工作原理

（一）带压开孔施工流程

首先在作业管线上选定开孔位置，焊接对开三通（图1），对开三通安装图，安装工艺球阀（隔断阀），在球阀上安装开孔机（图2），带压开孔机安装示意图，然后在开孔机、球阀、三通的密闭室内充入氮气，置换其中的空气并使之与管线内压力平衡。启动液压装置进行密闭开孔，随机带出切割下的鞍型板，完成带压开孔过程。关闭球阀，然后拆除开孔机，从而完成新管线的连接工作。

（二）带压开孔计算

图1　对开三通安装图

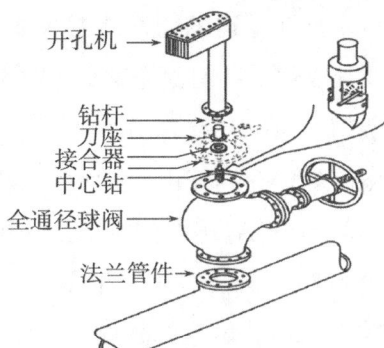

图2　带压开孔机安装示意图

带压开孔的核心计算主要是针对开孔点的选择做可施焊的符合计算，封堵技术规程要求管道带压施焊时，运行压力低于管道允许的带压施焊最高压力，通过UT检测收集管线或设备的基础数据对管线最大可施焊压力进行校验。同时，开孔点要选择在作业面开阔，方便吊车站位与开孔机安装，并避开集中焊缝的位置。管道允许的带压施焊计算公式如下：

$$P_{max}=2S（T-0.010）0.72/OD \tag{1}$$

（1）式中：P_{max}——焊接时管线内最大运行压力，MPa；

S——规定的最小管道屈服力，MPa；

T——焊接处管道壁厚的最小值，mm；

OD——管道外径，mm。

注意，应以实际管线壁厚计算P_{max}，若P_{max}超出管线运行压力，则满足外侧对开三通带压施焊要求。

二、在役焊接

（一）焊接工艺评定

在役焊接工艺规程与评定记录（WPS&PQR），是对开三通焊接的关键环节，对开三通的高质量焊接是带压开孔的基础保证。在役焊接工况非常特殊，是在系统天然气介质运行的工况下实施带压外部焊接作业，其焊接工艺控制尤为重要，既要保证作业安全又要保证焊道各项指标检测合格。

（二）焊接控制要点

对开三通的组对焊接是此项作业的关键工序。焊接前用角磨机对管线外表面进行打磨清理，焊道边缘50 mm内均需去除氧化层、熔渣等各类杂物，打磨出金属光泽。对开三通焊接采用手工电弧焊，严格遵循焊接操作规程控制好电流，角焊缝电流控制在90～120 A，横焊缝电流控制在120～160 A。焊缝均需采用多道小焊道的焊接方法，每焊层厚度控制在2.0～3.0 mm。焊接顺序要求先横缝后环缝，双边各三名焊工对焊缝对称施焊（图3）；氩弧焊打底，电弧焊盖面，控制焊接速度及焊把角度，咬边深度不大于0.5 mm，连续咬边不大于50 mm，且焊缝两侧咬边总长度不大于焊缝全长的10%，焊缝余高应不大于1+0.2p（p为坡口的大宽度）。

（三）焊接操作要领

依据WPS规程严控焊接温度与熔池深度，是焊接操作的必要要领，避免应力集中与氢裂是在役焊接时的主要质量控制指标。层间依次执行100%MT、PT无损探伤检测，对于焊缝进行磁粉渗透检测不合格的，需要按WPS焊接规程相关规定进行焊缝返修。施工中三通的焊接严格按照API （a）直缝焊接顺序　　　　　　（b）环向角焊缝焊接顺序

（c）环向角焊缝焊接坡口型式　　　（d）环向角焊缝堆焊焊接型式

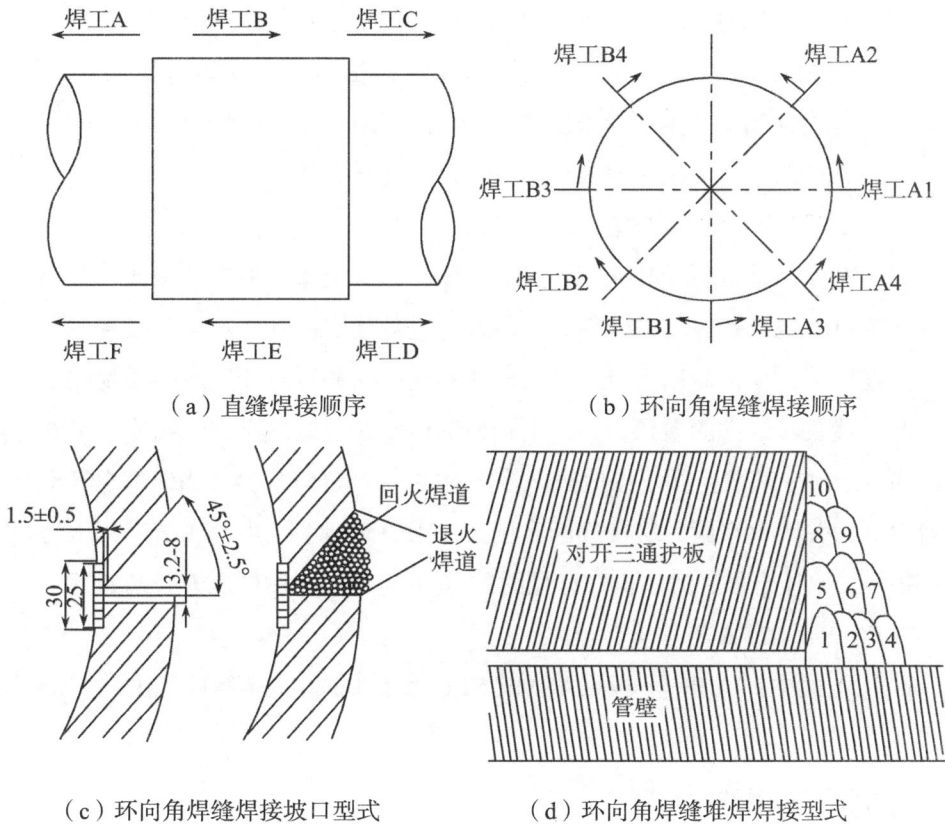

图3　焊接方面有关要求

RP1107《管道维护焊接操作》和API STD1104《规定焊缝合格标准》执行。

三、开孔机安装

（一）开孔机的安装要求

开孔机系统安全科学组装是带压开孔成功关键。对于高压大尺寸管线，技术先进的开孔机及相关液压站系统是首选。由于开孔设备尺寸巨大，必须保证钻机、连轴箱与钻刀的同心度，少许偏差都可能在开孔过程折断钻刀造成开孔失败，严重者会造成安全事故。安装前检查镗杆驱动的紧固性和圆形圈的完整性，并确认镗杆填料螺母的可调节性。确保带测量杆的保持器轴易转动，保持环形头和不锈钢环形垫圈清洁，在打孔机上安装适配器。在镗杆上安装刀架，拧紧保持器轴，并在两端安装安全销，在刀架上安装刀具，拧紧内六角螺栓和螺母，在刀具上安装并紧固导向钻头。对齐适配器和刀具并紧固适配器螺母，缩回镗杆和刀具，用测量杆测量并计算打孔距离，确保刀具行程与开口工况精确吻合。

（二）试压与气密试验

气密检测是带压开孔成功的关键工序，是安全操作的重要保证。首先在开孔前对带压开孔所需的管件与阀门遵循设计规定及其厂家试验报告执行现场强度试验，合格后用于带压开孔操作；其次，执行对开三通的强度试验，检测焊缝及其管件的质量，三通上预留的Boss口与试压操作台相连，不断地注水，通过上部放空阀缓慢地排出腔体内空气，具体见图4。当内部空气全部排出后，关闭放空阀，缓慢逐渐升压操作来检测泄漏，当升压结束，压力表不掉压，水压合格，升压操作详见图5。对开三通最大测试压力公式如下。

$$Pb=Ph+1.25\Delta P \tag{2}$$

（2）式中：ΔP——根据ASME SEC VIII D1，UG–28计算出的管道主管压差，Pa；

Ph——主管压力，Pa；

Pb——支管测试压力，Pa。

根据上述公式计算值与对法兰压力测试限值、对开三通最大允许操作压力及相关阀门管件的试验值比较，若Pb最小，满足测试要求。

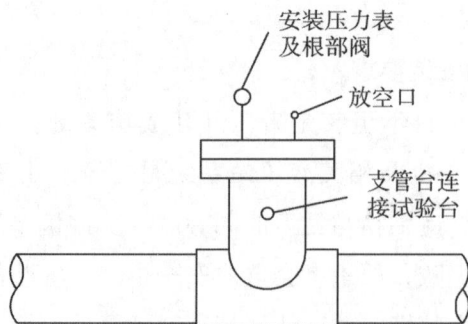

图4 对开三通试压

待整套系统安装后（图5），对组装后的管件、阀门、开孔机等部件进行整体试压，试验压力为管线操作压力的1.1倍，步步升压，以不渗漏为合格。此步试压不同于上一步对开三通试压，在针对对开三通试压过程的同时，在役管线同时承受外压，要尽量多阶段逐步升压，避免瞬间应力突然过高对管件造成疲劳损伤。而整体试压侧重整套系统的安全性检测，压力选定标准以近似管道的运行压力为宜，以防损坏开孔机设备。气密检测介质为氮气，采用肥皂水喷涂的方式，确认各个连接处无渗漏，此过程也是置换过程，使氮气充满整个腔体，确保带压开孔作业全程在密闭与阻燃环境下进行，防止刀具切割管壁过程发生爆炸。

不停输带压开孔作业前，必须检查开孔器的密封性，确保密封垫没有损伤、钻杆连接完好。在确认天然气管线的温度范围内，用静压力测试焊接连接件和开孔机器，将开孔机和阀门安装并焊接在开孔短节上试压，试

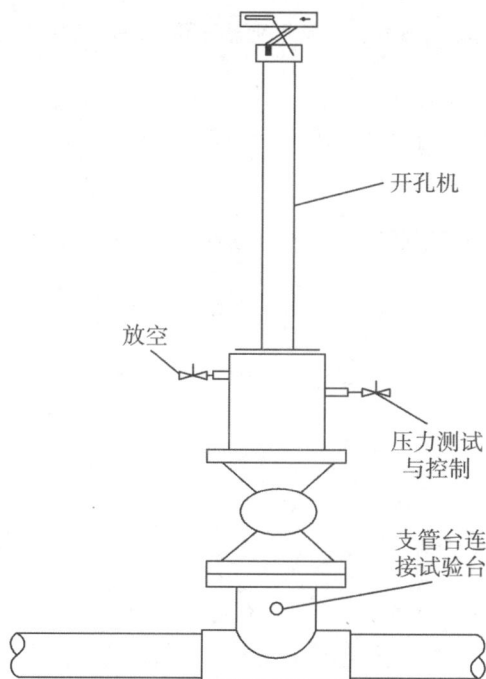

图5　系统整体试压图示

压30 min以后，没有泄漏现象，才能进行作业。开孔作业时，开孔机安装在天然气管线上，开孔机本身具有一定的重量，给管道以及支撑结构造成一定的影响，所以在选择开孔机的时候，尽量选择轴向尺寸和钻孔工具。

四、结束语

不停输带压开孔技术改变了传统开孔过程中停运、降压、排放介质等作业方式，避免了施工影响用户正常用气，降低了作业成本，具有极大的经济性和可操作性。但是不停输带压开孔技术在开孔前的焊接及开孔过程中具有一定的风险，作业时一定要制订严密的施工计划，施工人员按照施工技术规范进行，确保不停输带压开孔作业的安全性和可靠性。

参考文献：

[1]周卫军，郭瑞，张勇，等.不停输带压开孔封堵技术的应用[J].管道技术与设备，2009（6）：35-38.

[2]冯颖，彭国晟.国内、外燃气机械开孔封堵设备应用浅析[J].城市燃气，2004（1）：13-15.

[3]崔钢，刘向东.高压管线带压开孔改线技术的应用[J].城市建设理论研究（电子版），2015（29）：4267-4268.

[4]邓华娇.低压燃气管道不停输气囊式封堵技术与设备[J].管道技术与设备，2006（1）：40-42.

4D模拟软件在工程施工模拟中的应用研究

谢　豪[①]

摘要： Building Information Modeling（BIM）技术已经广泛应用于工程设计、施工和运维的全过程中。文章首先介绍了选择Synchro Pro 4D软件（以下简称"4D模拟软件"）的原因，并对4D模拟软件的主要功能进行了介绍。其次以沙特国王港项目为依托，通过可视化的漫游展示和施工工序模拟，对比分析不同施工方案的可行性、施工虚拟和实际环境下的施工进度计划管理，达到"先试后建"的目的，避免施工过程中存在的风险，确保项目的顺利实施。

关键词： BIM；4D模拟软件；漫游展示；施工模拟

引言

BIM是将基于3D模型的信息技术应用于建筑、设计、施工的过程。BIM自2000年以来逐步发展成熟，是以三维数字技术为基础，集成了建筑工程项目各种相关信息的工程数据模型，可以为设计和施工提供相协调的、内部保持一致的可进行运算的信息。大型国际项目更是重视对BIM的应用，实现"先试后建"和在电脑上的"施工"，通过使用4D模拟软件提前模拟工程的施工过程，从而提前预测出一些难以通过常规措施发现的情况，以提前做好应对方案。

通过BIM与施工进度计划相链接，将3D模型信息与施工计划相关联形成4D（3D+时间）模型，从而直观、精确地反映整个建筑的施工过程。4D

---

① 谢　豪，中国电建集团山东电力建设有限公司沙特国王港项目部控制部副经理。

施工进度模拟可以在项目建造前期提前对施工计划进行查错补缺，在实际施工过程中动态观察实际进度与计划进度的关系，以动态的形式精确掌握施工进度，优化使用施工资源以及科学地进行场地布置等，对整个工程的施工进度、资源和质量进行统一管理和控制，达到缩短工期、降低成本、提高质量的目的。

本项目通过使用4D模拟软件，将建立的3D模型与Primavera（以下简称"P6"）进度计划有效结合，生成可模拟施工的4D模型，实现施工可视化与进度计划可视化，为项目的顺利交付保航。

一、项目概述和4D模拟软件介绍

（一）项目概述

沙特萨勒曼国王国际综合港务设施项目（以下简称"国王港项目"），位于沙特东部阿拉伯湾沿岸，朱拜勒以北约80千米。国王港项目东西跨度2 500米，南北跨度4 500米，总占地面积超11平方千米，建成后将成为全球规模最大的"超级船厂"，创造多个世界之最：面积最大的船厂、整体面积最大的干船坞、最大的联合吊装能力、最大的升船机系统、最长的码头。

国王港项目中的P4、P5、P6标段为主体工程。P4包为商业船舶和钻机平台维护修理区，主要包含修船坞、升船机、高桩码头、船舶转运区和修理区等，其中升船机升船能力为25 000吨。2号干船坞为修船坞，长374米，宽90米，深16米，采用卧倒式坞门。P5包为新商业船舶、海上平台制造区，主要包含造船坞，其中4号、5号主要包括方块码头和造船坞，长度分别为550米和400米，宽度均为75米，深13.5米，采用浮箱式坞门，三座船坞混凝土总量达30万方，并且4号、5号船坞包括1座1 600吨及3座500吨巨型龙门吊。P6包为海上平台、钻机制造区及公用服务设施，主要为众多的陆上建筑物，包括13.8千瓦主接收电站、各类车间和仓库、动力与给排水系统等。

本项目体量巨大，工程总混凝土量近200万立方米，项目全场共39个钢结构建筑物，钢结构总量达3.9万吨，建筑总面积55万平方米。

（二）4D模拟软件介绍

4D模拟软件是本特利（Bentley）旗下的一款专业施工模拟软件，具有成熟的施工进度计划管理功能，可以为整个项目的各参与方（包括业主、建筑师、结构师、承包商、分包商、材料供应商等）提供实时共享工程数据。可以利用4D模拟软件进行施工过程可视化模拟、施工进度计划安排、高级风险管理、供应链管理以及造价管理等。

BIM在施工阶段的重点应用之一是进行现场施工进度管理，而4D模拟软件恰好在管理应用方面尤为突出，计划编制、计划优化、计划分析、计划输出都可以基于4D模拟软件实现精细化应用。目前我们常见的施工进度模拟软件其功能基本都没有模型编辑或者创建能力，但是4D模拟软件可以在软件里进行模型搭建与编辑，并且可以与建模软件良好兼容。

通过对比分析目前主流的4D软件，并根据本项目体量大、专业多等特点，最终选用4D模拟软件对本项目进行施工模拟。

二、4D模拟软件主要功能分析

（一）BIM模型"轻量化"整合

4D模拟软件支持导入多种格式的BIM模型，过滤删除非必要的模型信息，对一些几何信息进行优化操作达到轻量化的目的，可以自由查看各尺寸的项目模型，并通过有效的管理，使项目各参建方了解进度计划和模型，更好地达到模型可视化和执行项目的目的。

（二）模型的静态、动态分析和碰撞检测

碰撞检测是指通过在模型中对不同专业的构件在空间上的冲突进行检测，主要包括软碰撞、硬碰撞两种类型，通过在施工前进行碰撞检测，寻找施工中不合理的地方并及时调整，提高施工效率和质量。4D模拟软件不仅可以进行静态碰撞检测，还可以进行动态碰撞检测。

（三）高效的4D模拟与动态进度管理

4D模拟软件不仅可以通过加载进度计划与模型挂接，形成4D模型，同时具有编辑进度计划的功能，以及对模型进行拆分、整合和简单修改功

能。4D模拟软件可以实现与P6进度软件的无缝对接，例如通过在P6中更新进度计划，可以实现在软件中的同步更新。

在4D模拟过程中，4D模拟软件可以通过对同一模型加载不同时间，例如基准计划、实际计划，生成多视角对比动画，更加形象地展示现场施工情况。并通过软件的显示（包含安装、维修、拆除、临时四种形式）功能，对重点工序构件的展现形式进行强调，有助于可视化的施工交底。

通过模型与计划的有效挂接，使项目部可以高效进行施工进度模拟、施工工序模拟、施工场景模拟等。项目团队可以通过进度模拟，优化进度计划和施工方案，通过可视化的效果，使进度计划更加合理。

（四）快捷方便的项目交互、现场交流

4D模拟软件可以实现随即制作随即动态调整，即可及时进行动态动画展示。通过4D模拟软件可以快速输出施工进度模拟视频文件，直观展示现场施工动态，辅助生产指导。并可以将成果模型、模拟效果传送至平板电脑、手机等，让现场管理人员随时进行现场质量、安全、进度管理。4D模拟软件界面如图1所示〔其加载了A301-Production office（生产办公室）的模型和基准计划〕。

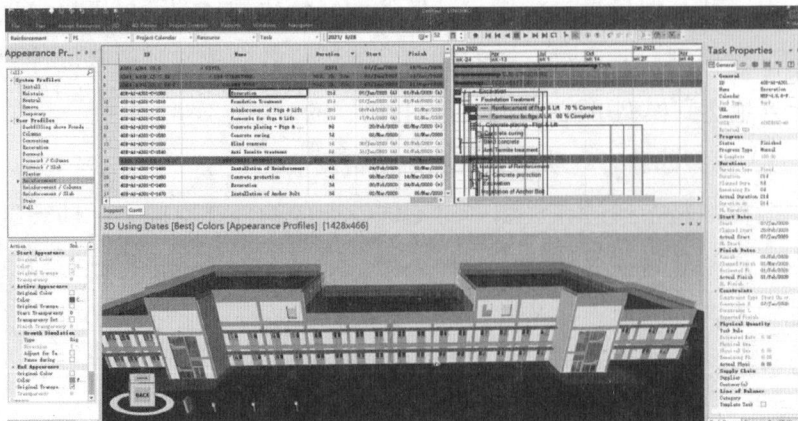

图1　4D模拟软件界面

三、4D模拟软件在国王港项目中的具体应用

（一）4D动画模型

在国王港项目中，根据业主合同文件，在项目设计和施工阶段均需要创建4D动画模型。在设计阶段，通过对3D模型加载基准计划，形成4D模型。在施工阶段，通过在形成的4D模型中加载实际施工时间，形成符合实际的4D模型。利用4D模拟软件进行模拟动画的制作，用来研究施工可行性、施工计划安排以及优化任务和下一层分包商的工作顺序。通过模拟动画，可以很好地控制生产周期，提前准备好人员和材料，有效减少工期、材料和人力等浪费。若通过加载资源，则可以导出每个月的资金、产值等，从而提前做好商务及物资方面的计划准备。

（二）工艺漫游展示

通过采用4D模拟软件的漫游功能，可以使项目各相关方"身临其境"经历项目的建造，了解项目的施工建造全过程，实现"所视即所得"，并加强了项目各相关方对项目的管理。如图2所示是国王港项目A301建筑物内部的漫游视角，结合软件的标注和视角管理功能，可以实现快速、高效的协同管理。

图2　项目A301建筑物内部的漫游视角

在项目施工过程中，针对技术方案无法细化、不直观、较低不清晰的问题，可以通过4D虚拟动漫技术呈现技术方案，使施工重点、难点部位可视化，实现4D技术交底，确保工程质量。预应力钢结构的关键构件及部位的安装相对比较复杂，如图3所示，合理的安排方案很重要，传统的方法是在工程实施时验证，会造成二次返工等问题。通过4D动画模拟，能够提前对特殊部位的安装过程通过动画进行动态展示，支持施工方案讨论和技术交流。

图3　钢结构复杂构件节点的展示图

施工过程的顺利实施是在有效的施工方案指导下进行的。因此，在施工开始之前，找出完善合理的施工方案是十分有必要的。利用4D模拟不仅可以预测和比较不同的施工工艺，还可以优化施工方案，寻找最优的施工方案。对关键部位进行方案预演和选择，实现BIM技术指导施工。

（三）施工模拟

通过4D施工模拟，可以直观地体现施工的界面、顺序，从而使总承包更容易与各专业施工分包进行沟通、施工协调和管理，将四维施工模拟与施工组织方案相结合，可以使设备材料进场、劳动力配置、机械排班等各项工作安排得更加经济合理，实现施工可视化，达到对施工工序和逻辑验证及优化的目的，并使设计意图清晰展示给项目参建方。如图4所示通过在4D模拟软件中对A301整个建筑物施工进度进行模拟，直观体现施工顺序等情况，并通过清晰展示不同节点施工内容，合理动迁人员和机械。

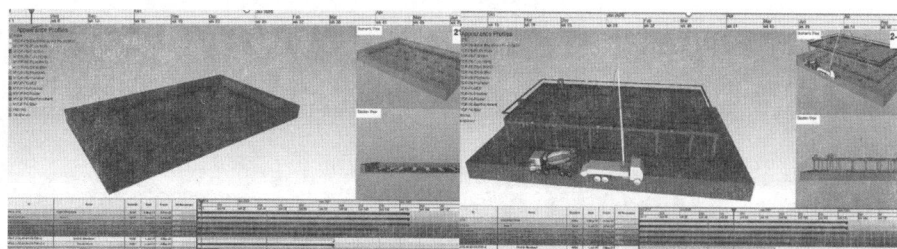

图4 4D模拟软件对整个建筑物施工过程的进度模拟

综合施工进度计划进行的4D施工模拟，加入成本信息和协同平台的管理，可以实现工程的综合预演，有助于总包方对工程进行预控。

（四）进度管理

施工进度是整个施工过程中的重要控制内容，进度计划、资源安排、技术力量、方案、天气情况、建材运输等都是影响施工进度的关键因素。然而，实际实施情况往往与制订的进度计划偏差较大，并且随着项目的进展，进度滞后的情况逐步累积。在本项目中，通过P6编制的施工计划，直观地将3D模型和施工计划在4D模拟软件中通过Activity ID（作业项和模型构件的编码）自动关联起来，并与施工资源和场地布置信息集成一体，以时间为维度，建立4D施工信息模型，自动生成虚拟建筑的全过程。

进度管理主要体现在以下两点。

（1）校验施工计划。4D施工模拟技术可以跟踪项目进度，检验施工进度计划是否合理有效，快速辨别实际进度是否提前或滞后，从而避免工程质量和施工安全等问题。在4D模拟软件中通过模型和施工进度进行挂接，对施工进度进行可视化展示，分析虚拟建造的全过程，针对不合理的施工进度进行调整，达到对施工进度计划进行验证和更好控制现场施工与生产的目的。

（2）施工进度监控。通过在同一模型中加载基准施工进度和实际进度计划，形象直观地展示进度偏差的部分，包括提前、滞后，并通过不同颜色进行强调，据此分析产生进度偏差的原因，如图5和图6所示，通过图5和图6视图对比使进度偏差可视化。

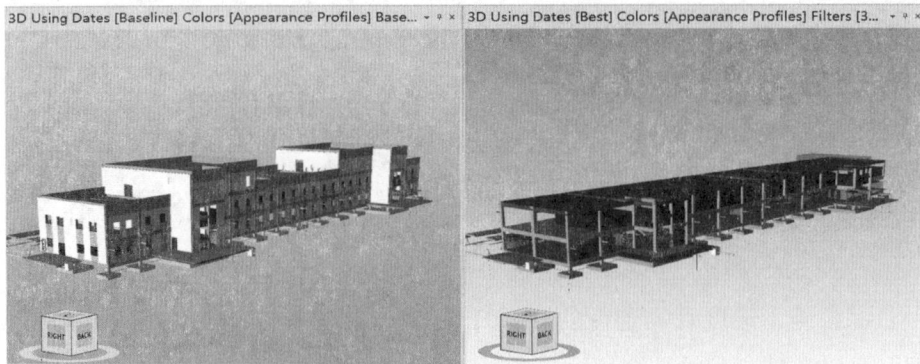

图5 3D模型加载基准计划   图6 3D模型加载实际计划

四、总结

本文以沙特国王港项目为依托,重点介绍了4D模拟软件在项目中的应用。通过进行施工模拟,实现对项目施工逻辑的验证、对关键工序的可视化施工交底、对施工进度进行验证,并通过在模型中加载实际进度计划使项目进度偏差可视化,达到进度计划的有效监控,实现对项目"先试后建"的目的,排除施工过程中可能存在的错误及风险,确保项目的顺利实施。

火炬管提升方案的改进研究

滕平强① 胡小林② 董占凯③ 吴子山④

摘要：为实现火炬管安装过程中提升、连接和固定一体化的作业方式，本文对火炬管的提升方案进行了改进及研究，主要在卷扬机整体框架式布置、火炬管的分段吊装、火炬管分段连接工作的平台化方面进行了详细的介绍和探讨，该方案提高了火炬管整体吊装进度和质量，真正实现了施工过程中的安全、快捷和环保。

关键词：火炬管；框架式布置；导轨滑块；卷扬机

引言

目前受燃气站排放量增加，严要求、高标准的辐射量和辐射范围的影响，使得整体火炬管的高度均达到80 m以上。传统的火炬管提升方法需采用大型吊装机，吊装前需进行吊车副臂加长改造从而满足高空吊装要求，且起吊高空作业受风速的影响较大，安全系数较低，因此传统堆积木式的火炬管吊装方法已无法满足当前的施工要求。

---

① 滕平强，中国电建集团山东电力建设有限公司沙特阿美MGS二期燃气增压站设计部经理。

② 胡小林，中国电建集团山东电力建设有限公司沙特阿美MGS二期燃气增压站项目副经理。

③ 董占凯，中国电建集团山东电力建设有限公司沙特阿美MGS二期燃气增压站项目总工。

④ 吴子山，中国电建集团山东电力建设有限公司沙特阿美MGS二期燃气增压站施工部副经理。

本文基于火炬管的结构形式，研究探讨了一种安全、快速地进行火炬管分段提升的方法，即使用卷扬机组进行各火炬管段的分段吊装，然后采用导轨滑块进行各分段管的提升方案。相比于传统火炬管提升方案，此改进方法具有提升高度高、操作简单、调整快捷、定位准确、安全可靠等优点。本文主要从卷扬机安装平台设置、导轨滑块的创新技术、盖板开启手摇绞车的应用、倾斜工作平台改进等方面介绍了火炬管提升改进方法。其中，火炬管"卷扬机安装平台设置"取得实用新型专利；"火炬管提升安装系统及方法"发明专利正在等待专利局批准。该火炬管提升安装方案已在沙特MGSE-I&II两个燃气增压站项目中均取得了良好的实践效果，并产生了较好的质量效益、工期效益和经济效益。

一、提升方案的改进

（一）起吊流程

卷扬机采取整体框架布置方式，各卷扬机起到分段吊装的功能和作用，其中辅助卷扬机负责吊装滑轮和其他附属件的吊装就位工作，吊装荷载较低；倾斜卷扬机负责火炬管的起竖，当火炬管竖直后进行细微调整，保证火炬管垂直且导轨滑块就位正确；提升卷扬机负责上部火炬管的提升

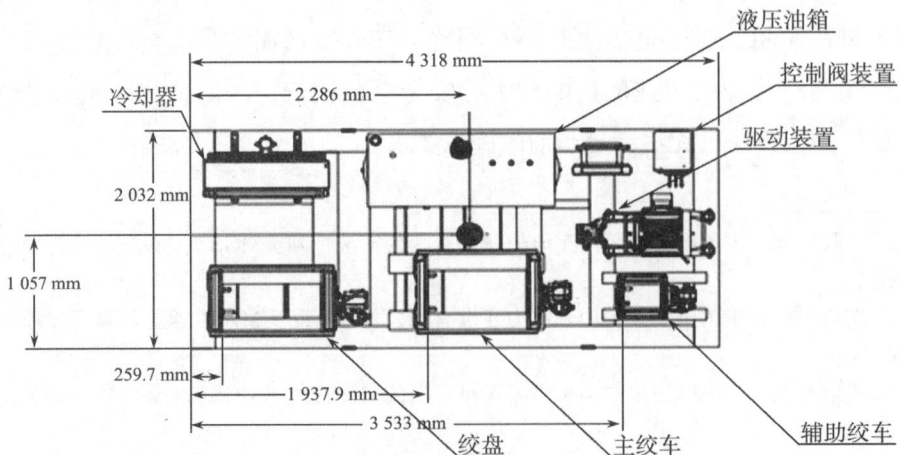

图1　卷扬机整体框架布置

工作，同时当倾斜卷扬机在火炬管起竖到位后，负责上部火炬管的下落，待与底部火炬管法兰按设计要求连接完后，进行整体上部火炬管的提升工作，提升到一定高度，再利用倾斜卷扬机进行下一段火炬管的起竖工作，从而循环进行各段火炬管的起竖、连接和提升工作，该方案可进行超高火炬管的提升工作，不受火炬管提升高度的安全限制。卷扬机整体框架布置方式，见图1。

（二）导轨滑块技术的应用

利用火炬管自配的导轨滑块结构，火炬管提升工作仅使用提升卷扬机完成，而且稳定、可靠。同时火炬提升过程中不需要任何支撑架与钢结构连接，仅靠导轨滑块装置配置间隙就能实现固定安装。导轨滑块在H型钢内部是方钢，而且间隙控制在3 mm以内，既限制了火炬管在各方向的移动，又起到了限位支架的作用。采用导轨滑块装置加滑道布置，吊装高度不受限制，吊装位置精准，而且安全快捷，见图2。

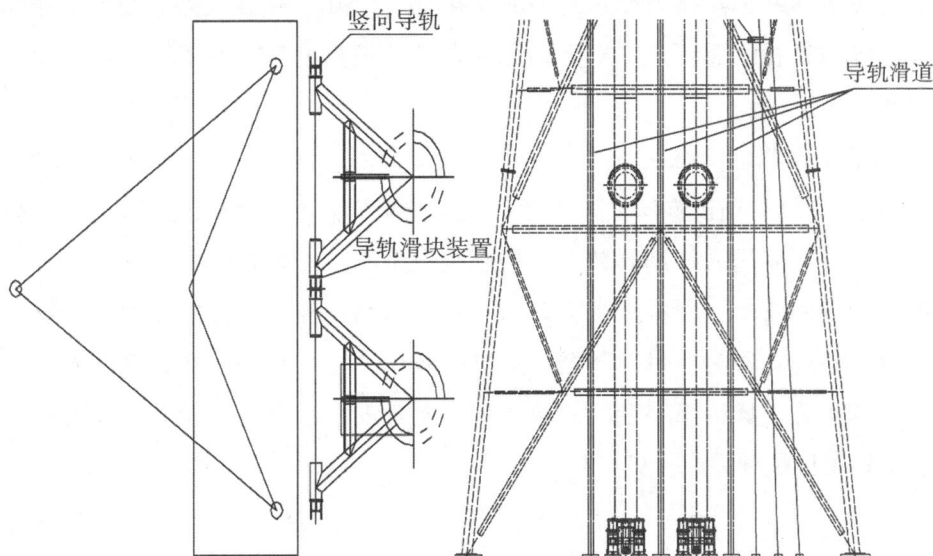

图2　导轨滑块装置及滑道的布置

（三）卷扬机的布置

1. 选型

根据吊装火炬立管的高度和重量，选择合理的卷扬机配套设施，主要包含电机的出力、钢丝绳的长度和尺寸、卷扬机装置和滑轮等。根据以上参数确定各卷扬机各配套设施的型号和尺寸，参照尺寸和钢丝绳的走向初步设计固定设备的框架。主要考虑框架的整体结构尺寸和型钢的选择，整体结构尺寸要满足合理布置各部件的要求，框架结构要进行详细的受力计算并选择符合安全规定的各类型钢。整体结构初步规划完成后，然后进行详细尺寸的确定，根据受力分析进行各设备固定点的设计，然后确定框架的结构尺寸。

2. 设备布置

基于各设备部件的外形尺寸，进行设备部件的布置。参照各设备的外形尺寸图和固定螺栓孔的尺寸，进行框架固定螺栓孔的划线，框架钻孔时要比设备固定螺栓孔的尺寸大4 mm左右，避免由于钻孔误差或设备本身的偏差导致钻孔间距不足。框架钻孔完成后，根据设备布置图进行相关配套设备的固定。

3. 工作原理

参照图1卷扬机整体框架布置，其工作流程如下：液压油箱来油至驱动装置，升压后进入控制阀装置，控制阀设置有三档配置分别控制主绞车、绞盘和辅助绞车，根据火炬立管的吊装现状利用控制阀分别控制以上绞车装置。各绞车回油通过冷却器最后进入液压油箱。卷扬机及其钢丝绳要进行合理布置，保证吊装期间简单方便，而且安全系数高，能够保证火炬立管吊装工作顺利完成，见图3。

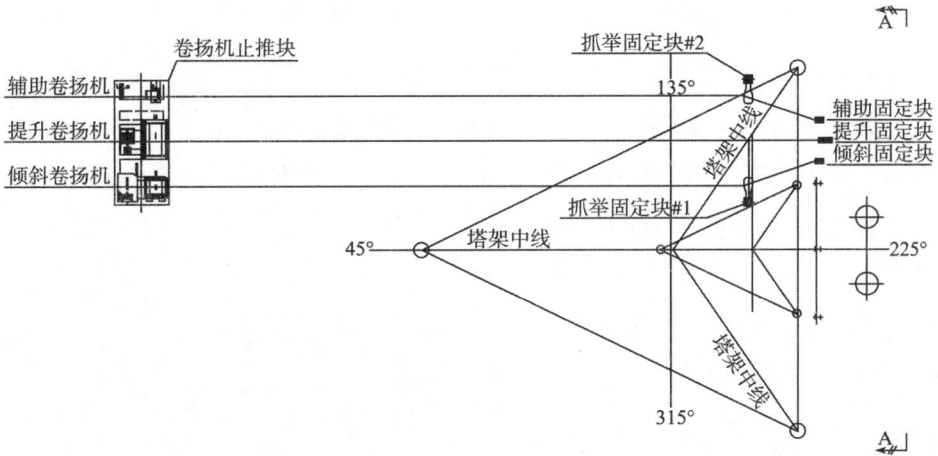

图3　卷扬机及其钢丝绳的平面布置

二、具体实施流程

（一）准备工作

倾斜和提升作业前的准备工作：倾斜钢丝绳和吊装钢丝绳应布置完毕，见图4。同时用辅助卷扬机将倾斜卷扬机滑轮组和提升卷扬机滑轮组分别就位；钢丝绳端头应按照相关要求固定在绞车各滚筒上，布置完成后检查吊装卷扬机系统运行良好。

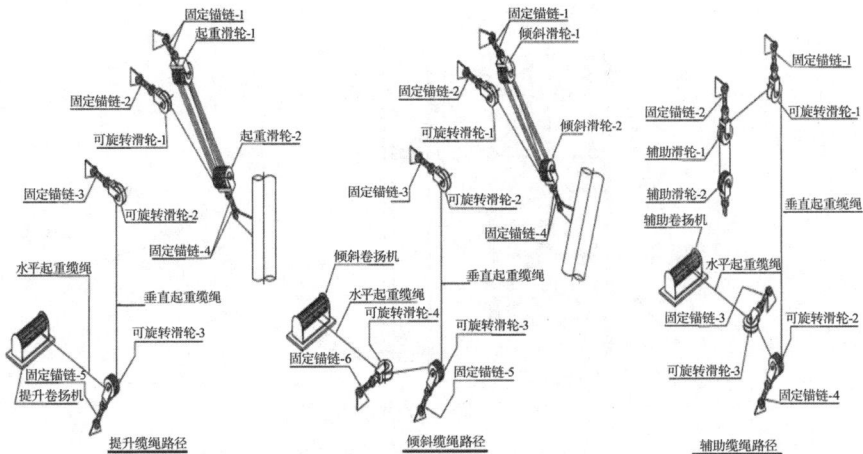

图4　各卷扬机钢丝绳布置图

（二）火炬管起竖

火炬上端立管倾斜过程：打开倾斜台可翻转平台机架，按要求将火炬管放置在已布置好的平台上，前后平台高度差先前已按要求进行调整布置好，并用混凝土基础牢固固定。平台左右两侧用脚手架搭设临时防护平台，便于进行火炬管附件的安装和检查，见图5。

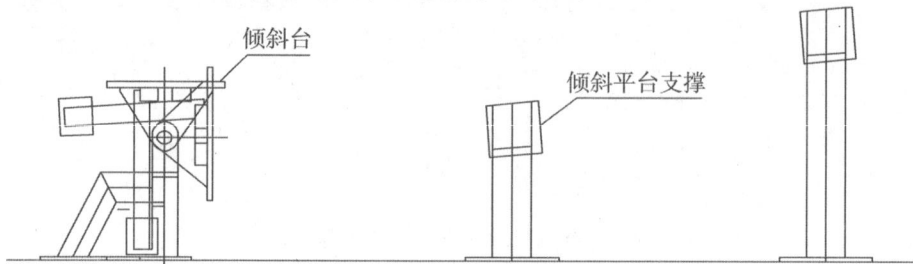

图5 倾斜工作台的布置

起竖准备完成后，应进行以下操作：可翻转平台在倾斜作业前应由手摇绞车打开，平台打开后应采用临时脚手架设置防护栏，以满足现场安全要求；倾斜操作前，导轨滑块应涂满油脂；火炬管顶部管段应通过倾斜卷扬机缓慢倾斜，火炬管倾斜过程中应使用粗麻绳作缆风绳平稳地提升至垂直位置，见图6。

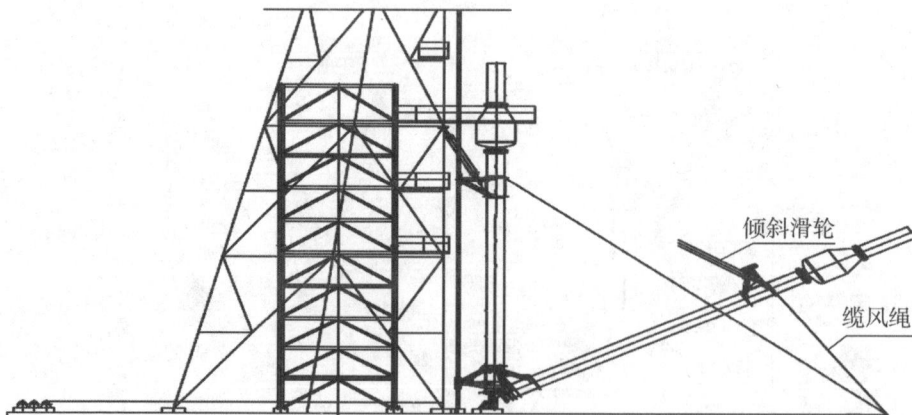

图6 倾斜工作台的布置

打开导轨槽开口盖板，倾斜卷扬机挂钩和上段火炬管连接，并利用倾斜卷扬机进行火炬管的起竖工作。起竖工作中安排专门工作人员在卷扬机事故按钮处进行紧急事故处理，起竖到位后关闭导轨盖板（起竖过程中注意不要让火炬管及其附件和其他部位相碰）。

（三）检查及固定

起竖作业完成后，应进行以下操作或检查。导轨活门盖板应用手动绞车关闭，平台应采用手动绞车拉起至垂直位置。保证导向滑块与轨道开口之间的自由滑动，提升卷扬机挂钩和上段火炬管连接，然后移除倾斜卷扬机挂钩并拆除倾斜平台和上段火炬管的连接螺栓。操作提升卷扬机提升上段火炬管，至提升高度上限值后停止（提升高度上限值比实际高出150 mm），主要便于下部连接火炬管段的起竖工作。提升过程中确保提升滑轮及其导向滑轮布置正确。

火炬管应使用临时吊车放在倾斜工作台上，火炬管底部法兰用螺栓和倾斜台旋转装置连接。同时检查辅助管道，如气封、火炬头和公用管道是否按照批准的图纸正确安装。确保火炬管的导向滑块、倾斜吊耳和起升吊耳处于上部正确的位置，即保证火炬管垂直时，各部位吊耳垂直于井架结构。

导轨上的活动盖板应借助手摇绞车手动开启，活动盖板打开位置以不妨碍导向滑轨装置的上下移动为准。活动盖板打开处用脚手架设置临时防护栏。倾斜滑轮及其导向滑轮布置，布置完成后查看钢丝绳是否有碰撞位置及卡涩现象。

（四）火炬管提升

火炬管提升过程中，通过提升绞车小心吊起火炬管。火炬管所有底部不得超过提升限制位置。导轨上标明警示颜色，以避免过量举升，导轨滑块应放置在警示标志位置，见图7。

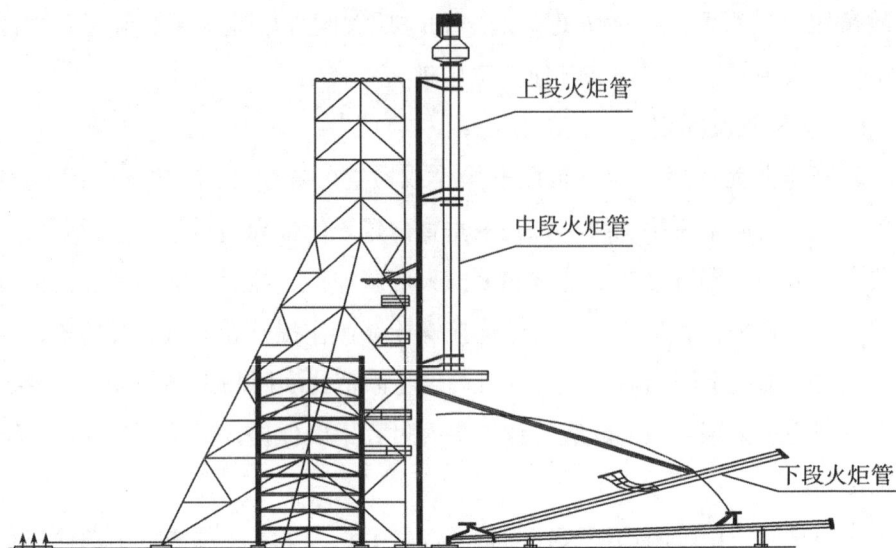

图7　上中段火炬管提升示意图

*注意：提升绞车用于将上段火炬管保持在提升位置，直到下一段火炬管就位，因此提升钢绳必须保持受力拉紧状态。

按上述过程进行中段火炬管起竖作业，中段火炬管就位后，应进行以下操作：用手动绞车将可翻转平台复位至所需水平位置；提升卷扬机应小心地下落上段火炬管连接在下段火炬管法兰上；上段火炬管和中段火炬管用螺栓连接并紧固；所有公用管道和接线工作应按照设计图纸连接复查完；上段和中断火炬管完全安装后，导轨顶端与导轨滑块中心的距离理论上为600 mm，见图8，中上段火炬管总成整体提升到底部标高位置。

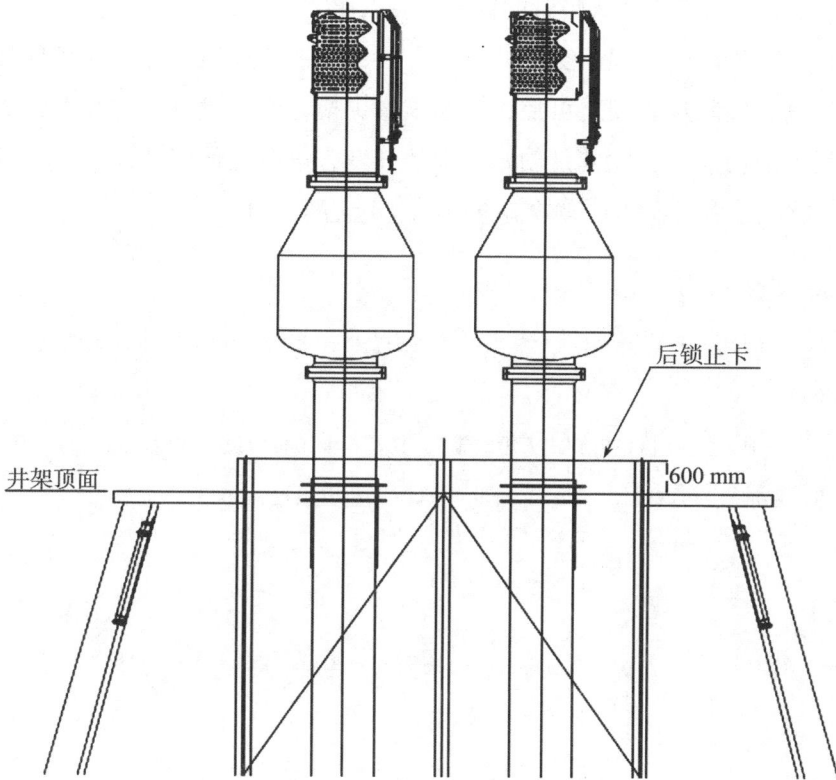

图8　火炬管上段限位装置

上、中、段火炬管在安装好所有疏水管之后，应重复上述倾斜和提升程序进行下段火炬管的起竖和提升工作，下段火炬管安装起竖就位后，先进行上中段火炬管的整体下落与下段火炬管初步对接，连接法兰螺栓稍微吃力不紧固。下段火炬管进口法兰与水平进气管法兰连接并初紧螺栓。各项安装指标符合质量要求后进行各处法兰螺栓的最终紧固。

三、结论

本文对火炬管的提升方案进行了研究及改进，详细地介绍了改进后火炬管提升安装的关键点及创新技术的使用，主要有起吊流程的改进、卷扬机的使用及整体框架式布置，导轨滑块的设置等，实现了火炬管分段连接工作的平台化，避免了高空作业及吊装施工，可满足各种不同高度管段的吊装要求，尤其是超高火炬管的提升安装工作。

相对于传统吊车起吊安装的施工方式，改进的火炬管提升方案具有安装精度高，安装过程安全可控，后期维修更换方便等优点；该改进方案具有较远的应用前景，尤其是创新技术的开发，可以延伸到其他类似项目的施工，将在经济效益、社会效益方面产生更大的作用。

参考文献：

[1] 汪国林，朱钢坚. 采用分解吊点受力法整体吊装放空火炬 [J]. 天然气工业，2010，(11)：80-82.

[2] 许顼. 化工项目自拆卸式火炬的施工 [J]. 石油工程建设，2012，38 (3)：55-59.

[3] 朱学敏. 起重机械 [M]. 北京：机械工业出版社，2003.

风险管控篇

国际EPC项目常见风险及应对措施

岳 勇[①]

一、EPC总承包项目投（议）标阶段的风险管理

一个项目是否投标、如何确定投标方案及报价、能否中标以及中标后能否顺利执行取决于诸多因素，而强化投（议）标阶段的风险评估，将风险管控的关口前移，对于防范法律风险至关重要。现针对EPC总承包项目投标及执行阶段存在的法律风险及遇到的问题，着重就以下风险及其管控做出提示。

（一）不熟悉、不满足项目所在地法律的风险

1. 风险概述

如承包商在投标EPC总承包项目时不熟悉海外项目所在地的法律法规及政策等规定，可能导致投标方在投标过程中的行为因无法满足项目所在地的规定而丧失投标或中标机会或者给后续项目执行带来障碍。例如，项目所在地法律往往规定承包商在项目所在地投标EPC总承包项目需要在当地设立公司或者办事机构，或者需要拥有当地政府机构认可颁发的特定许可等，如果在不满足这些条件的情况下投标，则可能因为不符合项目所在地的市场准入规定而无法获得投标机会或在项目中标后因无法满足此类要求而无法执行项目，进而导致违约。

2. 风险管控措施

为防范上述风险，建议采取以下防控措施。

---

① 岳　勇，中国电建集团山东电力建设有限公司法律与风险管理部主任师。

（1）在项目投标阶段，公司需要对在项目所在地承包EPC项目所适用的法律法规和政策进行全面考察和调研。对于新开发市场，建议制定详尽的法律调查清单，必要时委托当地律师机构进行调查，需重点关注的当地法律主要是项目所在地关于工程建设、招投标、市场准入等领域的法律法规，事先了解可能存在的法律风险。

（2）针对法律调研或调查结果，确定是否投标；如确定投标，制定切实可行的应对措施并严格执行。

（二）不满足业主招标文件要求的风险

1. 风险概述

招标须知（投标人须知）是业主招标文件的主要内容之一，规定了详细的投标程序和投标文件的要求，而后者是编写技术和商务投标文件的重要依据。招标须知的每项内容均十分重要，不仅关系到投标方能否顺利中标，而且影响到中标后能否顺利执行项目。如承包商不能详细审阅并遵守招标须知，将无法了解业主要求，也无法在投标阶段向业主要求澄清或提出偏离，这将不同程度地影响投标结果，甚至因不遵守招标要求而被废标。如因超过投标截止日提交投标文件、未按要求提交投标保证金、投标书未实质响应招标要求等情形都可能导致废标。

2. 风险管控措施

为防范上述风险，建议采取以下防控措施。

（1）在投标前，公司合同承办人员应当组织各部门和专业人员仔细研究业主的招标文件，需要特别注意关于"废标""技术指标""项目拒收"等方面的规定，并确认是否可以接受业主招标要求。

（2）如确认可以接受业主招标要求，要严格遵守业主招标文件中的各项要求；对于存在的风险，认真组织风险评估，将招标文件与自身实际承受能力等因素相结合，防止出现重大风险，同时，有必要在投标报价中考虑风险准备金等风险控制成本。

（三）项目的合法性风险

1. 风险概述

若项目本身不具备合法条件，如未获取项目的立项、规划、环评等批准文件或此类文件不满足项目要求，则可能导致招投标的法律效力存在瑕疵；对于必须公开招标的项目，如果未通过公开招投标程序与业主通过议标方式签订合同，将导致合同无效或存在重大法律瑕疵及一揽子相关协议签署是否完备的风险。

2. 风险管控措施

为防范上述风险，建议采取以下防控措施。

（1）在投标阶段，要充分了解项目所在地关于必须公开招标项目的相关法律规定及违反此类法律的后果。

（2）通过多种渠道了解项目背景信息和实际状况，严格审查项目所需获得的许可、已获取的许可及相关协议的情况和合法性，必要时可聘请专业机构实施尽职调查。

（四）业主的信用风险

1. 风险概述

风险包括业主的信用低下、财务状况不佳、无可靠的资金来源或者存在其他可能影响其生产经营或履约的情况，如存在重大违约或重大法律纠纷等，将直接影响未来承包商的收款和业主的履约。

2. 风险管控措施

为防范上述风险，建议采取以下防控措施。

（1）在投标阶段，通过多途径了解业主资信情况，必要时，聘请专业机构开展尽职调查，及时发现可能存在的业主信用风险并确定是否投标。如项目业主为私人企业或项目公司，则应关注其设立方式、资产负债情况、母公司或股东单位资信情况、自有资金情况、纠纷诉讼情况。

（2）如决定投标，要做好风险防范，如对于业主自身的信用和财务状况，可要求其提供银行或其他第三方出具的证明其资信能力的文件。

（五）联合体投标风险

1. 风险概述

当与设备制造商、设计单位等以联合体名义投标EPC总承包项目时，如对于联合体各方内部责任的界定不清或责任不对等，特别是约定设备制造商、设计单位仅以其工作范围所对应的合同金额为限对内承担责任，且未明确由于工作接口产生的相互索赔权利，一旦发生由于设备、设计等原因导致的缺陷影响整个项目的工期和性能的情况时，将面临独自向业主承担全部违约责任的风险，且难以向合作方索赔；当合作方信用较差，经营状况不良时，可能会发生因合作方自身的违约行为而面临向业主承担连带责任的风险；当合作方为联合体的领导方时，如其不具备领导执行项目的能力，可能导致项目无法顺利执行。

2. 风险管控措施

为防范上述风险，建议采取以下防控措施。

（1）在平等互利的基础上，加强对联合体合作方的资信调查和履约能力评估，在全面了解合作方资信状况的基础上谨慎选择合适的合作伙伴。

（2）通过签订清晰合理的合作协议确认联合体各方地位（明确属于联合体合作关系而非分包合同关系）、各方工作范围、各方权利与义务以及责任承担方式。

（3）与不具备领导项目执行能力的公司合作组成联合体投标时，应当尽可能地争取我方在联合体中的领导权。

（六）与咨询服务方合作的风险

1. 风险概述

与咨询服务方合作是目前获取EPC总承包项目的重要手段之一，尤其是海外议标项目。在法律法规不禁止使用咨询顾问的前提下，在咨询方选择和使用过程中，主要存在以下风险。

（1）排他合作的风险。为了最大程度地保障双方利益，合作各方往往倾向于签订排他性合作协议，即针对协议约定事项，未经对方书面同意，任何一方不得与其他第三方合作。如在实际执行过程中，未经另一方同意，也不具备协议终止条件的情况下，任何一方违反协议，擅自与其他第三方合作将构成违约，需承担合作协议约定的违约责任。

（2）项目咨询服务方违法风险。咨询服务方往往会利用其拥有的相关资源提供咨询服务，但如果其在履约过程中存在违法行为，如行贿项目业主或相关政府官员，将造成项目被暂停等严重的后果，甚至对客户的声誉等方面造成不利影响。

2. 风险管控措施

为防范上述风险，应重点做好以下工作。

（1）在与咨询服务方签订咨询服务协议前，应当对其进行资信、履约能力等方面的评估，必要时聘请专业机构对其实施尽职调查，选择适格的合作伙伴，并确定关键的合作条件。

（2）通过咨询服务协议的设计最大程度地规避法律风险，特别是明确咨询服务方的义务、费用支付条件、协议的终止条件等；监督咨询服务方履约情况并积累和保存其违约的证据。在排他合作的条件下，即使对咨询服务方工作不满意，也要谨慎处理单方终止咨询服务协议，避免实施违反排他合作义务的行为。

（3）为防范咨询服务方违法，特别是行贿等带来的不利影响，要通过协议明确对方遵守适用的相关法律以保障我方免受对方由此违法造成的损失等。

（七）政治风险

1. 风险概述

政治风险属于一种国家风险，是指完全或部分由政府官员行使权力和政府组织的行为的不确定性而产生的风险，也指企业因一国政府或人民的举动而遭受财产损失和损害以及人员伤亡的风险，主要包括战争、内乱、政局变化、政权更迭、国有化没收外资、拒付债务、政府干预、罢工等，还包括与邻国和我国的关系、边境是否安定、经济是否开放等。常规的政治风险一般存在于以下几个方面。

（1）政局不稳。有些国家经常会发生骚乱、政变、内战、政府解散等情况。像骚乱、内战一类的政治风险会直接影响公司项目部的人身和财物安全；而政变和政府解散导致的政府更迭，随之带来的影响就是政策延续性的破坏，上一任政府的项目被暂停或取消，项目的前期投入以及应收工程款无法收回，承包商蒙受损失。

（2）政策多变，政策延续性差。有些国家由于高度集权或政府行政能力较差导致政策任意性极大，受国内矛盾与经济状况的影响甚巨。经常会出台一些新的法律法规，如对劳动力的限制、各种税收的增加。这些法律法规的颁布，严重影响海外项目的利润与施工进程。

（3）主权债务。近年来随着世界经济危机的爆发，主权债务的影响逐渐凸显出来。一个国家的主权债务情况以及偿还能力也深刻影响着该国的投资环境。

（4）战争。一个国家的政治经济局势所能面临的最大也是最严重的风险就是战争风险。

（5）国有化。这是指一个主权国家依据其本国法律将原属于外国直接投资者所有的财产的全部或部分采取征用或类似的措施，使其转移到本国政府手中的强制性行为，这是跨国公司对外直接投资面临的主要风险之一。

（6）与邻国的关系。一个国家的国际关系尤其是与邻国的关系，是影响经营活动的重要因素之一。

（7）与我国的关系。这是对于我国向海外市场投资的公司极为重要的一项影响因素。如果该国同我国没有建立外交关系，或者两国外交关系紧张，很有可能会不受该国法律保护，甚至导致因为两国关系紧张而发生没收财产或者损坏财产的情况。

2. 风险管控措施

为防范上述风险，建议采取以下防控措施。

（1）做好项目前期市场调研，进行风险回避。在公司跟踪新项目的时候，信息专工及时搜集该国相关的政治局势、政治集团内部和派系之间利益争夺，与邻国的关系如何，边境是否安全，项目所在国与中国的关系如何，与国际组织的关系等方面的信息。对于高风险地区，应尽量避免到该地区承包项目。

（2）与业主协商、谈判，争取法律、政策的变化风险由业主承担，并规定相应的补救措施；对于国家政局不稳定、承包项目机会多而需跟进的项目，要将政治风险转移。可以通过合同将政治风险转移至业主方或是分包商，以规避公司所承担的风险。

（3）通过多种途径和方式减轻公司承担的政治风险。

a. 强化自我管理，通过战略合作或细致计划防止损失发生。要在投标前评估政治风险；寻找一个多边机构参与项目中；加强现场安全保护，免受恐怖袭击；实施本土化战略，即雇用当地居民作为本公司职员，企业还可通过与职工建立良好关系的方式来创建友好的投资环境。

b. 向专业机构咨询该国政治风险，并加强同我国驻该国大使馆的联系，争取得到驻外使馆和我国政府的帮助。

c. 通过融资减轻政治风险。在许多大型工程项目融资中，政府、出口信贷机构和多边金融机构不仅能为项目提供资金，同时还能为其他项目参与者提供一些政治上的保护。

d. 投保以减轻政治风险。投保也是规避政治风险的重要方法之一。尽管保护的可获得性因国别有所不同，项目发起人、贷款人及其他相关方可以就以下风险向上列机构申请一定程度的保护：战争、起义或革命；没收、国有化或征用项目资产；货币不可兑换和应用歧视性汇率。

（八）项目所在地分包资源及价格风险

1. 风险概述

分包资源及价格风险主要体现在以下四个方面。

（1）当地的分包商数量、施工能力、履约能力等达不到预期要求，影响承包商的工期和成本。

（2）当地的分包价格超出预期，影响承包商的成本。

（3）当地的材料、施工机械等资源的数量和种类达不到预期要求，影响承包商的工期和成本。

（4）当地的材料、施工机械的采购和租赁价格超出预期，影响承包商的成本。

2. 风险管控措施

为防范上述风险，建议采取以下防控措施。

（1）投标之前，通过各种途径尽可能详细地收集当地分包资源的信息，如通过代理收集、现场踏勘时收集、向有当地承包经验的合作伙伴了解。在投标之前就要确定当地分包资源是否充足、能否满足施工要求、当地的物价水平及变化趋势、是否需要国内分包队伍等；在投标报价时，考虑上述因素对报价的影响。

（2）合同执行期间，项目部首先要进一步摸清项目所在国的分包商、材料等资源的情况，包括分包价格、资源分布、业绩资质等，提前策划分包、采购模式及来源。同时要密切关注当地的物价水平波动及所在国的经济增长速度，并做科学合理的预期判断，使分包和采购具有一定的前瞻性，以利于节约成本。

二、EPC总承包合同风险管理

EPC总承包合同是承包商执行项目的依据。内容通常包括合同协议书、合同条款和合同附件。不同类型的EPC总承包项目业主提供的合同条款或多或少存在差异，但是不同版本的EPC总承包合同中商务条款的核心内容还是基本一致的。为了减少因合同条款设定不合理或不能满足合同要求带来的风险，在投标及合同评审和谈判阶段，要强化合同风险评估，并采取相应的措施消除或减轻风险。现结合业主的典型要求，从其所蕴含的法律风险和承包商的应对建议两个方面对EPC总承包合同商务条款评审、谈判及合同执行等方面的风险管理做出如下提示。

（一）合同生效条款与开工条款的风险

1. 风险概述

合同生效条款通常表述为Effective Date（生效日）。通常为签署即生效或设定生效条件。鉴于EPC合同的履行很大程度上受制于PPA的生效、融资关闭等条件，而且，合同生效并不完全意味着项目开工，因此，应正确认识和对待合同生效条件。现将可能存在的风险介绍如下。

（1）合同生效附有生效条件。除了要求双方当事人签署等基本要求外，有的EPC合同会附有其他合同生效条件，如已获取相应的许可、融资关闭或以业主通知的其他时间为准。若不能满足或忽视相关条件，会影响到合同的效力。

（2）合同生效并不意味着开工。有的合同约定合同签订即生效，但是，合同生效并非同时开工。特别是存在融资未关闭的项目，会通过设定合同生效前提条件或项目开工时间及条件进行限定。因合同生效、合同开工均会涉及相应的合同权利和义务，因此，关注每个时间点对应的合同义务和权利至关重要。

2. 风险管控措施

为防范上述风险，建议采取以下防控措施。

（1）如签署即生效，应关注合同生效与对应所应履行合同义务的关系，确保该时间点后合同义务可执行，并要审查开工条件是否充分。

（2）对于附前提条件的生效时间或即使约定合同签字生效但存在影响项目执行的其他要素，如PPA未签订、融资未关闭。首先，要确保我方需满足条件的可执行性；其次，对于业主需满足的条件，如融资关闭、PPA签订，对于我方不可控的事项，要约定未按期满足条件的违约后果。若合同未生效，不能开展实质性工作，除非业主同意支付相关款项；若合同已生效，但未开工，要理清合同生效与开工或预开工的关系，约定一个可以接受的期限，并明确到期不满足要求的后果，如承包商有权终止EPC合同并明确费用补偿或业主承担违约金等费用条款；若合同已生效且工期同时起算，除明确上述EPC合同终止权及费用补偿等条款外，若未选择终止权，还应明确EPC合同工期延长的要求。

（二）付款条件风险

1. 风险概述

付款条款是EPC合同的主要条款之一，它关系到承包商获得的款项能否最大程度地满足需要以及业主不能及时付款情况下能否获得充分的权利救济；同时，付款条款也是业主约束承包商及时按约定执行工程的主要方式。付款条款的风险主要体现在以下几个方面。

（1）没有预付款或预付款较少，业主对于项目前期工作及开展提供的前期资金支持不充足。

（2）业主付款点间隔过长，且项目执行过程的前期，付款额度或比例较低，即我方回收资金的进程较慢。

（3）付款程序烦琐，业主设定的付款条件苛刻，如审批时间较长；要求承包商提交的文件较多且要求严格。特别是业主通常将贷款银行要求作为审批时间长的理由。

（4）业主延期付款的救济措施不充分，如延期利息较低，在业主资金紧张时，业主往往宁愿支付利息也不愿按期付款。

2. 风险管控措施

为防范上述风险，建议采取以下防控措施。

（1）选择较为合理的国际贸易结算付款方式。例如采用信用证支付方式，可解决双方互不信任的矛盾。

（2）保持项目执行期间公司的正现金流是至关重要的。首先要根据项目实际及公司需要，尽量争取较多的预付款，并将业主支付的进度款比例根据我方工程进度进行适当分配，缓解项目执行中的资金压力，争取尽早收回工程款。

（3）简化付款程序，如缩短业主审批时间，并约定"如业主未在规定时间内审批，视为已满足付款条件，业主应在约定时间内付款"，预防业主反复审批的情形出现。

（4）为避免业主恶意不付款，建议强化业主不及时付款的责任，如提高延期付款利息；明确业主迟延付款超过一定期限承包商有权暂停工程（FIDIC-EPC约定提前21天通知）或终止合同（FIDIC-EPC约定超过42天时可终止）。具体期限可根据具体项目确定。

（5）考虑到业主付款的前提是我方满足事先确定的条件，包括工程进度、质量等实质要件以及按约定提交资料等程序要件，任何一个环节都可能成为业主不付款或延期付款的理由。因此，要保证业主及时付款，首先要确保合同条款的可操作性，其次要更严格按照合同履行我方义务。

（6）针对业主预留现金作为质保期间的保证，可以选择质保保函的形式。

（三）保函和担保条款风险

1. 风险概述

除投标保函，EPC项目承包商需要提交的保函主要涉及预付款保函、履约保函、预留金保函以及质保保函等，也有项目业主要求提供母公司担保。保函/担保的条件是否苛刻，能否满足开立时间要求，合同执行过程中保函的递减、延期、被索偿等要求均涉及公司的经济利益，其风险主要体现在以下方面。

（1）预付款保函的金额不递减或者金额随进度款按比例抵扣，这样预付款保函基本上要到工程竣工验收或性能考核后才能最终失效；业主可以单方面通知银行延长预付款保函有效期。

（2）履约保函的额度过高；履约保函期限涵盖质量保证期或者无明确期限；业主要求国外银行转开或者通过当地银行直开；业主可以随时单方面要求银行对履约保函进行延期。

（3）质保保函的额度过高；质量保函与履约保函的期间发生重叠；缺陷修复后，整个工程或者缺陷修复部分的质保期重新起算。

（4）要求提供相对苛刻的无条件见索即付保函。

（5）要求提供无条件的、无限额的母公司担保。

2. 风险管控措施

为防范上述风险，建议采取以下防控措施。

（1）争取预付款保函按固定次数和比例在关键里程碑/固定期限内进行抵扣，尽量明确预付款保函的具体失效日期；预付款保函自收到预付款之日起开始生效，且删除"业主可以单方面通知银行延长预付款保函有效期"的约定。

（2）履约保函的额度一般不超过合同额的10%；保函的期限不要涵盖质量保证期；争取由中国的银行直开或者中国的银行直开国外银行转递；删除"业主可以随时单方面要求银行对履约保函延期"的类似约定。

（3）质保保函的额度一般不超过合同额的5%；质保保函与履约保函在期限和责任上不应当有重叠。

（4）争取避免接受无条件、见索即付保函，尽量在保函格式中明确：业主索赔时应当附关于承包商违约的事实、性质和合同依据的说明；正式索赔之前至少提前若干日向承包商提供书面索赔意向通知，并将此书面索赔通知作为提交给银行的索赔支持文件。

（5）尽最大可能拒绝出具任何母公司担保性质的文件；如果必须出具母公司担保时，尽量明确母公司仅承担补充责任并明确母公司担保的金额和期限。

（6）在EPC合同谈判阶段，应与业主就保函条款、适用法律等进行沟通，在沟通过程中应充分考虑拟开立保函银行的建议，确保从法律上规避保函风险，重点关注保函适用的法律等问题。

（7）在项目执行过程中，应按照合同和保函条款要求，及时办理保函递减，以降低风险和释放授信额度；根据项目实际进展情况，及时足额办理保函展期，避免业主索赔情况发生；在项目结束后，应及时督促业主撤销保函，督促银行进行电文确认并注销保函。

（8）为了保证我方利益，我方应要求分包商、供货商等开具履约或预付款保函。我方接受的保函必须是无条件、不可撤销、见索即付保函，收到保函后应通过银行向开立行发函询征，对虚假保函做退回处理。我方应建立保函台账，定期检查更新并提醒业务经办部门。

（四）税收风险

1. 风险概述

税收风险主要体现在以下几个方面。

（1）随着公司海外业务不断深入发展，新兴市场、新型的项目运作模式也不断涌现，如不了解、不熟悉新兴市场所在国税收法律法规，将导致较大的税收稽查风险。

（2）项目所在国为建立健全本国税收体系，会不时地对原有税收法律法规进行修订调整，且在EPC合同中此类税法变更有时被排除在EPC承包商可以获得救济的"法律变更"范围之外，由此可能给承包商造成额外的损失。

（3）EPC合同架构、离岸、在岸合同额或注册办公室性质不合理，将导致一定的税收风险。

2. 风险管控措施

为防范上述风险，建议采取以下防控措施。

（1）在新兴市场项目投标前，公司应通过保险公司、金融机构、代理公司、咨询公司等渠道了解项目所在国的税收情况，综合分析项目的税赋，落实是否与中国签署了避免双重征税协定等因素。

（2）在项目投标过程中，详细了解项目所在国的税基、税率等税收要素，预测分析项目需缴纳的各种税费；如项目所在国与中国签署了避免双重征税协定，则应重点分析项目所在国与中国所得税税率差异，分析是否需要在国内补缴所得税，同时应重点考虑项目所在国的增值税、服务税、关税、销售税、所得税、个人所得税及其他地方性税收，并将上述税赋在项目投标报价时进行考虑。

（3）在签订EPC合同时，应提前规划合同架构，拆分离岸、在岸合同，并合理预计在岸、离岸合同成本，使得收入与成本相配比，尽量避免在岸合同存在较大利润的情况发生。

（4）各国政府的税收政策会随国家的大环境进行调整，而税收政策的调整可能会严重影响公司的收益，因此在EPC合同谈判期间，应与业主就税收种类、税率变动等因素在合同中予以规定，明确项目应承担的税收种类及税赋，在合同执行期间的税收政策变更应相应调整合同价格，从而保障公司的权益。

（5）在项目执行过程中，严格遵循当地税收政策，按时申报缴纳各类税金，规避发生税务案件的风险，同时应及时收集税收政策变更的信息及证据，为项目税收索赔做好第一手详细资料。

（五）保险风险

1. 风险概述

保险风险主要是在EPC合同签订和在后续执行中因不熟悉保险条款或保险条款苛刻或保险事件的发生而导致的风险。主要涉及以下几个方面的风险。

（1）EPC合同签订时，合同双方虽然划分了保险安排义务，但业主一般会购置主要险种，如建安一切险、海运险等险种，承包商购置雇主责任险、员工职业险、财产险等险种。主要险种不由承包商安排，将会给后期保险索赔增加风险，如保险免赔额较高、向保险公司索赔不畅等。

（2）保险免赔额过高，并要求承包商对免赔额部分承担责任。

（3）业主的保险要求在中国无法投保或者无业主要求的险种；业主要求必须向项目所在国的保险公司投保。

（4）EPC合同执行过程中，因对保险条款不熟悉、不了解，或对保险索赔流程不熟悉，而造成未及时报赔、报赔险种不当、资料不全等情况发生，从而影响最终的获赔收益。

2. 风险管控措施

为防范上述风险，建议采取以下防控措施。

（1）在EPC合同谈判时，应争取较合理的险种安排，力争由我方安排建安一切险、海运险等主要险种，避免出现后期保险索赔时的被动局面。

（2）如果建安一切险、海运险等主要险种由业主安排，则应着重就免赔额与业主谈判，以避免免赔额过高而导致理赔收益低或根本无法获得理赔收益的情况；如果免赔额过高并无法与业主协商至理想程度的情况下，我方应借助保险经纪公司进行分析，甚或签订免赔额回购合同以弥补不可预见的损失；当业主投保建设工程一切险及第三者责任险时，应当将承包商及其分包商、供货商和服务商等列入保险单的共同被保险人。

（3）审核业主的保险要求在中国是否能够投保，是否有业主要求的险种，是否有替代险种（如人身意外伤害险和雇主责任险）；海外项目中，尽量删除必须向项目所在国保险公司投保的限制，或使用"尽量使用""尽可能使用""在服务质量、效率和价格等方面同等条件下优先使用项目所在国保险公司"等弹性描述。如果根据项目所在国法律规定，工程险必须在项目所在国投保，则争取在合同中约定承包商有选择再保险公司的权利。

（4）保险合同文本描述了项目基本情况、保险范围、保险效期、保险金额、免赔额、报赔流程、豁免情形等关键性条款，财务及相关业务部门应着重关注并掌握上述基本条款，避免发生因不熟悉保险条款而丧失保险收益的情况。

（六）文件提交及审批风险

1. 风险概述

业主通常会在EPC总承包合同中明确关于图纸等文件的提交和审批要求，对于此类文件提交及审批要求，主要存在以下风险。

（1）文件提交的时间较为紧张，如不能满足将存在违约风险。

（2）未明确业主审批时限或期限较长，可能影响下一步工作的开展。

（3）未约定业主提出意见的次数限制，会导致业主文件的反复提交和审批，影响后续工作的推进。

（4）业主虽然会提出审批意见，但往往约定业主对审批结果不负责任。

2. 风险管控措施

为防范上述风险，建议采取以下防控措施。

（1）对于文件提交的时限要求，结合以往项目经验，确定合理的可接受时间。

（2）明确业主对于文件的审批时限要求，且确保该期限的合理性，同时明确"业主未在规定时间内审批视为已审批"。

（3）为避免反复提交文件、反复审批，建议争取限定业主审批的次数，尤其是避免针对同一版本分次提出不同意见。

（七）分包风险

1. 风险概述

EPC合同中，业主通常会对承包商进行项目或工程分包作出严格限制。该部分主要介绍EPC合同中分包条款要求可能涉及的风险。

（1）业主对分包的限制过多，要求对分包商的选择拥有最终批准权，要求所有的或者一定金额以上的分包合同均需报业主批准或者备案。

（2）业主指定的分包商（包括施工分包商和设备材料供应商）过多且业主不承担任何质量和工期等责任。

2. 风险管控措施

为防范上述风险，建议采取以下防控措施。

（1）业主对分包商的批准权应当仅限于分包商的长名单（VENDOR LIST），且其批准的范围应当以合同约定为限，分包合同即使备案也应当不含价格等重要商务信息。

（2）原则上，除非是独家技术或者特定工艺，业主不得指定分包商，业主有权推荐几家符合合同要求的供应商，但承包商有选择权。当承包商就指定的分包商向业主提出合理的反对意见时，业主仍然指示承包商与指定分包商签订合同时，业主应当保证：分包商的价格是有竞争力的，否则，业主愿意补偿价差；指定分包商履约过程中出现工期延误或者质量问题时，承包商无须承担任何责任；承包商在业主授权范围内对其进行管理和协调，必要时业主应当出面协调。

（八）索赔风险

1. 风险概述

在EPC合同中，为保护双方利益，往往赋予业主和承包商一定条件下的索赔权，包括工期索赔和费用索赔。对于索赔事项，除各具体权利救济条款外，有时还同时存在独立的索赔条款，如FIDIC银皮书第20.1款【承包商的索赔】约定了了承包商索赔的程序及其他要求。有时，分别将各索赔事项单独约定在具体条款中。有关索赔条款的合同约定通常涉及以下内容：索赔事项及其除外因素；可索赔的权利范围，如工期索赔和/或费用索赔；可索赔情形下，索赔权利方应履行的义务，如通知义务、将损失降到最小的义务等；具体的索赔程序。索赔条款的风险主要体现在以下方面。

（1）索赔条款约定不全面，特别是往往仅涉及业主某项义务，但并未明确业主违约情况下承包商的权利救济，使承包商无法按照预期实现权利救济。

（2）承包商可索赔事项范围较小，且条件苛刻，如业主严格限制费用索赔的情形，对于不可抗力等事项引起的费用增加，业主一般不给予费用补偿；如不按照约定时间事先通知可能无法获得权利救济。

（3）索赔程序烦琐，救济权利的实现耗时较长。

（4）分包合同中约定的分包商的索赔权利范围大于我方在EPC合同中的权利，导致自身承担额外的风险。

2. 风险管控措施

为防范上述风险，建议采取以下防控措施。

（1）从总体上完善索赔条款的约定。即按照上1（2）约定的事项完善EPC合同中的索赔条款，并明确通知时间、索赔流程等要求。在此基础上，在分包合同中相应明确相关约定。对于具体条款，可采用概括约定与具体约定相结合的方法，即独立的索赔条款与具体事项的约定相结合，并在通用性索赔条款中明确"除本合同另有明确约定……"

（2）在EPC合同中明确业主义务，并明确业主的违约责任，即业主违约情况下我方具体的救济权利，如工期和费用索赔。

（3）扩大我方索赔范围，其中包括索赔事项范围和救济权利范围。我们应把握一个原则，即由于业主原因及我方不能控制的原因导致我方工期延误和费用增加的情形，要争取同时获得这两方面的补偿，如业主违约（不及时提供土地、供应水电、办理许可等）、业主自行暂停和终止、我方因业主原因暂停和终止、业主变更和指示、不可抗力。

（4）关于索赔权利的限制，在EPC合同中尽量避免此类约定，如"未在业主规定时间内履行通知义务，承包商则无权获得救济权利"。

（5）根据EPC合同中业主对我方权利的限制和要求，在分包合同中根据"背靠背"原则转移或减小我方风险。即分包合同中分包商的索赔权利范围不能大于EPC合同约定的范围。而且，严格要求分包商在索赔事件发生后及时通知，期限不能短于业主对我们的要求；而且，还应履行将损失降到最小等义务。

（6）对于业主原因或其他约定情形导致整个EPC合同履行受到严重影响，如业主违约且未按照要求补救超过约定时间，除了工期延长和费用补偿方面的权利救济外，明确我方其他救济权利，如暂停工作和终止合同。同时，对于双方均可行使暂停和终止权利的事项，如不可抗力持续到达一定时间，主要为了防止总包合同尚未中止或终止，分包合同提前暂停中止或终止的情形，注意在分包合同中关于中止和终止时间的约定不能短于EPC合同约定的可行使中止和终止权利时间。

（九）知识产权归属及侵权风险

1. 风险概述

EPC合同中关于知识产权归属及侵权保障和赔偿的规定主要存在以下风险。

（1）承包商提供的设计文件的知识产权归属于业主，但是设计文件往往需由设计院等服务提供方出具，而此类单位往往十分重视知识产权，甚至要求相关设计成果的知识产权归他们。

（2）仅仅约定承包商需对因其提供给业主的文件而引发的第三方的知

识产权侵权承担责任，而对业主提供给承包商的文件引起的知识产权索赔没有约定。

（3）没有明确发生承包商文件侵权时业主的通知和协助义务。

2. 风险管控措施

为了防范以上风险，建议采取以下防控措施。

（1）争取所有设计文件的知识产权归属于承包商，而业主应被视为为本合同目的而获得了承包商就本项目使用的永久免费许可，但不可用于其他项目；如业主有特殊要求，要结合常用设计单位的可接受程度相应确定接受程度。

（2）业主应保证其按合同约定提供给承包商的文件不侵犯任何第三方的知识产权，如承包商因遭受第三方侵权索赔而引发损失，业主应当给予全部赔偿。

（3）一旦有第三方对业主提起针对承包商提供文件的知识产权索赔或诉讼，业主应当立即通知承包商，并对承包商在处理索赔或诉讼过程中给予合理协助，并在获得承包商的批准前，不得对第三方的任何主张或者不利于承包商的事实予以承认和认可。

（十）保障和赔偿风险

1. 风险概述

在EPC合同中，保障和赔偿义务通常是指承包商或业主因其原因导致第三方人身伤害、死亡或财产损失，从而使另一方及其人员遭受索赔、损失，该责任方应保障另一方免受此类索赔和损失，并对其损失进行补偿。在EPC合同中，保障和赔偿条款（Indemnification or Indemnity）的主要风险体现在以下几个方面。

（1）业主与承包商之间的相互保障和赔偿责任不对等。即与承包商对业主的保障和补偿义务相比，业主对承包商的保障和补偿范围相对较小，且条件严格。

（2）在因一方导致第三方向另一方提出诉讼程序或索赔时，对于此类诉讼或索赔的处理，双方的义务不对等。一方面表现在，业主争取在一定期限内如承包商未处理，则自行处理，费用承包商承担，但是对于因业主原因导致的此类针对承包商的索赔等，承包商的此项权利可能受到限制；另一方面表现在，在责任方负责处理此类索赔或诉讼时，有时单方面约定承包商的协助义务或业主协助义务下承包商对相应费用的补偿义务。

2. 风险管控措施

为防范上述风险，建议采取以下防控措施。

（1）针对保障和赔偿义务的通用性约定，应至少保证双方权利对等，包括补偿的事项及除外因素的范围。

（2）因一方导致另一方招致相应的索赔或诉讼事件时，保证双方同等的被通知义务；如约定责任方未在规定时间内采取应对措施，另一方有权自行处理，那么，该项权利及费用补偿也应对等约定；在处理具体索赔等事件时，明确权利人相应的配合和协助义务。

（3）对于因分包商及其人员造成的此类损失或索赔，要通过分包合同明确分包商相应保障和赔偿权利。

（十一）不可抗力条款

1. 风险概述

不可抗力是指"不可预料的，不能归因于合同双方的，不可控制和不能避免的"一系列因素，包括自然因素、政府或政治因素等。在合同关系中，该事项的发生一般视为合同双方免责的理由。不可抗力的合同约定通常需要包括以下内容：不可抗力的定义与范围（包括除外因素）；不可抗力发生后的受影响方的通知义务；不可抗力发生后的受影响方将损失降到最小的义务；不可抗力发生后受影响方的权利救济；不可抗力结束后受影响方的通知及复工等义务。不可抗力风险主要体现在以下方面。

（1）不可抗力条款约定不全面使承包商无法实现权利救济。

（2）合同约定的不可抗力通知时间过短。通知时间过短可能会导致承包商向业主通知不及时而丧失索赔权利，尤其当分包商发生不可抗力时，可能会因通知时间不充裕而无法通知业主。因此，留取合理的通知期限很有必要。

（3）约定不可抗力范围过窄。不可抗力范围过窄意味着承包商需要承担过多的不可抗力之外的风险。对于不可抗力之外的风险，承包商将无法获得工期或费用补偿。此外，项目部所在国的气候条件也会对工期造成很大影响。但是，业主方往往不愿意将恶劣的气候条件视为不可抗力。

（4）承包商发生不可抗力时，可能会造成成本增加，尤其工期延迟引起管理成本增加，业主一般不给予费用补偿，并在这一前提下扩大不可抗力的范围（如将法律变更视为不可抗力）。

2. 风险管控措施

为防范上述风险，建议采取以下防控措施。

（1）从总体上完善不可抗力条款的约定。即按照上述风险概述中提到的事项完善EPC合同中的不可抗力条款，并明确通知时间、索赔流程等要求。在此基础上，在分包合同中相应明确相关约定。

（2）为了避免出现不必要的争议，建议在合同中明确分包商，尤其是主要分包商发生的不可抗力属于承包商发生不可抗力。而分包合同中不可抗力的范围不能大于EPC合同约定的范围。

（3）在EPC合同谈判过程中，争取承包商在不可抗力发生时可以获得工期和费用补偿。分包商发生不可抗力的经济补偿以我方从业主处获得补偿为前提。如果业主坚持拒绝补偿费用，则应当尽量缩小不可抗力的范围，将法律变更、项目所在地政府无故不发放或收回相关许可、拖延审批等从不可抗力脱离出来作为变更处理，从而获得费用和工期的双补偿。

（4）关于不可抗力的范围。除非合同另有明确约定，EPC合同中约定的不可抗力范围过窄，意味着承包商需要承担过多的不可抗力之外的风险。而对于不可抗力之外的风险，承包商将无法获得工期或费用补偿。此外，需要充分考虑项目部所在国气候条件对工期可能造成的不利影响。如当地可能出现持续暴雨天气而严重影响施工，进而影响工期。

（5）关于不可抗力发生后的通知义务。首先，EPC合同中，通知的起点争取以我方知道或应该知道不可抗力发生之日起；其次，通知期限不宜过短，否则可能因此丧失救济权利。要求分包商发生不可抗力的通知时间，要与EPC合同相对应，不能超过EPC合同约定的期限。

（6）承包商负有将"不可抗力的损失降低到最小"的义务。同样，我们作为总承包商，也应要求分包商或供货商，采取合理的、可行的措施，将对工程造成的损失降低到最小。

（十二）违约金（LD）条款风险

1. 风险概述

工期和性能保证是海外工程项目中业主关注的重点之一。因此，为了约束承包商能够按约定完成工程项目，在海外EPC合同中，业主往往设定一定数额或以合同额为基数设定一定比例的逾期违约金和性能违约金，以对承包商的违约行为进行考核。违约金条款存在风险主要体现在以下方面。

（1）逾期违约金扣除条件苛刻，单项比例或数额较高；计取方式不合理；总额无上限或者上限比例过高。

（2）性能考核违约责任承担条件不明确，且违约责任计算方法不合理；单项比例或数额较高；总额无上限或者上限比例过高。

（3）没有约定承包商逾期违约金和性能违约金合计总赔偿责任上限。

（4）违约金的支付通常不受整个合同责任（100%合同额）的限制，即在既存在逾期违约金又存在其他合同责任的情况下，我们的责任可能超出整个合同价格。

（5）对于业主需要承担的违约责任没有约定。

2. 风险管控措施

为了防范上述风险，建议采取以下防控措施。

（1）在投标阶段，首先要根据项目及自身实际确定合理的工期和性能指标，避免因无正当理由延误工期或无法达到性能指标要求而遭受违约金考核。

（2）明确逾期违约金和性能违约金的各单项比例或数额，并确定各项违约金总额限制，且不宜过高，具体比例上应注意与已确定工期的紧张程度、性能指标的严格程度、报价基础、其他可索赔事项等相结合。

（3）尽量将违约金包含在最大合同责任（100%）的范围内。明确承包商合同项下总的赔偿限额。对于该责任限制，除法律明确规定或者承包商的欺诈、故意行为外，承包商不应再接受其他除外情况或尽量减少除外情况。

（4）明确约定业主拖延付款或者迟延履行其他主要合同义务时的违约责任。

（十三）保密风险

1. 风险概述

保密义务是EPC合同中承包商和业主对于EPC合同、项目以及一方向另一方提供的其他保密信息的保密义务。该保密义务是为了维护信息披露方的合法权利。EPC合同中保密条款的风险主要体现在以下方面。

（1）保密义务的单方性或不对等性，即业主有时单方面约定承包商对业主的保密义务，但未提及业主的相应义务或双方权利明显不对等。

（2）保密信息的形式和范围界定不清或实际执行中易产生争议。

（3）保密无期限或期限过长给我方带来不便。

2. 风险管控措施

为了防范以上风险，建议采取以下防控措施。

（1）对于保密义务，确保双方相互保密，且义务对等。

（2）尽量将保密信息的范围界定为书面及电子储存形式，这样便于执行和证据保留与收集。

（3）对于以下信息应排除在保密信息范围外：已公开或之后非信息披露方原因导致公开的信息、在接收信息时有证据证明已拥有的信息、从不负有保密义务的第三方处获得的信息、根据法律（政府命令、证券交易所等机构）要求需要披露的信息（需明确信息接收方在收到此类要求后，进行信息披露前书面通知信息披露方的义务）、双方书面同意的情形。

（4）我方可披露信息的对象范围应包括分包商、代理、律师等需要获取此类信息的人员。

（5）明确保密期限（通常为EPC合同临时完工或商业运行日后2年）。

（6）明确对分包商及其他可能需要获取此类信息的相关方的保密义务。

（十四）合同中止和终止风险

1.风险概述

中止和终止条款是合同的主要条款之一。鉴于项目实际需要及双方不能控制的原因导致工程不能顺利开展达到一定期限（如不可抗力），或者当一方出现违约情形，在规定时间内不能补救，则赋予合同相对方暂停工程（中止）或终止合同的权利。在EPC合同中，中止和终止条款有时分别属于两个独立的条款，有时在一个条款中分别约定。中止和终止条款通常涉及以下内容：合同双方中止的权利及具体适用情形；中止情形下，承包商的权利救济及要求；合同双方终止的权利及具体适用情形，通常包括业主为自身便利而终止、一方因另一方的违约而终止；终止情形下，合同双方的权利义务，如付款义务等。

中止和终止条款风险主要体现在以下几个方面。

（1）合同中仅约定业主的中止权利，而未明确承包商中止的权利，因此，即使业主违约，除非满足其他合同条件，承包商没有暂停工作的实际合同依据。

（2）仅约定业主可以自身便利为由终止合同，而承包商无此权利。

（3）承包商和业主可行使中止和终止权利的情形严重不对等，包括各类情形的数量及其程度。

（4）业主终止情形下，承包商的权利救济难以保障自身利益。

（5）终止情形下，业主要求承包商移交相应资料及转让分包合同，实际操作存在一定难度，特别是当相应要求涉及对分包商的要求时。例如，业主通常为实际执行项目的项目公司，一些知名国际分包商并不认可业主的实力，不同意转让。

2. 风险管控措施

为了防范以上风险，建议采取以下防控措施。

（1）从总体上完善中止和终止条款，首先确保承包商拥有中止和终止的权利，实现与业主权利的对等。

（2）对于中止及终止的具体情形，一方面尽量与业主可以行使的权利对等；另一方面，对于各类可中止及终止情形限定条件，争取保持一致，如对于业主违约和承包商违约情形下给予双方的宽限期应对等。特别是，保证承包商在业主违约情形下的中止和终止权利。

（3）对于业主中止及承包商因业主原因或客观情况中止的情形，确保承包商的权利救济，包括工期延长和费用补偿。

（4）关于终止后相关文件的移交，包括分包合同的转让和移交，要根据现实可操作性确定是否接受和如何修改合同条款。另外，对涉及分包商的条款，采用"背靠背"原则，在分包合同中明确对分包商的要求，以转移和降低我方风险。特别是，对涉及中止及终止权利的行使时间，做好协调，防止EPC合同尚未中止或终止，而分包合同提前中止或终止的情形出现。

（十五）管辖法律和争端解决方式

1. 风险概述

EPC合同管辖法律条款及争议解决条款存在的风险主要体现在以下几个方面。

（1）海外项目中，业主要求合同适用项目所在国的法律管辖，在不了解当地法律或当地法律体系不健全的情况下，其具体适用可能对我方不利。

（2）业主要求发生争议时，最终通过向项目所在地法院诉讼的方式解决纠纷。对于司法体系尚不健全，甚至存在司法腐败的项目所在国（如沙特），将争议解决方式选择为法院诉讼，存在争议解决耗时多、效果不佳等后果。

（3）EPC合同约定通过项目所在地的仲裁机构裁决并适用当地仲裁机构的仲裁规则；仲裁条款内容不完备；仲裁员的选择，仅选择一名仲裁员独立裁决，可能因仲裁员的偏袒而导致仲裁不公平。

2. 风险管控措施

为防范上述风险，建议采取以下防控措施。

（1）尽量选择承包商自身熟悉的本国法律作为合同管辖法律；当选择第三国法律作为合同管辖法律时，应当选择法律体系相对健全、充分尊重契约自由的国家的法律，如英国法。

（2）国内仲裁机构优先选择北京仲裁委员会或者中国国际经济贸易仲裁委员会，国外仲裁机构尽量选择国际知名仲裁机构并适用其仲裁规则，或者适用国际商会国际仲裁院仲裁规则、联合国国际贸易法委员会仲裁规则等为国际普遍接受的仲裁规则；仲裁地点尽量选择在我国香港、新加坡或法制先进、健全的第三国；重点审查仲裁条款的完整性（通常包括仲裁地、仲裁机构、仲裁规则、仲裁语言、仲裁员选任、仲裁效力等）；仲裁员最好三名，每方选择一名，选出的仲裁员共同指定第三人。对于选择专家小组解决的，争取选择双方认可的机构或人员。

三、EPC总承包项目执行阶段的风险管理

EPC合同签订后，严格按合同履行义务、主张权利至关重要，否则，可能因违约而承担严重的违约后果或丧失合同权利。因此，有效加强项目执行阶段的风险管控对于成功运作整个项目起着至关重要的作用。现结合项目执行各阶段存在或可能存在的主要风险及常见问题，做出如下提示。

（一）EPC总承包项目设计阶段的风险管理

1. 设计标准选择和适用

（1）风险概述。在EPC总承包项目中，设计标准的约定和变化对承包商而言蕴含着巨大的风险，尤其是海外项目一般要求适用当地标准或者国际标准。如果不能达到合同约定的设计标准，或者在未取得业主批准的情况下擅自改变设计标准，则极可能需要承担巨大的违约责任。

（2）风险管控措施。为了防范上述风险，建议采取以下防控措施。

① 尽量争取在EPC总承包合同中约定适用中国标准，如果业主坚持不

适用中国标准，则应当确定项目要求的标准和中国标准的差别，必要时可以聘用当地设计院和工程师对适用标准进行当地化转化。

② 严格执行合同约定，提前熟悉和研究设计标准，如需采用其他设计标准，应当在获得业主同意后再实施设计工作。

③ 当设计工作通过分包方式完成时，要在设计分包合同中明确设计标准以及设计分包商的义务和责任。

2. 业主对已审批的承包商文件不负责

（1）风险概述。业主通常会在EPC总承包合同中明确关于图纸等文件的提交和审批要求，但往往同时约定其对审批结果不负责任。如果承包商在履行此项文件提交义务时，盲目轻信对方回复意见或误以为业主批准就意味着其将对文件的准确性等负责，则承包商将面临很大风险。

（2）风险管控措施。为了防范以上风险，建议采取以下防控措施。

① 对于业主提供的可能影响设计文件的各类信息，应当通过现场勘查等方式予以确认和核实。

② 认真研究合同约定并严格按照合同要求准备设计资料和文件，防止盲信业主的审批要求。

③ 严格选择合格的设计分包商并对其履约实时监控，防止因设计错误等影响整个工程项目的进展。

3. 设计变更

（1）风险概述。在EPC总承包项目中，业主往往在合同中约定其拥有随时提出变更的权利，且规定明确的变更形式，如发出书面的"变更令"。实践中，设计变更较为普遍，形式也往往不符合合同约定。承包商如在未获得业主书面"变更令"的情形下，执行不符合合同约定格式的变更指示则可能导致其无法依据合同获得补偿，给承包商索赔带来难度。

（2）风险管控措施。为了防范以上风险，建议采取以下防控措施。

① EPC总承包合同签订后，相关人员要分解和熟悉合同，详细了解业主提出变更的程序和要求。

② 对于业主提出的设计变更，首先依据合同进行确认，如认为符合变更条件但业主并未按照规定格式签发"变更令"等正式文件，应当严格依据合同进行澄清确认，防止"先执行"带来的索赔困难。

（二）EPC总承包项目采购过程中的风险管理

1. 供货商履约能力不足

（1）风险概述。供货商因信用差、生产自筹资金不足等原因而影响设备排产，导致迟延交货；设计、图纸、运行维护手册等资料不符合合同要求；供货商因自身能力不足，不能满足技术协议要求，设备、材料质量存在缺陷；供货商不能按照约定提供现场技术服务，导致项目整体计划受影响；供货商自身不具备直接履约条件，其履约完全依靠"再次分包"的风险。

（2）风险管控措施。为了防范以上风险，建议采取以下防控措施。

① 在供货商选择阶段，加大对供货商资质、财务状况、法律纠纷情况、工厂装备水平及加工制造能力、业绩、设计、质量和包装、售后服务等各方面综合评审，积极组织赴工厂及已投运项目现场进行考察，选择合格的供货商并定期更新合格供货方目录。

② 根据EPC总承包合同条款内容及项目实际，细化并完善设备订货合同条款，明确供货商义务和违约责任。

③ 加强设备材料监造和履约监督，积极督促并协助厂家解决合同执行中的各项困难和问题，对于违约行为，严格按照合同条款进行考核。

④ 做好供方管理的同时，积极做好二次分供方的管控。

2. 使用未经业主批准的供货商

（1）风险概述。通常，在EPC总承包项目中，业主对于供货商的选择，特别是主要供货商的选择，业主要求首先确定主要供货商清单，承包商按此清单选择供货商，否则需要业主另行审批。如果未经业主事先批准使用清单之外的供货商，将面临被业主拒绝的风险，从而导致重新采购等影响项目执行、产生额外费用等不利后果。

（2）风险管控措施。为了防范以上风险，建议采取以下防控措施。

① 在投标阶段，将拟选用的供货商名单交业主审批，争取在签订的EPC总承包合同中体现。

② 如EPC总承包合同中确定的供货商清单未包含我方拟使用的供货商，则应当提前准备好各类资料供业主审批，加强与业主的沟通，避免出现先使用后审批的情形。

3. 设备包装和运输风险

（1）风险概述。设备的包装和运输是EPC项目执行环节至关重要的因素之一，否则可能因不满足业主要求，影响整个项目的进展。该方面的风险主要体现在以下方面。

① 设备包装不符合要求。因厂家不严格执行合同要求，包装不规范等原因导致设备内包装不合要求，现场开箱后发现设备损伤；外包装用料不当、结构不合理、制作质量不合格等造成设备损坏。

② 运输途中损坏、丢失的风险。因厂家包装不规范、运输过程管理不利等原因导致设备遭受损坏及丢失。

③ 唛头和发运标识有误。厂家不重视唛头和发运标识、违反合同约定，给国外清关工作带来较大困难。

④ 装卸环节设备包装或设备损坏的风险。由于厂家包装不严格、装卸过程中不严格执行规范等原因导致包装或设备的损坏。

⑤ 船运过程中的不可抗力等风险。船运过程中，因台风、海上季风等造成货损。

⑥ 大件设备境内运输风险。由于大件设备境内运输受项目所在国基础设施建设薄弱、自然水文及项目所处地理位置等不利因素的制约，在境内运输过程中，会面临运输困难、大件压驳/车，临时码头修建、桥梁及道路加固等问题，进而制约和影响工期，遭到业主索赔。

⑦ 为了加快现场施工进度，部分EPC项目的主机或大件设备交货形式发生改变，如：将现场钢混结构施工改为全钢结构；将原计划分部套发运

的设备改为工厂组合后模块式运输，这不仅增加了运输难度，更是会导致运输费用成倍增加。

⑧ 第三国采购设备交货港口及交货批次较多，使得公司运力及运输资源无法得到有机整合，影响了目的港清关并造成了较高的运输成本。

（2）风险管控措施。为了防范以上风险，建议采取以下防控措施。

① 选择合格的供货商和承运人，明确合同要求，规范对厂家的包装要求及对承运人的运输要求，并通过设备监造等方式监控对方履约。

② 加强出厂前验收，确保标识完整且准确，方能出厂；加强港口验收，发现标识或者唛头错误，不予收货，直到整改完毕。

③ 针对不可抗力等因素，通过购买海运保险减轻风险；要求运输分包方选择合理航线，规避台风、季风等气候灾害，要求运输方在船离港口，每隔3天汇报一次船舶动态，及时掌握船舶航行情况。

④项目运作前期，即针对大件设备境内运输路线进行全面的路勘，针对地处南亚、东南亚等热带国家的河网、岛屿地带的电站项目，提前收集掌握水路运输方案、水文资料及临时码头修建方案和费用，规避大件运输风险。

⑤ 凡是涉及主机或主要设备的交货形式或交货状态发生改变的，必须由相关部门发起成本审查流程，并经储运物管部确认运输可行性。寻求现场施工进度与运输可行性和运输经济性的平衡。

⑥ 与业务部门密切配合，在第三国设备商务合同中，对第三国设备的交货批次、交货港口、成交方式及交单资料进行严格限制，保证公司运力得以高效运作，降低运输成本，减少目的港滞港费用的发生。

4.签订不规范的会议纪要

（1）风险概述。在实际履约过程中，供货商可能因各种原因而导致供货迟延。为了保证供货商及时供货，履约过程中双方协商、谈判并通过会议纪要形式记录协商成果的情况时有发生。但是，如果协商结果构成对交货期的实质变更，则需要考虑此类变更的法律性质，规范记录其内容，否则,可能因"新的交货期"产生争议,甚至导致权利主张的被动。

(2)风险管控措施。为了防范以上风险,建议采取以下防控措施。

在履约过程中,如发生交货期等涉及双方权利、义务变更的情形,优先选择补充协议的形式,明确双方责任。采用邮件、会议纪要等记录形式的,也应在事后尽量将其转化为补充协议。严格审查对方签署会议纪要人员的授权委托书。

5. 不能按合同约定实施消缺工作

(1)风险概述。对于发现的设备质量问题,如不能及时按照供货合同约定通知供货商,而擅自自行或聘请第三方实施消缺,则可能无法就是否构成缺陷达成一致意见,甚至影响或丧失相应救济权利;对于设备缺陷缺乏证据资料,或仅有单方记录的结果,缺乏专业机构意见或双方一致认可的结果;对于符合自行实施消缺或通过第三方实施消缺的情形,如不能收集和保留消缺支出费用的相关证明,将给后续索赔带来困难。

(2)风险管控措施。为了防范以上风险,建议采取以下防控措施。

① 在供货合同中,明确缺陷处理程序,如承包商通知后一定时间内供货商未实施消缺的后果,消缺费用的承担等;事先约定双方认可的缺陷鉴定机构。

② 在对方拒绝或迟延消缺或未到达现场的条件下,为避免单方记录缺陷及消缺的不利后果,寻求当地专业机构的参与,由其出具鉴定报告。

③ 积累和保留相关证据,并做好相关公证、认证手续,增强证据的法律效力。

6. 供货商违约风险

(1)风险概述。在EPC总承包项目中,设备通常由第三方提供。如供货商违约,特别是存在供货迟延或设备性能不达标等违约行为,可能给整个项目工期造成重大迟延或导致项目性能不达标,并因此需要向业主支付巨额的工期迟延违约金或性能违约金,甚至因无法满足最低性能指标要求或达到违约金支付上限,导致业主终止合同或拒收项目。

（2）风险管控措施。为了防范以上风险，建议采取以下防控措施。

① 在采购招标环节，结合EPC合同要求，多途径选择潜在供货商，加强对各潜在供货商的资信审查，确保所选择的供货商满足项目需要。

② 在采购合同中，明确供货商的责任，特别是根据EPC合同要求制定合理的供货期和设备性能指标，并明确违约责任和担保措施，包括但不限于设定充分的违约金，要求供货商提供无条件见索即付的履约保函等。

③ 在采购合同执行过程中，发生供货商违约或潜在违约情形时，要及时根据采购合同或法律规定主张权利，并做好证据积累和保存工作，必要时，采取兑现保函、提起仲裁等方式维护公司合法权益。

④ 如存在责任交叉的情形，内部要实事求是地做好责任分析，以便于后续在法律纠纷处理过程中有针对性地执行商谈策略及应对措施，防止因片面分析影响应对措施的有效性。

（三）EPC总承包项目施工阶段的风险管理

1. 业主指定分包商违约

（1）风险概述。业主指定分包商是承包商根据业主指示和要求选择与使用的特定分包商。业主可能通过招标文件提出要求并在EPC总承包合同中明确或在合同履行阶段做出指示，该指定分包商可能与业主存在特定的隶属关系或经济往来；虽然业主指定分包很大程度上限制承包商选择此类分包商的主动权，但是基于承包商与分包商之间直接的合同关系，如该指定分包商违约，承包商往往仍需就其违约行为对业主负责，除非业主和承包商明确约定或业主同意由业主对分包商的履约承担责任。

（2）风险管控措施。为了防范以上风险，建议采取以下防控措施。

针对业主指定的分包商，应当认真实施资质审查等程序，详细调查和了解此分包商的基本信息，特别是其信誉和履约能力，以衡量其是否可以满足项目需要；如调查和审查中发现此分包商不满足要求，应当及时向业主提出，并说明拒绝的理由，防止盲目接受带来不利后果；如基于业主强势地位不得不接受此分包商，争取通过EPC总承包合同明确一定条件下承包商的免责权或向业主的索赔权，以获得必要条件下的权利补救；通过分包合同明确分包商地位、责任及违约后果，并加强对分包商履约的过程监督和控制，最大程度地规避其违约风险；区分业主"指示"和业主"推荐"，即对于履约过程中的"指示"，具有命令性，注意查阅"变更"等合同条款，寻求权利救济；对于"推荐"，具有建议性，可在审查相关信息后确定是否接受。

2. 不按约定实施索赔

（1）风险概述。索赔期限是EPC总承包合同中限制索赔方按期提起索赔的约束性规定。如合同中明确约定索赔期限和不按期索赔将丧失获得救济的后果，但基于各种原因承包商未及时按照约定实施索赔，可能因此丧失合同救济权利；除了合同关于索赔期限的约定，对于通过法律途径主张权利，还受到适用法律的约束，如诉讼时效的限制，如不能在规定期限内提出索赔，将面临丧失胜诉权的法律后果。

（2）风险管控措施。为了防范以上风险，建议采取以下防控措施。

对于EPC总承包合同中关于索赔的相关条款，应认真分析，熟知不按期索赔的不利后果，并严格按照合同约定及时主张应有权利，履行必要义务，防止索赔权利瑕疵；即使合同并未明确索赔期限，也要在发现索赔事件的合理时间内提出，以加强与业主的沟通，寻求解决方案；对于分包商的索赔权利，按照EPC总承包合同进行"背靠背"的约定，防止因分包商迟延索赔影响我方从业主处获得救济；了解适用法律关于诉讼、仲裁等法律程序的要求和限制，并及时行使法律救济权；在遵守程序性规定的同时，注意加强索赔证据的准备、保存。

3. 工期违约风险

（1）风险概述。海外EPC项目工期风险主要是指由于工期要求与实际执行能力不符、分包商履约能力差、合同执行环节影响因素较多，如不可抗力、设计或设备运输迟延等造成的影响项目工期要求，需要根据合同承担严重违约后果，如支付巨额违约金等。

（2）风险防控措施。为了防范以上风险，建议采取以下防控措施。

① 项目投标阶段，通过现场考察和调查、获取分包商资源及可能影响工期的不利因素等方式，结合业主要求，严格进行潜在工期风险因素评估，确定合理的可接受的工期；对于因业主原因、不可抗力等我方不可控原因造成的工期迟延，通过在EPC合同中设定工期延长条款保障我方救济权利；确定投标后，结合风险评估情况，编制合理的EPC工期计划。

② 项目执行过程中，严格控制设计、采购、施工各个环节的工作，包括但不限于通过资格审查等方式确定合格的分包商、通过分包合同明确分包商责任和工期迟延违约金条款等约束分包商按期履约。

③ 发生EPC合同约定的工期延长情形时，及时按约定实施索赔，防止权利丧失；积极应对分包商索赔并按规定实施反索赔。

④ 关于工期风险的管理，应严格执行公司《项目工期风险控制管理流程》。

4. 业主兑现保函

（1）风险概述。在海外EPC项目中，业主要求出具的各类保函通常为无条件、不可撤销、见索即付的保函。根据保函约定条件，只要业主通知保函开具银行说明索赔金额并提交银行所需单据，即可进行索赔。通常业主仅需说明承包商违约即可，而无需证明违约或详述有哪些违约行为。因此，只要单证相符，银行通常没有理由拒付。然而，在履约过程中，往往存在业主与承包商责任交叉的情形。如双方就合同争议无法达成一致意见，为获取谈判主动权，主张保函兑现是业主促使承包商让步的有效策略之一。考虑到承包商申请法律救济的时间十分紧张，且能否成功还受制于其他条件的制约。因此，一旦发生业主兑现履约保函的情况，作为承包商，我方将较为被动。主要风险体现在：

① 履约保函涉及款项将处于不安全状态，银行一旦支付就会给我方造成巨大损失，并为后期的商务谈判造成严重不利影响。

② 受银行付款期限的制约，需要在短时间内根据适用法律采取并获得紧急救济措施。特别是，可能因缺少判例等原因，公司需要付出更多的人

力、物力和财力。

（2）风险管控措施。为了防范以上风险，建议采取以下防控措施。

① 能直开不转开，转开务必要求当地法院先止付。

② 基础合同明确违约责任，明确可以索兑保函的事由和程序。

③ 保函索赔单据务必明确，绝对避免仅付款声明，争取为第三方生效裁判。

④ 保函务必明确减额单据和机制；客观评估受益人请求权，理性止付独立保函；止付担保先现金后保险置换。

5. 不规范终止/解除分包合同

（1）风险概述。合同的终止/解除主要分为约定和法定两种情形。除了合同无约定的情况下，根据法律规定行使合同终止/解除权，正常情况下，合同约定是合同各方解除合同的依据。如果不能就终止的理由、合同依据、合同终止的程序、证据等做认真深入的分析，不顾合同约定、盲目终止合同可能造成严重后果，包括但不限于需要承担额外的损失、影响项目执行、引发诉讼或仲裁，甚至影响公司声誉。

（2）风险管控措施。为了防范以上风险，建议采取以下防控措施。

① 合同执行人员要熟知合同内容并严格按照合同实施索赔和反索赔工作。在实施终止/解除行为之前，首先要对照合同找出相应的合同依据，避免想当然地终止/解除合同。

② 严格执行公司《合同管理实施指南》《合同管理程序》《合同解除、终止管理流程》等制度文件，避免因不当终止/解除分包合同引发法律纠纷。

（四）总承包项目竣工验收及收尾阶段的风险管理

1. 不能及时完成临时移交

（1）风险概述。临时移交是EPC总承包合同中约定的工程或某单位工程满足特定条件下业主实施接管的特定节点。该节点的确定是衡量工期是否满足要求的标志。如承包商不能在规定日期前满足相应条件，或已具备完工条件但未按照约定通知业主验收，可能面临以下风险：工期迟延，并需要根据合同约定支付相应迟延违约金；在达到一定期限后，可能面临业主终止合同的不利后果；无法及时回收相应竣工款项，影响现金流；工程保管责任期限顺延；如以该节点作为质保期起算点，原定质保期相应推迟等等。

（2）风险管控措施。为了防范以上风险，建议采取以下防控措施。

① 承包商应熟悉合同约定的项目临时移交条件及具备条件后的通知等义务，并制订严格的履约计划，确保满足工期要求。

② 在具备临时移交条件时，严格遵守相应通知义务，及时提交验收资料；如验收未通过，根据要求实施整改后，仍应按照合同约定继续履行通知等义务，直至获得合同约定的临时移交证书或其他书面证明。

③ 除非有特殊约定，在获得上述临时移交证明前，继续妥善照管工程。

④ 如因设备质量等原因导致临时移交迟延，要求供货商延长相应质保期。

2. 业主迟延验收或验收不合适

（1）风险概述。如承包商认为工程已满足临时移交或最终移交条件，并按照约定通知业主验收，但是业主基于自身考虑迟延验收或以各种理由拒绝验收通过，承包商可能将面临与不能完成移交条件同样的不利后果，可能需承担反复整改的额外费用。

（2）风险管控措施。为了防范以上风险，建议采取以下防控措施。

① 为约束业主按期实施验收工作，争取在合同中加入限制性条款，如明确业主在收到承包商通知后一定时间内反馈意见，否则视为验收通过。

② 提交通知后，加强与业主的沟通，督促其及时验收；对于业主拒绝验收通过的理由，如认为存在不合理之处或无依据，应当及时澄清、据理力争并保留好相关证据；如业主提出的理由恰当，及时按要求实施整改。

3. 未及时办理移交手续

（1）风险概述。无论是临时移交还是最终移交，都需要严格遵循合同关于移交程序和证明文件的约定。如果验收合格后，业主未按规定签发相应证明文件或双方未办理移交手续，将导致移交存在瑕疵，甚至出现业主不认可验收结果的情形。

（2）风险管控措施。为了防范以上风险，建议采取以下防控措施。

在验收通过后，如合同有明确约定，应当及时要求业主按约定签发相应证明文件，如临时接收证书或最终接收证书；如合同中对证明文件无特殊规定，也应当要求业主出具书面确认文件；如因业主原因不能及时移交，应正式发函督促或签订补充协议约定代为保管，由业主承担验收通过后的保管责任。

4.不按规定清理现场

（1）风险概述。业主通常要求承包商在项目完工后从现场撤走任何剩余的承包商设备、多余材料、残余物、垃圾和临时工程等，甚至作为临时移交和最终移交的条件。如果不能按期满足要求，可能影响工程移交，也可能因此产生额外费用。

（2）风险管控措施。为了防范以上风险，建议采取以下防控措施。

在策划阶段，应当合理配置承包商设备并制订详细的撤离计划。在项目履行各阶段，严格按照合同约定实施清理、撤离等工作；在满足合同要求的前提下，对于可再次利用的承包商设备，提前策划，严格按照当地法律规定实施租赁、转让等手续；如不能或不愿自行清理现场，且业主可以或同意实施清理工作，按照合同约定或与业主协商确定相关费用的支付和返还事宜。

国外EPC总承包项目存在的风险及规避

潘　泳[①]

国际项目市场广阔，复杂多变，在国际项目日常工作过程中我们会遇到各种问题，在摸索及学习中针对国际EPC项目招投标阶段及项目实施阶段中存在的风险及规避措施总结了以下几点看法。

一、项目招投标阶段风险及规避

这里所说的项目招投标阶段是指项目考察开始至签订合同。国外EPC总承包项目内容复杂、工程周期长、对项目的管理水平要求较高。

（一）项目招投标阶段存在的风险

项目考察调研阶段，没有认真落实项目所在地水文地质情况，政治经济情况，人工、材料、机械设备供应情况及价格水平及发展变化趋势，会给项目后期实施埋下巨大的风险隐患。所在国的政治经济情况可能会使实施的项目搁浅。地勘不仔细、材料供应情况等可能会严重影响项目进度，使我们遭受重大的损失。如某公司承建的某使馆馆舍项目，勘察设计单位在设计地基处理方案的时候没有充分考虑地下水位的影响，地基开挖后无法按照图纸正常施工，导致工期拖延一年之久，项目工期进度、设备、人力成本损失巨大。

国际项目标书都是英文的，如果企业没有充分理解业主的招标书或未能认真审核投标文件，未能认真研究合同条款都会导致投标阶段不能准确地核算项目成本或错项、漏项。合同技术条款中含有很多具体的技术要

---

① 潘　泳，烟建集团国际公司副总经理。

求，而不同的技术要求对项目成本的影响很大。比如，在项目投标阶段，如果设计人员未能认准所在国对某项设计标准的特殊要求，报价人员则可能仍然按照常规测算项目成本，其结果亦将给项目执行留下很大风险。另外，投标时没有认真研究支付货币与该货币汇率变化趋势，汇率风险会是海外工程承包企业支付及汇兑长期面临的风险。如我公司承建的青禾越南人造草坪生产基地项目，在前期合同谈判时规定我司不承担任何汇率损失，成功避免了项目实施过程中的汇率风险，将风险转移给了业主方。

（二）项目招投标阶段存在风险的规避

首先要组织各有关方面人员对项目进行考察，认真考察、研究该项目所在地水文地质情况、政治经济情况，人工、材料、机械设备供应情况及价格水平及发展变化趋势。应先征求中国驻项目所在国经商处的意见，以决定是否参加投标。

成立由技术、财务、报价等各方面人员组成的投标小组，组成投标小组的人员中最好有不经过翻译就能直接看懂招标文件的人，或者经翻译的招标文件必须请专业人员审核无误后再投入使用。

认真研究招标文件，特别是要认真研究招标文件中的技术条款、技术标准和我国的差别。最好建议业主使用中国规范标准，如执行中国技术规范，在项目实施及验收时可减少很多麻烦。

认真估算审核工程量，能准确地测算项目造价，明确不可抗力因素及出现不可抗拒灾害时双方的责任划分。必须采取切实可行的规避汇率风险的措施，在合同签订时，明确汇率变动超过一定程度时的弥补条款（最理想的状态是合同规定我方不承担汇率风险），或者选择汇率坚挺的币种作为合同币种。得到更多的预付款也可减少汇兑变化风险带来的损失。

EPC总承包如需要专业分包队伍（如设计、材料设备供应、专业分包等），则最好在投标阶段先选择好分包单位，请他们参与项目考察，共同研究招标投标文件中与施工有关的条款，并在投标前与分包单位签订协议，如中标合同则生效，不中标合同则不成立，这样就可以把部分风险转移到分包单位。

二、项目实施阶段存在的风险及规避

（一）项目实施阶段存在的风险

勘察设计费虽然只占工程总造价的7%左右，但工程项目造价主要靠设计来控制，EPC总承包总造价控制的关键是设计，在功能不变的情况下，优化设计，是降低造价的有效办法。海外项目有当地设计规范标准的特殊性，在施工中在某些细节方面我们可能经常会犯"拿来主义"或惯性思维的错误，国内常见的材料思维拿来就用。如我公司承建的汤加国际机场扩建项目，因忽略了当地材料设计标准的要求，导致采购了错误厚度的钢檩条，材料更换导致了一定的进度拖延。

我们在海外实施的EPC项目大多位于不发达国家，当地根本没有设备、材料生产供应能力，大多需要从其他国家进口，因此项目实施过程中经常会出现因设计变更、材料采购计划滞后、海运时间长、清关效率慢等不可预见因素造成的设备、材料供应不及时，影响项目正常施工进度。

EPC项目实施周期比较长，特别是在政局不稳定的国家，汇率不稳定，通货膨胀无法控制，材料设备市场价格可能有比较大的浮动，因此供应商会因各种原因提出加价要求，造成项目成本增加。

施工过程中施工质量达不到所在国规范标准要求，进度达不到计划要求，不能按时完工等都会严重增加项目成本。所持货币因不及时兑换或不及时支付给各分包商而贬值，造成汇率损失严重。

（二）项目实施阶段风险的规避

项目成立风险管理部，但风险管理部要能够调动项目部、工程、采运、财务、经营、核算、人力等各管理部门的人员和其他资源，风险管理的具体实施指令能分配到各有关部门去实施。风险管理是一个不断检查和更新的过程。随着工程项目的进展，风险管理人员将不定期或定期根据最新的情况进行风险分析，确定新的风险事件和措施，并分析评价以前阶段风险管理的效果。

　　EPC项目管理牵扯业主、设计、采购、施工等部门的协调管理工作，要以工程整体利益为出发点，处理涉及技术、组织、管理、法律等各方面问题，从而更快、更好地实现项目的质量、进度、成本目标。

　　项目参与各方购买相应的工程保险、人员意外伤害等，将风险因素转移给保险公司，以求在意外事件发生时，遭受的损失能得到保险公司的经济补偿，减少公司的经济损失。

国际EPC项目全程物流风险管控措施研究

马兆庆①

摘要：本文立足国际EPC电力项目全程物流管理实践，对租船、订舱、集港、通关、装船、签单、卸船、清关、陆运等物流各环节中出现的接口问题及常见风险进行了分析，就如何应对各类风险提出了相关措施和建议，以期全面提升国际EPC电力项目管理水平。

关键词：EPC项目；全程物流；风险管控

一、引言

国际EPC电力项目全程物流管理与传统货物运输相比，有其自身的特点和要求：一方面，业主对物流的时效性、安全性、经济性提出了更高的需求；另一方面，船运计划的提前量有限且变更频繁，设备供应商、船东、海关、货代等需要协调的环节众多且常有牵制，EPC承包商只有综合运用现代化的管理手段，紧紧围绕船、货、单三大核心要素开展工作，加强风险识别和管控，才能为项目建设提供坚实的物资和物流保障。

二、全程物流管理风险识别

（一）租船

国际EPC电力项目设备种类繁杂，部分设备尺寸或重量超限，形状各异且重心不规则；非标准件和精密仪器较多，货值高，单一运输工具风险集中；供应商、修理商选择余地小，维修周期长，因此，必须选用适航、适

---

① 马兆庆，中国电建集团山东电力建设有限公司采购物流部主任师。

货的双甲板或多甲板船舶进行运输。此类"杂货船"与承载煤炭、谷物的"散货船"有所差异：具备足够的舱底和甲板强度；配备起重设备，满足最重件的自卸能力；有较大的舱口尺寸，可装载各类超长、超宽件设备；箱型结构，便于尺寸各异的设备垂直起吊，利于装卸。如果船型选择不当或船龄超期，在吊装、堆码和海运过程中极易发生货损货差，且一旦发生事故，无法向保险公司追偿。

（二）订舱

由于船东调配运力、安排船舶、制定配载方案需要准备周期，大宗散货设备一般提前20～30天订舱，重大件设备则需提前45～60天订舱。在此阶段，很多设备可能还处在生产检验或待包装阶段，无法提供准确的件、重、尺信息，EPC承包商可能无法准确预估货量，导致实际发货量与订舱货量出现较大偏差：如果实际发货量大于订舱货量，会发生"暴舱"，带来甩货、二次倒运、二次堆存、退关等风险；如果实际发货量小于订舱货量，会发生"亏舱"，需向船东支付"亏舱费"（Dead Freight）。

（三）集港

严格意义上的"船期"是指"受载期"（LAYCAN Days），也即船舶预计抵达装货港口或泊位并做好装船准备的日期，考虑到天气、泊位等因素的影响，受载期通常约定5～7天的浮动区间。作为EPC承包商，有义务在受载期前备妥货物并完成通关手续，否则将向船东支付"延滞损失"（Detention），也就是我们通常所说的"压船费"。实务管理中的难点在于对集港时间的把控，设备到港时间过早，不利于保管维护且增加港口堆存费用；到港时间过晚，则无法在船舶抵港前完成通关工作，产生压船费。由于重大件设备一般采用液压轴线车或驳船运输，如果集港时间不合适，还会产生压车费或压驳费。

（四）报关

出口报关环节涉及发货人、货代、船东、船代、商检局、海关和港务局等多个部门，其基本流程如下：货代将品名、货量、船名航次等信息发送给船代→船代确认订舱信息后回执给货代并将订舱信息发送给海关，完成"船申报"→货代凭装货单（Shipping Order）、报关单、报关委托书等资料向海关预录入、递单，完成"货申报"→海关审核单据并验货后放行。报关环节常见的风险主要为"单据"和"货物"未能有效衔接，例如，设备未到港，无法及时申报或虽已正式申报，但货物未能及时运达，无法安排海关查验；法检货物未能及时取得"换证凭条/凭单"，延误申报时间；所选HS编码与实物不符，海关不予验放。

（五）装船

装船过程也涉及多个干系人，如何保障装船速率和货物安全是船东、发货人及港务局共同关心的问题。常见的风险主要来自以下几个方面：一是由于装船方案存在争议或装船机具准备不足导致装船中断。装船工作由码头船长、大副和港口指导员共同配合完成，三者对配载方案有任何争议都会延误装船时间。二是由于码头倒运不及时影响装船效率，此种情况在多个舱口同时吊装的情况下比较普遍。三是由于包装破损或是吊点不清晰导致船长拒载，船长从维护船舶和货物安全的角度出发，会拒绝承运包装瑕疵设备，如果无法及时修复包装或出具保函，可能产生甩货风险。

（六）签单

装船结束后进入提单签发环节，基本流程为：大副与理货核对装船情况后，签发"大副收据"（Mate'Receipt）→货代支付理货费后取得"大副收据"，与发货人核对收发货人名称、货描、件数、体积和重量等信息后确认样本提单→货代凭大副收据、样本提单及相关保函去船代处换取正本提单→船代经船东指示后向货代释放正本提单。整个过程涉及理货、发货人、货代、船东、船代等多个接口，实务操作中EPC承包商为便于进口免税并向业主收取里程碑款，一般会要求船东更改、拆分或合并品名，并签发清洁提单。船东也会相应地要求承包商出具保函并支付海运费，如双方无法协商一致，将延误提单签发和流转时间。

（七）卸船

由于卸船操作在目的港进行，受港口条件约束及作业习惯的影响较大，加之各国法律、文化上的差异，可能发生的风险也较多。常见风险有以下几个方面：首先是卸船泊位和机具不足导致卸货受阻，某些港口无移动式岸吊且明文规定散货船有"优先"卸货权，杂货船如需使用岸吊，必须提前向港务局申请，否则将无法靠泊卸船。其次是倒运车辆及堆场有限，且未能与卸船工班合理衔接，容易发生压车或压船风险。最后是货损货差问题，经过多次吊装、长途海运和风浪冲击，部分设备可能发生货损货差，如参与卸船的各方代理无法在卸货数量及货损程度上取得一致，将引入第三方进行评估鉴定，有可能造成卸船中断。

（八）清关

清关是从货物卸船到海关放行的必经阶段和重要环节，主要操作流程如下：目的港船代向海关发送船名、航次及载货信息，完成"船申报"；清关代理凭背书提单到船代处换取"提货单"（Delivery Order），完成"船放行"→清关代理凭提单、提货单、报关单等单据进行进口申报，完成"货申报"→海关审核单据并验货，同时通知收货人缴税→收货人支付关税、进口增值税等税费后，实现"货放行"。清关风险主要源自"船放行"与"货放行"环节。在"船放行"环节，我国《海商法》规定"应当向承运人支付的运费、共同海损分摊、滞期费和承运人为货物垫付的必要的费用以及应当向承运人支付的其他费用没有付清，又没有提供适当担保的，承运人可以在合理的限度内留置其货物"。尽管目前理论界对"留置权"尚有争议，但在实践中却经常为各国船东所使用，一旦有费用争议，船东会想方设法留置货物，造成承包商无法提货。在"货放行"环节，主要风险在于海关的进口管制政策，特别是危化品许可证、临时进口许可证等各类强制许可证以及相关的第三方检验、检疫证书，如果无法提供相关证书或申报品名与实物不符，海关将扣留设备，要求重新申报或退运回启运国。

（九）陆运

项目所在国陆运环节的最大风险源于运输工具和运输路线的选择。国际EPC电力项目的重大件设备如燃机、发电机、除氧器、变压器等必须使用液压轴线车承运。结合现场接卸条件，有时需要配带承重梁运输，致使运输宽度和高度增加，一定程度上加剧了运输风险。某些项目所在国对重大件运输实行交通管制，运输前必须办理上路许可证，且沿途排障工作必须由指定的专业公司承接，诸如此类的规定都增加了大件运输的不确定性。

三、全程物流管理风险管控

（一）租船

在租船环节，EPC承包商可根据每批设备的特点选择适航、船货船型，通过船舶规范、船级证书、登记证书等了解舱口尺寸、船吊载荷和载重舱容，并通过船检证书、验船报告等复核各项参数。对于船龄的选择，要以EPC主合同要求为限，如主合同没有要求，也需满足海运险保单的基本要求，根据《协会船级条款》相关规定，"杂货船一般不得超过25年船龄；集装箱船、滚装船一般不得超过30年船龄"。

（二）订舱

由于国际EPC电力项目建设周期长、采购量大，部分辅机与材料招标与物流发运同步进行，实际发货量一直处于动态调整中。即便对于已下订单的设备材料，受供应商场地、资金、技术等制约因素及现场工期调整的影响，交货期也经常变化，客观上提高了货量统计的难度。为规避上述风险，需在订舱前对供应商出图、投料、排产、检验、资金等情况进行摸底，结合实际生产进度进行预估，得出较为准确的货量判断。另一方面，还应尽可能提高船运计划的柔性，与船东协调一个可接受的浮动区间，在可接受的范围内保持货量的动态均衡，避免甩货或亏舱风险。

（三）集港

考虑到港口堆存条件及费用等因素，集港时间不宜过早，需要结合船期和运力"倒排"集港日期并预留通关时间。重大件设备一般采用"车船直取"方式装船，设备到港后直接从车板起吊，不进行二次倒运，其对船、货衔接的要求更高，需要统筹考虑的因素也更多。EPC承包商需要对重大件装车、陆运以及船舶启航、靠泊等每个节点进行"动态跟踪"，并根据配载位置和吊装时间"倒排"集港时间，而不能以靠泊时间为准。如需内河驳运，还要充分考虑河流枯水期、潮汐等因素的影响，提前部署船运计划，并就可能产生的压驳费、子母船吊装费等做好协商，以免驳船到港后影响大件吊装。

（四）报关

由于集港时间的不规律性和非延续性，无法等待设备悉数运抵后再进行申报，为降低压船风险，可采用"提前报关""拆票报关"的方式：在船舶到港前3～5天协调船代向海关发送舱单信息，完成"船申报"；对设备进行"拆分"，将已经到港的设备提前报关，将未到港的设备单独报关。为提高通关效率，可将货值较高、品名特殊、查验几率大、政策影响敏感的设备单独申报；对于国家规定的法检设备，需协调厂家安排商检并及时取得"换证凭条/凭单"。由于通关环节涉及的接口较多，只有从根本上提高设备集港的安全性和及时性，提高报关资料的准确性和完整性，才能有效规避通关风险。

（五）装船

对于装船方案，可要求各方代表在装船前对设备材料进行全面考察，对吊装工具进行全面排查，在船前会上就配载方案进行充分讨论，做好沟通和交底工作。为减少码头倒运距离，提高倒运效率，应合理选择集港和装船港区，既要满足发运设备对堆场面积、仓储条件、倒运车辆的需求，又要满足承运船舶对泊位、吃水、吊装机具的要求。如有可能，发货人与船东可以协商指定同一家公司作为地面代理，并就费用和工作范围进行切割，最大限度减少接口和磨合。为避免包装破损延误装船，EPC承包商应加强设备在出厂前的包装检验和到港后的复检与整改，确保设备材料包装坚固、标识清晰，便于识别和装运。

（六）签单

签单过程涉及理货、发货人、货代、船东、船代等多个接口，EPC承包商应与船东就可能出现的更改/拆分/合并品名、变更收发货人、签发清洁提单等问题进行协商，协调船东放弃保函要求；或是提前对各类保函格式和内容进行评审，依照船东要求及时签发各类保函，以便第一时间获取清洁提单。考虑到海运费的核对、确认、审批及支付手续需要时间，EPC承包商往往较难在提单签发前将足额海运费支付到账，有必要在海运合同中就运费的确认时限、支付方式做出特别约定，将提单签发与运费支付相分离，要求船东不能因为运费支付问题影响提单签发和流转。

（七）卸船

为规避长时间待泊或移泊风险，应优先使用具有"自卸"能力的船舶，减少对岸吊的依赖，同时加强与当地代理的合作，确保船舶抵港前取得泊位和吊机的使用权。为化解目的港压车和压船风险，各方代理应在卸船前进行技术交底，落实重大件卸船时间、接卸要求和堆存位置，提前调配接卸车辆和支墩横梁，与卸船工班密切配合。规避货损货差风险的有效措施是加强事前控制，做好设备的保装、防护、配载及绑扎工作，加强对甲板货和散捆货物的清点及卸货进程的监督。与此同时，EPC承包商还应与船东、船代、保险公司建立良好的沟通协调机制，出现货损货差后能够快速反应，及时解决，确保卸船作业如期进行。

（八）清关

在"船放行"环节，EPC承包商应提前就共同海损分摊、滞期费等可能引发争议的问题进行约定并及时向船东支付海运费等合同内费用；如遇船东强行主张"留置权"，应及时协调相关方及保险公司提供担保或反担保，敦促船东尽早放货。在"货放行"环节，由于各国海关的验放尺度不一，官员的自由裁量权比较大，清关时间难有保证，EPC承包商应及时关注海关政策走向，在设备抵港前取得所有进口许可证及检验、检疫证书；加强与目的港海关及清关代理公司的沟通和协作，提高进口申报的合理性和规范性，确保货物与单据相一致，降低海关查验风险。

（九）陆运

为规避项目所在国陆运风险，EPC承包商必须在投标阶段对运输路线进行全面踏勘并收集当地的水文地质资料，充分调研当地的降雨量、上下游排水线路、桥梁承重和限高、运输途中的各类空障/转弯/上下坡。大件设备启运前需完成所有清障及加固工作，反复检查车况、配载和绑扎加固情况；运输过程中，应安排护卫车进行全程押运，严格控制车辆行进速度，确保重大件安全运抵。

四、结语

综上所述，国际EPC电力项目执行周期长、地域跨度大、涉及环节多，其固有的复杂性和特殊性对全程物流管理提出了更高的要求。EPC承包商应具备战略眼光和全局思维，密切围绕船、货、单三大核心要素开展工作，加强物流操作的接口管理和风险管控，才能有效规避各类风险，全面提升国际EPC电力项目管理水平。

劳务管理篇

国际承包工程中的外籍劳务管理

窦祥森[①]

摘要：山东胜越石化工程建设有限公司积极响应国家"走出去"战略，先后在沙特阿拉伯、马来西亚、哈萨克斯坦承接施工工程。在工程实践中，随着中国籍职工的各种成本不断提高，原来的效率优势已经不再明显，为了适应工程所在国的"本地化"要求，使用外籍职工既是工程所在国的政策要求，也是项目健康发展的必由之路。本文主要针对国际工程承包中的外籍人员的使用和管理、人员比例配置、外籍劳务的优缺点给出了解决方案和建议。

关键词：国际承包工程；外籍劳务；管理

一、外籍人员的使用现状

（一）外籍人员组成

根据四个不同类型项目的统计，管理类和非管理类的外籍员工使用见统计表1，其中项目1为施工总承包项目（不包含土建），项目2为机械分包项目，项目3为钢结构及管道预制项目，项目4为EPC总承包项目，从统计中可以看出外籍人员的使用中，管理类以安全和质量人员为主，非管理类以普工为主。

表1　非直接作业人员（管理）

序号	单位	行政类	文档类	安全类	质检类	小计
1	项目1	8	9	11	30	58

---

① 窦祥森，山东胜越石化工程建设有限公司中东分公司副经理。

序号	单位	行政类	文档类	安全类	质检类	小计
2	项目2	1		14		15
3	项目3	1		1	4	6
4	项目4	5	3	33	16	57
合计		15	12	59	50	136
人员占比		11.03%	8.82%	43.38%	36.76%	100%

直接作业人员（非管理）

项目	总计	厨师类	门卫	司机类	电工	仪表工	普工类	维修工	操作手	起重类	架设类	仓管类	焊工类	管工类	其他
项目1	609	6	45	18	34	3	277	2	5	11	24	6	82	96	
项目2	219	2	2	16	10	5	81	1	2	5	45	10	18	12	10
项目3	96			9	2	1	26	1		1		6	25	6	19
项目4	674	3	6	12	77	5	252	3	3	22	130	6	33	72	50
合计	1598	11	53	55	123	14	636	7	10	39	199	28	158	186	79
人员占比	100%	0.69%	3.32%	3.44%	7.70%	0.88%	39.80%	0.44%	0.63%	2.44%	12.45%	1.75%	9.89%	11.64%	4.94%

（二）外籍人员特点

不同国家的外籍人员有不同的特点，其宗教信仰、生活习惯和工作作风都有所差异，施工过程中需要根据其特点来安排工作，才能最大限度地发挥外籍员工的积极性和创造性。总体来说，尼泊尔籍普工、印度籍技工（包括质检、安全）是受到普遍好评的。

1. 尼泊尔

民族特性：尼泊尔位于喜马拉雅山中段南麓，是内陆山国，国民性格自由散漫、刚烈奔放，嗜好饮酒，具有显著的高山民族性格特点；且在工作或者生活中有遇事抱团、聚群抗争的喜好。

受教育程度：全国仅有5所大学，民众受教育程度普遍偏低，因此英语能力普遍较差，思维固执，沟通比较困难，员工对企业制度认知较弱，缺乏对环境事务的分析能力。

技术素质：尼泊尔80%的国民从事农业生产，工业基础薄弱，规模小机械化水平低，整个国家失业率偏高，所聘员工主要为普工或者半熟练工种，只能从事技术含量相对低的架子工、普工，且对自身职业成长要求较低；可适当地聘用受过高等教育的员工从事文档、作业票接收员、行政助理等工作。

文化背景：对公司的企业文化认同困难，对公司的一些制度也比较困惑。比如外籍员工认为工作时间以外是个人时间，员工宿舍为私人空间，公司不应该干涉他们的生活自由；IQAMA（沙特暂住证）证件为员工身份证明，应该由个人进行保管。对于过于细致的公司管理，员工有压迫感。

无故出走：由于尼泊尔籍员工的文化素质偏低、履约情况和忠诚度较低，易受外部因素诱惑发生无故出走的情况。从2011年引入尼泊尔籍员工至今，累计发生出走21人次。沙特实行"SPONSOR（发起人或者雇主的意思）"制度，如果有员工出走而在外遭遇不测，公司需承担担保责任（包括遣返时所需的机票等费用），并影响企业在所在国的员工招聘业务，故需加强管理。

2. 菲律宾

英语优势：英语是菲律宾的官方语言。菲律宾人从小就接受双语教育，90%的菲律宾人能讲英语。流利的英语保证了海外菲律宾人日常工作和生活的交际与沟通，为菲律宾人在海外谋职创造了条件。

教育良好：菲律宾教育在发展中国家中是比较发达的。据调查统计，在菲律宾海外劳务人员中接受过初等教育的占19.2%、中等教育的占29.3%、高等教育的占19%；取得学士学位的占12.28%、学士以上学位的占0.88%。良好的教育增加了菲律宾海外劳务人员的竞争力。

技术培训：菲律宾政府十分重视对海外劳务人员的技术培训，将其视为开拓海外劳务市场的重要手段。在菲律宾，各类面向海外劳务人员的技术培训学校遍布全国，培训内容涉及各主要就业行业。接受过严格培训，具有较高专业技术水平的菲律宾劳务人员在国际劳务市场上备受青睐，对其需求有增无减。重视培训是菲律宾海外劳务长盛不衰的根本所在。

服务意识：服务意识强，成本压力较小，更符合中国企业的用工习惯。菲律宾是天主教国家，菲律宾海外劳务人员具有性情温和、有良好的敬业精神、服务意识强、遵守纪律、吃苦耐劳、善于沟通、诚实团结等优点，深受雇主的欢迎与赞誉。菲律宾人遭受过几百年的西方殖民统治，生活和思维方式全面西化，易于适应西方社会生活环境，从而增强了菲律宾海外劳务人员的适应生存能力。

维权意识：菲律宾为劳动力输出大国，海外劳工的汇款是菲律宾政府重要而稳定的收入，海外劳工也因此成为国家的"新英雄"。一方面，菲律宾不仅在本国内有很多保护在外务工者权益的机构，还在沙特阿拉伯（以下简称"沙特"）的主要城市设有菲律宾籍劳工维权机构（POEA）；另一方面，菲律宾籍员工的维权意识与自我保护能力较强，善于使用法律工具来降低自身的损失，故在菲律宾籍员工的日常管理方面更要谨慎、合规。

3. 印度

在沙特的优势：印度的英语环境让印度籍员工在语言上更有竞争力，印度国内的精英教育和欧美的教育有一定的相似性，培养出来的学生更容易有欧美人的思维，沙特企业体系与欧美一致，故更容易被沙特企业所接受。另外，印度人员喜欢抱团、注重提携，故沙特企业中，外籍管理人员中印度籍比例较大。山东胜越石化工程建设有限公司印度籍管理人员主要从事质检、安全管理岗。

技术素质：印度籍作业人员中以熟练技工为主，相对来说他们老实忠厚、吃苦耐劳，现场普遍反映雇佣效果较好；印度国内成人文盲比例较高，印度籍作业人员英语优势不很明显；工作缺乏主动性，工作容易拖拉，效率较低；印度籍作业层人员技术较粗糙，需加强专业化培训后方可达到期望工作效率。印度籍员工对企业忠诚度较差、纪律观念弱、多次发生私自改签机票的情况；山东胜越石化工程建设有限公司印度籍作业工人主要从事电气安装工、管工、焊工、普工岗。

适应性好：在沙特工作的印度籍人员宗教信仰如果为伊斯兰教，与沙特宗教氛围一致，比较容易适应；印度全境炎热，大部分属于热带季风气候，而印度西部的塔尔沙漠则是热带沙漠气候，对沙特的高温气候更容易适应。如果被招聘人员的信仰为印度教或者其他宗教，有时候会很难适应沙特生活。为了让印度籍员工更好地适应沙特工作环境，饮食一般都需要招聘外籍厨师，做印度咖喱饭。印度籍员工因为信仰，有人不吃牛肉，管理中需要注意细节。

4. 其他国家

具体施工过程中，项目还用到沙特阿拉伯人、也门人、巴基斯坦人、孟加拉人、越南人等，但由于人数相对较少，没有代表性，所以对其特点不一一分析。

5. 外籍员工的共同特点

外籍员工收入虽然不高，但是由于汇率问题，在第三国的购买力并不低，沙特阿拉伯使用的钱币为沙特里亚尔，汇率与美元的换算关系比较稳定：1美元等于3.75沙特里亚尔。1尼泊尔卢比等于0.031沙特里亚尔；1印度卢比等于0.05沙特里亚尔；1菲律宾比索等于0.077沙特里亚尔；1元人民币等于0.56沙特里亚尔。人民币分别是尼泊尔、印度、菲律宾货币币值的18

倍、11.2倍和7.27倍。直聘外籍作业人员的月平均工资约为2500里亚尔，折合成尼泊尔卢比就是超过每月8万元的当地高收入。正因为外籍员工的相对高收入，导致人员不稳定，培训好的一线作业员工一般干两年或者四年后就强烈要求回国，于是周而复始，重新招聘。外籍管理员工工资更高，工作会相对稳定。

（三）外籍人员劳动效率

中外籍员工有不同的特点，中国籍工人适合急难险重或者工期要求紧张的工作，外籍员工比较适合重复性劳动，技能要求低，工期要求不紧张的工作。目前，二者都有不可替代的成分。在工作有交叉的机械安装专业，在有人员监管的情况下，外籍员工的平均效率约为中国籍的0.75倍。在技术含量比较高的焊接专业，平均劳动效率相差更大，直接作业人员（非管理）项目1中的焊工工作量统计数据如下：

中国籍焊工，管道预制，日工作量的峰值可以达到80寸，平均日工作量接近30寸/天，最低的焊接日工作量也可以达到21寸/天。

菲律宾籍直聘焊工，焊接日工作量统计数据最高的为16寸/天，最低的为8寸/天，且返修率偏高。

印度籍焊工，最高的日工作量为30寸/天，最低的为16寸/天。虽然个别焊工劳动效率较高，但是属于少数。

孟加拉籍焊工，手工电弧焊水平较高，但是掌握氩弧焊的人员较少，由于项目管道焊接普遍要求氩弧焊，结构焊工又很少用中国籍，导致中国籍焊工和孟加拉籍焊工交集很少，所以中国籍焊工和孟加拉籍焊工在效率上没有可比性。

通过额外给奖励的方法可以提高外籍焊工的劳动积极性，外籍员工的素质近几年也在缓慢提升中，在个别领域，劳动效率已经接近中国籍工人。

二、外籍人员的管理思路

留住培训好的一线作业人员，对企业发展非常有利，但是第三国员工普遍不喜欢中国公司严格的管理制度和超高的劳动强度，在人文关怀方面，中国籍公司做的也不够。《孙子兵法》云：上兵伐谋，其次伐交，其次伐兵，其下攻城。对于外籍员工管理，管理思路（谋略）很重要，其次，也是攻心（思想工作）为主。以严格的管理制度为指导，执行认真的奖罚政策。避免外籍人员走向管理层的对立面。

外籍员工来自多个国家，如何才能对公司产生归属感，最重要的是做好沟通工作。简单来说，就是要营造和谐的工作氛围，不要过于追求效率，允许外籍工人在合理范围内适当放慢节奏；定期召开座谈会，把上个周期的工作问题及时提出来，让他们自己先提出解决问题的方案，鼓励他们大胆说出想法，对于情绪波动人员，实行一对一面谈。

定期考核与调整薪酬。尽量一个年度调整一次薪资，建立完善且适合项目建设的管理规章制度和有效的考核管理办法，合理地用好试用期和考核机制，将考核结果作为聘用与否和工资晋升的主要依据。

学习沙特当地的劳动法律，对于劳工部的各项合同要求，项目部还需要组织系统学习，并且运用到外籍员工管理上来，避免产生劳动纠纷。

定期进行有效的人员培训。人员培训是技能提升的关键要素，也是一个项目部能最大发挥外籍员工潜力的方式，各部门的内部培训，对于施工单位更加必不可少，并且可在培训过程中穿插部分生活服务会，让大家在增长技能的同时更加融入公司这个大家庭中。对于犯错的员工，给予改正机会，但是对于屡教不改的员工，要坚决使用雷霆手段。

三、外籍人员比例问题

中国籍管理人员比例过低，会造成公司的执行力大打折扣。中国公司的优势就是执行力强悍，而执行力的强悍需要执行的人来体现。当一个项目高级管理人员选择不当，对业务不熟悉，又大量启用外籍管理人员，在日常管理中无法指导外籍管理人员工作时，就会被架空。现在中国公司在沙特的管理人员大部分是印度籍，印度籍管理人员有个鲜明特点，重视上下级关系，对上级非常尊重，对下级非常严厉，这可能是受印度根深蒂固的种姓等级制度影响。如果管理中间层不能传达上层的管理思路，工作执行层就与非中国公司无异。工作实践证明，外籍管理人数不宜超过人员总数的50%，虽然安全和质量管理专业外籍人员比例高，但是安全经理和质量经理还是建议由中国人担任。沙特中部一个项目就是因为使用大量外籍管理员工，比例超过90%，导致执行力低下，项目出现严重亏损。

施工一线作业人员，不同专业有不同的配合比例：土建项目、电气放电缆、仪表接线、保温、油漆、脚手架等，属于劳动密集型工作，外籍人员比例可以适当提高，即使超过90%都可以轻松管理。但是对于管道安装、设备安装等技能密集型作业，外籍人员的比例不宜超过60%，否则就会拖累整体施工效率。另外，一些没有技术可言的监火员、倒车指挥等岗位，可以100%使用外籍人员代替。

四、利用外籍人员发展企业的思路

国外项目要做大做强，只能大量地使用外籍员工，但是如何管理好外籍员工，单凭个人魅力或者小恩小惠是完不成任务的。有的人天生就不擅于管理，所以安排自身业务好的人去做领导有可能是很差的决策。应该安排会管理的人员去管理，懂业务的人去执行。拿破仑评论马木留克骑兵的故事就是很好的说明，也是管理好外籍员工的精华所在："两个马木留克兵绝对能打赢三个法国兵；一百个法国兵与一百个马木留克兵势均力敌；三百个法国兵大都能战胜三百个马木留克兵；而一千个法国兵则总能打败一千五百个马木留克兵。"马木留克兵是埃及的少数民族，他们自小从格鲁吉亚、高加索被人买来，受到严格的骑术训练。这个民族的特点就是精于骑术，当时5万马木留克人竟为埃及提供了1.2万名骑士。相反，法国人却是欧洲最不善于骑术的民族，拿破仑本人就是一个不高明的骑手，他的骑兵和马匹质量也很一般。可为什么他们能打败骁勇的马木留克兵？难道战争之神偏袒法国骑兵，硬要把胜利之花赐给他们吗？造成强弱变化的神奇力量，不是别的，而是纪律。拿破仑的骑兵经过正规的整体训练，富有纪律性，在作战中能够始终保持严整的队形，冲锋时锐不可挡。而非正规的马木留克骑兵虽然在骑术和刀法上占有绝对优势，单兵作战是第一流的，小股遭遇战也占有优势，但是他们队形散乱，行动不协调，缺乏纪律素养。两军相交，就抵挡不住拿破仑骑兵军团的冲击波，由单兵格斗的优势变成了整体较量的劣势。管理外籍员工，即便是单兵素质不行，想在竞争日益激烈的环境中生存，最好的办法是让拿破仑来管理马木留克的骑兵，其次的办法是让拿破仑来管理法国的骑兵，再次的办法是让法国骑兵做领导管理马木留克骑兵，最差的办法是让马木留克骑兵做领导来管理法国骑兵。外籍人员的利用，有时候人员素质不是第一重要的，素质可以通过培训和实习提高。一个企业用好外籍员工的关键还在于公司高层的决策和系统管理方法的应用。沙特有众多外籍施工企业，即全员使用外籍员工，也可以做出很好的施工业绩。现在的问题就是中国人管理外籍员工，怎样才能做得比外籍公司管理得更好，只有管理得更好，才能在激烈的竞争中胜出，而这一切的关键就是企业高级管理人员的选用。

五、高级管理人员的作用

企业有好坏，管理分层次。高级管理人员，不仅仅是公司管理者的代表，更是公司理念、文化的载体。管理制度只是表现形式，外籍人员的管理效益只是制度是否合理的体现。对于能够做国际承包工程的公司，管理制度肯定有其优越性。实践证明，生搬硬套其他公司的管理制度，只会让管理更加不伦不类，因此要学习而不是照做，择其善者而从之。为了保持企业管理风格和执行能力，项目高级管理人员必须是了解公司理念和文化的人，从这个角度上说，用中国籍的高管更方便交流，如果用外籍，则需要培养，而不是单纯靠外聘，不行就更换的思路。很多时候，外聘人员并不是没有水平，而是不能融入团队中形成一个整体。另一个方面，优秀的管理者很少找不到工作，要想从人力资源公司的无工作者中挑选高管本身就是不可能的。外企高管一般采用推荐制度，当你在高管的位置上做的时间比较长时，肯定有很好的人脉和朋友圈。

到目前为止，沙特阿拉伯的执行项目中，外籍高管比例非常低，偶尔有安全经理或者质量经理选用外籍，从沙特阿拉伯工程市场的发展规律看，外聘人员的选择就是将来项目发展的方向。一开始欧美的跨国公司做EPC（外聘日本/韩国人员做高管），后来日本/韩国公司就开始接手做EPC（聘用中国公司做施工，对应成了高管），再接下来，中国公司大举进入，到现在，沙特项目EPC和施工都以中国人为主（已经开始大量使用第三国的人力资源），如果不采取措施，将来第三国公司为主，占领沙特市场是可以预见的。从保护中国公司利益的角度说，高级管理人员必须用中国人的思路是对的。

六、结论

国际承包工程中的外籍劳务已经越来越多，是企业"走出去"并做大做强的必然选择。要想大批量地用好外籍劳务，首先，制定严格的管理制度并选择有管理经验的项目高层是最重要的；其次，在使用过程中，要重视外籍人员的国别特点，使用人性化的管理方法并注重宣传企业文化，只有外籍员工融入团队才算真正的成功；最后，使用外籍人员时，管理人员的比例不宜超过50%，施工人员根据专业不同比例控制在60%～90%是合理的。

参考文献：

［1］吴畋，《拿破仑的经典论断：2个马木留克能打3个法军，1500对1000却为何会输》，知乎@冷兵器研究所　网终文章.

［2］闫斐斐，《公司直聘第三国籍员工现状》，内部资料.

［3］闫斐斐，《中外籍员工主要工种成本与工效比较》，内部资料.

海外工程项目人力资源组织模式探析

成中山[①]

摘要：本文旨在研究海外项目人力资源组织情况，分析现状，明确问题，探寻海外工程人力组织方式的合理调整及改进措施。

关键词：海外项目；人力资源；组织模式

一、相关背景

近年来，很多国内企业走出国门，在海外承包的工程越来越多，逐步在国际市场上站稳了脚跟，特别是大的国有企业，在很多市场上已经明显超越了原先占主导地位的国际知名国际承包商，国际化发展的趋势较为明显。在国际化进程中，海外项目人力资源（包括管理人员、劳务人员）管理对项目成败及盈亏影响巨大，其发展经历了由低端到高端市场国别，不同地域文化等过程，遇到了不少新问题和新课题，值得我们去梳理研究，不断总结经验教训。下面结合笔者从事海外项目经验情况，具体探讨一下海外项目人力资源的组织及管理方式。

二、现状分析

（一）管理人员方面

海外项目的管理人员包括项目领导层、管控职能部门人员、综合后勤服务人员等项目间接人员，主要从事项目设计、采购及施工等各环节的管理工作，不具体参与项目实体工程的实施。国内公司在海外项目管理人员

---

① 成中山，中国电建集团山东电力建设有限公司经营管理部副经理（正职级）。

配置方面的做法是：项目领导层、中层管理人员及关键岗位人员从公司总部外派，其他人员视情况在国内或当地进行项目聘用。

部分海外项目，业主对项目管理的主要岗位人员任职标准有要求，例如，沙特阿美石油项目的合同中明确了主要岗位人员需要业主面试，要求类似岗位业绩、外语及业务熟练等。由于受业主批准的限制，部分关键岗位人员需要聘用有资格的外籍人员，对传统的方式形成一定冲击，出现了项目经理、部分部门主任等不是公司中方员工的情况。他们不了解公司文化，甚至规章制度也难以明白，只能应付业主方面对项目管理提出的要求。此情况下，还是需要配置具有决策管理权的中方项目领导层及中层管理人员，即中外籍双重配置，以确保项目的健康运行，但管理问题明显增多，成本也显著上升。

随着国际化及属地化发展的需求，项目管理人员属地化也是大势所趋。首先，国内管理人员长期驻外，人员稳定存在诸多问题，长期来看，首先，从事境外工程管理的人员会随着国内工程建设市场饱和及萎缩而减少；其次，海外项目所在地的政府倡导尽量扩大当地采购、属地化分包，扶持当地经济发展，需要我们去适应；再次，属地化发展对降低项目直接成本和管理成本有利，这是我们推进属地化的内在动力。

（二）劳务人员方面

中方公司承包的海外项目中，劳务人员指从事劳务生产的人员，其来源大体有三种情况：一是中方公司从国内劳务派遣中国工人，二是在当地雇佣项目所在国的劳工，三是雇佣第三国劳工。根据项目国别、项目特点所采取的用工来源会有不同，会有明显的主次差异及组合特点。例如，东南亚区域印度、印度尼西亚、马来西亚、越南等国，当地劳动力资源比较丰富，而且劳工技能相对较好，对境外劳务限制较严格，因此在这些区域使用当地劳工比例及工程当地分包比例要高一些；非洲地区的劳动力也较为丰富，但劳动技能较差，对外籍工人的签证限制较少，因此在这些区域使用当地劳工比例及工程当地分包比例就较低；中东区域当地劳动力资源贫乏且劳动技能差，从事体力劳动人员奇缺，劳工签证政策相对宽松，允许大量外籍工人在当地工作，因此，此区域的项目通常会以中方劳工和第三国劳工为主；欧美发达区域、南美区域国家等对境外劳工限制很严格，则此类地区项目只能适应当地要求，当地化分包和聘用当地劳务。

不同来源的工人在项目上如何管理是一项较为复杂的工作，根据项目组织方式的不同会有差异。项目组织方式大体可分为总分包模式、劳务工时分包模式和自营管理模式。总分包模式是指项目承包商（上一级承包商）将工程专业分包给下一级分包商，由分包商具体组织劳务并管理工人；劳务工时分包模式是指项目承包商与劳务公司签订工时计价分包合同，劳务公司负责工人通勤食宿及现场管理，项目承包商负责现场功效监督管理，并按照确认工时与劳务公司办理工程结算；自营管理模式是指项目承包商直接雇佣部分劳务工人，自行管理其食宿通勤、工作安排、工效考核及薪酬支付等（个别会有差异），贴近了生产最一线管理。

三、主要问题及影响

（一）管理人员方面

海外项目管理人员的配置及管理方式与国内项目差异较大，存在一些普遍性问题，对项目履约影响较大，主要表现在以下几方面。

一是管理人员素质参差不齐，国际化复合人才较少，部分管理环节短板明显。例如，设计管理环节，大部分中国承包商的管理人员不掌握国际标准，对国际设计院的管理存在天然障碍，项目的履约和成本管理在源头环节就存在较大隐患。

二是中方管理人员和属地化用工的协同融合不理想，主要表现：①中外籍人员因为语言文化差异，自然就会形成分化，只是在办公室有限的时间内可以将二者物理地联系一起，沟通协调的效率不高；②外籍人员一般只是临时雇用，外方人员的主人翁精神难以有效发扬，凝聚力较差。

三是缺乏管理外籍员工的长效机制，不利于形成海外项目管理稳定有效的组织模式。外籍人员的使用一般都是以项目部名义临时聘用，项目结束后自行解除雇佣关系。大部分中方企业都没有建立明确的外籍员工管理制度，或者是简单制定了雇用、解聘手续等，对外籍员工的管理缺乏工效考核及职业发展通道的规划。

（二）劳务人员方面

海外项目劳务人员的管理，与国内项目大不相同，难度大且相对复杂。国内分包资源丰富、劳工技能水平高、管理方式固定等为国内工程承包商的整体管理奠定了良好基础。首先是分包资源的选择余地大，一般都有长期固定的协作分包商，即使选择新的分包商也是可以充分竞争，成本可以得到较好控制；其次是工人技能好，对施工质量标准了解，认可按量计酬，分包商的成本也可以得到控制；再次是工人的行业自律精神好，多劳多得，劳动积极性高，工作效率高。海外项目劳务人员的管理与国内项目相比，主要问题有以下几个方面。

一是分包商资源匮乏，对劳工管理能力弱。真正合格的分包商更是难求。不论是国内分包商还是当地分包商，大部分都对工程量承包方式会有抵触，希望按照工时计价方式，实现总分包模式管理的成本大大增加。在总分包模式下，分包商具体管理劳务，或者再转次级分包商管理，管理链条加长。国内分包商引进国内及第三国工人一般需要总包方的支持，且因境外施工、不了解标准及语言障碍等，不容易与工人达成按量计酬的方式，多以工时单价计算报酬；当地分包商管理水平较低，多使用当地人和第三国工人，受当地文化影响大，工时计价的情况较常见，工人工作效率普遍不高。

二是工时计价方式使海外项目的成本管控压力上移，工人的直接管理人只注重工时确认而不注重工人的劳动效率和质量，把工人劳动功效监控的压力逐步转移给上一级承包商，甚至总包方。在缺乏工作效率的考核机制的情况下，无论是中国工人还是其他国籍的工人，都会出现怠工、拖延等使工作效率下降的现象，造成项目成本增加和工期拖延。

三是全球新冠疫情也给海外项目直接劳务的使用及管理带来新挑战。

受疫情影响大的项目，出现了停工时间较长的情况，本因属于不可抗力情形，主承包商的停工却得不到业主补偿，而工时计价方式下，分包商也不应承担停工成本，因此，疫情带来的损失只能由主承包商承担，经营风险加剧。

四、建议

在海外项目的管理中，人的因素是无可取代的，加强人力资源管理至关重要，项目实施的成败和好坏，与人的关系非常密切，管理人员和劳务人员都包含其中。在项目管理层面，建议树立长期管理海外项目的观念，做长远打算，特别是国企、央企，应在新的发展契机中将海外项目属地化发展提升到新高度，结合各国别国情和地域特性，建立全面推行属地化发展。

属地化应逐步实现，除少数核心管理决策层为中方人员外，各部门各职级项目管理层尽量当地化或国际化，适应业主和当地政府管理；直接劳务尽量使用当地分包商，培养培育当地承包企业，达到工程承包机制、风险共担机制可以运行，使项目执行风险得到有效化解。要真正实现海外项目属地化，需要从事海外项目的企业扎根优势海外国别市场，深耕细作，将制度体系逐步完善，中外结合，实体化发展，适应当地长期经营的环境。

实现属地化发展需要一个过程，把国内的资源利用好，也是有力的促进手段。在项目管理层方面，中方管理人员应向综合管理方向引导，技术商务整体管控都应重视，为管理属地化员工培养人才；劳务人员方面，建立规范国内劳务参与海外项目的行业管理机制，提高工人素质，逐步向带领当地工人作业、培训当地工人技能等方向发展。

在海外工程项目开展劳动竞赛的研究

谭伟焱[①]

摘要： 在实施海外工程项目过程中，时常面临人力、材料和设备等资源短缺的情况，如今又面临全球新冠肺炎疫情的严重考验，根据公司实施海外工程项目的多年经验，大多数海外工程项目会因为各种原因导致项目延期。因此，以各种主题开展的劳动竞赛，对项目整体的管理控制，是不可或缺的措施。本文将对海外项目劳动竞赛的现状、原则、作用、管理以及存在的问题、原因和对策等方面进行深入研究。

关键词： 海外工程；海外工程项目；劳动竞赛；疫情；研究

一、概述

近年来，随着国家"走出去""一带一路""丝绸之路"的实施，越来越多的中资企业走向国际市场，进行海外工程项目建设。中国山东国际经济技术合作有限公司，作为山东高速集团的全资子公司和海外业务的平台，是山东省成立时间最早、涉外经营权和对外经营资质最多的大型综合性外经企业集团。主营业务涵盖境外投资、国际承包工程、国家经援项目承建、人力资源合作与交流等多个领域，在遍及五大洲的30多个国家和地区设立了分支机构，在国际市场上具有较高声誉。相继在106个国家和地区实施了200多项国际工程承包和我国政府对外援助等项目，项目领域涉及房建、公路、码头、隧道、体育场馆、机场跑道、市政工程、供排水和污水

---

① 谭伟焱，中国山东国际经济技术合作有限公司西非公司副总经理。

处理等。

在实施海外工程项目过程中，时常面临人员、材料和设备等资源短缺的情况，如今新冠肺炎疫情还在影响着海外工程项目的复工复产，所以以各种主题开展的劳动竞赛，对项目整体的控制非常有利。

二、海外劳动竞赛现状

2019年在乍得ORYX油区土建项目上，为了在雨季前完成地下基础工程施工，在4月开展过"雨季前大干四十天劳动竞赛"，以及为了完成12月份项目竣工验收，在9月开展过"完工前大干一百天劳动竞赛"。在乍得ORYX油区土建项目上，成立了"丛林铁军队"的党员突击队，当项目面临时间紧、任务重的困难处境时，党员突击队成员没有退却，关键时刻身先士卒、率先垂范，切实发挥示范带头作用，做到"一名党员一面旗帜"，发扬公司海外铁军的敢打敢拼精神，按时完成劳动竞赛的施工内容。

在2020年10月，乍得分公司在做好新冠疫情防控工作的前提下，对项目情况进行细致研究，明确任务、攻坚克难、保质保量、抢抓进度，为争取尽早完成指标任务，开展了"大干一百天劳动竞赛"。

三、劳动竞赛的作用

如今新冠肺炎疫情还在影响着海外工程项目的复工复产，这是挑战也是机遇。通过开展劳动竞赛，可将精益建造和精细化管理落实到项目的每一个环节，发扬"国际人精神"，团结奋斗、克服困难，做好做优每一个项目。

在海外工程项目上开展劳动竞赛，可以提高项目员工的素质，调动和发挥全体员工的积极性、主观能动性，提高企业的经济效益，同时可以在项目部营造"争优创先"的浓厚氛围，让项目部员工在"比、学、赶、帮、超"的氛围中提高自身的综合素质，增强团队协作能力，从而促进项目顺利向前推进。

在海外工程项目实施过程中，我们可以以党建主题活动和劳动竞赛活动为载体，把党建主题活动和劳动竞赛活动紧密结合起来，通过"创岗建区"，组建党员突击队，充分发挥党组织战斗棒垒作用和党员先锋模范作用，同向发力，凝聚力量，营造氛围，全面掀起大干高潮，把党组织的政治优势、组织优势转化为促进施工生产的强大动力，为完成生产任务目标凝心聚力。

四、劳动竞赛的原则

在海外工程项目开展劳动竞赛，需要综合考虑"提高质量、降低成本、安全生产、提升品牌、实现效益"等多个领域和环节，让劳动竞赛真正发挥作用。

（1）在海外工程项目上开展劳动竞赛，需要考虑能否调动项目员工的劳动热情、劳动生产效率和经济效益，能否提升企业形象和品牌。

（2）需要量化考核。竞赛要制定严密科学的考核方案，细化每一项考核程序，坚持以量化考核为主、综合考核为辅的原则，力争做到公平、公正、公开，力求实效。

（3）需要奖罚分明。奖罚分明即该奖必奖，该罚必罚。通过劳动竞赛让员工充分展示自己的能力和素质，通过召开表彰大会、物质奖励、张贴光荣榜等形式，积极营造一种"先进光荣、落后可耻"的氛围，使劳动竞赛充分发挥激励作用。

五、项目劳动竞赛的管理

海外工程项目劳动竞赛的管理一般包括：①劳动竞赛的机构设置（领导小组），做好组织协调工作；②宣传劳动竞赛的内容、目的、意义，将职工吸引到竞赛活动中；③调查、分析和推动竞赛活动（及时与公司有关方面取得联系，积极争取支持和帮助，推动竞赛活动顺利开展）；④劳动竞赛评比的内容、方式与要求（比安全生产，创平安佳绩、比工程质量，创优质精品、比工程进度，创一流效率、比节约成本，创最佳效益、比文明施工，创和谐工地等）；⑤劳动竞赛评分标准及原则；⑥评比结果公示及奖罚措施；⑦竞赛要求（加强竞赛管理和丰富竞赛形式等）；⑧党建活动和劳动竞赛相结合（"党建活动+劳动竞赛"同向发力，助生产"加速度"）等。

六、劳动竞赛中存在问题

（1）在海外工程项目开展过的劳动竞赛中，还存在着目标大、内容虚、管理松的弱点。有时候存在流于形式、敷衍了事、走马观花和不注意进行经验总结的情况。

（2）劳动竞赛形式千篇一律，大同小异。无论是哪种业务的劳动竞赛，都是千篇一律地成立领导小组、设立奖项、提出要求、喊出口号，对竞赛开展情况不能进行有效的动态监督，时常开展劳动竞赛就是发发文件、查查结果这样的简单模式，致使海外工程项目员工对劳动竞赛兴趣不高。

（3）没有将企业文化融入劳动竞赛之中。实际上，企业文化是企业经过多年积累得到的宝贵财富，如何在劳动竞赛中使企业文化发扬光大，两者相得益彰，同步发展，是我们在参与每次劳动竞赛时义不容辞的责任。

七、劳动竞赛问题形成的原因

（1）在竞赛活动中，需要把创新意识和先进的管理经验融入其中，这就要求不论是组织者、管理者还是一般作业者都要具备较高的专业技术知识和技能，才能满足工作的需要。但目前在作业层中，有些员工的知识层次较低，不能满足施工生产的要求。

（2）劳动竞赛是为生产经营服务，但劳动竞赛有时候是由工会等其他综合部门进行主导组织的，工会或者其他综合部门往往对项目部的实际情况不了解，造成"大、虚、松"的情况，产生管理上的脱节，从而影响竞赛的效果。

（3）劳动竞赛是一个传统项目，在做法上已经形成了一整套思路，所以往往在形式上缺乏新意。劳动竞赛年年搞，但是每年的内容一成不变，往往使海外工程项目员工感觉"穿旧鞋走老路，没有新鲜感"。因此，参与劳动竞赛人员就产生了厌倦心理或应付态度，直接影响了竞赛的组织开展以及最终的效果。

（4）在海外工程项目开展劳动竞赛，往往只注重了生产任务的完成情况，忽视了劳动竞赛中形成的"比、学、赶、帮、超"的精神气的积累和宣传教育。

（5）有时候企业开展的劳动竞赛活动，有可能与业主组织的"百日大干"等活动相冲突，不能很好地结合在一起。

八、解决这些问题的对策

（1）海外工程项目所在地地域和当地人文环境和国内差异较大，需要用创新思维指导劳动竞赛，紧紧围绕企业生产经营这个核心，按照"做企业之需，想职工所想"的原则选好竞赛的主攻方向，使劳动竞赛活动真正成为广大项目员工施展才能、创造业绩的舞台。

（2）需要引入竞争意识。劳动竞赛正是检验员工能力水平的标尺，是鞭策员工不断学习和进步的动力。把竞争意识引入劳动竞赛，才能赛出水平，避免流于形式。应让海外工程项目部员工增强"靠本事上岗，靠奉献取酬"的竞争意识，让员工在生产实践中实现自身价值，从而增强企业发展的后劲和竞争力。

（3）丰富竞赛形式。在制定海外工程项目劳动竞赛方案前，需要深入调研，以项目的重点、难点作为抓手，组织项目员工开展不同的劳动竞赛，实现业务发展与经济效益相结合的竞赛形式。

（4）需要加强劳动竞赛管理，加强项目的领导组织工作，在保安全和质量的基础上，促进项目进展，坚持项目现场文明施工，保持施工现场整洁，广泛开展"传、帮、带"活动，引导员工学本领、练内功，培养更多的"能工巧匠""操作能手"，不断提高职工技能水平

（5）加强劳动竞赛考核。建立科学的劳动竞赛激励机制是制定劳动竞赛方案时需要重点考虑的内容，一般分为精神激励和物质激励。需要广泛开展评选先进活动，为先进员工颁发荣誉证书和奖励。另外，需要设立不同层次的物质奖励，例如设立劳动竞赛目标奖、个人奖、团体奖，使劳动竞赛发挥出最大的效应。

（6）加强监督指导和总结。在海外工程项目开展劳动竞赛，不能只是简单的下发文件、发起号召，而是要时刻关注劳动竞赛的进展情况，及时进行

调度。劳动竞赛结束后，还要将竞赛结果及时通报，扩大影响，进一步起到带动广大职工干劲的作用，为下一步的劳动竞赛活动开展奠定基础。

（7）劳动竞赛活动应进行深层次的拓展，做到长赛不断线，短赛攻关键，年年有新招，使竞赛更具有效益性，在海外工程项目开展劳动竞赛过程中，需要充分体现"多劳多得"的分配原则

（8）在海外工程项目开展劳动竞赛，必须提高战略的高度，把竞赛的重点放在提高服务质量和提升品牌上，打造一张响亮的名片。

九、结束语

在海外工程项目上，开展劳动竞赛，能够有效弥补项目前期进展较慢的情况。在新冠肺炎疫情的影响下开展劳动竞赛，如何坚持疫情防控和复工复产两不误，如何将劳动竞赛同党建活动进行融合，如何处理劳动竞赛的"竞争"与"协助"的关系、"好"与"快"的关系、"当前"与"长远"的关系等，都要重点进行研究，让劳动竞赛在海外工程项目管理起到积极的促进作用。

参考文献：

［1］王连星，张磊和孙静尧. 国际管道工程劳动竞赛关键性环节分析［J］. 交通企业管理，2015，10.

浅谈海外项目劳务属地化管理

郭保祥[①]

工程项目是一种劳动密集型的工作，在建筑业走向国际建筑市场初期，中国的劳动力成本是最主要的优势之一，在海外工程项目的建筑施工过程中，主要是以国内劳动力为主。但是，随着国内人力成本的不断上升，目前已经没有成本优势，使用国内劳动力在某种程度上成为劣势。大量使用属地劳务，实现劳务属地化，成为海外工程项目实施不得不面对的现实，也成为海外项目属地化的重要标志之一。

笔者根据自己多年在海外项目的施工和管理经验，对海外项目的劳务属地化问题谈些粗浅认识。

一、劳务属地化的优点

海外项目属地化是指企业按照国际规范和当地法规制度对海外项目进行管理经营，综合利用工程所在地的人力资源，最终实现经营、员工、采购和市场等属地化。劳务属地化既是海外项目属地化的重要标志之一，也是决定海外工程项目管理成败的关键因素。其优点介绍如下。

可以大幅度降低人工成本，提高利润空间。项目所在国一般发展水平相对落后，属地技术工种劳务工资水平约为中方劳务工资的1/4，普通劳务工资水平还要低一些，工程项目在实施过程中对劳务采取属地化，可以有效解决工程施工中的人力资源问题，降低工程施工成本，加快工程进度，保证工程的施工质量和安全，特别是非关键岗位及大多数可替代工种，可

---

① 郭保祥，中铁十四局集团海外工程分公司欧洲办事处副主任。

以使用属地化员工，可以大大降低因中方人员往返调遣和相对高昂的工资成本。

减少人员空缺，能够有效确保施工进度，有利于项目的管理。由于在海外项目施工的中方人员需要休假、探亲、轮班等，不可能长期坚守海外工作岗位，必然会给项目管理的正常运作带来一定影响，造成管理缺岗或交接不利等情况。而雇佣属地员工，可以有效保证项目施工的人工需求，将影响降到最小，使项目管理更加流畅。

促进交流和融合，有利于海外工作的开展。由于语言、文化等方面的差异，中方人员在当地社会的交流和融合相对比较困难，开展工作的阻碍较大。聘用属地员工，通过与他们的沟通、合作及学习他们的语言、了解他们的文化，可增进中方人员与当地人的关系，化解与当地人的隔阂，规避和减小中方人员的安全风险，更加有利于各项工作的开展。可以培养一批适应和熟悉中资企业工作方式的技术工种骨干，为后续项目的滚动发展提供人力保障。

促进当地劳务就业，有利于树立企业形象及市场开发。使用当地劳务是当地政府的一项基本要求，既为当地政府带来较好的经济效益和社会效益，也是当地民众的期望，更能获得工程所在地政府及人民的认同感，被当地社会所接纳，树立良好的国际企业形象，为项目生产经营及进一步开拓市场创造有利条件。

当然，劳务属地化尽管优点很多，但缺点仍然不容忽视：一是属地劳务技术水平较低，接受的文化教育和技能培训程度有限，效率不高，管理难度大，需要较长时间的培训；二是属地劳务流动性大，因宗教信仰、文化传统、风俗习惯、就业观等与中方员工有着巨大差异，对工作和收入的期望值不高，对企业归属感不强，哪里工资高就到哪里工作稳定性差；三是对中方管理人员能力的要求高，特别是语言的要求比较高，要求项目管理者要熟悉当地的法律法规和风土人情等。

二、劳务属地化的主要形式

目前主要采用成建制的劳务分包和直管零散用工两种模式。

（一）成建制的劳务分包的类型和优缺点

成建制工程公司劳务分包。这是最常见的模式，是劳务分包模式之一，分包的劳务工程公司只提供人工，而项目团队提供所有的材料，实施完成工程项目的某一段、某个单项或分项工程，项目团队同分包商采用单价进行结算。这类工程公司拥有丰富的劳动力资源和经验较为丰富的工程师，有能力管好属地队伍，熟悉当地施工工艺和方法，了解当地的风俗习惯，语言上比中方员工有优势。然而，这类工程公司缺少实施大型项目的管理经验、管理技术，并且施工工艺和水平相对落后，需要管理经验丰富的管理人员和工程师进行把关指导。

委托代管式劳务分包。委托属地劳务公司对员工进行招聘、录用、跟踪、解聘等过程管理，项目团队同属地劳务公司签订招工、用工合同，按所招人数付给劳务公司服务费。项目管理团队提交需要用工的岗位、人数，交由劳务公司负责其余事宜，项目团队根据用工的岗位、完成工作量及出勤等计算工资，由劳务公司代为发放。属地劳务的招聘、解聘，由项目团队和劳务公司共同管理，此模式为项目实施提供了稳定的用工保证。劳务公司在本地人管本地人方面有明显的优势，没有文化、观念的差异，无语言交流障碍。劳务公司可作为一个缓冲和平台，减少项目团队和属地之间的对立情绪，避免中方员工和属地员工的面对面冲突。在处理劳资纠纷、员工矛盾的时候，有着不可替代的作用。缺点也很明显，现场管理人员不能对属地劳务的出勤率和工作效率进行直接干涉管理，加大了管理难度。

（二）直管自营零散劳务用工的优缺点

直管自营零散劳务管理，就是项目团队把中方员工当作班组长，中方劳务同属地员工进行混合编组作业。班组长采取计日工和计件工的方式，全权负责对属地工人的管理。直管自营可以降低用工成本，提高项目团队的劳务管理水平。但对项目管理人员的要求比较高，要求熟悉现场的工程师，精通商务合同的结算人员，较高劳务的管理水平，较强的责任心等。由于中国企业的管理水平、语言问题以及文化差异等各方面的原因，直管自营零散用工模模式，正处在劳务属地化的探索和试验阶段。

三、如何加快劳务属地化进程

转变思想，增加属地员工的数量。由于项目团队的海外施工管理经验有限，多数习惯使用中方操作人员，即使是在一些简单的工作岗位，管理者也希望使用中方劳务。这种思想必然影响项目属地化进展，增加项目的人力成本，转变项目团队的思想是最重要的。

依法管理、建立健全员工属地化管理的规章制度。项目团队应按照当地的法律法规，建立健全属地化员工管理的各项制度，并严格按照当地的劳动法规和规章制度对属地员工进行管理。这样既可以树立国际公司的良好形象，又可以减少劳资纠纷，避免触及当地法律红线。海外项目一旦陷入法律纠纷，很难做到全身而退，依法管理是劳务属地化管理的最基本原则。

倡导中外员工平等，建立和谐劳资关系。项目团队应在建立和完善制度和管理办法的基础上，充分调动和发挥属地员工的劳动热情、工作的积极主动性和创造性，形成两国员工和睦相处、和谐共事的局面，把属地员工当作项目实施的重要力量。

充分发挥劳务属地化优点，努力克服劳务属地化缺点。坚持以人为本，尊重当地劳务风俗习惯，善待劳务，关心劳务，提高劳务归属感、认同感。

海外项目劳务属地化将是一个艰难而又漫长的过程。无论采用哪种模式，都对项目团队的管理能力提出了更高的要求，必须从项目所在国的国情和实际情况出发，不断探索和总结，努力提高劳务属地化管理水平，为项目顺利施工奠定坚实基础，达到和谐共赢，共同发展的目的。

对外劳务合作篇

对外劳务合作行业的创新发展之路

金 钢①

一、我国国际劳务合作面临的问题和挑战

以全球人力资源大市场为背景审视，国际人力资源服务业是一个3万多亿元人民币的大市场。根据世界就业联合会（World Employment Confederation）报告，国际人力资源服务行业每年为全球范围劳动力市场提供超过5 000万劳务人员。我们中国是50万人，占1%。

（一）未能融入国际主流市场，所占份额过小

我国行业内有一批站在市场前列的优秀企业，但整体看，我们的经营渠道狭窄，市场覆盖面小，总体呈现倚重亚洲，缺失北美、欧洲、澳洲不成气候的局面。《2018/2019中国对外劳务合作发展报告》数据显示，2018年末我国在欧洲外派劳务人员28 000人，在大洋洲12 700人，合计40 700人，仅占我国同期在外劳务人员总人数（997 000人）的4%。

（二）西方国家外劳政策限制

到目前为止，与我国签订政府间劳务合作类协议的国家只有日本、韩国、新加坡、德国、俄罗斯、以色列、阿联酋、新西兰和奥地利等国家，大多数西方发达国家没有与我国签订劳务合作类协议。

（三）进入21世纪以来，面临的挑战

①世界格局动荡，政治、经济、安全等因素制约、影响国际劳务合作。②低端劳务项目特别是收入较低的项目对中国务工者开始失去吸引力。③新

---

① 金 钢，青岛环太经济合作有限公司执行董事。

兴国家竞争者迅速挤占市场。④中国生源的语言短腿，观念老旧，宣介不到位等因素，成为外派高端劳务的严重障碍。

（四）全球新冠肺炎的严重冲击

在面临上述种种问题挑战的情况下，全球新冠疫情对国际劳务合作行业形成极为沉重的打击，不少企业面临困境，部分关门停业。2018年具有对外劳务合作经营资质的企业有800多家，能体现业务实绩的企业有500多家。经历疫情打击，2021年后出来的数据不会太理想。

二、我国国际劳务合作行业创新发展的基本思路

面对国际政治、经济新形势和疫情持续影响，展望我国将进入新发展阶段形势，有必要对行业发展的方向、路线和结构作重新思考评估。

（一）中国劳务外派的发展方向

在营销理念上，中国劳务外派必须树立以客户为中心的现代营销理念，告别小生产传统模式，根据市场需求和中国实际，以市场导向为行业发展方向。

在服务对象上，担当起为"一带一路"建设，为中国企业"走出去"提供人力资源服务的历史责任。

在派遣出国目的上，从脱贫致富增加收入为主转向以职业锻炼提高劳动力素质为主。

（二）行业定位：国际人力资源中介

从"本土外派公司"小圈子里走出来，定位国际人力资源中介，做国际人力资源的配置者。

营运模式由劳务外派转向国际人力资源中介；由单向派出转向双向流动和第三国派遣。

这是经营公司对自身的一次革命性改变，可以大大拓宽经营视野。

（三）立足中国实际，扬长避短，调整产品结构与市场结构

产品结构调整的主攻方向是发展高端劳务。调整市场结构，是根据主攻目标重新布局市场，为调整产品结构作支撑，为降低市场风险作铺垫。

调整市场结构要考虑政治、安全因素，发展方向是高工资、经济发达、有发展前景，有利于发挥中国劳务优势的国别市场。

三、我国国际劳务合作行业的创新发展路径

（一）开发高端市场，从低端劳务的"温水"中跳出来

高端需求上升，是世界经济、社会发展的必然产物，也是中国人力资源面临的巨大市场。低端劳务是煮青蛙的"温水"，应引起警惕。

（二）开发大学生生源"富矿"，解决高端资源问题

发展高端出国工作项目，应把大学生作为主要资源。大学生具有语言、专业优势，是最合适的高端劳务资源。校企合作，共同创立"培养国际化职业人才—开发中高端国际劳务项目—建立院校海外实训基地—打造中高端劳务品牌"的商业模式，将为劳务企业打破资源瓶颈，更好地开拓国际高端劳务市场，为院校与国际人力资源市场接轨，为学生搭建成长发展的平台闯出一条新路。

（三）对接国内人力资源经营机构

以我国14亿人口为基数的国内人力资源大市场，是中国国际人力资源合作产业的依托和基础，国内人力资源的派出和国际人才引进，离不开中国国内人力资源市场的支撑。

伴随我国人力资源配置市场化改革进程，人力资源服务业从无到有，取得不断发展。截至2018年年底的统计数据，我国从事人力资源服务的中介机构有3.57万家，从业人员64.14万人，全年营收1.77万亿元。

市场在人力资源配置中具有决定性作用，面向多样化、多层次人力资源服务需求，鼓励各类人力资源服务机构提供优质高效的服务。随着市场化发展，国内人力资源服务业必将更加充分地融入到国际人力资源合作，成为出国人力资源的提供者或直接成为对外合作经营者。

（四）搭建国际人力资源合作大产业构架，从小生产模式中突围

任何一种商业模式都是建立在一定规模之上的，否则没有商业价值。"手工小作坊"没有大前途。新的产品结构，新的市场开拓，新的经营定位，需要

新的运行机制和新的合作模式作支撑相配套。可以着眼如下几个重点途径。

（1）建立中外方中高端人才磋商、合作机制。

（2）创立规模化、批量化经营的多边合作模式。

（3）设立中外方信息交流平台，如论坛、研讨会、电子通讯平台。建立人力资源需求与储备多向流动数据库，发挥各自优势，打通交流渠道。

组织机构合作框架的基本模式为中国经营公司+国际人力资源机构+高等院校或职业院校。

（五）着眼国际人才引进

进入21世纪以来，世界各国特别是发达国家，都在加快经济结构调整，充分利用经济全球化和高科技带来的机遇，抢占全球经济发展的制高点。综合国力的竞争，说到底是人才的竞争。"得天下人才者得天下"，占领人才高地已成为各国竞争制胜的关键。

从国内情况看，人口红利释放完毕，经济转型期产业升级急需人才来推动；在人口红利转向人才红利的情况下需要国际人才支撑。我国经济从高速增长转为中高速增长，从重视经济规模扩张转为追求经济结构优化升级，从要素、投资驱动转向创新驱动，掌握技术、知识、智慧的人才成为新常态下推动经济高质量、高效益增长的关键要素。而在愈演愈烈的全球人才争夺中，如何能够吸引更多的国际人才，充分发挥其所长，显得尤为重要。

2017年10月，习近平总书记在党的十九大报告中明确表示："人才是实现民族振兴、赢得国际竞争主动权的战略资源"。引进国际人才需发挥市场机制作用，突出用人单位的主体地位，实现政府、市场和用人单位各司其职，实现良性互动。

（六）协调产业发展，打造专业化经营生态环境

我国对外劳务合作历经40多年发展，已经形成一个产业。前期，人力资源合作经营公司实施的市场调研、开发和项目设计安排，属于产业链上游；从事出国资源教育培育、输送的机构，处在产业链中游；出国前面试、培训、派遣和境外管理属于产业链下游。各产业链之间存在相互依

存、密切合作的供求关系。产业的运行和发展，需要依托具有良好生态环境和相关服务功能的体系，使之整合成为一个统一有序、协调发展的产业系统。根据国家和省市出台的现行政策，通过发挥、扩大对外劳务合作服务平台的服务、管理功能，建设国际人力资源合作示范产业园，将有利于推进上述目标的实现。

目前，产业上游势单力薄，缺乏足够的力量耕耘开发、获取市场订单，需要政府的大力扶持引导；在中游，出国工作资源的"生产"（组织招聘、培训、供应）是个薄弱环节，应该在以市场为导向的前提下，充分发挥社会上各类教育培训机构的资源优势，实施有计划、成建制、大规模的出国人力资源"生产"。

四、调整经营公司内部管理机制

当前劳务合作行业的结构性缺失，行业发展的困难局面，市场上的种种挑战与机遇以及日本市场政策上的重大变革，特别是新冠肺炎疫情引起业务运行许多困惑等，比如对境外工作人员服务管理，劳务人员放弃出国要求退费的问题……是对经营公司整体管理体系、管理水平和风险防范能力的严峻考验，也必将带来整个行业经营管理上的重大变化，引起原有业态、格局及模式的大调整，大洗牌。

面对新的局面，经营公司应该如何顺应形势，转变观念，做好作业，迎接大考？

内因，即事物的内在矛盾性，是事物存在的内在根据，它决定着事物发展的方向。事物的发展首先是事物本身的运动和变化，是事物内部矛盾双方相互作用的表现和结果。经营公司内部建设着眼事物发展的内因，是推动经营公司发展的内在动力。

苦练内功，下大气力搞好内部建设，从优化经营要素上下足功夫，于转型升级中寻找出路，在塑造品牌形象上长期积累，是对外人力资源合作经营公司打造核心竞争力、实现长足发展的唯一正确道路。

以色列劳务人员常见心理问题及疏导方式探究

尚　民[①]　高光辉[②]　王艺锦[③]

摘要： 自改革开放以来，中国的海外劳务项目从无到有地发展起来，逐渐成为中国对外经济合作的重要项目之一。近年来，新型冠状病毒肺炎疫情在全球各国肆虐，在切实保障劳务人员身体健康的同时，我们须时刻关注海外劳务人员的心理健康问题。如何确保每一位劳务人员保持积极健康的心理状态，最大限度地发挥积极性和能动性，实现自身价值，这一问题的研究不仅具有理论意义，还有更为重要的现实意义。本文以以色列劳务人员为探讨对象，分析了本公司外派以色列劳务人员常见的心理健康问题和所采取的帮助劳务人员保持心理健康的方法，对海外劳务人员的管理及心理疏导方式进行了探究。

关键词： 以色列劳务；心理健康疏导

一、以色列劳务人员的常见心理问题及其引发的危害

虽然以色列也地处亚洲，但由于宗教、文化、民族等问题，中国劳务人员的工作环境较为特殊，很容易引发较为典型的心理问题，如跨文化心理适应、孤独、心理亲和力下降、焦虑。

---

① 尚　民，中国山东国际经济技术合作有限公司副总经济师、对外交流事业部董事长。
② 高光辉，中国山东国际经济技术合作有限公司对外交流事业部总经理助理。
③ 王艺锦，中国山东国际经济技术合作有限公司对外交流事业部职员。

（一）跨文化心理适应

文化人类学认为"文化是制约个人行为变异的一个主要因素"[①]。劳务人员刚来到以色列时，由于文化、习俗等方面的差异，对身边的各类事物都感到好奇，加之国外收入较高，起初劳务人员心理状态较为兴奋，但大致在两个月之后，劳务人员已经习惯了这种感觉，新鲜感逐渐消失，对日常的生活、工作和文化感到不适，有一种难以融入的感觉。在下一阶段中，劳务人员开始进行自我调整，想方设法适应并融入国外的环境。在最后一个阶段劳务人员慢慢走出低谷期，适应新的生活、工作环境。

经历上述四个阶段的总时长会因人而异，其中第一阶段、第三阶段和第四阶段属于积极阶段，但第二阶段会引发较大的心理问题，如困惑、无助、不被理解甚至是抑郁。

（二）孤独

孤独感是当一个人的社会关系网络比预期的更小或更不满意时产生的一种消极的情绪体验。[②]被派遣至以色列的劳务人员，通常是因为以下原因而产生孤独的感觉。第一，本公司的以色列劳务人员均从事建筑行业，在国外工作时，由于工作团队不固定，使得劳务人员难以同其他人形成稳定、亲密的关系；第二，因缺乏值得信赖的人际交往对象，所以劳务人员的孤独感不断加深。

孤独这一心理问题会给劳务人员的生活带来巨大的危害。例如会导致劳务人员滥用酒精，社交和思考能力下降，甚至建立不健康的人际关系，影响劳务人员的工作和生活。

（三）心理亲和力下降

选择成为以色列劳务的人员大多是因为生活困难，经济压力大，希望能通过在国外打工积攒更多的积蓄。虽然我公司的以色列劳务人员在国

---

① 谭志松. 国外跨文化心理适应研究评述 [J]. 湖北民族学院学报（哲学社会科学版），2005（06）：64-67.

② 杨艳. 工程单位劳务派遣用工的心理健康管理 [J]. 管理观察，2014（28）：114-115.

外打工的收入较高，但与此同时，国外生活消费水平也很高。为了减少支出，劳务人员往往会因为生活、经济问题与他人出现摩擦，造成生活、工作环境不和谐，从而导致心理亲和力下降。

通过调查，心理亲和力下降这一心理问题会给劳务人员的生活和工作带来诸多困扰，如疏远与他人的关系，语言表达能力下降，易怒，情绪烦躁等。

（四）焦虑

焦虑是指内心紧张不安、预感到似乎将要发生某种不利情况而又难以应付的不愉快的情绪。[①]心理学研究表明，引发焦虑心理的因素很多。首先，上述三类心理问题即跨文化心理适应、孤独和心理亲和力下降都会引发焦虑，其次，社会的不良影响、新环境的不适应、人际关系的不稳定等也都会引发焦虑。调查发现，在新冠肺炎疫情大流行的趋势下，几乎每一位劳务人员都产生过焦虑的心理问题。有的劳务人员把自身不经意的咳嗽当做感染症状；有的劳务人员过度测量体温；有的劳务人员自疫情发生以来拒绝和任何人接触。

研究表明，焦虑是影响人们生活、工作的重要心理问题之一。焦虑会造成思想、精力不集中，对于从事建筑行业的劳务人员来说，很容易造成生产安全方面的问题。

二、我公司采取的帮助以色列劳务人员保持心理健康的对策

为了响应党中央和政府的号召，推动对外劳务业务健康发展，帮助劳务人员疏导心理问题，我公司在开展劳务外派业务的过程中，时刻关注劳务人员心理健康问题，并针对以色列劳务人员出现的以上几个典型心理问题开展了大量工作，确保劳务人员能够以积极健康的心态，迅速适应国外的生活，顺利完成在国外的工作。

（一）开展出境前培训，帮助劳务人员进行跨文化心理适应

为了帮助劳务人员尽快适应国外的生活，顺利度过跨文化心理适应的

---

① 杨艳. 工程单位劳务派遣用工的心理健康管理［J］. 管理观察，2014（28）：114–115.

第二阶段，我公司在将劳务人员外派至以色列前会进行相应的文化培训，给劳务人员讲解与以色列文化、宗教、生活等相关的知识，并播放各类视频，介绍目前在以色列的劳务人员的生活状况，帮助劳务人员提前做好心理准备，消除因文化差异而造成的心理问题。

此外，我公司会定期开展相关调查，时刻关注海外劳务人员的生活状况，及时解答劳务人员的困惑，将劳务人员已经出现的心理问题扼杀在萌芽阶段，确保劳务人员不会因跨文化心理适应产生的心理问题影响日常的生活和工作。

（二）发挥劳务党员先锋模范作用，确保劳务人员不孤单

为了消除劳务人员的孤独感，我公司利用网络和社交媒体，帮助以色列劳务人员建立老乡交流群、木工交流群、安全教育交流群等，努力帮助劳务人员消除在异国他乡的孤独感。

不仅如此，为了积极营造健康向上的氛围，促进劳务队伍整体发展，我公司结合国内形势，发挥劳务党员先锋的模范带头作用，开展了各类丰富多彩的组织活动，通过安全宣誓、重温入党誓词、参观标兵工程等方式做好劳务人员的党员教育工作，举行以"不忘初心，牢记使命"为主题的各类宣讲，让身处异国他乡的劳务人员时刻感受到祖国的温暖。

（三）帮助劳务人员解决困难，成为保障劳务人员生活的坚实后盾

我公司虽然无法直接帮助劳务人员解决经济上的困难，但为了保障劳务人员的心理健康，我公司时刻关注以色列劳务人员的生活状况。我公司建立了完善的工作机制，定时与劳务人员及其家属保持密切的沟通交流，若劳务人员在外期间国内的家庭等出现情况，我公司都会积极帮助进行协调解决，确保劳务人员能够专心致志地在国外工作。

同时，我公司也和中国驻以色列使馆、以色列境外雇主等保持密切联系，努力保障在外劳务人员的各类合法权益，确保劳务人员的努力能够得到与之相匹配的回报，不会让劳务人员因经济或报酬纠纷而产生危害身心健康的心理问题。

（四）积极宣传抗疫，助力劳务人员健康防疫

自疫情发生以来，为积极配合各级政府机构抗击疫情，我公司加强了与以色列人力公司的对接，相互配合，强化以色列外派劳务人员的防疫管理工作。同时，我公司迅速建立了与疫情防控相关的工作机制，起草了完善的工作方案和应急处置预案，建立24小时疫情联动汇报机制，与每一位外派劳务人员保持联系，时刻保障劳务人员的生命健康安全，并利用微信群、公众号等线上平台加强疫情防控宣传，提高外派劳务人员疫情防控意识，积极引导他们进行主动防控、科学防控，并稳定劳务人员情绪，加强情绪安抚和疏导，帮助他们打消负面情绪，消除恐慌心理，确保劳务人员不会因疫情产生的焦虑影响正常的生活和工作。

为了全面确保劳务人员的心理健康，我公司鼓励劳务人员积极寻求专业人员的帮助。目前，许多人对心理问题的认识不够深刻，出现心理问题时不敢主动寻求帮助，从而导致负面情绪和心理问题不断累积，最终造成影响身心健康的严重问题。为此，我公司在今后的工作中将加大有关心理问题的教育和宣传力度，帮助劳务人员就心理问题建立正确的态度和观念，推动对外劳务业务的健康发展。

参考文献：

［1］凌杰.WH公司劳务派遣员工心理契约管理研究［D］.南京理工大学，2019.

［2］单庆东.浅析如何对劳务工人加强人文关怀和心理疏导［J］.东方企业文化，2015（05）：280-281+284.

［3］杨艳.工程单位劳务派遣用工的心理健康管理［J］.管理观察，2014（28）：114-115.

［4］袁绪林.劳务工更需要健康心理［J］.决策探索（下半月），2010（12）：56.

［5］刘振波，卞志伟，毕鹏飞.关注出国劳务人员的心理健康［J］.旅行医学科学，2008（01）：40-42.

［6］谭志松.国外跨文化心理适应研究评述［J］.湖北民族学院学报（哲学社会科学版），2005（06）：64-67.

色彩识别系统在以色列建筑工招募中的应用

尚　民① 　高光辉②

色彩是通过眼、脑和我们的生活经验所产生的一种对光的视觉效应。人对色彩的感觉不仅仅由光的物理性质所决定，有时人们也将物质产生不同色彩的物理特性直接称为色彩。色彩在我们生活中无处不在，从服装饰品到食品包装，从建筑设计到室内装修，从广告宣传到3D影视……无不和色彩有着密不可分的关系，色彩在当今社会已经"大行其道，无彩不行"了。

色彩识别系统是将管理中需要区分和识别的要素通过匹配相应颜色，依靠载体进行具体化、视觉化的信息传达体系。该体系可用于密集性人群的身份鉴别和快速高效的组织调度工作。

在外派劳务工作中，劳务人员来自不同的省份，年龄、性格、个人素质差别巨大。如何组织劳务人员进行外派流程规定的各项工作，是各外派劳务企业共同面对的问题，尤其是在短期内大批人员的组织和管理工作中。中国山东对外经济技术合作集团有限公司（以下简称"公司"）尝试将色彩识别系统应用到以色列建筑工招募的过程中，发挥了色彩直接、明了的长处，作为一种识别信号应用效果显著。

根据《中华人民共和国商务部和以色列国内政部关于招募中国工人在以色列国特定行业短期工作的协议》和中以双方协商的关于中国工人招募

---

① 尚　民，中国山东国际经济技术合作有限公司副总经济师、对外交流事业部董事长。
② 高光辉，中国山东国际经济技术合作有限公司对外交流事业部总经理助理。

和派遣的具体要求，全国7 200名赴以建筑工人于2017年8月2号至18号期间分别在济南和南京两个考试中心进行了技能测试，最终甄选出6 000名建筑工人赴以工作。此次以色列建筑工人技能测试是我国外派劳务历史上单次考试人数最多的一次。

公司作为四家试点外派企业之一，全程组织了此次技能测试工作。公司在5天的时间内完成了1 800人的报到、技能测试、体检和公证各项流程，高峰期在校管理1 200人。公司在人员集中、程序烦琐、时间紧迫、标准要求高的情况下，通过色彩识别系统的应用，井然有序、高效精准地完成了各项工作，得到了上级主管机构和合作方的一致认可。

一、色彩识别系统的准备

在此次技能测试过程中，公司为每一位工人准备了技能测试号牌。根据报到日期的不同，分别配备了棕色、黑色、红色、灰色和蓝色五种不同颜色的胸牌。另根据工种的不同，分别配备了黑色、棕色、灰色和红色挂绳，其中钢筋工为黑色挂绳，木制模架工为棕色挂绳，抹灰工为灰色挂绳，瓦工为红色挂绳。这样，工作人员可以通过胸牌的颜色判断出工人是哪一天报到的，应该在哪一天进行技能测试，在哪一天进行体检；通过挂绳的颜色，可以知道他是哪一个工种，需要到哪一处技能测试场地，找哪一位主审考官。在有多家外派公司共同技能测试的情况下，工人之间通过号牌就可以确定是否来自同一家外派公司，相同颜色的胸牌在同一天进行技能测试、体检，相同颜色的挂绳在同一片场地技能测试，这样在一定程度上消除了工人的紧张心理，很快地拉近了工人之间的距离。

报到时，工作人员通过身份证识别器对工人的身份进行信息核对，并根据参加技能测试人员名单，为当日报到的人员发放号牌。号牌上包含有公司标志、编号、姓名、工种等信息。

二、色彩识别系统在宿舍管理中的应用

本次技能测试中，学校安排了四个楼层用于工人住宿，每个工种的工人集中住宿在同一楼层。通过利用色彩识别系统，学校工作人员非常方便地将相同胸牌、不同挂绳的工人们集中在四个区域办理入住手续。这样，改变了先前扩音器喊人，拥挤混乱的状况，工人自行按挂绳颜色排队，入住效率大大提高。

1 000多位工人集中入住在一起，既要做好防暑降温工作，又要加强防踩踏安全教育。为此，工作人员在工人领取号牌之后，将号牌颜色和挂绳颜色相同的工人按照10人一组分配好宿舍，将每组号牌最后一位指定为舍长，舍长负责维持宿舍内的卫生及秩序，及时向公司工作人员汇报发现的安全隐患和突发情况，同时针对一日三次盒饭发放时大量人员聚集的风险，公司指定舍长统一领取本宿舍盒饭，避免了重复领取，也消除了安全隐患。

三、色彩识别系统在技能测试组织中的应用

工人报到后，需要尽快熟悉校园环境和技能测试场所，如果没有统一的次序，将会给校园的安保、卫生和人员管理工作带来很大的困难。同时，随着技能测试进程的推进，会有更多的技能测试人员和体检人员加入队伍，这无疑是一个具有挑战性的工作。而通过色彩识别系统的应用，使得学校的各项管理工作变得由难到易、由繁而简。

首先，根据不同的胸牌颜色将熟悉场所人员、技能测试人员和体检人员分别安排到指定位置。其次，再根据挂绳的颜色将四个工种依次按大小号列队，相同胸牌、相同挂绳的人员属于同一批次人员。这样列队人员的次序和技能测试、体检以及公证的次序都是一致的，胸牌和挂绳颜色的区分，节省了大量的时间，也减少了很多不必要的麻烦。

四、色彩识别系统在体检和公证环节的应用

在狭小的空间里完成每批四百人次的集结，体检和公证工作也同样面临挑战。公司工作人员组织工人按照黑色、棕色、灰色和红色挂绳分别列队，并按照号码的大小依次排列。这样整个队伍的次序和提交的体检、公证的次序是一致的。医院按照提前分好的体检小组将每一位工人的体检表发放到工人手中，然后以组为单位带领工人前往不同的科室进行体检，这样既提高了体检的效率，又防止互相之间走丢，耽误体检的进程。公证时，由于地处闹区，人员混杂，每个工人的胸牌起到了很好的身份区别和人员自行聚集的作用。

客观世界的色彩千变万化，而我们利用它直接明了的特点，将色彩作为一种识别信号，巧妙地运用在以色列建筑工技能测试当中。

事实证明，色彩识别系统在1 800人参加技能测试、高峰期1 200人在校管理的过程中起到了有条不紊、高效便捷的效果。小色彩拨动大世界，色彩识别系统助力以色列建筑工技能测试，为科学化管理提供了新的优秀素材，也为集中人员管理打开了新的思路。

强化风险抵御能力　拓宽业务国际视野

张海波[①]

自2020年年初以来，新冠肺炎疫情在全球范围内疯狂肆虐，给世界人民的生命安全和身体健康造成了巨大威胁，世界经济发展进程严重受阻。面对这100年来全球发生的传播速度最快、感染范围最广、防控难度最大的重大突发公共卫生事件，对外劳务合作企业业务运营几近停止，市场拓展和人员往来渠道全面封闭，海外人员更遭遇到所处国家疫情复杂、防疫物资紧缺、社会不安定因素增多等重重困境。

面对疫情危机，威海万方人才公司全面强化风险抵御能力，一手抓疫情防控，充分维护国内外人员的健康安全和秩序稳定，取得了抗疫工作的显著成效；一手抓业务保障，努力推进项目运行和市场体系拓展，经受住了疫情的考验和锤炼。这里仅从公司视角总结几点工作经验。

一、公司应对疫情的主要举措

威海万方人才公司的前身是威海国际公司劳务分公司，从事劳务合作业务有近30年的历史，已累计向日本、韩国、新加坡、以色列、德国、澳大利亚、新西兰等20余个国家和地区输出食品、电子、电焊、机械加工、医疗护理、海员、建筑等30多个领域的职业人才逾12万人。

30年海外市场的摸爬滚打，使公司在经风浪、见风雨的过程中练就了较强的抗风险能力。但随着疫情在世界范围的极速蔓延，全球仿佛按下了"暂停键"，公司业务活动全面受阻，危机程度令我们始料未及。面对疫

---

① 张海波，威海国际经济技术合作股份有限公司党委副书记兼纪委书记。

情，公司全面打响了抗疫"阻击战"和业务"保卫战"，采取一系列行之有效的工作措施，强化风险抵御能力。归纳起来，主要有以下几个方面。

（一）主管部门和行业组织是企业抗击疫情的强大后盾

占世界人口1/4的中国率先基本摆脱疫情危机，取决于中国共产党的坚强领导和先进的社会主义制度。各级政府主管部门和行业组织履职尽责，主动担当，帮助企业解决突出困难，先进事迹不胜枚举。

以色列疫情爆发后，我国在以工人急缺防护用品，感染风险极大。但当时，外派企业一无采购渠道、二无货运途径。危急关头，商务主管部门火速帮助各企业抢购到20万只口罩；商会则多方协调运输渠道将口罩发运赴以，有力保障了5 200余名在以工人的健康安全。

疫情迫使全球邮轮陆续停航，公司外派至皇家加勒比邮轮公司的132名船员驻船锚泊，急待安排回国。海事主管部门与公司共同研究解决办法、制订工作计划，最终成功安排船员分四批乘坐商业航班回国，及时稳定了公司业务局面。

（二）建立健全应急处置机制，系统有序推进抗疫工作，充分保障人员健康安全

公司在外各类劳务人员、海员、海外工程施工人员总人数超过了7 000人。与疫情对业务造成的经济损失相比，保障人员安全的责任更重大、任务更艰巨。公司始终以"人"为中心，在既有突发事件应急处置机制基础上，根据国家发布的权威性疫情科学防控指南，制定了专门的《知识手册》《工作介绍》《指导方案》，全力提供防疫物资保障，系统有序推进抗疫工作。

劳务和船务业务持续加强了客户和在外人员的联系沟通和现地走访；实时追踪劳务人员健康状况，安抚疏导情绪。海外工程项目根据现地条件，实施分级防控，14个项目果断停工、缓工，或延迟开工；28个项目严格采取全封闭方式施工。这些措施有效保障了在外和待派人员的健康安全，发挥了良好的抗疫工作成效。

随着疫情持续，劳务人员维稳又成为"新难题"，公司除继续紧抓管理服务外，还通过组织劳务人员参与商会网络直播，接受专家心理疏导；多方协调政府包机和商业航班，陆续安排近400名期满人员回国等系列措施，极大地稳定了劳务人员的思想情绪，杜绝了群体性骚动和纠纷事件。

此外，公司还积极履行社会责任，先后向国内防疫志愿者和国外客户、劳务人员、海外项目所在国捐赠了价值超过200万元的防疫物资；主动协助客户采购口罩40余万只；在向在以工人发放口罩时，也发给其他在以中国公民，协助使领馆开展海外抗疫。公司的善举感召了广大劳务人员和客户，使他们与公司融为一体，患难与共。

（三）全力组织调度业务工作，突破疫情困局

面对业务全面受阻的困境，公司没有被动等待疫情缓解或解除，而是千方百计谋划和推进业务工作。

市场方面，公司坚持利用网络手段跟踪客户信息，国内外分工配合开发新客户；与客户充分交流，展现风险应对能力；会同客户灵活调整面试计划，全面采取网络和材料方式选人，既有力稳定了业务局面，又赢得了市场机遇，疫情之年仍在4个国家签约19家新客户。

资源方面，公司除继续下沉一线招募外，大力发展网络招募，通过抖音直播等多种新媒体方式发起宣传攻势，会同院校参与或组织近百场网络双选会和项目说明会，还邀请客户参与线上互动，稳定待派人员，提升资源保障能力。

培训方面，公司全面推行了线上培训模式，并制定了《线上培训实施和管理方案》，理顺培训流程和管理环节；坚持以语音班会、心理沟通课等形式安抚疏导学员情绪，全面提升线上培训效果。线下培训获准后，根据外派计划时间确定复课进度；成立专门强化班，安排最强师资授课，并辅以客户模拟测评指导，保证培训质量。

（四）树立疫情新常态理念，为疫情后时代业务发展夯实基础

新冠肺炎疫情使人类的健康意识、生活方式及世界政治经济格局都发生了深刻变化，公司在面对疫情防范新常态的局面下，重新审视了业务定位，进行了深入分析和研判，围绕市场布局、制度体系、工作流程、管理机制、队伍建设制订了完善措施和应对方案，为进一步提升风险防范能力，促进业务可持续发展奠定了基础。

透过本次疫情，对外劳务合作行业企业比以往任何时候更能体会到事业发展的巨大压力，也触动我们重新审视行业形势，深刻反思既往的观念禁锢，使我们以更广阔的国际视野去认知行业在疫情新常态下发生的深刻变革。

二、对疫情新常态下行业发展形势的认识

（一）以加工制造业为代表的传统业务上升空间受限，紧要任务是保稳存量

据国际劳工组织统计，全球33亿劳动人口中，已有81%受到疫情影响，失业人口同比增加超过2 500万人。我们的主要市场——日本，2020年4—6月份，GDP同比下降27.8%，是"二战"后的最大降幅；至2020年10月份，因疫情倒闭企业632家，完全失业率达到3%，完全失业者206万人，同比增加49万人。以加工制造业为主的技能实习生收入普遍降低，岗位也不稳定，短期内难以改善，外派企业保稳业务存量已属不易。

（二）传统市场必须通过调整业务结构实现可持续发展

还以传统市场日本为例，2019年在日技能实习生总人数为36.6万人，其中越南独占19.6万人，我国仅有6.98万人，我国行业企业首要解决的还是保存量问题。而在护理等高端人才就业领域及酒店、介护等服务类业种的特定技能领域，我国国民具备基础素质好，语言学习能力强，中日文化相通的独特优势。我国还有每年超过800万的大学毕业生和规模庞大的既往实习生群体，东南亚国家也无法比拟。

另一方面，截至2020年6月份，日本共有5 950人获准从事特定技能工作，其中就有很多期满无法回国的实习生通过转特定技能在日稳定下来。这充分说明上述业务领域对人才资源的刚性需求远比传统业务旺盛和稳定，必将成为我国行业企业在传统市场发展的主导方向。

（三）疫情新常态倒逼行业企业主动践行转型升级

在外派业务全面受阻的艰难时期，德国、新西兰、新加坡等国却因用人急需，较早解除了对医护人才的入境限制。公司得益于在外派护理人才领域十几年的辛勤耕耘，抓住了这一机遇，较快恢复了部分业务。业务转型升级投入大、周期长、见效慢，企业缺乏内生动力，但经过疫情洗礼，全行业将更加深刻地认知转型升级的深远意义，更多企业将主动投身践行。

（四）资源问题仍是制约行业发展的突出瓶颈

国内经济下行压力增大，就业形势日趋严峻的大背景并未倒促外派资源空间扩容，招募形势反因意向人员对国外疫情普遍担心和抱有观望心理而产生前所未有的严重困难。资源开发受国内外薪酬水平、国际政经形势、工种特点、用工需求关系、家庭情况等系列因素影响，短缺的不可逆趋势明显显现，已成为限制行业恢复和后续发展的"卡脖子"关口。

（五）国际化业务布局滞后是阻碍对外劳务合作恢复发展的根本症结

大部分企业在疫情期间按下了业务发展"暂停键"，业务国别少的，签证一停发、交通一中断，劳务人员既派不出又回不来；只做劳务外派的，业务一停滞，大部分时间没了事干……这些深刻教训都警示我们要对业务布局进行深入反思。

另一方面，我们还面对着如何遏制东南亚等更多国家对市场的蚕食；国内资源严重匮乏，但院校资源群体利用率低，新媒体招募跟不上；专业人才资源的素质结构不适应高端市场需求；乃至未来随着经济发展和人口老龄化加剧，中国一旦成为外劳输入国，未来又将何去何从……一系列发展问题，促使我们必须以更加开阔的视野去谋划市场、资源、管理及队伍建设的国际化布局。

疫情新常态已成为世界范围的广泛共识，身处行业变革的关键节点，行业企业还要进一步解放思想，以时不我待的紧迫感，补足短板"再出发"。

三、几点启发

（一）有序恢复既有业务，保稳"基本盘"

当前，国际政治、经济、文化交流有所增强，日本等国家逐步放开人员往来限制，劳务合作业务正在缓慢恢复。我们首先要加强客户协调，尽快确定待派人员出境计划；劳务人员经过漫长等待，培训知识有所淡化，情绪也不稳定，要认真组织、强化培训，并落实好出境后的远程跟踪培训；保障人员健康安全仍是最重要责任，要按照国外要求规范检测，就强化培训、出境、隔离，及后续工作生活等各环节制订防控预案，并严格实施监管，打消客户和劳务人员顾虑，避免业务流失。

此外，疫情打破了人力资源的供需平衡，以日本为例，疫情期间外国人最急迫的就是回国，而同期进入的人却很少，2020年6月份，日本仅有2 600名外国人入境，同比下降高达99.9%。随着疫后经济恢复，必将产生一个对外劳刚性需求的"窗口期"，给老业务挖潜创造了机会。

（二）努力转变传统市场业务结构，实现新发展

日本市场，建议将特定技能和高端人才就业等领域作为开发重点。其中要特别关注特定技能业务，在日技能实习生转化对人员维稳和业务开拓都有利，我们可提前进行意向摸排；国内可对符合条件的既往实习生进行精准跟踪，以自主培养为主要手段对介护、酒店、外食类资源进行储备，确保中日两国达成协议后，业务顺利启动，进而发挥中国优势、打响中国品牌。

英语系国家市场，建议重点突破需求稳定、外派顺畅的医护、康养类人才派遣业务。这类业务的关键点是资源培养，需同步加强与专业院校的合作，练好内功。

加工制造类业务，虽有萎缩趋势，但很多国家在总结反思疫情教训时都提出要回流工业产能，降低对工业品的外部依赖。我国作为全球制造业

第一大国，具有人才资源优势，建议保持关注。

（三）走到更广阔的国际舞台上去锤炼成长

上面我们分析了行业所面临的种种困难，狭义的对外劳务合作已跟不上时代步伐，我们必须到国际市场上寻求突破。其中一个重要突破口就是走出去兴办职业教育。

我们可以联合国内专业院校，到海外工程属地培养当地管理、技术人才和施工工人，减轻承包企业用工成本重负；到境外投资企业所在国，培养属地产业工人，为他们提供人力资源服务；到东南亚国家，为他们的外派劳务企业提供管理咨询和外派人员培训，变被动流失业务为主动合作共赢。未来，我们还有可能凭借自主培养的海外人才，在中国引进外劳进程中占据市场先机。

（四）敢于破除惯性思维，勇于尝试新兴事物

当看到抖音网红坐拥几千万粉丝，一呼百应，我们感受到了网络资源开发滞后的差距；当VR身临其境的感观袭来，我们在反思线上培训怎么才能与线下达到同样效果。疫情迫使我们必须除旧布新，对于以网络手段为主要代表的新兴业务模式，我们还要在人才配备、平台搭建、宣传推广、商业运营方面真正研究透、设计好，切实补足短板，形成"即战力"。

（五）开拓关联业务，建立国内外互补业务体系

对外劳务合作业务产业链长，关联领域多，但过去，我们忽略了向国内延伸关联业务的重要性。这一点上，疫情给了行业企业"当头一棒"，诸如既往外派人员的再利用，拓展人才资源产业专业化、集约化、网络化运营新模式，推进外派培训、资源业务外延等，都可探索尝试。2021年，公司相继将培训业务延伸到日语高考培训领域；推出日语、护理英语精品课程的录制、推广和分销活动；尝试利用外派护士业务优势，为国内医护、康养机构输送人才；联合外派资源基地，共同开展国内派遣业务。关联业务的开发，对提升公司风险抵御能力发挥了良好的促进作用。

疫情是一场危机，更是一场引发对外劳务合作全行业觉醒和深思的

教育课。习近平总书记将中国人民的抗疫大战比作一场艰苦卓绝的历史大考。当前，疫情防控和业务保障工作形势依然复杂多变，容不得我们有半点松懈。所有行业企业还要继续严格遵循主管部门和行业组织的管理要求和工作部署，勠力同心、共克难关，推动我们的事业不断发展，在这场"历史大考"中交上优异答卷!

新形势下保持外派劳务企业持续发展的几点思考

朱文国[①]

2020年是外派劳务业务发展的荆棘之年，充斥了各种挑战，面临着各种困境。特别是新冠肺炎疫情的爆发，让我们行业来不及喘息便已内外交困、伤痕累累，有的外派企业甚至到了无以为继的边缘。面对这些新困难、新变化、新形势，外派劳务业务该如何持续发展，外派企业今后的路该如何走，是值得我们全行业深入思考的重要问题。

一、打造综合经营模式

外派劳务企业不能固守单一劳务经营模式，需要拓展综合经营业务，以提高企业抗风险能力。

（一）外派劳务受国内外形势影响大

从业务风险评估角度看，外派劳务业务属于高风险业务，国家政策变化、外交政策变化以及国际突发事件等均会对外派劳务业务造成较大冲击。当年的韩国雇佣制改革、金融危机、日本大地震以及这次的全球新冠肺炎疫情等，均对我们外派业务造成重创。当前世界经济变革此起彼伏，各国劳工政策变革加快，中国越来越成为西方发达国家的眼中钉、肉中刺，外交风云莫测，世界各国灾难不断，恐怖袭击、局部战争、经济制裁接踵而来，如果外派劳务企业一直维持单一业务模式，必然会在每次的突发事件和政策调整中无法脱身，屡受伤害。所以要想保持外派劳务企业持续发展，就必须打破单一业务经营模式，努力拓展综合经营业务，不断提

---

① 朱文国，山东联桥国际人才合作有限公司部长。

高企业抗风险能力。

（二）劳务外派综合经营策略

劳务外派的综合经营，核心在于内外拓展相结合。对内，拓展劳务外派广度，做到外派业务多元化。开展多国别、多项目、多形式的外派业务，避免单一国别业务受挫对企业整体造成致命打击。同时，多元化业务有利于打造人力资源循环共享体系，各业务相互补充，资源共享，武装外派企业综合经营实力；对外，拓展劳务外派业务以外的相关业务。例如，利用海外资源，拓展贸易相关业务；利用培训资源拓展教育相关业务。开源引流，增加收益，做到东边不亮西边亮，最大限度提高企业抗风险能力。

二、变革资源招收模式

变革当前以基地招募为主渠道的资源招收模式，最大限度降低招收成本，实现行业平台共享。

（一）基地招收模式弊端明显

以利益分配为中心的基地招收模式是目前大部分劳务外派企业最主要的资源招募模式。基地之间的恶性竞争，导致招生成本逐年上升，各外派公司也被迫参与其中，形成招收乱象，对行业健康发展极为不利。既有政府监管不到位的问题，也有行业体制不健全的问题，不是一朝一夕就能彻底改变的。新冠肺炎疫情，导致众多基地中介关门改行，对当前外派公司的订单招收造成了很大冲击，资源招收难上加难。

（二）资源招收模式变革策略

新冠肺炎疫情影响下的基地招收困难，为资源招收模式变革提供了契机。当前招收难的主要原因是疫情导致的信任危机，老百姓出于对基地和外派公司的不完全信任，大多处于观望状态，对于能否真的按期出国抱有怀疑态度。亟须建立有政府公信力的出国服务平台，以免除老百姓的后顾之忧。但是目前各地外派劳务服务平台基本没有启动起来，无法承担招收责任，也失去了在行业内应有的作用和地位。建议由行业商会牵头，在政府抗疫资金的支持下，联合各外派公司和银行、保险等相关机构，通过互联网技术优化，快速打造一个出国劳务公共服务平台，实现老百姓出国线上报名、线下面试、平台兜底的安全模式，让老百姓放心，让政府安心，促进外派劳务业务健康发展。

三、整合教育资源

跟紧国家战略，整合教育资源，最大化地利用教育生源优势，教产结合，打造企业院校共同体。

（一）国家鼓励职业院校就业创业培训

教育部办公厅等十四部门联合印发的《职业院校全面开展职业培训促进就业创业行动计划（2019—2022年）》指出，要以习近平新时代中国特色社会主义思想为指导，认真落实党中央、国务院决策部署，增强院校和教师主动性，调动参训人员积极性，面向全体社会成员开展大规模、高质量的就业与创业培训，为实现更高质量和更充分就业提供有力支持。同时，随着"一带一路"建议的深入推进，教育在国家"走出去"战略中扮演着不可或缺的角色，我国已与近200个国家和地区建立教育交流合作关系，外派企业与教育相互整合，互利共赢，共同发展。

（二）教育合作战略

增进国际人才交流，充分发挥高校人才培养、科学研究和服务社会的功能，将学校产教研协调创新发展与就业充分结合。海内外就业校企合作，凭借外派企业的优势，拓宽大中专院校学生的国外就业、学习渠道。通过校企合作办学的方式成立出国定向班、通过企业进校园的方式成立国外文化讲坛、通过就业直通车的方式成立学生实习基地等一系列方式，促进校企的紧密结合，重新利用教育资源优势，保障人力资源的稳定。

四、加强商会行业监管

（一）山东外派劳务业务形势严峻

2021年山东外派劳务业务的全国排名已不是第一，我们面临的形势和挑战非常严峻，各外派公司只有紧紧团结在以商会为领导的行业管理体系下，团结一致，净化市场，降低成本，提高信誉，打造山东劳务外派企业命运共同体，才能保住山东出国劳务这块金字招牌。

（二）加强行业监管策略

具体尝试做好以下几项工作：一是成立外派公司国别业务联合体，统一业务管理标准，统一收费价格和招收价格，一致对外，避免行业内恶性价格竞争和客户竞争；二是成立外派劳务公共服务网络招收平台，争取政府资金支持，建立招收评价体系和绩效制度，统筹教育厅和人社厅院校资源，向合规外派公司免费提供招收服务；三是建立行规，结合国家政策打造行业作业标准，代表省商务厅对各外派公司业务进行监管，对山东劳务资源市场进行规范，对违规外派企业进行处理或商主管部门进行处罚；四是发挥商会对外集中商务作用，代表会员企业广泛对接海外雇主客户和省外劳务资源招收渠道，为会员企业开拓海外市场和满足劳务资源需求提供渠道支撑，推动全省外派劳务事业快速、稳步、跨越式发展。

五、建立疫情及其他突发事件防御机制

企业内部业务优化是立足基石，外部防御是武装铠甲。外部风险无法预估，只能武装自己，建立突发事件防御机制，保障企业的稳定发展。

首先，以商会为首，成立行业风险防范委员会。委员会需有敏锐的嗅觉，随时洞察政策以及时态的变化。有政策变化时，迅速商讨并出台应对措施，与行业共享；有时态变化或突发事件时，积极调动行业内公司的资源，做到资源共享、信息共享、抱团取暖。其次，企业内部，建立健全的风险防御机制，形成规范化规章制度，成立专项基金，储备常规备用物资，专人负责，随时应对风险。再次，表彰行业以及企业内此次疫情表现优秀的团体和个人，鼓励先锋模范、表彰创新转型，优化行业风气。最后，对疫情期间耐心等待的实习生或起到群体稳定性的代表实习生给予一定的奖励，并进行一定程度的宣传，提升外派公司的形象，保障外派资源可持续性发展。

顺应形势　调整结构

——构建国际经济合作商业模式

金　钢[①]

一、中国外派劳务的发展困局

21世纪以来，中国外派劳务面临日益严峻的挑战。从国际市场的情况看，经济不发达国家成为国际低端劳务市场的强劲竞争者，不断蚕食中国劳务的市场份额；国际中高端劳务较高的语言要求与中国生源的语言短腿，成为外派中高端劳务的严重障碍，来自英语国家等具有语言优势的生源占据了大多数中高端劳务市场。

从国内情况看，中国劳动力价格水平的不断提升与中国经营公司派遣低端劳务为主的现状，导致低端劳务项目对中国务工者日益失去吸引力；国际中高端劳务需求增长的形势与我国中高端劳务生源资源瓶颈的矛盾，致使我国中高端劳务长期处于低位徘徊的局面。

从经营公司情况看，总体层次不高，有实力的大中型企业太少，小型、微型和处于初创期的公司占了绝大多数；不少经营公司营销理念停留在原始的"生产观念"阶段，营销方式同质化，经营结构、市场结构和产品结构单一，缺乏核心竞争力；在应对劳务合作的发展困局时，没有足够的思想准备。

面对低端劳务被挤出，中高端劳务难进入的发展困局和种种结构性矛盾的掣肘，中国外派劳务经营公司的出路在哪里？

---

① 金　钢，青岛环太经济合作有限公司执行董事。

二、调整对外劳务合作结构，重构价值支点

（一）调整结构的基本思路

1. 中国外派劳务合作的产业方向定位

中国劳务外派必须告别小生产作坊式经营模式，摒弃以产品为中心的营销理念，根据市场需求和中国实际，以市场为导向，对外派劳务合作的产业发展方向进行定位。

国际劳务合作前景广阔，市场容量巨大。国际劳工组织统计，仅欧美日等发达国家劳动力缺口就达6 000万人。世界各国的外籍劳工在8 000万人以上。当前，国际劳务市场的需求结构呈现"两多一少"，即对中高端劳务需求多，发达国家对脏、苦、累、险工种需求多，其他普通劳务需求量减少。中高端劳务需求的上升，是世界经济、社会发展的必然产物，也是中国人力资源面临的巨大市场。

所谓中高端劳务，目前还没有权威的定义，一般指航空乘务员、机场客服人员、豪华邮轮服务员、海员、酒店服务管理、高档百货店售货员、免税店、高级专卖店售货员、护士、教师、厨师、设计咨询、项目经理、IT设计、高级技工、技师、农技人员等工作。我国目前在世界各地的中高端劳务份额较低，主要分布在新加坡、中东、欧洲、日本、澳洲及我国香港、澳门等国家和地区，有较大的市场空间。2017年，我国派往日本的技能实习生3万多人，受日本政府政策限制，70%以上是低端劳务。新加坡每年输入60万人，近半数为建筑类。其中，大酒店服务员、商场销售员、老年护理、保姆和技工等中高端劳务的需求量占有很大比重，但多数为菲律宾、印度、巴基斯坦等英语国家的人。中东是一个很有潜力的中高端劳务市场。142万人的阿联酋，土生土长的本地人仅占17%，其余的多数为各类务工者。随着中国旅游、投资、贸易等群体的大量涌入，其商场、酒店、免税店、高档专卖店的中国员工的需求量与日俱增。由于受欧盟国家输入劳务首先从欧盟内部解决的限制，我国目前可向欧洲输出的劳务主要是中餐厨师、护士和护理工、中文教师、中医等。

分析中高端劳务市场形势，由于我们在资源上相对于经济不发达国家具有明显的优势；在收入上，境外工资更能满足劳务人员的预期；在语言上，汉语优势显现，会说英语的中国人更受欢迎；在准入门槛上限制较少；在市场空间上具有广阔发展前景，因此，开拓发展中高端劳务将是中国对外劳务合作发展的长远趋势，是今后的战略发展目标。

2. 立足中国实际，扬长避短，积极调整产品结构与市场结构

调整产品结构的出发点是立足于国际劳务市场的需求和中国劳务资源的实际，引入差异化竞争概念，积极推进经营创新，驱动中国经营企业结构调整，形成核心竞争力。产品结构调整的主攻方向是发展中高端劳务，是实现结构调整的重点突破口。

调整市场结构是根据新形势下的主攻目标重新布局市场，为调整产品结构作支撑，为降低市场风险作铺垫，为培养经营队伍建平台。调整市场结构的方向是向高工资、经济发达、有发展前景，有利于发挥中国劳务优势的国别市场转移。

3. 从解决中高端劳务的资源瓶颈入手，优化产品结构，重塑产业构架，赢得中国劳务在世界劳务市场的份额和地位

相对于普通劳动者，大学生具有语言、专业优势，是最合适的中高端劳务资源。校企合作，共同创立"培养国际化职业人才—开发中高端国际劳务—建立院校海外实训基地—打造中高端劳务品牌"的商业模式，将为劳务企业打破资源瓶颈，更好地开拓国际中高端劳务市场，为职业院校与国际人力资源市场接轨，为职业生搭建成长发展的平台闯出一条新路。

国际劳务经营公司和职业院校具有各自的优势。在我国经营公司中，已有不少率先涉足中高端国际劳务，有较强的经营能力，具有多年经营中高端国际劳务项目的经营管理经验。普通高等院校和职业院校有雄厚软硬件教学条件和丰富的生源优势，具有对海外实习阶段的学生进行专业及职业发展跟踪和指导的经验。但校企又有各自的不足或劣势，如学校不具备经营国际劳务的资质，不能直接派遣学生到海外实习或工作。经营公司则

不具备教育的优势，不具备学生资源招收渠道。而校企合作联盟，有助于克服各自的不足，形成优势互补、抱团发展的格局。

（二）调整结构的具体措施

措施之一：政府推动，整合大学生就业难与中高端劳务资源瓶颈。重点做好以下几方面工作：一是政府宣传、鼓励和支持大学生走出国实习、工作的职业发展之路。大学生出国实习、工作，符合《国家中长期人才发展规划纲要（2010—2020）》的要求，是培养国际化职业人才的重要举措，有利于缓解我国大学毕业生就业的严峻形势。二是政府搭建校企合作的平台，解决经营公司招不到人，大学生不知道或找不到出国渠道的矛盾，实现市场与资源的良好对接。三是政府出台奖励政策帮助支持经营公司开发中高端劳务市场，加大宣传发动力度，克服各种困难，推进大学生出国工作。四是经营公司要站在长远发展和企业社会责任的高度，面向院校，积极参与和配合院校的招生、培训和职业规划指导等相关工作，把大学毕业生作为中高端劳务的主要资源。

措施之二：建立校企合作战略联盟，打造多边合作平台。

校企合作中高端国际劳务的要求是，在政府的指导推进下，着眼于世界劳务市场发展大势，是多职种、高层次、着眼长远的战略合作，而不是临时性、单批次、一校一企之间的合作。根据这样的要求，设计与打造如下功能。

（1）校企统筹规划。按照社会化大生产的方式和多职种、高层次、长远战略合作的要求，总体策划，逐项计划，从前期的中高端劳务项目开发、生源招收、教育培训、选人面试到后期的管理服务指导，全程合作，不断完善，形成良性运行周期。

（2）创新合作模式。建立科学有效的校企合作模式，积极探讨定向开发、对口培训、专业经营、携手共管的方式。校企密切合作，相互配合，校方介入项目的前期开发，参与劳务人员派出后的管理；企业参与项目生源的招生宣传，根据项目的具体情况和政府主管部门的要求提出课程设置的意见建议。通过输送职业素质高、外语好的实习生或毕业生，巩固发展海外实训基地，不断开拓服务类和中、高级技工等劳务市场，打造中高端精品劳务项目，实现互利共赢，形成良性循环。

（3）多边合作构架。建立多边校企合作战略联盟，发挥联盟平台的作用，在政府主管部门的推动和协调下，搞好经营公司与院校、院校与院校、经营公司与经营公司间的多点对多点的交流、合作互动，实现联盟内校企资源的互通、互补和共享，成为信息互通、资源共享和经验交流的平台，项目推介、对接的平台，市场开拓的后台。

（4）职业发展平台。校企合作中高端国际劳务，为实训学生或毕业学生提供职业生涯的良好起点和个人成长发展的平台。现有中高端劳务派遣项目的情况也一再证明，大学生到国外实习、工作，是一条通向多彩职业人生的成功之路。青岛环太公司经营丽星豪华邮轮服务生项目15年，派出服务生3 200多人次，被国家商务部推荐为优秀劳务项目参加中国企业"走出去"发展成果展。在丽星邮轮工作四年回国的黄海先生是我公司的职业发展先进个人，被山东省商务厅选为优秀典型在全省大学生海外就业推介说明会上发言，引起热烈反响，被济南大学聘为"就业实习导师"。

措施之三：多渠道、多方式开发、培育、储备中高端劳务资源。

（1）整合有关部门、各类社会团体和机构的力量，调动各方面积极性，为培养和储备中高端生源服务。

（2）对外劳务经营公司发挥自己培训学校的作用，开展中高端劳务招收、培训工作。依托对外劳务合作服务平台对生源的汇集、整合功能，实现机构优势互补，人才有效利用的效应。

（3）通过电子商务、公司网站、专业媒体等宣传，发动、募集社会上中高端劳务资源。

通过以上三项措施，逐步实现产品高端、市场多元的结构调整目标。

三、调整经营结构，构建新的发展模式

从我国劳务外派经营公司的现状看，虽然都叫国际经济合作公司，但实际上大都只经营外派劳务业务，这种单一的经营模式无法应对我国劳动力工资水平不断上升带来的生源问题，也很难抵御来自越南、菲律宾等经济不发达国家的竞争。

本文前述，调整劳务结构和市场结构，能够缓解生源瓶颈，提升劳务合作的层次，增强我国劳务经营公司在国际市场上的竞争力，却无法从根本上扭转夕阳产业的颓势。

面对我们无法左右的大环境和"夕阳产业"的发展态势，我们是否无能为力，有没有解决方案？

笔者的思考是：站在更高的层面上，在新的立足点上，观察和思考问题，转变观念，摒弃藩篱，调整经营结构，重构竞争路径。

（一）突破外派劳务的传统做法，将外派劳务向国际人力资源合作转变，构建全方位国际人力资源合作业务模式

有人说，最珍贵的资源不是人才，而是经营人才的人，有的国际机构将人力资源行业列入最好的十大行业。由劳务的单向派出向双向、多向流动转变，全方位拓展人力资源的中介领域，将为我们打开新的视野。可从如下四个方面着眼。

一是为国内用人单位引进外国人才。我国"十三五"规划对经济发展提出了新的要求，转方式调结构必将带来新的人才需求，通过整合现有优势，开发新的渠道，为我国用人单位引进急需的外国工程技术、管理人员，实施全方位国际人才派遣服务。

二是面向对外投资企业和工程承包企业提供人力资源输送、管理等专业化服务。最近国家商务部下文将在国外依法注册的中资企业或机构纳入"国外雇主"管理，为劳务合作企业向对外投资企业和对外承包工程企业在外设立的企业开展劳务外派提供了政策依据。

三是跳出立足中国本土的经营模式，定位国际化跨国劳务经营。这一点上，新加坡劳务人才中介公司的做法值得借鉴，我发现不少公司做的是第三国劳务生意，比如，通过合作方式，从中国、马来西亚等国招人到豪华邮轮、澳洲或欧洲工作。我们为什么不能以国际人力资源合作公司的身份，以海外分支机构或海外合作伙伴为依托，开展国际中介服务呢？

四是延伸劳务中介服务链，把回国人员介绍到国内适合岗位工作，开展国内人才、劳务的中介业务。

（二）突破国际劳务合作的经营范围，将国际劳务合作向国际经济合作业务领域延伸，构建国际大经贸合作的经营结构。

党的十八届三中全会通过的《中共中央关于全面深化改革若干重大问题的决定》对境外投资、承揽工程和劳务合作作了专门阐述，提出"一个扩大，一个确立，三个允许"，（"扩大企业及个人对外投资，确立企业及个人对外投资主体地位，允许发挥自身优势到境外开展投资合作，允许自担风险到各国各地区自由承揽工程和劳务合作项目，允许创新方式走出去开展绿地投资、并购投资、证券投资、联合投资等。"）使我们看到了国际经济合作的光明前景。国际劳务合作不应该是劳务公司经营范围的全部。在多年开展国际劳务合作的基础上，实现向国际经济合作、国际贸易的延伸发展，将为经营公司打开广阔的业务合作前景。

在国际经济合作和国际贸易领域，经营公司具有一定的基础和优势。海外合作机构和劳务雇主是拓展投资合作、咨询、中介的潜在客户；海外分支机构、业务相关机构以及对海外法律、市场情况的了解，是开展国际合作的有利条件和依托。

青岛环太公司利用国际劳务合作平台做了一些积极的尝试。自2012年以来，每年组织中日两国间的经贸考察、项目对接和洽谈活动。其中，2012年11月，公司与日本一家合作技能实习生业务的商工会合作，在青岛国际会展中心举办了两市的经济贸易洽谈会，达成原料采购、委托加工和投资合作项目6个，其中原料采购和委托加工项目成为我司出口贸易的优质项目。2018年11月，在日本赞岐市举办第二届城市间中日经贸洽谈会上，双方的10家企业签订了日方委托钢结构加工、机械设备进口、人力资源合作和旅游合作等6个合作意向书。

（三）突破国际经济合作领域，以服务贸易为基础，向实体产业发展，构建以国际经贸合作为主导的集团化经营的战略配称

具备一定实力的经营公司，根据各自的实际情况和业务优势，在教育产业、商业服务业或农业等领域建立中小规模实体产业，开辟劳务经营公司战略发展的新战场，是做强做大企业的长远之策。

发展实体产业，既能拓展经营公司的发展渠道，壮大实力，又可以为劳务外派提供实习、培训基地，为回国的劳务人员提供发展、创业的机会。以教育产业为例，大多数经营公司有自己的培训机构，可以此为基础通过独资或合作的形式，在国内或海外建立产业化教育培训机构，定向规模化培训国际劳务市场急需的中高端生源。形成与主营业务紧密联接、协调一致、相互加强和投入最优化的战略配称。

综上，在调整产品结构、市场结构的基础上，实施三个突破，建立全新商业模式，形成综合竞争优势，是中国劳务外派公司实质性转向国际经济合作公司长期而艰巨的战略选择。

延长传统行业周期，尝试高端劳务突破

常　青[①]

　　传统日本—新加坡—韩国外派劳务业务至今已发展了20多年，劳务人员从最初的"少量人吃螃蟹"，到一拥而上办出国，到供需逐渐失衡，市场历经轮回又一次回到起点，但此市场已非彼市场，市场的经营环境、需求特点已发生巨大转变，整个行业面临转型升级的强烈愿望。

一、传统劳务发展现状

（一）市场特点

　　当前外派劳务市场主要有以下几个特点。

　　（1）供需矛盾突出。随着国内人工成本的上涨、物价水平的飙升、国内劳动力的短缺，传统外派国家与国内工资收入差距的持续缩小，传统劳务正在快速失去吸引力，从2008年起供需状况开始转化，2011年起持续加速恶化，至今已经成为明显的买方市场，供需矛盾突出，各公司均难以招收到足量、优质的劳务人员，无法满足传统劳务进一步发展的需要。

　　（2）恶性竞争激烈。经营公司数量众多，业务操作特点和思路存在较大差异，统一协调和规范的难度较大。在供需矛盾突出的情况下，从早年单一的国外市场的恶性竞争逐渐演变为国内外市场双重恶性竞争，争夺劳务资源最有利的手段是通过优质国外项目的吸引，因此资源市场的竞争转嫁到国外优质客户的争夺上，使国外市场开发环境持续向坏，客户开发成本大幅增加，开发难度大幅上升，目前已经很难实现较大的增量发展，

---

　　① 常　青，山东联桥国际人才合作有限公司部长。

即便有所增长，收益也是微乎其微。恶性竞争的结果将导致渠道和中间成本大幅上升，经营公司利润率大幅下降，无法保证后期事故处理效率和效果，国外管理及归国后纠纷极有可能集中大面积出现。

（3）行业发展乏力。一是国内资源市场对项目的要求越来越高，相当一部分的低收入项目和特殊行业项目（水产、农业、缝纫、建筑）已经无法在国内批量招收；二是东南亚各国劳务的崛起导致明显的订单分流；三是传统劳务国别政策的调整增加资源招收难度，例如，日本技能实习生办理周期延长，赴日本后整体加班时间缩减。

（二）行业瓶颈

当前形势下，资源培育和招收是限制各经营公司业务发展的巨大瓶颈，由于劳务资源的独占性特点，决定了各经营公司之间在传统劳务资源紧张的形势下，在资源开发培育方面只有竞争，很难存在合作的机会，资源的短缺使各公司已经到了生死存亡的关头，在资源争夺上也是刺刀见红，在资源招收的环节投入大幅增加，渠道成本飙升，在招收环节的各种妥协，也为接下来的事前培训和后期管理埋下极大隐患。

（三）行业趋势

20世纪90年代至2008年行业高速发展时期，行业利润率较高，市场完全由卖方主导，公司的管理水平和内部问题都被火热的市场所掩盖，当行业生存环境日益残酷的时候，潮水退却，裸泳者就一清二楚。外派劳务市场从资源形势走入下坡以来就开始了市场的重新洗牌，近两年情况加剧，最明显的表现就是恶性价格竞争的加剧，以很多小经营公司的高返利及各种奖励、补贴政策为代表。高投入、高成本的背后是小公司经营的危机，规模小导致的行业影响力低、人员周转率差、价格竞争能力差、后期管理投入没有保障，很多其实已经走到了生死的边缘。随着市场形势的进一步下滑，小公司的优质客户资源将向大企业集中，随着市场的不断洗牌，行业利润率将持续下降，最终可能的局面是小公司淘汰同时大企业生存，外派劳务高利润率时代即将终结，以量取胜时代即将到来。

二、高端劳务面临困境

传统劳务陷入困境的同时，众多公司开始积极寻求高端劳务业务的突破，并提出以高端劳务业务取代传统劳务的口号，但高端劳务也具有两面性的特点。

（一）高端劳务发展的必然性

高端劳务是外派劳务行业产业提档升级的必然趋势，也是国内广大劳务人员国外务工需求的自然选择，只有要求适中、收入高、工作生活环境好、更加人性化的国外劳务项目才能受到资源市场的欢迎和追捧，中国经济的进一步全球化以及中国国际地位和影响力的持续提升也必将逐步降低劳务人员迈向更发达国家的门槛。

（二）高端劳务的局限性

其一，高端劳务项目对劳务人员技能和语言要求高，签证办理周期长，尤其西方国家政策变化频繁（两三年一个周期），业务受政策影响很大。另外，国外雇主由于用工成本较高，因此招收谨慎，开发难度大，加之新兴欧美外派国家普遍人口较少、对用工需求总体规模小，且工种需求较多，同一雇主还无法连续派遣，因此业务难以成批量规模操作。受以上特点限制，高端劳务业务如要上规模，需要走综合性多元化发展的模式。

其二，传统劳务业务经历20多年的发展，形成了完整的产业链，积累了大量的从业人员，由于语种和对从业人员整体素质的要求不同，传统劳务从业者无法完全转入高端劳务业务体系，高度劳务业务的从业者数量也将远低于传统劳务从业者，因此，高端劳务短时间内还根本无法全面替代传统劳务地位。

三、业务创新的思路和尝试

（一）延长传统行业周期

面对行业上下两难的困境，将传统劳务业务持续地较为健康地做下去，尽可能延长传统行业周期，成为各经营公司目前的一项合理、必然选择。在这方面，威海联桥集团结合自身业务特点主要做了以下两方面的业务改善。

1. 打造传统"精品劳务"体系

所谓"精品劳务"指的是在会社品牌、工作环境、工资待遇、所属行业、人性化环境等方面较为突出，或对个人综合素质提升和今后个人职业生涯发展有着明显帮助的传统劳务项目体系。

精品劳务体系的打造包括三方面的内容：①淘汰低端项目，优化项目结构，提升公司整体项目吸引力和竞争力，低端项目优先向东南亚转移，通过第三国劳务的方式继续产生效益；②维护现有优质客户，大力开发优良订单，充分发挥依托大企业的整体品牌和影响力优势，加速优质资源向我集中；③提升服务质量，保障整体利润，尽量避免陷入恶性价格竞争，以高品质服务和项目打造核心竞争力，在获得合理利润基础上，为实现及时、高效的后期管理提供坚实的保障，最大程度降低海外纠纷和事故的发生几率。

2013年威海联桥集团（以下简称"联桥集团"）确立了"精品劳务"的理念，并在业务运营过程中快速贯彻实施，于2014年实现了项目体系的优化，随即在资源招收环节收到了良好的效果，进而促进了国外市场开发和整体业务量的增长，2015—2017年公司对日本技能实习生业务外派规模连续三年位列全国前列。

2. 打造劳务闭环生态系统

转变原先传统的单纯"走出去"的业务模式，以整体职业规划为导向，以外派就业为依托，深度拓展业务链条，打造外派劳务业务生态闭环系统。

在资源招收阶段，联桥集团为劳务人员提供整体海外就业规划和归国就业发展路径，使其感受到长期的就业保障，凸显劳务项目的整体价值，提升公司项目的整体吸引力。

在面试选拔、教育培训环节，深入开展素质教育，帮助劳务人员树立中、长期职业目标，培养多元价值观，把海外就业当成职业培养阶段，着眼归国后更长期的职业生涯规划，从而最大限度调动其学习和工作的积极性，激发个人潜能，提高整个合同期的稳定性和工作质量，同时极大降低事故率和后期管理的难度。

归国后劳务人员的复职主要依托联桥集团下属的人力资源公司和人才服务平台实施，期满归国后，档案转至人力资源公司或人才服务平台，按照个人技术和能力特点选择较高契合度的岗位优先予以安置，安置方向为合资、独资及大中型国内企业等更适合个人发展的优质平台。

（二）尝试高端劳务突破

1. 持续大力论证、开发高端劳务项目

高端劳务虽然是外派劳务行业发展的主要方向，但受限于前文提到的各项特点，需要在坚持项目和国别多元化的前提下持续不断开发。尤其与传统劳务业务具备较强互补性的项目应重点开发，如新西兰建筑工、日本介护项目，均可对日本和新加坡归国人员重复循环利用，并有助于劳务人员个人实现更大人生价值。

近几年来，为适应我国外派劳务业务形势的不断变化和新发展，联桥集团积极调整日本订单结构，积极拓展高端劳务项目，努力打造精品劳务业务体系，投入了大量的人力、财力、物力，也取得了较好的成效，成功开发了日本大学生就职项目、澳洲技能工项目、新西兰建筑工项目、加拿大技能工项目以及欧洲厨师项目，累计外派过千人，形成了以日本高端就业项目为主体的综合性高端劳务外派格局。公司目前已经与日本八大上市人才派遣公司中的3家（Recuit、Trust-tech、Randstad）签署了高端劳务外派合作协议，并与其中的一家公司合资成立了我省首家中外合作的国内人力资源服务公司。目前主要合作的高端劳务外派项目有机械设计、电子设计、服装设计、机械加工、IT、生产管理、物业管理、酒店服务、机场地勤、翻译、厨师等10余个项目，2017年累计外派210人。

2. 扩大大学生海外就业项目及大学生资源培育

当前以日本就职签为主要切入点的大学生海外就业这一课题是高端劳

务潜在重要突破口，针对国内大学生具备较高个人素质、较强可塑性、较强的学习和适应能力、懂语言、有专业但缺乏实际工作经验和操作技能的特点，一方面需要我们广泛寻找适合国内大学生海外就业的最佳项目，另一方面需要我们整合国内大学生资源，有针对性进行短期专业技能培训，以实现批量外派。同时，还需要转变盈利模式，逐步探索和实现由雇主付费的外派劳务合作新模式。在这个方向的突破，将开创外派劳务业务的新局面。

3. 国外人才引进

随着中国各行业普通劳务的短缺及各类专业技能及高端人才的需求增加，国外普通劳动者和专业性人才的引进也将提上日程。我们应该紧跟市场变化，依托外派劳务和国内派遣体系，逐步论证和开展该项业务，打造全新的国内外一体化派遣体系。

毫无疑问，从市场规律来看，外派劳务行业将长期存在下去，也必将有较大发展，但新的市场形势和需求也将对外派劳务行业的业务结构提出新的要求，机制灵活、能够把握需求、有规模有实力的大企业将是这个行业的最终赢家。